顾炎武经济思想研究

——基于治乱循环与全球化双重视野

顾姝姝　陆月洪　徐林萍　著

南京大学出版社

图书在版编目(CIP)数据

顾炎武经济思想研究：基于治乱循环与全球化双重视野 / 顾姝姝，陆月洪，徐林萍著. — 南京：南京大学出版社，2023.7

ISBN 978 - 7 - 305 - 27018 - 5

Ⅰ. ①顾… Ⅱ. ①顾… ②陆… ③徐… Ⅲ. ①顾炎武(1613—1682)－经济思想－研究 Ⅳ. ①F092.6

中国国家版本馆 CIP 数据核字(2023)第 095704 号

出版发行　南京大学出版社
社　　址　南京市汉口路 22 号　　　邮　　编　210093
出 版 人　金鑫荣
书　　名　**顾炎武经济思想研究：基于治乱循环与全球化双重视野**
著　　者　顾姝姝　陆月洪　徐林萍
责任编辑　尤　佳　　　　　　　　编辑热线　025 - 83592315
照　　排　南京开卷文化传媒有限公司
印　　刷　丹阳兴华印务有限公司
开　　本　787 mm×960 mm　1/16　印张 18.25　字数 309 千
版　　次　2023 年 7 月第 1 版　　2023 年 7 月第 1 次印刷
ISBN 978 - 7 - 305 - 27018 - 5

定　　价　55.00 元
网　　址：http://www.njupco.com
官方微博：http://weibo.com/njupco
微信服务号：njuyuexue
销售咨询热线：(025)83594756

　　本书受江苏省教育厅"江苏高校'青蓝工程'"、江苏省社科基金文脉专项(19WMB069)、国家社会科学基金重大项目(21ZDA033)资助。

前　言

　　面临天下动荡之际,顾炎武纂辑《天下郡国利病书》,主要关注各地的兵防、赋役和水利,其中包含丰富的经济思想。明清易代之后,顾炎武积几十年心血撰写的巨著《日知录》中,包含重要的经济思想。在其他著述中,也不乏闪耀真知灼见的经济思想。

　　研究顾炎武的经济思想,存在或显或隐的两种视野。一种是王朝治乱循环的视野,这是显性的;另一种是以白银冲击为代表的全球化视野,这是隐性的,往往为学界所忽略或淡化。从治乱循环视野来看,顾炎武生逢天崩地解的乱世,深切意识到赋役对国家政治和军事举足轻重的影响,因此在纂辑《天下郡国利病书》时极为重视赋役问题。在其中,顾炎武对黄册和鱼鳞图册,对里甲制度,对赋役的演变,对一条鞭法及其效应,对屯政,对水利等等,进行了深入而翔实的研究。

　　明代进入中叶,特别是弘治以后,黄册制度逐渐败坏,慢慢丧失作为征收赋役根据的重大作用。黄册制度的败坏,导致赋重役繁、负担不均的严重后果。《天下郡国利病书》中到处记载了这种赋役负担不均的情形。与此相联系,黄册登载的全国户口情况日益出现严重的讹错和萎缩。在人户脱漏和钱粮诡报情形的持续冲击下,作为黄册制度基层单元的里甲制度,变得越来越残破支离,越来越与乡村的真实情形背道而驰。与此相应,传统王朝晚期的土地兼并情形愈来愈严重。

　　面临王朝的经济危局,有识之士不约而同发动了形形色色的赋役改革。这些赋役改革最终演变而定型为一条鞭法改革。明代中晚期赋役改革的一条主线是折银征收。对以黄册为依据的传统赋役制度来说,一条鞭法无疑是一场革命。

　　为了充分理解以一条鞭法为中心的明代中晚期经济变动,有必要引进以白银冲击为代表的全球化视野。换言之,明代中晚期的经济变动受到当时以白银流动为中心的世界经济贸易的深刻影响。为了深入理解顾炎武围绕一条鞭法为中心的明代中晚期经济而阐述的经济思想，我们有必要引入全球化视野。一条鞭法改革的革命性表现为：赋役中的各项条款被归并为一项；除主要运往京师的漕粮外，一律改折银两交纳，使传统的实物赋税变为货币赋税；把里甲征解赋税改成官收官解；里甲每十年一次输役的办法，实际上改成每年编派一次，出钱代役。没有白银的充分供给，一条鞭法改革不可能成功。

中国并非产银大国，那么如此充裕的白银是从何处得到的呢？这就要说到十五世纪晚期之后世界经济秩序的深刻变动。如果说郑和下西洋标志传统中国朝贡体系达到巅峰状态，那么美洲新大陆与欧洲通向印度洋和太平洋新航路的开通则意味着东西方贸易的加速发展与贸易结构性动力的深刻变化。世人一般认为资本主义起源于五百年前，并从此以后日益甩开亚洲而独步于经济发展。但是究其实质，资本主义兴起的原初动力即寻找通向印度与中国的新航路。这无疑表明，欧洲是通过开辟新航路而主动卷入作为当时经济中心的以印度和中国为代表的亚洲地区的。新航路的开辟虽然未能实现发现印度的初衷，但却发现了贵金属。哥伦布未能到达印度，但美洲的贵金属却发现了到达印度与中国的诸多航路。从此以后，欧洲和包括中国在内的东方卷入了白银铸就的世界贸易秩序之中。

十六世纪之后，白银的巨量注入，一方面促进中国商品经济进一步繁荣和发展，另一方面又悄悄地然而意味深远地将中国纳入西班牙人和葡萄牙人所掌握的白银资本体系之中。中国由此进入大规模出口丝绸、茶叶和瓷器等以交换白银的世界贸易时代。晚明中国商品经济的发展，对当时世界经济发展具有关键性作用。明代晚期海外贸易的迅速扩大，大规模的丝、瓷器与白银的交换，使得明代中国深深卷入世界贸易体系之中。在刺激中国商品经济尤其是东南沿海地区商品经济更大繁荣发展的同时，也潜伏着诸多严重问题。明代晚期的商品经济使得财政和税收很大程度上受到白银供给的左右，所以海外白银供给的起伏势必会对明代中国的命运产生重大影响。

一条鞭法的改革使权势和富贵阶层卷入对白银的追逐浪潮之中，其实质是以囤积白银为目标的重商政策。因此，在这种改革的内部就隐藏着分裂的倾向：一方面，征收赋役的主要对象是田地，其出产主要是粮食等农产品；另一方面，实际征收上来的是白银，而白银恰恰掌握在与海外贸易有直接或间接关系的商人阶层手中。在农产品—铜钱—白银的兑换机制中，商人阶层毫无疑问掌握着铜钱—白银的兑换机制，逐利本性决定他们会通过操纵这种兑换机制来榨取超额利润。可以说,商人阶层通过合法和非法手段,在国家财政与税收体系中占据了关键位置,开始隐蔽地深刻影响国家的命运和朝代的兴衰。

在《天下郡国利病书》《日知录》与《肇域志》等著述中,顾炎武记载了大量与货币化有关的赋役改革,尤其是一条鞭法改革的情形。在这些记载中,顾炎武深刻认识到以一条鞭法为主线的赋役改革是以货币化也就是白银化为方向的,意识到这样的改革与工商业发展密切联系在一起,进而与海上贸易联系在一起。通过这样的联系,中国王朝特有的治乱循环与全球化贸易带来的白银冲击内在地交汇在了一起。以货币化为方向的赋役改革促使黄册与里甲制度日益碎片化,客观上驱使越来越多的小民游离他乡,从而为日益发展的商品生产提供充裕的劳动力。同时,一条鞭法完成赋役折征的白银化,从而有力促进了农业的商品化生产。这是因为,为了交纳白银,农民必须出售农产品等以交换白银。

通过对外贸易,白银大量流入中国,最终成为全国性的流通货币,加速了跨地区乃至全国性商品市场的形成。十六世纪晚期海外白银的大量输入,才真正克服了银荒。巨量白银就像优质血液一样,注入中国市场尤其是富饶的东南市场,有力促进了商品经济发展。在工商业繁荣发展的带动下,城市变得更加繁荣。不仅城市得到发展和繁荣,而且邻近乡村的市镇更是遍地开花,到处欣欣向荣地发展了起来。以江南地区为例,在丝绸业与棉纺织业的带动下,围绕相关原料与制成品的生产和销售,一大批直接和间接相关的市镇发展了起来。

简言之,通过白银,明代中国与两个重要的历史开端联系在一起:一个是中国古代社会向近代社会转型的开端;一个是经济全球化的开端。因此从这个意义上来说,明代白银货币化在中国史甚至世界史上,都具有划时代的意义。面对白银冲击下的社会动荡,顾炎武的态度较为保守。在他看来,不改变折变金银之道,民不聊生的情形就无法根本改变,就无法解决白银所导致的严重社会问题。这表明,顾炎武虽然在客观上关注到白银冲击下明代中晚期的深刻经济变动,但在主观上仍然秉持较为保守的经济思想,以稳定社会秩序为思考中心。

在顾炎武时而带有批判色彩的描述中,我们可以生动地看到江南经济在明代中晚期取得的长足发展,意识到经济的日益活跃,同时也深刻理解到传统里甲制度的没落,经济作物日益挤压粮食生产后的严峻粮食问题。从顾炎武丰富的经济著述中,我们可以深入理解,为了发展经济,必须平衡粮食生产与工商业发展的关系。白银浪潮时代江南经济的活跃与繁荣早就证明中国人精明的工商业才能与迅速的应变能力,而改革开放之后以苏南和温州为代表的江南经济的重新活跃,更是印证了这一点。毫无疑问,假以时日,包括中国在内的亚洲经济必定会重新恢复世界经济的中心地位。

本书的作者顾姝姝近年从事数字化管理创新、经济管理思想等领域的研究。陆月洪研究员长期从事中西哲学比较研究,对顾炎武有深入研究。本书初稿完成后,由陆月洪统一进行修改和润色。徐林萍长期从事微观经济学、宏观经济学方向的教学和研究工作。本书从经济学和史学两个领域进行交叉研究,是研究的一次新的有益尝试。继农业经济、工业经济之后的主要经济形态是数字经济,本书希望通过梳理顾炎武时期的经济思想,对各个经济时代展开深入思考,为"建构中国自主的经济学知识体系"做出贡献。南京大学商学院陈曦教授从"数字经济和实体经济深度融合"视角对本书提出很多宝贵意见和建议,在此表示感谢。本书的研究和出版受到江苏省教育厅"江苏高教'青蓝工程'"、江苏省社科基金文脉专项一般项目"顾炎武传"(19WMB069)、国家社会科学基金重大项目"推动数字经济和实体经济深度融合研究"(21ZDA033)联合资助。

由于作者水平有限,书中不妥之处在所难免,恳请读者批评指正。

作者
2023 年 3 月

目　　录

第一章　里甲之兴衰

有明一代，里甲作为基层服役单位向官府提供的徭役称为里甲正役，以甲为单位轮流充当。里甲制度不仅具有经济功能，还拥有民事诉讼裁判权。事实上，里甲最重要的功能在于将民众束缚于土地之上，客观上起到稳定社会秩序的作用。明廷通过分籍管理办法，将社会分工凝固化，防止农业人口流向以手工业和商业为主的非农业生产部门。建立里甲制度的前提是编造黄册。黄册又被称为赋役黄册。

置造黄册的实际工作由里甲组织承担，具体掌握在里长、甲首和衙门胥役手中。黄册制度早在草创阶段就出现科敛贪污问题。豪强地主和地方大户公行贿赂以转嫁赋役，里书们则欣然受贿。豪强地主和里书不仅可以在造新黄册时右富抑贫，而且还可以洗改挖补收藏在各级官府中的旧黄册。不特如此，布政司衙门和后湖黄册库的官吏也同样坑蒙拐骗。明代中叶后，黄册制度逐渐败坏，从而丧失作为征收赋役根据的作用，继而导致赋重役繁和负担不均的严重后果。赋役不均问题的另一重原因在于，科举功名阶层不仅通过优免得以免去本户的赋役，还倚仗势力广纳依附投靠。随着财政开支膨胀，赋役负担加重，应征赋役小民数量的减少，在籍小民的负担愈加恶化，从而导致越来越多小民被迫逃亡，或者流入工商行业中，或者遁入僧道之门，甚至有被逼为盗贼的。

在豪强大户、权势富户与王朝最高统治阶层争夺乡村钱粮的拔河较量中，作为王朝秩序稳定力量的乡村里甲—黄册制度日益破败，农村经济残破萧条。黄册再也不是洪武年间被设计用来抑制豪强地主和平均赋役负担的稳定王朝统治秩序的良具，而完全蜕变为豪强地主欺压小民的贪赃枉法的工具。

明初建立里甲制度的重要基础在于较为充足的土地与较为稳定的小农经济。但是，随着土地兼并的日益发展，赋役制度和黄册制度逐渐瓦解，对里甲制度产生了强烈冲击。到了明代中叶后，里甲制度日益沦落为基层吏胥敲诈小民的工具,沦落为导致科派不公与赋役不均的黑暗深渊。到了王朝中后期,有的里仅存四五甲,有的甲仅存一二口人丁。里甲再也无法发挥将劳动力束缚于土地之上的作用。

第一节　黄册与里甲

里甲制度与自古以来的亭里制、三长制和里保制一脉相承。在编纂黄册基础上,洪武十四年编定里甲,强调地域性限制:"凡编排里长,务不出本都,且如一都有六百户,将五百五十户编为五里,剩下五十户分派本都,附各里名下带管当差,不许将别都人户补凑。"①里甲之内有里长和甲首。里长十户,里中丁粮多者可担任里长,采取排年轮当制。如果有一定资产,那么十岁以上男子就有资格列为正管,成为甲首:"其畸零人户,许将年老残疾并幼小十岁以下及寡妇、外郡寄庄人户编排。若十岁以上者,编入正管,且如编在先次,十岁者,今已该二十岁。其十岁以上者,将年份远近编排,候长一体充当甲首。"②丁产少的畸零户不列入正图,不具有成为甲首的资格,只能附图后带管。这无疑表明,明代初年的里甲制度主要以小农作为编制对象。

明清易代之际的陈梅对里甲制度颇为赞赏,认为可得周礼之精神,具有纲举目张之功效:"周礼五家为比,比有长。五比为闾,闾有胥。四闾为族,族有师。五族为党,党有正。五党为州,州有长。五州为乡,乡有大夫。其间大小相维,轻重相制,纲举目张,周详细密,无以加矣。而要之自上而下,所治皆不过五人,盖于详密之中而得易简之意,此周家一代良法美意也。后世人才远不如古,乃欲以县令一人之身,坐理数万户口赋税,色目繁猥又倍于昔时,虽欲不丛脞,其可得乎!愚故为之说曰,以县治乡,以乡治保,以保治甲,视所谓不过五人者而加倍焉,亦自详密,亦自易简,此斟酌古今之一端也。又曰,一乡几保,不妨多少。何也?因民居也,法用圆。十甲千户,不得增损。何也?稽成数也,法用方。"③顾炎武对明代实行的里甲制度也颇为赞赏:"夫周官乡遂之制,自两汉后魏以迄唐之盛。明之初,略仿而行之,皆得以善治而宜民。而大

---

① 《后湖志》卷四《事例》一。
② 《后湖志》卷四《事例》一。
③ 顾炎武:《日知录》卷九"里甲"。

儒若朱子,名臣若苏绰,近世名儒若魏子才、顾宁人,又莫不称为治教之基,则非迂远而阔于事情可知。"①

在元末大乱之后,实行里甲制度有利于迅速恢复社会和经济秩序,有利于民生安定。元末明初,"由于经过长期之兵争战乱,及沉重的租税徭役,人民大量逃亡,造成普遍的土地荒芜、人口锐减之荒凉景象,故当时最重要的便是'田野阔、户口增'。……自元后,天下大乱,人民流失,明初统一天下,唯流亡未定,农租乃欠充足,国库受到重大影响。故太祖乃有整顿户口、安抚流亡之心"。②

里甲制度不仅具有经济功能,而且依据洪武二十一年(1388)颁布的《教民榜文》,里甲还拥有民事诉讼裁判权。包括民间户婚、田土、斗殴、争占、失火、窃盗、骂詈、钱债、赌博、擅食田园瓜果、私宰耕牛、弃毁器物稼穑、畜产咬杀人、卑幼私擅用财、亵渎神明、子孙违犯教令和六畜践食禾稼等,都应当由里甲予以裁判。里长与各里推举的老人一起行使裁判权。当然,里甲最主要的职能在于,作为基层服役单位向官府提供徭役。里甲应服的徭役称为里甲正役,以甲为单位轮流充当,也就是每年由十名里长中一名充当现年里长,带领一个值年甲应役。"每隅都以一百一十户为图,编成十甲,内选十户丁由多者充里长,其余人户,每十户为一甲,轮流充当甲首。"③

应役"在官者曰见年,空歇者曰排年"。现年里长与现年甲首的职责在于:"催征钱粮,勾摄公事。""勾摄公事"主要包括:管理本里人丁事产,里长"主十甲人户事产之推收、丁口消乏之大事"。④ 清勾军匠,根究逃亡,拘捕罪犯。⑤ 到各级衙门"承符呼唤",押送犯人。支应"上供物料"。可见,公事相当繁重。

里甲除作为提供赋役的基本单位和行使民事裁判权之外,客观上具有将民众束缚于土地之上的职责,起到稳定社会秩序的作用。由于明朝对户口采取按职业分籍管理的办法,因此在编纂登载民户的黄册之外,还编纂有登载军兵的军黄册,登载工匠的匠籍册与登载灶户的灶籍册等。通过分籍管理办法,朝廷致力于将社会分工凝固化,防止农业人口流向以手工业和商业为主的非农业生产部门,从而实现将农民束缚于土地的目的。在里甲制度设计中,农民

---

① 顾炎武:《日知录》卷九"里甲"。
② 邝士元:《中国经世史》,上海三联书店,2013年版,第34页。
③ 永乐《乐清县志》卷三《坊郭乡镇》。
④ 嘉靖《东乡县志》卷上《户口》。
⑤ 顾炎武:《天下郡国利病书》原编第二七册《广东》上。

严禁离开里甲外出:"凡民邻里,互相知丁,互知务业,俱在里甲。""农业者不出一里之间,朝出暮入,作息之道互知焉。"对所谓的"逸夫"和"游食"者专门制定了惩罚条款:"一里之间,百户之内,见诰仍有逸夫,里甲坐视,邻里亲戚不拿,其逸夫者或于公门中,或在市间里,有犯非为,捕获到官,逸夫处死,里甲四邻化外之迁,的不虚示。""所在有司,邻人里甲有不务生理者,告诫训诲,作急各著生理。除官役占有名外,余不生理者,里甲邻人著限游食者父母兄弟妻子等,一个月之间,仍前不务生理者,四邻里甲拿赴有司。"①值得注意的是,户口的严密控制还表现于路引制度,即军民人等离乡百里,即须领有路引,否则擒拿送官。② 如此一来,农民虽然对地主没有强烈的人身依附,但基本丧失了离乡外出的自由。在这样的里甲制度中,一个人不可能说走就走,自由地去外面游学或经商等。在官府看来,将农民编入里甲,就可以"便就约束,如鸟之在笼,兽之在柙,虽欲放逸,有不可得"。③

建立里甲制度的前提是黄册之编造。洪武十三年(1380),范敏出任户部尚书,明太祖"以徭役不均,命编造黄册"。④ 详细内容为:"以一百一十户为里,推丁粮多者十户为长,余百户为十甲。甲十户,名全图。其不能十户,或四五户若六七户,名半图。城中曰坊,近城曰厢,乡者曰里。里各编一册,册首为总图。鳏寡孤独不任役者,则系于百十户之外,著之图尾,曰畸零带管。册成,上户部,而省、府、州若县各存其一以侍会,皆十年,有司将定式给坊、厢、里长,令人户诸丁口、田塘、山地、畜产,悉各以其实自占,上之州、县,州、县官吏查比先年册诸丁口,登下其死生。其事产、田塘、山地贸易者一开除,一新收,过割其税粮。其排年坊、里长消乏者,于百十户遴丁粮近上者补之。有事故绝者附畸零。"⑤

黄册攒造采取自下而上的办法。官府首先将"一户定式"发给各户,各户在"一户定式"上如实登记本户籍贯、丁口和事产,之后交付里长,里长再上交县衙。县衙编造本县黄册后送府。如此层层上报,最后上报户部。呈交户部的册子因为以黄纸封面,因此称之为"黄册"。各县所造黄册上,详细登载各户丁口事产情况,包括"旧管"(现存数)"新收"(新增加数)"开除"(减少数)和"实

① 《大诰续编·互知丁业第三》。
② 《大诰续编·再明游食第六》。
③ 徐恪:《议处郧阳地方疏》,《明经世文编》卷八一。
④ 《明史》卷一三八《范敏传》。
⑤ 《明书》卷六八《赋役志》。

在"(现存数)的"四柱式",册首总为一图,册尾附着畸零户。通过鱼鳞图册和黄册,明廷得以详尽登载全国土地和丁口,并将它们作为征收赋役和金派徭役的依据。黄册因此又被称为赋役黄册。

明代黄册显然受到元朝等级制度的一定影响,大多数人户被划分为民户、军户、匠户和灶户。"职业分籍,按户而不是按人,这就意味着一个家庭所从事的行业世代继承。子侄们要继承他们父辈的职业。然而国家从不强调严格的社会分层,也没有制定导致等级隔离的法律。没有公布过禁止不同社会集团之间通婚的法律。职业分籍管理的目的是确保军队补给与政府差役的完成。国家要求每一类户提供专门的服务。"①

明初田地主要包括国家所有的官田、屯田与私人所有的民田。"凡各州县田土……系官田者照依官田则例起科,系民田者照依田则例征敛"。② 就其实质而言,官田输给官府的是租,民田为官府交纳的则是赋。"官田者,朝廷之有非细民之产,耕之者乃佃种之人而非得业之主……所输者乃完官之租而非民田之赋"。③ 在征收田赋方面,明朝科则相当繁杂。例如溧阳县,仅仅官田的科则就达二十五则,包括江淮(即原元朝江淮财赋都总管府所属官田)、江浙(即原元朝江浙财赋府所属的官田)、桑府还官、王起岩、廖永忠、陈桓、官职、府学、州学、蒙古学、天门、明道、江东、南轩、书院、镇南王、太监、善农、开佃、公田、圣寿寺、改科、没官、薛风与改科官田。④ 湖州府科则更为纷杂,"官田自重而轻,凡五百九十九则,民由轻而入重,凡二千八百四十一则"。⑤ 明初在编金具有普遍性的杂役时,一般依据按粮金派原则。在里甲制度建立后,金派杂役通过里甲进行,里长因此握有点差权。例如在华亭县:"今制以里长、老人主一里之事,如宋之里正、耆长,以粮长督一区赋税,以塘长修理田园,疏决河道。其余杂役,并于均徭点差。"⑥洪武十八年(1385)正月,明廷下诏:"命天下府州县官,民户上中下等为赋役册,贮于厅事,凡遇徭役,发册验其轻重而役之,以革吏弊。"⑦

但是,黄册制度早在草创阶段就出现科敛贪污问题,某些奸诈的官吏和里

---

① 邝士元:《中国经世史》,上海三联书店,2013年版,第16页。

② 《明会典》卷一七《户部》四《田土》。

③ 顾炎武:《天下郡国利病书》原编第七册《常镇》引《武进县志》。

④ 康熙《溧阳县志》卷六《田赋》。

⑤ 万历《湖州府志》卷一一《赋役》。

⑥ 顾炎武:《顾炎武全集·天下郡国利病书·苏松备录》,第668—669页。

⑦ 《明太祖实录》卷一七〇。

长、甲首在造黄册时,往往以种种非法手段科敛百姓。即使在洪武年间严刑峻法的压制下,图谋贪污者还是如飞蛾投火般难以完全消除。明太祖为此训诫:"置造上、中、下三等黄册。朝觐之时明白开谕,毋得扰动乡村,止将黄册底册就于各府、州、县官备纸笞于底册内排选上、中、下三等,以凭差役,庶不靠损小民。所谕甚明。及其归也,仍著落乡村,巧立名色,团局置造,科敛害民。此等官吏果可容乎?"①永乐年间,此种情形更加多见。

某些官吏和里长甲首在造黄册时,狡诈地把肥田当作贫瘠之田,把较轻的赋税当作较重的赋税,包庇大户而欺压小民。他们有时还借造册之机敲诈钱财。有些人户为逃避徭役,在置造黄册时虚报岁数,时人称为"冒年"。有的在造册时隐瞒人口,或减报税粮。少数胆大妄为之徒则包办造册工作,肆无忌惮地增减变动黄册内容,时人称为"团局造册"。明太祖为打击这些情形,"许老人指实连册绑缚害民吏典赴京具奏。犯人处斩。若顽民粧诬排陷者抵罪。若官吏、里甲通同人户隐瞒作弊,及将原报在官田地不行明白推收过割,一概影射,减除粮额者,一体处死。隐瞒人户、家长处死,人口迁发化外"。②

明代置造黄册由各级官吏主持,但实际工作则由里甲组织承担。具体地说,置造黄册工作掌握在里长、甲首和衙门胥役手中。因此,黄册制度腐败主要从他们身上开始。一旦这些里胥将造册当作为自己谋取钱财的机会,那么,黄册制度就必然走向腐败。担任里长、甲首的人,主要是乡村大户,按制度应该承担最重的赋役。在严刑峻法的洪武和永乐年间,他们将赋役转嫁给小民的劣行还相对少一些,但是永乐之后,这种转嫁行为就越来越多,甚至为时人司空见惯。《天下郡国利病书·河南·南阳府志》在分析田赋之困的缘由时指出:"里必十甲,甲必十户。其初贫富岂大悬者,惟优免为数商有不齐,又有射利之徒,各家占籍以重免。由是无免之家,其役始重,役重而力不支,产必入于巨室。巨室得之复免,而小民之役愈重,中稍豪猾更择轻所转投之,而存者遂大困矣。"

里长在造册作弊时,通常与官府的书手、算手这些人勾结在一起。所谓书手,就是在置造黄册时抄录誊写的人,算手就是计算事产和税粮的人。当时的书手和算手有两类,一类是州县衙门的低级胥役;另一类是在里甲内抄写和计算的人,在置造黄册时,有机会去衙门帮助工作。时人甚至将他们统称为里书。

---

① 《明大诰》初编《造册科敛》。
② 《明会典》卷二十《黄册》。

正德年间的户部指出,编造黄册的书手、算书大多由里长户丁和奸民豪户充任,与官吏、里长老人勾结作弊,作弊方式层出不穷。据《宽恤诏》记载:"各州、县书手之设,初为书写文册,磨算钱粮。其久惯应当者,事体既熟,作弊得惯。往往受奸人贿赂,将本户税粮飞洒,派于别户名下,弊端不一。"①孟习孔《陈时弊十二款》说:"查里书当审户之年,增减丈量,权握在手,索诈多方,贿赂公行,穷书立富。而遐陬之民,悉来听审,盘费颇多。又求托求除者,不惜数十金以乞一书。其县前酒饭店指此为一年肥润之计。此一审而邑所费不下万金。"②

由此可见,县官不如现管,里书们一朝权在手就作威作福,巧诈钱财。豪强地主,地方大户公行贿赂以转嫁赋役,里书们则欣然受贿,遭到损害的只能是沉默的小民。所谓"黠者工其术于诡寄析分,饶者恣其费于结纳请托。每至审编,弊端如牛毛茧丝,虽廉吏察宰不能根究窟穴"。更有"豪吏猾胥播弄上下,浆酒藿肉,其门如市……富户操赢以市于吏,有富之实,无富之名。贫者无资以求于吏,有贫之实,无贫之名。州、县皆然"。③里书们就这样巧取豪夺,积累的财富越来越多,一般小民却只能逆来顺受,变得越来越贫穷。造成的惨烈后果是:"强者吞食饕餮,弱者椎肤剥髓。"

不特如此,豪强地主和里书不仅可以在造新黄册时右富抑贫,而且在有必要时,还可以洗改挖补收藏在各级官府中的旧黄册。《天下郡国利病书·浙江·田赋书》中记载:"填于红图不可改矣,则改于黄册;印于黄册不可易矣,则公为洗补。不得于小里,则货都总妄坐于小里;不得于都总,则货县总妄坐于都总。"甚至出现"每遇一丁之差际,则数取货贿,为富户厚减其产以呈于官,俾则(户则)得轻。偶遇有发其隐者,即复倍贿该吏盗库册洗补而改移之。如赵甲本田若干,移之别年钱乙之户,假以为证。既而首者知之,告发其事,乞证于府册,盖是时县之吏与同弊矣,复谋盗府册洗补而改移之如县册"。因此可以想象,这些人为了私利是如何胆大妄为,是如何不择手段的。

不仅下面的人仗着"天高皇帝远"胡作非为,而且上面的布政司衙门和后湖黄册库的官吏也坑蒙拐骗。正德五年(1510),江西省南昌府丰城县陈质先和陈季三父子,先后买通本县、本府和本省相关管册人员偷换本户黄册底册,最后匪夷所思的是,他们还买通南京后湖黄册库库匠高景清,偷盗出老黄册内关于本户的相关册页,予以焚毁。他们就像蛀虫一样,啃啮黄册制度,不断败

---

① 《皇明诏令》卷二十。
② 顾炎武:《天下郡国利病书·山东》。
③ 顾炎武:《天下郡国利病书·山东·户役科》。

坏里甲组织。

黄册记载的内容异常繁杂,所以全国各地编造的黄册,在内容上难免存在形形色色的差错。时人甚至认为这些差错之多达到牛毛茧丝的地步。因此,后湖黄册库工作人员在技术上可以按照规定驳回这些带有差错的黄册。凡是遭到驳回的,就需要向后湖黄册库交纳赃罚纸价,即所谓驳费。相关官吏为不断增长驳费收入,就想尽办法驳回各地送解来的黄册。时人将这种行为称之为"滥驳"。

黄册库并不关心送解来的黄册所记载事项是否符合社会真实情况,他们查核黄册是否有差错的根据仅仅是旧黄册。与旧黄册符合的可以通过,不符合的就算作有差错。这种查核方法无异于刻舟求剑,是用过去的死标准来拴住不断变化的社会实情。按照朝廷规定,赃罚纸价由主管造册的官吏、里书和有过失的人户缴纳。但事实又如何呢?事实是,相关人员把赃罚纸价当成他们科敛钱财的利薮。因此情形竟然是,相关人员不仅不怕黄册被驳回,而且希望它被驳回,以便借此勒派小民,搜刮钱财。对驳费的征收,"是奸胥不惟不关痛痒,反以罪名为奇货。罚锾不惟不足以惩怠玩,反足以滋弊端。尝试揣天下赎锾,归湖内者十一,润官囊者十三,而骚扰在民间者不啻百千万亿,莫可究诘矣"。①

明代进入中叶,尤其弘治以后,黄册制度逐渐败坏,慢慢丧失作为征收赋役根据的重大作用。黄册中的埋没、诡寄、不明和违例等越来越多,达到所谓"牛毛茧丝不足以喻其繁,条分缕析不足以语其劳"的地步。随着时间的流逝,置造出来的黄册质量每况愈下。弘治以后,各地送来的黄册常常尺寸大小不一,对黄册的誊抄编写也越来越潦草。有些里书故意制造混乱,打乱黄册内容顺序,以掩盖舞弊行为。更恶劣的是,有些里书使用劣纸造册,在册上故意涂抹容易招惹蠹虫的面制浆糊,致使当时黄册库保藏的黄册常常整架蛀光。某些居心不良的里书们,要的就是黄册遭到迅速蛀光的效果,以便查无账册,永远掩盖舞弊行为。黄册库官吏们由于没有善加保管黄册,致使黄册泡烂损破的情形愈演愈烈。各地官府也常有不按时送解黄册和拖延不补造驳册的情形。有拖延几年的,甚至有拖延一二十年的。

黄册制度的败坏,导致赋重役繁、负担不均的严重后果。而赋重役繁、负担不均情形的愈演愈烈,反过来推动黄册制度的进一步败坏,以至于到明中后期达到不可收拾的地步。赋重役繁在如下情形中可见一斑:洪武二十四年

---

① 《后湖志·为申严黄册事例题本》。

(1391)，黄册登载的全国土田总额为八百八十万余顷，夏税麦为四百六十九万余石，秋粮米为二千四百七十二万余石。到了弘治十五年(1502)，黄册上登载的土田总额降为四百二十九万余顷，而夏税麦为五百一十八万余石，秋粮米为二千四百四十八万余石。在土田总额急剧减少了四百五十余顷的同时，税粮合计却增加了二十七万石。

　　与此同时，赋役负担不均的情形也令人触目惊心。"豪家巨室，(一户)或百余人或数十主，县官庸调曾不得征其财帛，役其一夫；而田夫农人，生子黄口以上即籍，官吏索丁钱急如星火，此所以贫者益贫，而富者益富也。"①富贵权势之家广置庄田，却不用负担赋税，不用应征徭役。赋税徭役统统转嫁于小民，致使他们越来越贫弱，甚至倾家荡产，流徙他乡。为了缴纳赋税，他们有的被迫出卖房屋，有的被迫典卖田产，有的被迫售卖牛羊等，有的甚至被迫卖儿卖女。导致这些惨烈现象的一个重要原因，就是豪强大户通过在黄册上作弊以转嫁赋税。"有田之家，患苦赋重，贿诣奸书，将米粮岁洒合勺于百户之内，积合勺成升，积升成斗，积斗成石，渐以消纳，而被洒者竟莫知所从来，而岁为之赔偿，名曰飞洒。又患田并户则米多，米多则差役益重，则分析其田，或诡之亲邻，或诡之佃仆，又或为之寄庄，而彼此规避以幸脱重役，名曰花诡。又家自为户，粮差业该承领，而故以其米留挂于粮户常祠，借口共众，不落户眼，终岁昏类，名曰虚悬。又有地无立锥而户留虚米，有田连阡陌而籍无担石之储者。"②这些挖空心思的作弊手法，一言以蔽之，目的就是转嫁赋役负担。

第二节　人丁流失

　　明代中叶以后，不仅在赋役征发方面，黄册基本上成为右富抑贫的伪册，而且与此相联系的是，它所登载的全国户口情况出现严重的讹错和萎缩。如果说右富抑贫造成贫富悬殊情形的进一步恶化，为社会动荡埋下潜在因子，那么户口萎缩和讹错就直接表现了王朝统治日益不稳固、秩序日益不安定和小民日益不安居乐业的情形。

---

① 顾炎武：《天下郡国利病书·福建·食货》。
② 顾炎武：《天下郡国利病书·浙江》。

据黄册统计,早在元末兵灾和明初统一战争过后不多久,洪武二十六年(1393)的户已经达到一千零六十五万多,人口已经达到六千零五十四万多。但到了承平百年之后的弘治四年,户反而减至九百一十一万多,人口减至五千三百二十八万多。"洪武二十六年(1393),根据黄册户口,全国已达 10 652 870 户、60 545 812 口。不料百年之后,到弘治四年(1491),黄册户口反减至 9 113 446 户、53 281 158 口。"①历代王朝统治的规律,都是承平日久之后"生齿日繁""人丁滋生",人口曲线向上增长。但明朝的人户统计数字却很奇怪,它的人户峰值出现在王朝初期,到了经济繁荣的中期却出现下降情形。

这只能说明两种情形,一种是在洪武年间严刑峻法的高压之下,各级官府的人口清查工作进行得比较彻底;另一种情形是明王朝统治到了中期以后,人户脱漏情形越来越严重。人户脱漏情形包括相互联系的两个方面:一个是小民被迫大量逃亡;一个是豪强地主欺隐人丁。《福宁州志》记载隆庆年间"吾州之籍,自嘉靖以视洪武,户减三之二,口减五之三。自今以视嘉靖,不能加其什一"。② 万历年间应天府"图籍,嘉靖末年户口尚及正德之半,而今才及五分之一"。③《凤阳府志》记载天启年间"今凤阳之民,力额失者十之九……洪武之初,编民十有四万也。自时厥后,旧志尚载丁口四万八千八百五十余口。万历六年(1578),则仅一万三千八百九十四口。历今四十余年,编民止存老幼四千七百口"。一般来说,中国的小民往往重土难迁,故土难离,金窝银窝不如自家草窝。非得到了万不得已,又有哪个小民愿意流徙举目无亲的他乡呢!之所以要游离他乡,实在是因为各级官府和里书们巧立名目的横征暴敛,使他们活不下去,使他们倾家荡产,甚至使他们只能卖儿卖女度日。

对国家财政来说,黄册成为伪册,人户萎缩,又何尝不是灾难?!王朝的最高层和最底层实质上都受害最深,不劳而获非法之财最多的却是豪强地主。为维护京师和边镇开支,维护各级官府衙门开支,当权者只能将赋役转嫁到尚在籍的小民们身上。《天下郡国利病书·北直隶·文安县志序》认为文安百姓的一大苦难"莫若大户头役,盖弊邑赋分九则,富者为影射,为占冒,超然计口之外,故积年所金派,皆赤贫其实而大户其名耳。至头役之累,尤不可胜言。无论一切解支,悉为包赔"。就是过往客人的供应,包括吃住,都要落实在他们头上。差役之事"三年一编,千家立见荡析"。

---

① 万历《明会典》卷一九《户口总数》。
② 顾炎武:《天下郡国利病书·福建》。
③ 顾炎武:《天下郡国利病书·江南·应天府》。

随着财政开支膨胀,赋役负担加重,应征赋役小民数量减少,在籍小民的负担就愈加沉重,这就进一步导致越来越多小民被迫逃亡。两者之间的恶性循环,在没有重大改革措施予以彻底调整的情形之下,只能越来越严重,最后以暴烈方式将旧王朝葬送,也将大部分豪强地主们从财产和肉身上予以消灭,使他们一并坠落于历史深渊。

在由于政治原因赋役特别严重的苏州和松江地区,这种情形早在尚称盛世的宣德年间就已经出现,《昭代经济言·与行在户部诸公书》记载当时江南巡抚周忱的话:太仓的"户虽耗,而原授之田俱在。夫以七百三十八户,而当洪武年间八千九百八十六户之税粮,欲望其输纳足备,而不逃去,其可得乎?忱恐数岁之后,见户皆去,而渐至于无征矣。"嘉定县出现了类似百姓弃田而逃亡的现象:"人视去其田畴,如释械系,不复论直。是时几无以为县矣。"①

土地兼并和田额流失问题与土地投靠问题密切联系在一起。土地上的投靠问题,主要指两个方面。一个方面指具有权势的地主通过欺诈方式将自己土地登记于别人名下,以逃避税粮负担。另一个方面指小民为逃避徭役负担,投靠豪强势要门下,成为这些权贵之家的家丁、庄户等。前者导致田额流失,后者则导致丁额流失,致使赋役负担更加不均。对这些现象,张居正极为忧虑。"先是高皇帝时,天下土田八百五十万顷,岁久伪滋,编户末民无所得衣食,其势必易常产,令豪民得以为奸,以故田赋之弊孔百出,而其大者曰飞诡,曰影射,曰养号,曰挂虚,曰过都,曰受献,久久相沿,引为故业。于是豪民有田无粮,而穷民特以力薄,莫可如何,始受其病矣。及县官责收十一,贫民鬻子妻不能输纳,则其势不得不行摊派。盖自浮粮所在多有,而天下尽受其病矣。然民愁无聊,亡逃山林转为盗贼,则其势又不得不请减额。……减额日以益多,而国家又受其病矣。太师日夜忧劳,念欲为君国子民计,非清丈不可。"②

相较于田额流失问题,解决丁额流失问题更加困难。正德之后,朝廷就渐渐丧失对全国人丁数额的控制。顾炎武因此指出:"国初……每十年一造〔黄〕册,其丁口添减,田产开除,皆照现额,法已密矣。但岁久人玩,弊端渐生。或有户无人(花分之弊),或有人无户(诡寄之弊),或载丁不实(谓已成丁而受其贿则隐不上册)。其户口之或多或寡,不足凭也。"③

在沉重赋役的压迫下,贫苦小民往往沦为"逃户"、流民,或者流入城镇的

---

① 顾炎武:《顾炎武全集·天下郡国利病书·苏松备录》,第575页。
② 张居正:《张太岳集》卷四七,附录《太师张文忠公行实》(张敬修等)。
③ 顾炎武:《天下郡国利病书》卷二四,《江南》一二,《宜兴县志》。

工商行业中,或者遁入僧道之门,甚至有被逼为盗贼的。《南直隶·吴县志王心一序》记载了苏州府吴县的人丁流失现象:"故宰吴者不难于治赋,而难于治役。以田缩,则不得不论家;论家,则余向者所见市上山间为商、为贾、为樵、为牧,皆在其中。奸胥图霸,最便上下其手,诟谇贪缘,无所不至。"① 成化年间,江西吉安府县民控诉:"方今天下为小民之害者,莫〔甚〕于豪强之徒,挟其富盛之势,又有伴当为爪牙,以取其威被。贫民佃其田者,虽凶灾水旱,亦不免被其勒取全租……或挟要其子女以为驱使。"② 在江西新淦县,由于赋役繁重,小民纷纷逃亡或投靠大户:"甚至物料夫差,百端催迫,至不能存,而窜徙于他乡,或商贩于别省,或投入势要为家奴佃仆"。③ 成化年间,有江西新淦县地主处心积虑夺取小民田地产业:"成化五年(1469)十二月二十五日,礼部为建言民情事……江西临川府新淦县民人谢廷硕言,一件:本处有等土豪之民,置有田庄房屋或二十余处,其心犹有不足,一见附近人民有好山园陆地辄起谋心,将年远钱债展转违例取息,窘迫至极。贫民无从纳还,只得将前项园地并房屋写作卖契。甚至受苦不过,又不甘虚写文契,一夕弃家逃走,产业豪民即行管业……"④ 弘治年间,豪门大户仗势诈取情形愈演愈烈:"弘治七年(1494)九月二十七日,刑部等衙门太子少保尚书等官白等题,一去羽翼以抑豪强。切见江南地方有等豪富之家,或奉例纳粟冠带,或自租充当粮长,专恃己富,不遵国法……收留各处军灶匠籍,或强盗窃贼,招集四方游手好闲……及有本地差役小民,故将子弟投献,又有极贫人户,因欠钱债,愿将儿女准折。前项之徒,幸得豪富收留,便要仗势欺人……或强夺小民家业,或欺奸贫民妻女,威缚欠债人户,私置牢狱,妄称租田名色,公然诈取,非礼犯分,靡所不为。"⑤ 万历年间,土地兼并甚至达到触目惊心的程度:"今膏腴所在,非宫掖之私田,则权门之庄宅,民之世业,半为其所蚕并……致使奸猾之徒,窥伺瑕衅,不曰无主荒田,则曰无税官地,献纳于势豪,效奴竖之诚,投溪壑之欲。"⑥

早在宣德年间,周忱就痛诉小民被迫投靠权势之家是人丁流失的最重要原因:"乃所谓大户苞荫者,其豪富之家,或以私债准折人丁,或以威力强夺人

---

① 顾炎武:《顾炎武全集·肇域志》,第 430 页。
② 戴金:《皇明条法事类纂》卷一五《户部类·多收钱粮》。
③ 明(正德)钱琦《东畲先生家藏集》十四《公移·论更化》。
④ 《皇明条法事类纂》十三《户部类·欺隐田粮·禁约侵占田产例》。
⑤ 《皇明条法事类纂》一《五刑类》。
⑥ 萧良幹:《拙斋十议》(《泾川丛书》),《功臣土田议》。

子。赐之姓而目为义男者有之，更其名而命为仆隶者有之。凡此之人，既得其役属，不复更其粮差。甘心倚附，莫敢谁何。由是豪家之役属日增，而南亩之农夫日以减矣。"①周忱所讲的苏松地区情形，因为当地商品经济向称发达，大户富户较他地也多，所以逃避赋役导致的脱漏诡报情形出现得比较早，而且更为严重。相对而言，在社会分工丰富、人民心思灵巧和经济富饶的苏松地区，逃亡他乡的小民还有过得去的出路。

嘉靖末年，何良俊指出江南豪绅阶层兼并人丁的严重现象："自四五十年来，赋税日增，徭役日重，民命不堪，遂皆迁业。昔日乡官家人亦不甚多，今去农而为乡官家人者，已十倍于前矣。"②究其实质，就是权势阶层在与朝廷争夺人丁资源。充足而稳定的人丁资源是国家稳定和安定的前提，但是人丁迅速减少势必导致国家分崩离析之势："民不土著，土崩瓦解之势矣，可不为之寒心哉？"③

究其实质，人丁与田地投靠问题与明代徭役制度设计中的优免待遇有关。正因为这一优免待遇，使得严密的赋役制度中撕开了一个漏洞，而且这个漏洞到了明代中期后就越来越大，以至根本无法弥补。

明廷在开国初设计"优免"制度时，主要为照顾民间古稀老人及守寡节妇等。"凡优免差役，洪武元年（1368）诏，民年七十以上者，许一子侍养，免杂泛差役。二年（1369），令凡民间年八十之上，止有一子，若系有田产，应当差役者，许令雇人代替出官；无田产者，许存侍丁，与免杂役。三年（1370），凡民间寡妇，三十以前夫亡守志，至五十以后不改节者，旌表门闾，除免本家差役。"④同时，对于直接服务朝廷的官员阶层，给予适当的优免待遇。"官员亡故者，免其家徭役三年。"⑤"随朝官员，除本户合纳税粮外，其余一应杂泛差役尽免。又，各处功臣之家，户有田土，除合纳粮草夫役，其余粮长、里长、水马驿夫尽免。"⑥这样的优免仅仅局限于杂泛差役。关于具有科举功名者的优免问题，嘉靖九年才允许灶户户籍中，"内有举人、监生、生员，省祭吏役，照有司事体，一体优免"。⑦

① 周忱：《与行在户部诸公书》，载《昭代经济言》卷二。
② 何良俊：《四友斋丛说》卷一三。
③ 何良俊：《四友斋丛说》卷一三。
④ 万历《明会典》卷二〇《赋役》。
⑤ 万历《明会典》卷二〇《赋役》。
⑥ 万历《明会典》卷二〇《赋役》。
⑦ 万历《明会典》卷二〇《赋役》。

但是,这样的制度设计并未得到严格遵循。随着赋役制度的日益败坏,优免的覆盖范围与事项不断扩大。不管是在任官员,还是退休官员,往往既不交田赋,又不应徭役。有科举功名者往往心安理得地要求享受优免待遇。时间一长,这些优免待遇一律得到默认。到了嘉靖年间,优免范围与事项业已急剧膨胀,远远超出洪武旧制。当时的有识之士只能寻求对优免范围和数量略加限制,已不敢恢复洪武旧制。嘉靖二十四年(1545),"议定优免则例:京官一品,免粮三十石,人丁三十丁;二品,免粮二十四石,人丁二十四丁;三品,免粮二十石,人丁二十丁;四品,免粮十六石,人丁十六丁;五品,免粮十四石,人丁十四丁;六品,免粮十二石,人丁十二丁;七品,免粮十石,人丁十丁;八品,免粮八石,人丁八丁;九品,免粮六石,人丁六丁。内官内使亦如之。外官各减一半。教官、监生、举人、生员,各免粮二石,人丁二丁。杂职省祭官、承差、知印、吏典,各免粮一石,人丁一丁。以礼致仕者,免十分之七;闲住者,免一半;其犯赃革职者,不在优免之例。如户内丁粮不及数者,止免实在之数。丁多粮少,不许以丁准粮;丁少粮多,不许以粮准丁。俱以本官自己丁粮照数优免,但有分门分户,疏远旁族,不得一概混免"。① 由此表明,统治阶层业已默认优免泛滥的现象。优免愈演愈烈之后,所蠲免的钱粮和丁役总数实在令人触目惊心。

嘉靖中期以降,优免范围更加扩大,覆盖的人力与物力增长更加迅速。在曾经担任内阁大学士的吕本看来,余姚"赋役两困"的重要原因就在于,"邑多贵客,科第优免过当"。② 当地情形往往表现为:"迨士人一通籍,辄拥膏腴累千百,而烦役不及,又而诡覆他人田。议徭之日,又且为它素封者请。"③科举功名者得利越多,无权无势的小民利益遭到的侵蚀就越多。"常见青衿子,朝不谋夕;一叨乡荐便无穷举人;及登甲科,遂钟鸣鼎食,肥马轻裘,非数百万则数十万,试思此胡为乎来哉?嗟嗟!……彼且身无赋,产无徭,田无粮,物无税,且庇护奸民之赋、徭、粮税,其入之正未艾也。"④

在日益泛滥的优免制度推动之下,在科举兴盛的江南,实际上就形成了科举功名阶层与无权无势的庶民之间的阶级对抗。在太湖流域的一些州县,如苏州府和湖州府等,甚至对官户与民户分别绘制里图,只要列入儒宦图的,就可以不纳钱粮,不用承担徭役。

---

① 万历《明会典》卷二〇《赋役》。
② 《明书》卷一三二《吕本传》。
③ 魏学伊:《茅詹集》,《两汉名吏纪序》。
④ 陈启新:《陈三大病根疏》,载《明季北略》卷一二。

赋役不均问题的另一重原因在于,科举功名阶层不仅通过优免得以免去本户的赋役,还倚仗势力广纳依附投靠,"听所亲厚推收诡寄,少者不下十石,多者三四十石,乃或至于百石。原有产米在户者,后且收添,又于同姓兄弟先已别籍异居者,亦各并收入户,以图全户优免。或受其托以市恩,或取其津贴以罔利。……势焰者官府固闻风免差,势退者亦能多方攀援以图全免。或一年之内而免数户,或十年之内而免数年"。①

为了遏制优免过度膨胀的数量,一些地方制定规定进行限制。例如苏州府和松江府规定:"凡一品免田万亩,二品以下渐杀,至郎署免田三千亩。其法虽照品递减,大都优京而薄外,下至赀郎、孝廉皆量免。"②仅仅从这样的规定中,我们就可以想见当时优免待遇之惊人。"吴士久安于免役,一旦驱之应役,多以体面不雅,及无家干代力为辞"。③ 权贵阶层在享受优免待遇的同时,有时还变本加厉地向官府索取"私役"。李元阳在《西安府同知朱公光霁墓志铭》中就记载了相关情形:"朱光霁,……[嘉靖十五年](1563)迁知绵州。州多势家,私役州民,乃其常俗。公至,悉除之。一日,有称尚书府家人征州夫栽田者。公曰:'公田乎? 私田乎?'其人曰:'虽私田,旧规也。'公揭律令示之,其人不悟,而索愈固。公呼吏开狱门,出罪囚使领曰:'此数百指,可为栽田用矣。'其人曰:'恐不可。'公曰:'吾亦以为不可。'闻者哄然。"④

在经济相对落后的地区,尤其是在北方、西北和边疆地区,逃亡他乡的小民往往成为流民、游民。有的成为盐工、矿工,有的到荒山野岭中开荒种地,有的甚至啸聚山林为盗一方,直接成为威胁王朝稳定的破坏性力量。《明经世文编》卷二二九《严武备以壮国威疏》中说:"近年以来,水旱不时,国家多事,赋役繁重,民不聊生。而匹夫不逞,一呼成群。小则流剽乡村,阻劫道路;大则攻围城郭,敌杀官军。随灭随起,习以为常。蜀寇甫平而霸贼起,霸贼方息而矿徒作。此徐乐所谓土崩之势也"。就这样,在豪强大户、权势富户与王朝最高统治阶层争夺乡村钱粮的拔河较量中,作为王朝秩序稳定力量的乡村里甲—黄册制度日益破败,农村经济日益残破萧条,人心日益散乱,小农的生产积极性日益下降,大多数人变得越来越怠惰消极。

---

① 聂豹:《双江聂先生文集》卷一《应诏陈言以弭灾疏》。
② 沈瓒:《近事丛残》卷四。
③ 沈瓒:《近事丛残》卷四。
④ 焦竑:《国朝献征录》卷九四。

第三节 伪 册

在奸伪里书们手中,黄册越来越变成有利于豪强大户鱼肉小民的弄虚作假的伪册。例如"查曹(县)之粮差银不过三万有奇,满册诡名诡言,莫知端倪。复业寄压巧立名色,三等九则多方支离"。然而历年上缴的钱粮没有出现什么大亏欠,这是因为它们被转嫁到小民身上,所以"最苦编签差役,独累穷民,富者皆逃于实在地外,丁差不及"。[①] 为什么说三等九则和户则不可信,大多数情况下与社会真实情形颠倒? 这是因为富户大户通过钻营往往被列在下则,而上告无门的小民却被列在中则或上则。"夫审户者,原以为分别贫富当差,为贫者便。而今曹邑数十年来,豪强户尽行花诡,尽逃上则;下户穷民置数十亩之地,从实开报,反蒙并户。县官耳目不及周至,贫者并,富者除,往往皆然。"[②] 曹县县官孟习孔自称万历三十三年(1605)到任之初,"犹执前定户则以拘头役,其间家无寸土,糊口不足,叫号呼天者,皆册中所载中等户则也;其所称下下户者,皆富厚之家所支分节派而来也"。[③]

到了此时,黄册功能已经与初衷背道而驰。它不再是按照田产和人丁多寡征发赋役的根据,而是富户大户贿通官府里书逃避赋役并欺压小民的伪册,实为害民之册。它再也不是洪武年间被设计用来抑制豪强地主、平均赋役负担的稳定王朝统治秩序的良具,而完全蜕变为豪强地主欺压小民的贪赃枉法的恶劣工具。

一些有见识的官员,甚至皇帝也意识到这个问题的严重性。但一种制度相传百多年后,由于形成庞大的既得利益集团,因此要改革或废弃起来必定阻力重重。"海青天"海瑞在任应天巡抚时,面对赋役负担贫富颠倒、右富抑贫的恶劣情形,提出不再以黄册作为赋役依据的建议,遭到豪强地主们群起围攻,其中前任内阁首辅徐阶致信海瑞表示强烈反对:"圣祖疆理宇内,第其赋税,以为黄册,藏诸天府,有司十岁一修而上之,成宪旧章,灿然有也。而忽焉,而灭

---

① 顾炎武:《天下郡国利病书·山东·曹县》。
② 顾炎武:《天下郡国利病书·山东·曹县》。
③ 顾炎武:《天下郡国利病书·山东·曹县》。

焉,可乎?"①抬出所谓祖宗家法,为僵死的与真实情形背道而驰的黄册制度进行强词夺理的辩护。一代名臣徐阶尚且如此,更遑论等而下之的其他豪强地主!

由于到王朝下半叶,黄册基本上丧失原有功能,州县衙门为征收赋役,常常在私下里编制一套实际使用却又不往上送解的册籍,被时人称之为实征文册,或实征黄册,或白册。实征文册出现后,黄册就更加成为虚应故事的老黄历。对上级官府来说,黄册唯一有用的地方,只是它登载有各州县赋役总额的规定。它上面登载的其他繁杂内容,都只不过沦落为了无用的虚文。在心照不宣中,实征文册获得了管理赋役征收的半合法地位。

一些有识之士担心,黄册和实征文册分离,可能造成州县官吏掌握赋役实权而朝廷只掌握虚数的情形。这种情形日益发展,就会导致朝廷行政和财政权旁落州县的后果。这对王朝统治秩序显然是一种威胁。隆庆六年(1572),工科给事中郑岳建议朝廷直接管理实征文册,要求各州县把实征文册和黄册一起送解到后湖,以便朝廷能够掌握赋役负担较为真实的情形。《后湖志·大查钜典议处宜周谨陈愚见以重皇图事题本》记载,万历二十年(1592),南京吏科给事中陈容淳建议,以实征文册代替黄册。他指出:"臣查得二十年分黄册,如浙江所属州县,应天所属六县,宁国所属五县及广德、建平等处,不依旧册,俱照实征,简而不烦,核而可据。百年积弊一旦更新,诚为明方之式也。伏乞勅下该部转行各省抚按官,其册之已解与造之已完者势难另造,姑准收查。其经始攒造者务照浙江、应天实征之例,永为定式。"

但是,这些官员的建议都遭到强烈反对。大多数占有黄册带来的既得利益的州县官吏和里书们自然纷纷反对,后湖黄册库的大多数官员同样反对。有意思的是,一些正直的有识之士也对此持反对意见。他们担心改用实征文册的话,可能会在各州县衙门掀起新一轮借实征文册欺诈舞弊的恶行,实征文册很快也会像黄册那样沦落为伪册。他们担心,这样一来,各州县官府为减轻各地负担,会大大降低税粮总额,从而不利于朝廷的财政稳定。由此可见,此时的朝廷遭到各种既得利益集团包围,又受困于种种陈年旧例和过时变质的旧章成宪,已经难以推行合理和重大的改革举措。事实上,即使在正直大臣的极力呼吁和主持下,实征文册如果能推行和代替黄册的话,效果也好不到哪里去。因为它的编制本身就掌握在州县衙门和大户富户手中,而且它本身就是

---

① 徐阶:《世经堂集》卷二十二《与抚按论均粮书》。

在承认往年弊害变乱与很大程度上满足和照顾大户富户利益的前提之下产生的。

《天下郡国利病书·浙江·宁波府志·田赋书》记载赋役的弊端不可胜言，"大约田不均而名目烦，则其弊在法而不在人。赋一定而科敛重，则其弊在官而不在法。田画一而欺隐作，则其弊在民而不在官"。自洪武到嘉靖年间，已经"几造黄册矣。然今之粮皆洪武初年之粮，而今之田则什二三耗，非洪武初矣"。年年有抛荒的田，而新涨海涂江边的田又不报官入册，何况"猾民作奸，乃有飞洒诡寄虚悬诸弊"。因此没有田地的人家黄册上载有田地，有田地的人家而黄册上却载着没有田地。黄册上登载田地的轻重多寡，并非确实数据，"名为黄册，其实伪册也"。

什么是飞洒？飞洒就是"富人多田，患苦重役"，于是就贿赂奸诈的书手，向其他小民转嫁税粮，"积数十户，可洒田以十计，洒粮以石计，而书手则岁收其粮差之筭。其被洒之家，必其昧不谙事，或朴懦不狎官府者也"。什么是诡寄？诡寄就是"多田之家，或诡入于乡宦举监，或诡入于生员吏丞，或诡入于坊长里长，或诡入于灶户贫甲，或以文职立寄庄，或以军职立寄庄，或以军人立寄庄"。诡寄的办法形形色色，不一而足。真是"八仙过海，各显神通"！什么是虚悬呢？虚悬就是"赵甲有田而开与钱乙，钱乙复开与孙丙，孙丙复开与李丁，李丁复开与赵甲。李丁有开，赵甲不收，则并田与粮而没之矣"。如果说飞洒者损人以利己，诡寄者避重而就轻，那么虚悬的后果就是一切都被欺隐而逃避国家赋役。另外还有弊端。比如有的田主贿赂书手，在名义上将田地和相应赋役归于书手，而书手则利用职务之便，将相应赋役分洒于一里百户之内，将它逐渐消化，这就叫作"以影射为奸者"。有粮存而田地不相称的，就捏造为官田，以一埋十，这被称为"挪移为奸者"。有买田十分而仅在契约上开八九分的，将遗下的一二分名义上仍放在原田主那里；或者买田时收田，却不收相应税粮，使卖主遭受损害，这被称作"以买户为奸者"。反之又有"卖户为奸者"。有买主已收田地，而对卖主来说，在契约上没有写明被卖，使一田粮差由两户来当，显然对买主有利，这就叫作"以干没为奸者"。"或欲加之粮也，则不加其户之田亩，而以重则移轻则，或岁为之飞洒，见其粮之增也，则反诬为虚悬，此以欺罔为奸者也。凡此神妖鬼怪，不可殚述。"

这种种欺诈作弊的手法，都可以通过贿赂各级官吏，而在黄册上得到正名。所谓"印于黄册，不可易矣，则公为洗补。不得于小里，则货都总妄坐于小里。不得于都总，则货县总妄坐于都总"。每当出丁差之时，里书就收取富户贿赂,为他们减轻负担。如果有人告发,他们就"复暗贿该吏,盗库册洗补而改移之"。如果又有人告发的话,因为其时县吏与富户已是同坐一条赃船,所以就"谋盗府册洗补而改移之如县册"。如果再有人告发的话,就贿赂告发者罢手。

第四节　里甲制度的瓦解

明初建立里甲制度的重要基础在于较为充足的土地与较为稳定的小农经济。但是,随着土地兼并日益发展,土地不断减少的里变成穷里,在外都外里大量购置田产的里则成为富里。"盖往因里甲不限田,故奸民意将田地诡寄富里,以致富里之民虽田盈千亩,一役不沾,患里(按即穷里)之民虽户无立锥,且充数役。"①

随着小民土地日益流失,里甲不可避免地走向没落。"夫里甲之制,即比闾族党之遗也。然田不井授,里甲安可常哉!夫十户为甲固矣,尝凌虐小民,今户已亡,里亦不能独支!"②里甲人户在繁重赋役的逼迫下,往往被迫逃亡。嘉靖四十一年,海瑞在就任江西兴国知县后,就痛切地指出:"嘉靖三十年(1551)以前,(兴国)犹四十里,今止三十四里,卑职到任后,极为招徕,今亦得四十里。其间半里、一分、二三分里分尚多。通十排年计之,该五百七十七人,今止有四百三十二人,其间有里第而全无甲首者,有有甲首而止存一二户,户止一二人者。"③

正统和景泰年间后,里甲日益受到严重冲击。由于田赋过重而出现普遍的逋赋现象,由于徭役过重而造成人户大量逃亡。"里甲寥落,户口萧条"。④"里无全甲,甲无全户"。⑤ 如此现象,到处都有。嘉靖年间,"有一里仅存四五甲者,有一甲止存一二口者"。⑥ 一些地方由于大部分里甲缺额严重,官府只好

---

① 天启《海盐县图经》卷六《食货篇》第二下。
② 隆庆《岳州府志》卷一一《食货考》。
③ 海瑞:《海瑞集》上集《兴国八议》。
④ 《陕西通志》卷八六引马懋才:《备陈灾变疏》。
⑤ 万历《白水县志》卷一《里甲》。
⑥ 顾炎武:《天下郡国利病书》卷三三,《江南》二一,引《凤阳府志》。

裁并里甲:"海门县旧额三十七里,今归并一十四里"。① 严峻的现实在于,人户虽然大减,里甲虽然裁并,但是"役作不减,差税频增,用是民生日蹙而县事日罢"。②

在里甲不断破败的过程中,有些老实的里长甲首由于不堪赔垫而倾家荡产,但也有些狡诈的里长甲首沦落为敲剥小民钱财的豺狼。"里正疲于徭税,偷薄狼戾,先自里正倡之也。其徒至有钱粮不认父子之谣"。③ 海瑞就曾指责某些里长为非作歹的情形:里长"凭势作威,当大役而有壮丁之重派,应卯酉而有连累之诛求,或混扶甲首以显售其奸诡之谋,或妄开甲干,以阴行其贿赂之术。有钱者遍为回护,善柔者不行扶持。事兼利己则同甲首作弊以欺府、县,事止利己则假府、县名色而剥甲首,百计取钱,无心抚恤,致使村野萧条,甲首流离。剥其子以厚其身,竭泽而渔,明年尚有鱼乎!"④ 可见,到了明代中叶后,里甲制度日益沦落为基层吏胥敲诈扰民的工具,沦落为导致科派不公与赋役不均的黑暗深渊。为了对赋役制度进行彻底改革,就有必要整顿里甲制度。

赋役制度和黄册制度的逐渐瓦解,对里甲制度产生了强烈冲击。这种冲击首先表现在里甲人口的日益下降。《天下郡国利病书·江宁·上元县志》记载:"嘉靖末年,户口尚及正德之半,而今才及五分之一,非必人户流亡至此极也。大都赋役日增,则逃窜日众。又国初里甲什九,坊厢什一;本田什九,寄庄什一。其后田赋日增,田价日减,细户不支,悉鬻于城中。而寄庄滋多,寄庄田纵千亩,不过户名一丁,后或加一二丁,人且以为重役。其细户田既去,则人逃,即不逃而丁日削,势固然也。"

在人户脱漏和钱粮诡报情形的持续冲击之下,作为黄册制度基层单元的里甲制度,变得越来越残破支离,越来越与乡村的真实情形背道而驰。《天下郡国利病书·陕西·凤翔府志》记载:"里甲贫民多至游移,豪右者或据其业,久假若真。即又张大声势,而游移者惧,自远徙,于是户口渐减矣。况老书點算交倚责重,反覆相幻,以故诡寄田粮,多寡交错,诸役纷纭,日异月殊,虚陪课程,指名责实。此奸伪日滋,积弊日深。"

《天下郡国利病书·江宁》引《寄庄议》说:一里十甲,一甲十排,一排十户,这是正法。十户之外有奇零户,"至若寄庄户,则人非版籍,徒以田产置在各里

---

① 嘉靖《通州志》卷三《里役》。
② 万历《白水县志》卷一《里甲》。
③ 王夫之:《噩梦》。
④ 海瑞:《海瑞集》上编《里长参评》。

而得名者也。其人或为流寓，或系邻封，此等通天下皆有，而惟南都为最多"。因为南都即南京有三十六卫，有各衙门，有钦天监太医院等役，又是四方流寓之民集中会聚的地方。这些人都得置买田产，所以寄庄比其他地方要多。"然此寄庄皆富室，乃贫民之所依，可有而不可无者也。何则？往昔田粮未均，一条编未行之时，有力差一事，往往破人之家，人皆以田为大累，故富室不肯买田。以致田地荒芜，人民逃窜，钱粮拖欠，几成弊县矣。""赖巡抚海公均田粮，行一条编法，从此役无偏累，人始知有种田之利，而城中富室始肯买田，乡间贫民始不肯轻弃其田矣。至今田不荒芜，人不逃窜，钱粮不拖欠，而价日贵，亦由富室买田之故也。盖贫民种田，牛力粪草不时有，塘池不能而深，堤坝不能筑而固，一遇水旱，则付之天而已矣。今富室于此等，则力能豫焉。故非大水旱，未有不收成者。况富室不能自种，必业与贫民。贫民虽弃产，而实与富室共其利。"在寄庄中，富室与贫民在某种意义上结成了一个有机共同体。贫民的牛力种子出自富室，钱粮办于富室。遇到水旱时，贫民又可告货于富室。贫民出力耕种，收获时贫民与富室各得一半。

《天下郡国利病书·淮徐·清河志》记载了里甲制度的败坏："奈何淮北诸地，富者习为商贩牙侩，未必有田；有田者习为诡隐，未必有粮。粮税乃悉归于单弱之丁、逃绝之户。每遇催科，责并该里，见户则相率而逃。以故蒿莱极目，一望率几十里。"静海县里甲败坏的情形是："嘉靖初，差科道官查勘。称静海县原额一十九里，编户三千三百。十余年来，逃移灭绝，已过其半。止并得八里，人户九百而已。皆因本县地土尽为皇亲势家所夺，无复余地可以耕种，因弊至此。"[①]王朝广大乡村的真实情形是里甲寥落，人户萧条。当出现所谓里无完甲情形时，王朝出现"体无完肤"而溃烂的后果也就为时不远了。到了王朝中后期，有的里仅存四五甲，有的甲仅存一二口人丁。《天下郡国利病书·江南·宜兴县志》记载：国初年间"每十年一造册，其丁口添减，田产开除，皆照见额，法已密矣。但岁久人玩，弊端渐生。或有户无人（花分之弊），或有人无户（诡寄之弊），或载丁不实（谓已成丁而受其贿则隐不上册）。其户口之或多或寡，册俱不足凭也。"

也就是说，在王朝初创时期，黄册制度曾经是人户和田产比较可靠的记载，但到了中后期，却已经不可信。黄册甚至被指斥为伪册。《天下郡国利病书·河南·固始志》谈到户口问题时说："嘉靖壬寅，知县张梯按旧册，百岁未

---

① 顾炎武：《菰中随笔》（三卷本）卷二。

除,嫁女尚造。乃令开旧报新,使流移归编户,而脱漏者无容,死亡免造入,而成丁者咸在,以故户增而口减也"。编志者的分析基本是对的:认为丁口减少的原因是小民畏惧丁役之累,不敢完全如实相报。但结论却有点莫名其妙:"是故观户而知国运大盛,观口而知藏富之仁"。其实开旧报新之后户有一定增加,无非因为当时官府在乡村基层还有一定行政和执法动员力,而这种动员力,尚在维持统治的朝廷都应该具备。但是人口减少,实则是因为小民逃亡和豪强大户的苞荫,恰恰说明小民的日益困弱和豪强大户的日益横富,说明这种富不是藏在民间,而是被畸形地霸占于豪强大户手中。编史者这样说,无非是要在修地方志时照例粉饰太平,不惜歪曲事理地歌功颂德一番。

《天下郡国利病书·山东·汶上县志》记载:里甲制度推行日久之后,"丁产之息耗渐殊,而徭之输充弗改,则轻重之间规避自生矣。试按今之图籍,有一甲之农中敌一社者,尚可分里以役之乎?今之里胥有单贫已极者,尚可按籍以定之乎?"《天下郡国利病书·浙江·海盐县志·户口》记载,明代开国后,赋役经丁而定,"后渐参验田粮多寡,不专论丁。而东南开垦益多,地利逾广,其势不得不倚重田亩,以金派里役。于是黄册之编审,皆以田若干为一里,不复以户为里。人丁之附田以见者,尽花分诡寄之人所捏造,而非真名。滋生者不入册,乌有者终游移,至田去名存,无人顶认,而籍滋脱漏之奸,民增赔贩之累矣"。《天下郡国利病书·陕西·洮岷》"里社论"认为:"今之版籍乃贫小之赘疣,公府之虚券也。以虚券而责实征,譬之半疋制长衣,奚止捉衿露肘。羸夫肩重担,能无颠仆倾踣。又如内耗之人,仪貌容观岂不伟然,而精神气脉消铄殆尽,止可苟岁月,而能当寒暑哉!"比如安定县册籍上载有二千二百户,实际仅存四百,于是就以四百户应二千二百户差役。通渭县册籍上载有一千六百户,实际仅存六百,于是相应地就以六百户来应一千六百户差役。

《天下郡国利病书·北直隶·大名府志·田赋志》记载:"洪武时,境内州县为里三百五十二。弘治十五年(1502),则益二百二十有七。"洪武至弘治年间,人户一直有所增加。正德以后,"征需滋烦,民或不给,间多水旱凶荒,数转徙无著"。导致的结果是:"里甲渐耗,减其里六十有一,减其户一千九百四十九。"关塞北方之地疲于戍守,江南百姓深受岁征之苦,淮河济河下游一带,都奔波于夫役。大名诸州县号称河北沃土,但户口日渐消耗的原因又何在呢?州县父老们的说法是:"江南之患粮为最,河北之患马为最。且故时俵马率随孳生,近则必市西马,费每数倍。近年以来,额外复有余地之征,民不堪命。"

《天下郡国利病书·福建·福州府志·户口论》指出,历朝历代的人口规律,都是天下承平日久之后,户口逐渐增长。但是福州人口,正德年间比洪武年间仅仅增加十分之二,正德之后却没有增加。按道理说,国家承平二百年,人口应该数倍于洪武年间才是。"而民不加多,岂有是理哉!抑或有司未稽其实,而奸胥蠹吏,得为侥幸者地耳!旧制凡十载一籍其民,大抵足旧数而止,此弊政也。"这种弊政导致的结果是,"豪宗巨家,或百余人,或数十人,县官庸调,曾不得征其寸帛,役其一夫。田夫野人,生子黄口以上,即籍于官。吏索丁钱急于星火,此所以贫者益贫而富者益富也"。

在人户日益逃亡后,再以丁为金派徭役对象,就难以确保向官府稳定地提供徭役。有识之士因此转而按田计役。这是因为,"人户虽有逃户,土地只在本处"。① "土地万世而不变,丁口有时而盛衰,定税以丁稽考为难,定税以亩核为易。"②依据这样的宗旨,海盐知县蔡逢时于万历九年推行"均田法",根据"照田认役"的派役原则:"议将乡宦田地,科甲出身者各免田若干,贡士生员吏丞各免田若干,其余田地,通融均派于一千六百一十名里长,里内每甲限田若干,先行准收,次行均甲,又次编审。编审之时,以三百余亩之家编里长一名,必不得已以二百亩之家为,拨小户助之。"③也就是依据拥有田产的多少来金派里长,主要由拥有三百亩者充当里长。徭役征发既然转向按田金派,那么依据人户编造里甲就变得没有意义和作用了。因此,在此之后,编造黄册时往往按田来划分里甲。例如在海盐县,"国初编审黄册以人户为主……而(明后期)东南开垦益多,地利愈广,其势不得不倚重田亩以金派里役,于是黄册之编审皆以田若干为一里,不复以户为里"。④ 在这种情形下,里甲就无法再发挥将劳动力束缚于土地之上的作用。"户不投甲,甲不投里。"⑤无有田产之人,"则脱然成为世外之游民,而天子不能使,邑宰不能令"。⑥

里甲的没落,同样表现于里甲与赋役之间的联系日益淡化。明代中叶后,连续不断的徭役制度改革,内在宗旨在于摊丁入地和力役折银。在有些地方,里甲与徭役甚至已经分离。万历四十六年(1618),河南道御史房壮丽上疏中就指出:"自条鞭法行,州县派征钱粮,俱令花户自行纳柜,里书排年无所容其

① 《古今图书集成》《食货典》卷一四二《赋役部》。
② 张萱:《西园闻见录》卷三二《赋役》前。
③ 天启《海盐县图经》卷六《食货篇》第二下。
④ 天启《海盐县图经》卷六《食货篇》第二上。
⑤ 张萱:《西园闻见录》卷三二《赋役》前。
⑥ 《古今图书集成》《食货典》卷一五二《赋役部》,洪懋德:《丁粮或问》。

奸,法至善也……曩令襄陵时,见河东一路州县,二门外俱设有收头房八间,昼则收银,夜则收柜,次日即令自倾成锭,或有司领解,或解户领解,并不入库折封,惟悬锣严谕平收,及按期责令销批附卷。此法最宜行之今日。"[1]这种柜银制度高度简化征收手续,基本解除里长和甲首催征赋役的职责,也可避免里胥在征收环节中上下其手的贪腐行为。

伴随着里甲制度的没落,里长权力逐渐弱化,从明初令人羡慕的职役,转而成为鸡肋之职,甚至让人退避三舍。明代初年,在湖广孝感县,"故老相传,洪永间里排衣绮衫,设竹板,到花户(即甲首)家,坐上坐,征催用刑,花户不敢齿"。[2] 在福建惠安县,"常例里长上役,甲首百户皆贺"。[3] 但是嘉靖以后,里长甚至被人认为是一种避之唯恐不及的职役。例如在南宫县,"今皆苦于诛求,(里长)辄受笞榜械之辱,微知自爱者,必百计祈解"。[4]

---

① 《明神宗实录》卷五七六。
② 康熙《孝感县志》卷五《风土考·习俗》。
③ 叶春及:《叶斋先生全集》卷九《公牍》二《谕里长》。
④ 嘉靖《南宫县志》卷二《职役》。

第二章　赋役问题

明代赋役以黄册为依准。建国初期，明太祖颁布将奴仆从豪强阶层中解放出来的旨意，又连续打击豪强地主的土地兼并，既有利于自耕农经济的恢复和发展，也便于国家直接掌握户口和田地。除了黄册以户为主的编纂之外，明廷又编纂以土田为主的鱼鳞图册。以黄册和鱼鳞图册为基准的赋役制度的建立，有力稳定了明代初期的统治秩序。

相较于元朝，明初赋役普遍比较轻，唯独江南地区较为沉重。明朝田赋改革的一个重点，就在于解决江南官田重赋问题。江南逋赋问题愈演愈烈的根本原因在于，没官田与还官田起科过重。在沉重的赋役压迫下，小民以几十亩耕种田产所入，却往往无法承担一年的赋役。黄册上登载的田地与实际田地亩数通常脱节很大，致使赋役负担轻重失衡。

第一节　明初赋役制度的成效

明代地租通常分为实物租、力役租与货币租。实物租是明代地租的主要形态，分为分成租与定额租。分成租与定额租往往交织在一起。在明代地租中，实物分成租占有一定比例。例如河北景州"主田者为庄家，招佃者为客户。客户具牛四头，谓之陪牛。春种，若谷黍之类，出之庄家；秋粮，若豆麦之类，主、客各出一半，秋则均分"。[1] 明代地租的主要租制是实物定额租。例如太仓"民间田亩，亩课租米一石"；[2] 吴江和昆山"小民佃种富民田，亩输私租一

---

① 万历《景州志》卷一《风俗》。
② 崇祯《太仓州志》卷四。

石"。① 从实物分成租中往往演化出实物定额租。因为定额通常根据中等偏上年景的收获物分成量来确定,所以定额租比分成租往往要稍稍高一些。

明代中期以后,赋役制度不断变化,总的来说是由实物形态向货币形态演变。尤其是一条鞭法的实施,有力推动了实物租向货币租的转化。在实物租向货币租转化的过程中,出现了一些中间环节,例如货币预租、押租和折租。顾炎武在《天下郡国利病书》卷九三中就记载了押租的情形:"缘得田之家,见目前小利,得受粪土银若干,名曰佃头银",而使"田入佃手"。

官田与公田中,货币地租出现得比较早。"国初,民屯田地一例征银当差"。② 进入明代中期后,王府庄田往往征租银,长沙的吉府庄田"自成化十七年起至正德元年止","每亩征银四分"。③ 在民田中,种植经济作物的山地与园地征租银的情形出现得比较早。例如《窦山公家议》中就记载了这样的情形:"一号,汪可住基并高塝园地壹块,计租银""一号,观音堂边地,计叁分,连前号地,嘉靖四十二年重立租约,王祖交银叁钱六分,王富交银贰钱六分","一号,仁山公朝山脚凤凰坦外边地贰块,嘉靖三十六年王银保重立租约,每年交租银贰钱肆分"。④ 广东新会种植蒲葵树的"葵田","岁之租,每亩十四、五两"。⑤

一般来说,中国历代王朝创建初期的赋税比较低,明朝亦是如此。明太祖朱元璋出身社会底层,做过和尚,流浪过也乞讨过,深知民间疾苦,因此开创明朝后一直采取右贫抑富的扶助农民政策。明太祖尚为吴王时,就将赋税确定为十分之一,役法则计田出夫。赋役法以黄册为依准。"册有丁有田,丁有役,田有租。租曰夏税,曰秋粮,凡二等。……役曰里甲,曰均徭,曰杂泛,凡三等。以户计曰甲役,以丁计曰徭役。"⑥建国初期,太祖还为此特地颁布将奴仆从豪强阶层中解放出来的旨意:"曩因元末大乱,所在人民或居乡里,或避难他方,势孤力弱,或贫乏不能自存。庶民之家为奴者,诏书到日即放为良。毋得羁留强令为奴,亦不得收养大者,违者依律问罪,仍没其家口分给功臣为奴驱使。"⑦

顾炎武在《日知录》卷十《苏松二府田赋之重》中引杜宗桓的话说,"至于我

① 《明史》卷七八《食货志》二《赋役》。
② 沈榜:《宛署杂记》卷八《官庄子粒》。
③ 《议处吉府田租》,转引自王毓铨《莱芜集》,中华书局1983年版,第220页。
④ 程钫:《窦山公家议》卷四《田地议》。
⑤ 屈大均:《广东新语》卷一六《器语·蒲葵扇》。
⑥ 《明史·食货志一》。
⑦ 朱元璋:《洪武五年五月诏》,《明典章》。

太祖高皇帝受命之初,天下田税亦不过三升五升,而其最下有三合五合者"。①
顾炎武同时又在《天下郡国利病书》中引丘濬《大学衍义补》,指出苏州与松江
一带税粮负担之沉重:"我朝天下田租,亩三升三合五勺。苏、松后因籍没,依
私租额起税,有四五斗、七八斗至一石者。苏在元粮三十六万,伪吴百万,今二
百七十余万矣。臣按今日粮额之重,莫甚于苏州矣。"由此可见,除苏州和松江
两府之外,"于是天下之民咸得其所"。

　　鉴于元代政治败坏于胥吏的深刻教训,明太祖崇尚严酷的法制,对贪官实
行剥皮实草等酷刑,又屡次三番打击豪强地主的土地兼并。明太祖的这些措
施,一方面有利于国家编户齐民即自耕农经济的恢复和发展,另一方面也便于
国家直接掌握户口和田地。为了更严密地掌握天下人口与田地情形,洪武十
四年(1381),朝廷诏告天下编纂赋役黄册,"以一百十户为一里,推丁粮多者十
户为长,余百户为十甲,甲凡十人。岁役里长一人,甲首一人,董一里一甲之
事。先后以丁粮多寡为序,凡十年一周,曰排年。……每十年有司更定其册,
以丁粮增减而升降之"。② 编纂的册子有四本,一本上呈户部,由布政司、府和
县各存一本。上呈户部的册子,由于册面采用黄纸,因此称为黄册。自此以
后,黄册成为国家向民众征调赋役的重要依据。黄册每十年一大造,"有司将
定式给坊、厢、里长,令人户诸丁口、田塘、山地、畜产,悉各以其实自占,上之
州、县。州、县官吏查比先年册诸丁口,登下其死生;其事产,田塘、山地贸易
者,一开除,一新收,过割其税粮。其排年坊、里长消乏者,于百十户内遴丁粮
近上者补之。有事故户绝者附畸零"。大造黄册时,必须由本户填写或根据本
户报的情况代为填写表册,称之为"亲供"。对里长甲首等"团局造册,科敛害
民"等欺诈钱财的情形,官府的惩罚极为严厉。黄册将人户分为三等:民户,军
户和匠户。与此同时,称逃避徭役的人户为逃户,称因年岁饥馑或避兵到处流
徙的人户为流民。

　　明代田地主要分为官田和民田。官田包括"宋、元时入官田地,还官田,没
官田,断入官田,学田,皇庄,牧马草场,城壖苜蓿地,牲地,园陵坟地,公占隙
地,诸王、公主、勋戚、大臣、内监、寺观赐乞庄田,百官职田,边臣养廉田,军、
民、商屯田"。其余则称为民田。

　　除了黄册以户为主的编纂之外,为了掌握田地情形,明廷又于洪武二十四

　　① 顾炎武:《日知录》卷十《苏松二府田赋之重》。
　　② 《明史·食货志一》。

年(1391)编纂以土田为主的鱼鳞图册,"命国子生武淳等分行州县,随粮定区。区设粮长四人,量度田亩方圆,次以字号,悉书主名及田之丈尺,编类为册,状如鱼鳞,号曰鱼鳞图册"。编纂鱼鳞图册的目的在于:"鱼鳞册为经,土田之讼质焉。黄册为纬,赋役之法定焉"。① 鱼鳞图册本质上是明代全国土地的总登计簿。"旧制,丈量之法有鱼鳞图,每县以四境为界,乡、都如之,田地以丘相挨如鱼鳞之相比,或官或民或高或圩或腴或瘠或山或荡逐郧细注,而业主之姓名随之。年月卖买则年有开注。人虽变迁不一,田则一定不移,是之谓以田为母,以人为子,子依乎母而的的可据。"②

明廷重视鱼鳞图册编纂,与元代中期以后土地兼并和隐漏情形日益严重的情形有关。元代中后期,铁脚诡寄(以田产诡托亲邻佃仆)和通天诡寄(乡、里欺州、县,州、县欺府)情形层出不穷。为了稳定统治并建立可靠的财政制度,明王朝必须解决土地问题,并加强对豪强地主的打击。《洪武十年三月诏》为此谕示天下:"各处有田奸顽之家,将田地诡寄人名下,诏书到日,受寄之家出官首告,就将本田赏与,永为己业,当处有司便给与执凭。"③

从《天下郡国利病书·扬·扬州府志》有关扬州赋役变迁的记载中,我们可以认识到明代初期赋役是比较轻的:"国家稽古定制,以版籍覆天下丁甲,而赋税一以田亩为定。时海内甫平,民新出汤火,扬州土著仅十八户,已渐复四十余户。自余多流寓,有军民匠灶力士校尉马船户之属,毕以其业为籍。有司更十岁一清覆,按其户口登耗兴事产田粮收除之数,以审均其徭赋如令。""其后法则有里甲均徭及杂泛诸役,悉倚办于民。当是之时,淮南地博衍,九田土民得以其实自占,多沃壤、诸塘荡滩场茭牧种殖之利,悉捐以听民,不领于县官经费。时则靡有旱涝淫溢之灾。而国初法令严察,吏靡所缘为奸,于税粮易供,即赋重而民不称惫焉。"与之相对,苏州、松江、嘉兴与湖州等府,明太祖因为痛恨它们曾经效忠于张士诚,因此毫不留情地将豪族和富民之田籍没为官田,依据私租额收税,其中浙西亩税甚至有高达二三石的。相对而言,苏州田赋最重,松江、嘉兴、湖州其次,常州和杭州再次之。

顾炎武在《日知录》"乡亭之职"中指出:"明初以大户为粮长,掌其乡之赋税,多或至十余万石。运粮至京,得朝见天子。洪武中,或以人材授官。至宣德五年(1430)闰十二月南京监察御史李安及江西庐陵吉水二县耆民,六年

① 《明书》卷六十八《赋役志》。
② 顾炎武:《天下郡国利病书·武进县志·额赋》。
③ 《明典章》。

(1431)四月监察御史张政,各言粮长之害,谓其倍收粮石,准折子女,包揽词讼,把持官府。累经禁饬,而其患少息,然未尝以是而罢粮长也,惟老人则名存而实亡矣。"

以黄册和鱼鳞图册为基准的赋役制度的建立,有力稳定了明代初期的统治秩序。除此之外,明太祖号召百姓积极开垦荒地,并为此设立司农司,"开治河南,掌其事。临濠之田,验其丁力,计亩给之,毋许兼并。北方近城地多不治,召民耕,人给十五亩,蔬地二亩,免租三年。每岁中书省奏天下垦田数,少者亩以千计,多者至二十余万。官给牛及农具者,乃收其税,额外垦荒者永不起科"。①洪武元年(1368),明太祖下旨,允许百姓开垦各处荒芜空闲的田地,开垦之后永为开垦者所有。不仅如此,开垦者可以免去杂泛差役,三年之后才按民田标准征税。

明廷为鼓励农民积极开荒,使他们无后顾之忧,洪武五年(1372)再次颁布旨意:"若有丁力少而旧田多者,不许依前占护,止许尽力耕种到顷亩,以为己业;若有去时丁少、归则丁多而旧产少者,许于附近荒田内,官为验其丁力,拨付耕种为业。敢有以旧业多余占护者,论罪如律。"②如此一来,就将新的产权确定下来,从而有利于民心稳定,有利于自耕农经济的发展。这可以说是明代初期的土地改革。

在大力奖励垦荒的同时,明太祖也不时下诏蠲免赋税。"太祖之训,凡四方水旱辄免税,丰岁无灾伤,亦择地瘠民贫者优免之。凡岁灾,尽蠲二税,且贷以米,甚者赐米布若钞。"③明太祖对救灾和办理灾蠲事务迁延之人,极为不满。户部主事赵乾救助荆蕲水灾,却迁延半年,明太祖将其诛杀。青州遭旱蝗之灾,当地官员未曾上报,因此遭到逮捕审讯。明太祖"在位三十余年,赐予布钞数百万,米百余万,所蠲租税无数"。④

奖励垦荒和轻税政策,有力推动了垦田数和人口的增长。洪武二十六年(1393),全国户口一千零六十五万二千八百七十,人口六千零五十四万五千八百一十二。据《明太祖实录》记载,从洪武元年(1368)到十三年(1380)之间,全国增加的垦田数就达一百八十万三千一百七十一顷,达全国田地总额的约一半。到了洪武二十六年(1393),田地总额更进一步增加到八百五十一万七千六百

---

① 《明史·食货志一》。
② 《皇明诏令》卷二《正礼仪风俗诏》。
③ 《明史·食货志一》。
④ 《明史·食货志二·赋役》。

二十三顷。随着垦田面积的增加,国家田赋收入也迅速增长。洪武二十六年(1393)的本色税粮入人为三千二百七十八万余石,相比于元朝的岁入一千二百一十一万余石,增加了近两倍。

从历史的客观角度来看,明太祖严厉打击旧豪强地主的措施,借胡惟庸案、蓝玉案、空印案和郭桓案打击新旧豪强地主的严峻作法,有利于抑制土地兼并,从而有利于自耕农经济的发展。

第二节　苏松重赋问题

相较于元朝,明初赋役普遍比较轻,唯独江南地区较为沉重。顾炎武在《天下郡国利病书》中引丘濬的话指出:"赋出天下而江南居十九,以今观之,浙东西又居江南十九,而苏松常嘉湖五郡又居两浙十九也。考洪武中天下夏税秋粮以石计者,总二千九百四十三万余,而浙江布政司二百七十五万二千余,苏州府二百八十万九千余,松江府一百二十万九千余,常州府五十五万二千余。是此一藩三府之地,其民租比天下为重,其粮额比天下为多。今国家都燕,岁漕江南米四百余万石以实京师,而此五郡者几居江西湖广南直隶之半。自宣德正统以来,每择任有心计重臣巡抚其地,以司其岁入。盖以此地朝廷国计所资故也。窃以苏州一府计之以准其余。苏州一府七县,其垦田九万六千五百六顷,而居天下八百四十九万六千余顷田数之中,而出二百八十万九千石税粮。于天下二千九百四十余万石岁额之内,其科征之重,民力之竭,可知也已。谚有之曰:苏松熟,天下足。"[1]《肇域志》中同样强调了苏州府的重赋问题:苏州府"惟是田居天下百分之一,而赋当天下百分之九,国家常倚办焉"。[2] 基于苏松两府沉重的赋税负担,丘濬请求朝廷适当减轻这两个地区的赋税。在他看来,通过减轻赋税,既不至于影响国计,也有利于民生复苏,能够缓和人户脱漏和田地诡寄情形,从而有利于社会秩序安定。

周忱在宣德年间巡抚江南,同样意识到这一地区财赋独重的问题。例如嘉定"论田功则忧灌溉之艰,故称沙瘠之地。其田不得与他州县比。自唐天宝

---

① 丘濬:《大学衍义补》,见《天下郡国利病书·苏松常镇·苏州府》。
② 顾炎武:《顾炎武全集·肇域志》,第45页。

之后,江淮租庸,已称繁重,固有民力竭矣之叹。今考宋世苏州之税,几三十余万石。迄元乃增至八十余万石。则嘉定财赋之数,亦可仿佛见矣。国家王业实始东南,而苏州最后服,盖暴骸酿血以抗王师者十余年。高皇帝愤其民为张氏死守,籍诸豪家田入官,稽其租籍以定税科。于时田有二等,曰官田,曰民田。嘉定重额至有七斗三升者,民不能支。后三年,而苏州积逋三十余万石。奏上,上恻然哀之,屡下宽贷之诏。至十三年,命减其额。自永乐北都,挽输道远,加耗滋多。苏州积逋至七百九十万石"。① 周忱发现嘉定这一问题之后,心中震惊,召集当地父老询问详细情形,与苏州知府况钟共同上奏,请求朝廷减赋八十余万石,由是百姓得以小康。周忱"精思民事,于是创为平米法。官民田皆画一加耗。初年正米一石,加耗米七斗,计输将远近之费为支拨。支拨之余者,存积县仓,曰余米。次年余米多,正米一石减加耗为六斗。又次年,余米益多,减加耗为五斗。最后令县各立仓贮余米,曰济农仓"。②

永乐年间,朝廷迁都北京,江南税粮开始通过京杭大运河运往北京,耗费民力甚多。"永乐中,会通河成,始罢海运。苏州之粮,用民运至济宁,以漕河船递送至京师,谓之转运。农民不习河淮之事,多触风波陷没。且往复经岁失农时,劳费于正粮数倍,民以为不堪。"为此,明廷采用平江伯陈瑄的建议,"令民运至淮安瓜洲,出耗脚搬剥芦苇楞板之费,对船贴兑于军,谓之兑运。民犹以为不堪"。到了成化七年(1471),都御史滕昭进一步建议,"罢淮瓜之运,令官军于水次交兑,而加过江之耗,所谓长运也"。③ 通过漕运折银,嘉定之民受惠良多。嘉定赋税远远超过宋代时苏州一郡赋税的数量,"而民犹得父子相保者,则漕折之功哉!今五六年来,田野益辟,垣屋益广,则去繁苛之条,立平易之法,而征徭不扰之效居多也。民生其间,谨身节用,勤修稼穑之业,亦可以称太平之民矣"。④ "永乐以来漕运愈远,加耗滋多,乃至三百万石。宣庙深悯斯民之困,特下诏捐减官田重额。知府况钟又累疏奏减七十余万。吴民赖以稍甦,然民间重额,今犹未尽除,岂当时有司不能奉行诏书之过邪?"⑤周忱与况钟的仁政,相当程度上减轻了苏州府赋税负担,有益于百姓生计。不过由于州县官吏一定程度上的阳奉阴违,胥吏里书与大户富户的上下其手,民间赋税依然

① 顾炎武:《天下郡国利病书·苏松常镇·苏松》。
② 顾炎武:《天下郡国利病书·苏松常镇·苏松》。
③ 顾炎武:《天下郡国利病书·苏松常镇·苏松》。
④ 顾炎武:《天下郡国利病书·苏松常镇·苏松》。
⑤ 顾炎武:《天下郡国利病书·苏松常镇·苏松》。

相当沉重。

除了苏州府之外,江南另一个田赋沉重的地区是松江府。松江府情形的特殊之处在于,由于濒海沙瘠的缘故,它的田地属于下下等,但田赋却是上上等。周忱认为:"近者军兴不息,而国计单虚,非特小民枵腹攒眉,即上官催征之时,亦且含涕敲扑而不欲正视之矣。此岂得已而不已哉!余为是独详赋额而先之以八故,终之两大害。此赋之大纲骨也,后之吏兹土者幸赐详览焉。"[①]周忱要求清查官田民田税粮负担沉重的原因。由于历史原因,松江府官田多民田少。弘治十五年(1502),松江府官田高达三百九十八万五千多亩,民田却只有七十三万余亩。官田召佃民耕种,输租于官府。小民送租于各地官仓,劳苦不堪,以至经常拖欠田租,被迫抛荒逃走。不特如此,周忱还要求清查力差银差听差之故。"太祖洪武元年定法,每田一顷出丁夫一人,三年,置直隶应天均工夫图册,每岁农隙,其夫赴京供役,每岁率用三十日遣归。田多丁少者,以佃人充夫,其佃户出米一石,资其费用。非佃人而计亩出夫者,其资费,每田一亩出米二升五合。他如府州县杂差,亦如之。其后分力差银差听差三项。系力差者,计其代当工食之费,量为增减。系银差者,计其扛解交纳之费,加以增耗。又其后派银雇役,力差变为银差,而听差并罢之矣。"[②]

《杜宗桓上巡抚侍郎周忱书》同样谈到苏州和松江两府的田赋。杜宗桓在上书中首先不厌其烦地列举五代、宋和元时苏松两府的田赋,从而衬托出明代初年两府田赋太过沉重的情形。"以农夫蚕妇,冻而织,馁而耕,供税不足则卖儿鬻女,又不足,然后不得已而逃,以致民俗日耗,田地荒芜,钱粮年年拖欠。"杜宗桓接着诉说此后十八年中田赋的蠲免、折收和停征事项,以说明苏松两府"徒有重税之名,殊无重税之实"。杜宗桓因此得出的结论是,不如"轻其重额,使民如期输纳,此则朝廷有轻税之名,有征收之实"。[③]

明朝田赋改革的一个重点,在于解决江南官田重赋问题。明朝开国后,在继承宋元以来"古额官田"基础上,又以"抄没田"方式扩充官田,也就是所谓的近额官田。洪武初,苏州府抄没田占土田四分之一。[④] 抄没田因为按被抄之前的私租起科,因此田赋负担最为沉重,田赋"惟抄没之田最重,有至一石以上

---

① 顾炎武:《天下郡国利病书·苏松常镇·松江府志》。
② 顾炎武:《天下郡国利病书·苏松常镇·松江府志》。
③ 顾炎武:《天下郡国利病书·苏松》。
④ 顾炎武:《天下郡国利病书》原编第四册《苏松》上。

者"。① 由于田赋负担过重，江南税粮往往征不如额。早在洪武二年（1369），苏州就逋粮三十多万石。松江府，洪武时赋额一百二十万石，"然税征曾不及半"。② 如此一来，导致的结果就是苏松"是徒负重之名，而无征输之实"。③

到了建文年间，江南逋赋变本加厉，苏州府甚至达到百万石以上。④ 建文二年（1400）二月，明廷下诏均江浙田赋："国家有惟正之供，江浙赋独重，而苏松官田悉准私税，用惩一时，岂可为定则，今悉与减免，亩毋逾一斗"。⑤ 永乐年间，江南逋赋更加严重。为了解决逋赋问题，明宣宗命广西布政使周干巡视苏松。巡视回朝后，周干上疏："苏州等处，人民多有逃亡者。询之耆老，皆云由官府弊政困民所致。如吴江昆山民田，亩旧税五升，小民佃种富室田，亩出私租一石，后因没入官，依私租减二斗，是十分而取八也。拨赐公侯驸马等项田，每亩旧输租一石，后因事故还官，又如私租例尽取之，且十分而取入，民犹不堪，况尽取之乎。"⑥

由此可见，江南逋赋问题愈演愈烈的根本原因在于，没官田与还官田起科过重。宣德四年（1429），明廷对官田改科减征，每亩纳粮一斗至四斗者，减十之二，四斗一升至一石以上者，减十之三。⑦ 由于在官田减征中阻力重重，明宣宗任命周忱以工部右侍郎衔巡抚江南，总督南畿诸府税粮。宣德六年（1431）三月，周忱建议对松江古额官田依民田起科。"自宣德七年（1432）始，但系官田塘地税粮，不分古额近额，悉依宣德五年（1430）二月二十二日谕恩例减免。"⑧在朝廷的三令五申之下，官田减征得到一定程度的执行。宣德七年（1432）十一月，苏州知府况钟就在《钦减浮粮及抛荒粮并免抽船只谢恩奏》中指出："窃照三年三月……钦奉敕谕……自宣德七年（1432）为始，但系官田、塘、地秋粮、不分古额、近抄，悉依宣德五年（1430）三月二十日敕书恩例，减免本府粮额七十二万一千二百零三石九斗有奇。"⑨但是也有基本没得到执行的，如常州府江阴县，永乐十年夏税秋粮米麦共十四万三千六百余石，宣德年为十

① 顾炎武：《天下郡国利病书》原编第六册《苏松》。
② 嘉庆《松江府志》卷二〇《田赋》。
③ 陆世仪：《苏松浮粮考》。
④ 《明史》卷一五〇《汤宗传》。
⑤ 《明史》卷四《恭闵帝本纪》。
⑥ 顾炎武：《日知录》卷一〇《苏松二府田赋之重》。
⑦ 《明会典》卷一七。
⑧ 《明宣宗实录》卷八八。
⑨ 况钟：《况太守集》卷八。

三万九千五百余石，①两者之间相差无几。整个江南的减征额，可参看宣德十年(1435)五月的户部奏疏："行在户部奏，浙江等处布政司并直隶苏松等府州县，自永乐十九年(1421)至宣德八年(1433)有全家充军并绝户抛荒官民田地，俱准民田起科。及古额官田例减除，共减税粮二百七十七万七千三百余石。"②

面对江南严重的逋赋问题，宣德七年(1432)七月，户部向朝廷提议，南直隶和松江府没官田依民田起科。朝廷准奏。面对沉重的赋役负担，地方官员不断进行改革。"于是巡抚周忱有均耗之法，有改派金花官布之法，以宽官田，而租额之重则一定而不可改。若夫官田之农具、车牛，其始皆给于官，而岁输其税，浸久不可问，而其税复派之于田。然而官田，官之田也，国家之所有。而耕者，犹人家之佃户也。民田，民自有之田也。各为一册而征之，犹夫宋史所谓一曰官田之赋，二曰民田之赋，金史所谓官田曰租，私田曰税者，而未尝并也。"从黄册制度来看，官田与民田之间界限分明。但问题在于，随着时间不断流逝，在实际的土地买卖中，官田与民田之间界限逐渐模糊："相沿日久，版籍讹脱，疆界莫寻，村鄙之氓未尝见册，买卖过割之际，往往以官作民。而里胥之飞洒移换者，又百出而不可究。所谓官田者，非昔之官田矣。乃至讼端无穷，而赋不理。于是景泰二年(1451)，从浙江布政司右布政使杨瓒之言，将湖州府官田重租分派民田轻租之家承纳，及归并则例。四年，诏巡抚直隶侍郎李敏，均定应天等府州县官民田。"如此一来，就有将官田沉重的赋役负担向民田转移分担的倾向。正统年间，官府下令江南小户官田改为依民田起科，同时大户民田赋役同于官田，以苏解小民之贫困。"俱行巡抚侍郎周忱清理。然民田多系官豪占据，莫能究竟，其弊仍旧。至是部复以为言，户部请从其议，命敏均定搭派，敢有恃强阻滞者，执治其罪。从之。"嘉靖二十六年(1547)，嘉兴知府赵瀛首先推行官田和民田一律以三斗起征。在此之后，苏州府、松江府和常州府纷纷效仿。对这种措施，顾炎武颇为愤愤不平，认为如此一来，国家实际上失去官田，而小民之民田负担则加重。"国家失累代之公田，而小民乃代官佃纳无涯之租赋，事之不平，莫甚于此。然而为此说者，亦穷于势之无可奈何，而当日之士大夫亦皆帖然而无异论，亦以治如乱丝，不得守二三百年纸上之虚科，而使斯人之害如水益深，而不可救也。"

从历史上来看，江南地区官田主要源于南宋。当时买公田之举弊端极多，

---

① 嘉靖《江阴县志》卷五《田赋》。
② 《明英宗实录》卷五。

致使整个江南民间骚动不已。"至于今日,佃非昔日之佃,而主亦非昔日之主。则夫官田者,亦将与册籍而俱销,共车牛而皆尽矣。犹执官租之说以求之,固已不可行,而欲一切改从民田,以复五升之额,即又骇于众而损于国。有王者作,咸则三壤,谓宜遣使案行吴中,逐县清丈,定其肥瘠高下为三等,上田科二斗,中田一斗五升,下田一斗,山塘涂荡以升以合计者,附于册后,而概谓之曰民田,惟学田、屯田乃谓之官田,则民乐业而赋易完,视之绍熙以前,犹五六倍也。岂非去累代之横征,而立万年之永利者乎?"

江南地区小民,只有十分之一的有田,十分之九的却不得不为人佃作。每年收获有限,赋税却极重。因此为国家赋税与小民生计着想,有必要减轻赋税负担。"吴中之民,有田者什一,为人佃作者十九。其亩甚窄,而凡沟渠道路皆并其税于田之中,岁仅秋禾一熟,一亩之收不能至三石,少者不过一石有余。而私租之重者至一石二三斗,少亦八九斗。佃人竭一岁之力,粪壅工作,一亩之费可一缗,而收成之日所得不过数斗,至有今日完租而明日乞贷者。故既减粮额,即当禁限私租,上田不得过八斗,如此则贫者渐富,而富者亦不至于贫。"

第三节　赋役制度的败坏

顾炎武在《天下郡国利病书》中记载供养宗室日益繁重之后,导致赋役负担日益沉重的情形:"徭赋日重,采办之后,财力愈难。"[①]河南封藩所需粮米之多,令人惊诧:"河南藩封七处,其六处本土存留米麦,足以供用,惟开封所入不足以给所出。计开封与旧属归德四十三州县夏秋粮几八十万,走运几三十万,存留几五十万。"内中除种种开销之外,"尚余三十万以供藩府"。[②] 田赋之困的缘由在于:"里必十甲,甲必十户。其初贫富岂大悬者,惟优免为数商有不齐,又有射利之徒,各家占籍以重免。由是无免之家,其役始重,役重而力不支,产必入于巨室。巨室得之复免,而小民之役愈重,中稍豪猾更择轻所转投之,而存者遂大困矣。"[③]天顺年间公侯侵占官地的情形:"锦衣逯杲奏,英国公张懋、太平侯张瑾及(孙)继宗、(孙)绍宗,并侵官地立私庄,命各首实。懋等具服,乃

---

① 顾炎武:《天下郡国利病书·湖广·繁简考》。
② 顾炎武:《天下郡国利病书·河南·怀庆府志》。
③ 顾炎武:《天下郡国利病书·河南·南阳府志》。

宥之,典庄者悉逮问,还其地于官。"①

在沉重的赋役压迫下,小民以几十亩耕种田产所入无法承担一年的赋役,甚至有被迫告别妻子儿女向外逃亡的:"文安民王原在襁褓,其父珣贫甚,苦于里役,谋于妻张氏曰:'吾单弱不能支门户,今躬耕薄田数十亩,其值不能办一岁之差,若地去差存,吾与汝俱不免为饿莩,吾将逃焉,汝母子守薄田,勤纺绩,庶可存活,别后勿相念也。'"②隆庆初,户部尚书葛守礼同样指出小民不堪赋役压迫之情形:"因田制赋,按籍编差,国有常经。今不论籍之上下,惟计田之多寡,故民皆弃田以避役,且河之南北,山之东西,土地硗瘠,岁入甚寡,正赋尚不能给,矧复重之以差役乎?夫工匠佣力自给,以无田而免差,富商大贾,操赀无算,亦以无田而免差。至被襫胼胝终岁勤动者,乃更受其困,此所谓舛也。乞正田赋之规,罢科差之法,使小民不离南亩,则流移渐复,农事可兴。"③田地抛荒的情形愈来愈多:"今逃移抛荒,触处皆有……官不得已,乃摊税于一里之民,分耕代出,负累贫乏,相率以逃。兹又一切洒派通摊,一州一县之民,户日减耗,岁计愈亏。是有田而无民矣"。④

《陕西·凤翔府志》记载豪强地主侵占贫民产业的情形及其严重后果:"里甲贫民多至游移,豪右者或据其业,久假若真。即又张大声势,而游移者惧,自远徙,于是户口渐减矣。况老书黠算交倚责重,反覆相幻,以故诡寄田粮,多寡交错,诸役纷纭,日异月殊,虚陪课程,指名责实。此奸伪日滋,积弊日深。"福州府同样出现如此严重的情形,导致富者越富而贫者越贫:"是故豪宗巨家,或百余人,或数十人,县官庸调,曾不得征其寸帛,役其一夫;田夫野人,生子黄口以上,即藉于官,吏索丁钱,急于星火,此所以贫者益贫而富者益富也。"⑤

在《菰中随笔》中,顾炎武引杨循《蓬轩别记》,记述了山东临清赋役的变化情形:"临清赋役,每三年一更,如以禁兵为闸夫,而闸夫为禁兵之类是也。民自十五至六十,无岁无役。出六十与笃疾不能应役者,俾纳米一石方获免。世谓南人困于粮,北人困于役。其果然哉!"⑥永乐之后,赋役负担逐渐加重。"庐陵李公昌期,永乐甲申进士也。选庶吉士,累官河南左布政使,工诗文。尝赋

① 《明史》三百《外戚·孙忠传》。
② 张萱:《西园闻见录》卷二。
③ 《典故纪闻》十八。
④ 《西园闻见录》卷三十二,赋役前。
⑤ 顾炎武:《顾炎武全集·福州府志·户口》,第2999页。
⑥ 顾炎武:《菰中随笔》(三卷本)卷二。

新安谣云：'新安野老发垂肩，说著先朝泪洒然，洪武初年真事少，几曾轻到县衙前。垂老频逢岁薄收，秋租多欠卖耕牛。县官不暇怜饥馁，唤拽官车上陕州。当夫当匠子孙忙，田地荒芜户有粮。昨日迤西番使过，尽驱妇女赶牛羊。'吁！以今观之，则民之困苦又甚于彼时也。"①

顾炎武洞察到明代赋税钱粮征收体制中会计的严重弊端，为此指责："国家钱粮会计，颁之户部，户部颁之总漕，总漕颁之省直，谁知弊端在此。各府知会准上书房，已无真部计行府矣。州县奸胥又串同府胥下县会计，盖非真会计矣。"②

明代中晚期，赋役制度不断演变，发生了诸多弊端。《江宁·应天府志》记载：万历三年（1575），"国初里甲之设，以催攒勾摄，且十年一役，九年空闲，于民甚便也。后有司一切私费尽科里甲，于是不得已，乃为十甲征银朋当之计。里甲之费，于秋粮内带征。坐派少则谓之派剩料价，初意派剩存积以待不时之征也，久则那移支用，不可诘问"。武进县赋役制度在有明一代不断演变："国朝役法以编民一拾一户为一甲，每甲推择丁田多者一人为长，是为田甲。甲领中产拾户为甲首。其丁产不任役者，带管甲后，是为畸零。十甲为一里，每年轮一田甲应役，谓之里长，管摄十甲，催办钱粮，勾摄公务，以里而派者，谓之里甲。以田而派者，谓之均徭。其初差有银力、重轻、烦简不等，民堪苦之。""弘正以前不可考，正德间，本府同知马议将通县田地均分十段，别造十段文册，每年编审一段。初甚便之，而后造册之时，富民巧为规避。人户消长参错，多有产去差存者。讼牒纷纭，官民病焉。""嘉靖元年（1522）巡抚罗议将里甲均徭，俱行三则编审。以家资富盛、及丁田居上者，为上户。丁田数少、家道颇可者，为中户。本田消乏者，为下户。某项徭役重大，合派上三则人户。某项徭轻省，合派中下人户。一户或编一差及数差，或数户朋一差，务期酌量贫富，定拟差役，轻重适均。"嘉靖十四年（1535）轮审人户本田数目，而"多有奸民贿通里书，以田地那前移后，花分诡寄，潜避差徭"。嘉靖十六年（1537），议立里甲均徭。嘉靖二十一年（1542），邑人唐顺之"与苏州守王仪书曰：执事所病于均徭旧法之不可行者，其说大概有五：大户之诡寄也，奸猾之那移也，花分也，贿买也，官户之滥免也。大户之诡寄，起于官户之滥免，则此二弊者，其实一弊也。夫滥免诡寄之弊，谓某官例得免田千亩，而自有田万亩，或自无田而受诡寄田

---

① 明人《孤树衰谈》（于石生藏钞本）卷三引《蓉塘诗话》。
② 明人《孤树衰谈》（于石生藏钞本）卷三引《蓉塘诗话》。

万亩,则散万亩于十甲而岁免千亩,实则万亩皆不当差也。"①武进县赋役制度在不断变迁的同时,产生了相当多的混乱。"国初粮额,抄没田最重,官田次之,站田又次之,民田最轻。"但因田则太多,"书算巧于飞诡,阴受富民之嘱,则以官作民,暗行掊克之术,则移轻作重,愚民无知,莫能究诘。虚税日积,贻害浸深"。"国家承平日久,土田多未覆实。垦辟者不行开报,而鬻田者每存虚额,故或有田而无粮,则坐享其利以至于富;或有粮而无田,则日受其害以至于逃。逃户之粮,累及粮长里役,民间嚣然不宁。"②

顾炎武在《日知录》卷八"州县赋税"中引用王士性《广志绎》中的话指出:"天下赋税,有土地肥瘠不甚相远,而征科乃至悬绝者。当是国初草草,未定画一之制,而其后相沿不敢议耳。如真定之辖五州二十七县,苏州之辖一州七县,无论所辖,即其广轮之数,真定已当苏之五,而苏州粮二百三万八千石,真定止一十万六千石。"在王士性看来,这大概与开国初期创制的赋役制度比较粗糙有关。不仅南北差异悬殊,北方或南方内部,一省之内,一郡之内,甚至一县之内,无不出现这样的情形。王士性为此愤愤不平地指出:"官赋无定数,私价亦无定估,何其悬绝也。惟是太平日久,累世相传,民皆安之,以为固然,不自觉耳。夫王者制邑居民,则壤成赋,岂有大小轻重不同若此之甚哉。……今之郡大者千里,属邑数十。为长者,名数且不能悉,奚望其理也? 宜令大郡不过四百里,邑百里。然则后之王者,审形势以制统辖,度辐员以界郡县,则土田以起征科,乃平天下之先务,不可以虑始之艰而废万年之利者矣。"黄册上登载的田地往往与实际田地亩数脱节很大,致使赋役负担轻重失衡。例如怀庆府知府纪诚就上疏指出:"如西华县志,洪武二十四年(1391),在册地止一千九百九十四顷有奇,嘉靖十一年(1532),新丈地一万九千七百七十顷有奇。永城县原地一千五百三十顷有奇,嘉靖十一年(1532),新丈出二万六千六百一十九顷有奇。二县如此,他县可知。是土地实增倍于其旧,则粮宜增而不增,而顾以其粮分洒之,此轻者益见其轻也。至河内县原编户一百二十余里,今并为八十三里,修武县原编户六十里,今并为二十九里。他县亦皆类是。人逃而地渐荒,则土地已非其旧,夫粮宜减而不减,而复以其粮包赔之,此重者益重。无怪乎怀庆之民日困征轮,而卒无以自安也。"

顾炎武与黄宗羲、王夫之类似,反对征收赋税时以钱代粮。在他看来,征

---

① 顾炎武:《天下郡国利病书·常镇·武进县志·额赋》。

② 顾炎武:《天下郡国利病书·常镇·武进县志·额赋》。

收赋税时不收粮而收银,会导致严重后果,使小民不安于本业。顾炎武因此在《日知录》卷十一"以钱为赋"中指出:"孟子有言,圣人治天下,使有菽粟如水火,菽粟如水火而民焉有不仁者乎? 由今之道,无变今之俗,虽使余粮栖亩,斗米三钱,而输将不办,妇子不宁,民财终不可得,而阜民德终不可得而正,何者?国家之赋不用粟而用银,舍所有而责所无故也。夫田野之氓,不为商贾,不为官,不为盗贼,银奚自而来哉! 此唐宋诸臣每致叹于钱荒之害,而今又甚焉。非任土以成赋,重穑以帅民,而欲望教化之行,风俗之美,无是理矣。"顾炎武引用白居易《长庆集策》中的话指出:"夫赋敛之本者,量桑地以出租,计夫家以出庸。租庸者,谷帛而已。今则谷帛之外,又责之以钱。钱者,桑地不生铜,私家不敢铸,业于农者何从得之? 至乃吏胥追征,官限迫蹙,则易其所有以赴公程。当丰岁则贱粜半价,不足以充缗钱。遇凶年则息利倍称,不足以偿通债。丰凶既若此,为农者何所望焉? 是以商贾大族乘时射利者,日以富豪。田垄罢人望岁勤力者,日以贫困。劳逸既悬,利病相诱,则农夫之心尽思释耒而倚市,织妇之手皆欲投杼而刺文。至使田卒污莱,室如悬磬。人力罕施,而地利多郁。天时虚运,而岁功不成。"以银代赋就会导致本业荒芜,而商人得利,从而不利于社会秩序稳定。顾炎武引《李翱集》中的"改税法"指出:"钱者,官司所铸。粟帛者,农之所出。今乃使农人贱卖粟帛,易钱入官,是岂非颠倒而取其无者邪? 由是豪家大商皆多积钱,以逐轻重,故农人日困,末业日增。请一切不督见钱,皆纳布帛。"在顾炎武看来,通过征银来实现富国,无异于画饼充饥。"夫树谷而征银,是畜羊而求马也。倚银而富国,是倚酒而充饥也。以此自愚,而其敝至于国与民交尽,是其计出唐宋之季诸臣之下也。"同时又进一步指责火耗,认为与征银有关:"自古以来,有国者之取于民为已悉矣,然不闻有火耗之说。火耗之所由名,其起于征银之代乎? 原夫耗之所生,以一州县之赋繁矣,户户而收之,铢铢而纳之,不可以琐细而上诸司府,是不得不资于火。有火则必有耗,所谓耗者,特百之一二而已。有贱丈夫焉,以为额外之征,不免干于吏议。择人而食,未足厌其贪惏,于是藉火耗之名,为巧取之术。"

第三章 屯　　政

明朝正式开国之前就已经大力推行屯田政策。明代屯田主要分为军屯与民屯，以军屯为主。军屯的目的在于将耕战结合起来。明代军役由军户承担。旗军耕种屯地上交卫所屯仓的收获物，被称为屯田子粒，简称子粒或屯粮。明代初年的军屯田地相当充足，每一军丁有田二十九亩，约为平民两倍。正统年间后，屯田数迅速减少，与军官豪强的肆意侵占关系最大。越到明代后期，屯粮赔补与军户逃亡之间螺旋形的恶性循环就越是严重，致使抛荒的屯田越来越多，屯田子粒的总额越来越少。嘉靖以后，召人开种抛荒屯田，允许开种者永为己业，表明对屯田流失事实的无奈承认。

总的来说，屯田既亡失于权势阶层的肆意侵占，又亡失于屯军的无力耕种或逃亡。勋贵武官地主不仅侵占屯田，而且也变相侵占屯军的劳动力。屯政废弛之后，军户逃亡现象越来越严重。不过客观而言，军屯的废弛及军户的不断逃亡，为工商业发展提供了相当充足的劳动力。

第一节　屯田积谷

明太祖之所以将屯田作为国策，是由于他意识到："兴国之本，在于强兵足食……定伯兴王，莫不由此。自兵兴以来，民无宁居，连年饥馑，田地荒芜。若兵食尽资于民，则民力重困，故令尔将士屯田，且耕且战。"[①]通过屯田，既可以解决军饷问题，又可减轻百姓负担。

《天下郡国利病书·福建·泉州卫屯田》记载了明代屯田的起源。《天下

---

① 《明太祖实录》卷一二。

郡国利病书·北直隶·广平志》记载了屯田的种类。《天下郡国利病书·福建·福州府志·屯田》记载了屯田的运营模式及变化。关于屯田实施者即军户的问题，《天下郡国利病书》中的记载和评述相当详尽。如《天下郡国利病书·陕西·砥斋集·延安屯田议》《天下郡国利病书·江宁》引录的《武弁袭替疏》《天下郡国利病书·江宁》引录的《清军议》等等都讲到了军户。

早在明朝正式开国前，就已经推行屯田政策。吴元年设立营田司："（丙申七月己卯朔称吴国公）置营田司。"自此之后，不断命令军队屯田："［戊戌（1358）二月吴良、吴祯守江阴］屯田以给军饷。"吴国公朱元璋命元帅康茂才为营田使，指示康茂才："比因兵乱，堤防颓圮，民废耕耨，故设营田司以修筑堤防，专掌水利。今军务实殷，用度为急，理财之道莫先于农，春作方兴，虑旱潦不时有妨农事。故命尔此职，分巡各处，俾高无患干，卑不病涝，务在蓄泄得宜。大抵设官为民，非以病民。"为了恢复农业，就得努力兴修水利。［乙巳（1365）六月］乙卯，吴国公下令，在恢复粮食生产同时，还得积极种植经济作物："凡农民田五亩至十亩者，栽桑、麻、木棉各半亩，十亩以上者倍之，其田多者率以是为差。有司亲临督劝，惰不如令者有罚。不种桑使出绢一匹，不种麻及木棉使出麻布、棉布各一匹。"（乙巳）七月丁巳朔，吴国公命令降将张德山前往襄阳招徕尚未归附山寨的士卒，同时又命令邓愈："予……已遣张德山招徕山寨，若其尝为兵者仍俾为兵；旧为民（原作"命"，不可解）者宜归之有司，俾安农业；军人小校亦令屯种，且耕且战，古有成规，可以取法。"

明朝正式开国后，积极推行垦荒政策。洪武元年（1368）八月十一日，朝廷大赦天下，下诏："州郡人民因兵乱逃避他方，田产已归于有力之家，其耕垦成熟者，听为己业。若还乡复业者，有司于旁近荒田内如数给与耕种，其余荒田亦许民垦辟为己业，免徭役三年。"也就是对乱世中改变了的田地归属予以默认，并鼓励还乡流民开垦荒地。洪武三年（1370）五月，设置司农司管理垦荒之事："上以中原之地，自兵兴以来，田多荒芜，命省臣议计民授田，设官以领之。于是省臣议复置司农司，开治所于河南……从之。"洪武三年（1370）六月丁丑，山东济南府知府陈修及司农官向朝廷建议，在北方郡县城市郊区的荒地，招集无地乡民进行开垦。"户率十五亩，又给地二亩与之种蔬，有余力者不限顷亩，皆免三年租税。其马驿、巡检司、急递铺应役者各于本处开垦，无牛者官给之。守御军屯远者亦移近城。若王国所在，近城存留五里以备练兵牧马，余处悉令开耕。从之。"洪武三年（1370）六月辛巳，明太祖下诏中书省："苏、松、嘉、湖、杭五郡，地狭民众，细民无田以耕，往往逐末利而食不给。临濠，朕故乡也，田多未辟,土有余利,宜令五郡民无田产者,往临濠开种,就以所种田为己业,官给牛种舟粮以资遣之,仍三年不征其税。"由此可见,早在开国时,江南一带无地或少地小农就相当多,最终将四千多户迁往临濠。洪武四年(1371)六月戊申,魏国公徐达驻师北平,因为此时边疆较为安定,因此"徙北平山后之民三万五千八百户,一十九万七千二十七口,散处卫府,籍为军者给以粮,籍为民者给田以耕"。这实际上就是在边疆地区推行军屯。明代初年的军屯政策相当严格,将耕战结合起来。七成人力用于战守,三成人力用于军屯。"而制卫所兵所在有间旷田分军立屯堡,令且耕且守。约以十分为率,七为守,三为屯。有警辄集,视古屯营法为近。法每军受田三十六亩,岁收籽粒十有八石,入月粮岁十有二石,闰加一石,余六石上仓……其牛具农器总于屯漕,纳粮籽粒登于户部。"[1]

关于军屯的份地,"每军受田五十亩为一分"。[2] 洪武与永乐年间,每一军丁分给屯田一分,每年收二十四石粮米。"内正粮十二石,本军按月开支;余粮十二石,纳充本管官旗月俸。洪熙元年(1425)正粮如旧,钦免余粮一半。宣德十年(1435)诏书内开正粮与军自赡,止纳余粮六石,遂以为例。"[3]明代初年,军屯田地相当充足,每一军丁有田二十九亩,为平民两倍。"国初置卫四百九十一,所三百一十一,以军计之约三百一十余万。而是时口之登籍者六千五十四万,则是二十人乃一人为兵也。……天下屯田八十九万九千余顷,官民田八百四十九万余(顷)。以八十九万九千余(顷)田,分丽三百一十余万之军,人得二十九亩;八百四十九万余(顷)田,六千五十四万人群聚而耕之,比之军之所耕乃其半耳,则是军之力尽南亩而民反不逮也(十四亩余)。"[4]

明代屯田主要分为军屯与民屯,以军屯为主。后人称赞军屯将兵农结合起来,收效最佳。"其制,移民就宽乡,或召募或罪徙者为民屯,皆领之有司。而军屯则领之卫所,边地三分守城七分屯种,内地二分守城八分屯种。每军受田五十亩为一分,给耕牛、农具,教树植,复租赋,遣官劝输,诛侵暴之吏。初亩税一斗。三十五年定科则:军田一分正粮十二石,贮屯仓,听本军自支,余粮为本卫所官军俸粮。"屯军分为三等,既有人丁又有牛的为上等,人丁与牛其中有一的为中等,两者都没有的为下等。正统年间,军屯逐渐废弛,不过收获的屯

---

① 《明书》七十《戎马志一》。
② 《明史》七十七《食货志》。
③ 魏焕:《九边考》卷一《经略总考》。
④ 《春明梦余录》卷四十二《兵部·军屯》引叶春及疏。

粮尚能达到鼎盛时的三分之二。在此之后，屯田逐渐为内监和军官等侵占，屯田之法日益遭到破坏。"宪宗之世颇议厘复，而视旧所入不能什一矣。弘治间屯粮愈轻，有亩止三升者。沿及正德，辽东屯田较永乐间田赢万八千余顷，而粮乃缩四万六千余石。初，永乐时屯田米常溢三之一，常操军十九万以屯军四万供之，而受供者又得自耕边外，军无月饷，以是边饷恒足。及是，屯军多逃死，常操军止八万，皆仰给于仓，而边外数扰，弃不耕。刘瑾擅政，遣军分出，丈田责逋。希瑾意者，伪增田数，搜括惨毒。户部侍郎韩福尤急刻。辽卒不堪，胁众为乱，抚之乃定。"[①]

　　在积极推行军屯的同时，明朝又在边疆和内地省份实施民屯。洪武六年（1373），太仆丞梁埜仙帖木尔向朝廷上疏："宁夏境内及四川西南至船城，东北至塔滩，相去八百里，土地膏沃，宜招集流亡屯田。"朝廷批准这一建议。民屯的原则是向宽乡也就是地广人稀之处移民。[②]

　　洪武二十一年（1388），太祖敕五军都督府，申明屯田为长治久安之计，命令天下卫所督兵屯种。《天下郡国利病书·山西》记载屯田说："洪武二十五年（1392），谕宋国公冯胜等曰：屯田守边，今之良法。与其养兵以困民，孰若使民力耕而自卫。于是命胜、友德及安庆侯政、西凉侯兴等，至太原平阳，阅民户四丁以上，籍一为兵，赴大同屯田。无事则耕，有警则战。国无养兵之费，下无供边之劳，制诚善矣！"二十六年（1393），要求北边军士屯田自给，以免劳民输纳。本年，全国拥有十七个都指挥使司，一个留守司，三百二十九个卫，六十五个守御千户所。一卫一般五千六百人，三百二十九个卫大概有军士一百八十四万，加上六十五个守御千户所等，军士将近二百万。当时的旗军拨屯比例一般为十分之七，因此全国的屯种旗军大概有一百三十万左右，可谓非常壮观。成祖时在天津、临清、淮徐、济宁等地设立军屯，以使两京声势相连，仓猝之时可以制变。

　　《天下郡国利病书·北直隶·广平志》记载说："屯田有边屯，屯于各边空旷之地，且耕且战者也。有营屯，屯于各卫就近之所，且耕且守者也。今广平之屯，乃于畿辅之地，而立山西诸卫之屯，谓之下屯。军则戍于卫，而留其余丁于屯。此祖宗之深意远虑，相维相制之法也。"由各卫所拨出来在屯地上进行生产活动的旗军，被称为屯军，也可称为屯田正军。旗军拨屯比例，大体而言，

————————
①　《明史》七十七《食货志一》。
②　《明史》七十七《食货志一》。

洪武和永乐年间边地为三七守屯，腹里为二八守屯。当然变化也有，万历《大明会典》说国初"军士三分守城，七分屯种。又有二八、四六、一九、中半等例。皆以田土肥瘠、地方冲缓为差"。但是永乐以后，由于调拨征守、逃亡和将官役占等原因导致屯军失额，屯田军士比例逐渐减少。

明代军役由军户承担。军户来源有从征、归附、谪发、垛集、抽籍，还包括元代遗留下来的世袭军户。每一军户出正军一名，每一正军携带户下余丁一名，以在营佐助正军、供给军装等。余丁又被称为军余。按制度，余丁不当军差，免除杂泛差役。余丁也耕种田地，用收获供给正军和自己的家人。余丁耕种的田地可以长期占有管业，可以过割即买卖。余丁田地属于卫所，但土地性质近于拥有占有权的民田，他们交纳的不是屯田子粒，而是税粮。按明初军制，军余不作防守正军，不作屯种屯军。因此在洪武和永乐年间，军余负担相对较轻。

屯地来源有官田、没官田、废寺入官田，有废田、抛荒田、绝户田，有空地、荒田，有夷田等。腹里卫所的屯地来源，主要是官田、没官田、抛荒田、绝户田等；北边各镇卫所屯地的主要来源，是闲田和荒田；云贵湖广四川等屯地的主要来源，是夷田。元末天下大乱，蒙汉贵族集团基本遭到铲除，他们遗留的田地大体成为官田，也构成屯地的主要来源。张士诚集团被消灭，明初的胡惟庸案、蓝玉案和郭桓案等，其中遭到牵连的成千上万的官僚和地主集团的田地大多成为没官田，其中一部分也变成屯地。据《明书·土田志》记载，屯地"国初原额九十万三千三百一十三顷九十五亩零"。

旗军耕种屯地上交卫所屯仓的收获物，被称为屯田子粒，简称子粒或屯粮。建文帝四年（1402）下令，每军田一分，纳正粮十二石，余粮十二石。正粮入屯仓，由本军支用。余粮上交，成为本卫官军俸粮。比如《天下郡国利病书·福建·福州府志·屯田》记载：福州府屯田，"要之在洪武时军则称旧屯，在永乐时军则称新屯。而屯无论新旧，每分给三十亩，岁输正粮一十二石，余粮一十二石。正粮给本军月饩，余粮给守城军士。固其概也，第征粮设正余两额，又各取盈于十二石之数。"这个办法实行十年之后，屯田军士备感艰难。永乐十二年（1414），成祖下令除自用的十二石正粮以外，余粮免一半，只用交纳六石。从洪熙元年（1425）以后，余粮交纳六石成为永制。《天下郡国利病书·福建·福州府志·屯田》记载："法非什一，军士稍厌苦之，后论者乃罢其正粮不复征，余额又减其半，只征六石。复计其田之腴瘠，分为本折色。本色为存留，輓粟入仓，以给军士之月饩；折色为起运，纳价于屯官，以备军兴及解京之集需。"

永乐元年(1403),屯田子粒总额为二千三百四十五余石。在同一年,从其他官田和民田征收的税粮总额为三千一百二十九余万石。计算下来,屯田子粒占该年国家粮食总收入的百分之四十三。一时之间,屯田收获达于极盛。在永乐十三年(1415)以前,屯田子粒基本保持在一千万石以上。时人纷纷称道屯田作用,认为屯田之粮足以养军。边镇仓库储积丰饶,国家没有运送粮饷之累。"各卫仓廪充实,红腐相因,而军士无乏粮之虞。"①

关于屯田实施者军户的问题,顾炎武在《天下郡国利病书》中的记载和评述相当详尽。《天下郡国利病书·陕西·砥斋集·延安屯田议》记载:"明太祖屯田遍天下,九边为多。而九边屯田又以西北为最。其垦田之令以边方闲田许军民开种,永不起科。开屯之例,军以十分为率,以七分守城,三分屯种。有额内额外之殊。""然法久弊生,瘠田荒芜不治,腴田为豪强兼并或官校侵夺,汩没混乱,徒有其名。此体国经野者所吁衡而叹也!""论曰:国初屯制,一军一余,各受三十亩而耕。持戟之士即荷畚之农,故士无旷伍,屯无溷冒也。自后以来,军余半居市尘,不能亲操耒耜。于是始有寄佃于土人而分其息者,有私兑于他姓而更其名者,又有丁尽籍空而转为别军所承顶者。世久弊滋,举数十屯而兼并于豪右,比比而是。"

永乐二年(1404),全国军户大约有二百万家,相当于户籍人户的五分之一。军户的法定义务表现在:户出一丁赴卫所当旗军,或在营防御操备作操守旗军,或拨种屯田作屯种旗军,从军差上说两者都是正军;除正军外,每户还得出余丁一名,个别地区甚至要两到三名;每户保留一丁,以供给在营正军;每户还得预备一丁为继丁。大概宣德以后,出现了一户充二三处军役的重役。

明朝正式开国后,对屯田的认识日益深入:"古人有以兵屯田者,无事则耕,有事则战,兵得所养而民力不劳,此长治久安之道。"②"屯田之政可以纾民力、足兵食,边防之计莫善于此"。③ 明成祖同样指出:"屯田,军国之大务,已验之良法。……役疲敝之民以赡休闲之卒,为民者愈困,为兵者将惰矣。"④明宣宗也强调:"屯田积谷,以助国用,省转输,盖军国之要务。"⑤

---

① 《请屯田以复旧制疏》,《皇明经世文编》卷六十三。
② 《明太祖实录》卷八七。
③ 《明太祖实录》卷一七九。
④ 《明太宗实录》卷二七。
⑤ 《明宣宗实录》卷二二。

从土地利用角度来认识屯田的当推丘濬。在丘濬看来,土地的作用就在于生长万物以供养人类:"盖地以生物为功,凡有土地,斯有人民。有人之处,天皆生物以食之,但地有宜不宜耳。因其地之所宜而种人之所食,随在而有,有所不足而补助之,取给于他所,可也。是故善为国计者必因天时尽地力,不以其边塞之地、沍寒之天,而辍其人为之功。"①多开垦可用之地,有利于百姓生计:"自古善为国计者,恒取足于有余之地力,而不敢伤易失之民心,此屯营之所由起也。"②丘濬还进一步指出:"今天下无田不税,而吾求无税之地而耕之……用人之力,尽地之利,因天之时,治国平天下之要道,不出此矣。"③

第二节 屯田之衰

正统年间后,屯田数大幅减少,"万历时,计屯田之数六十四万四千余顷,视洪武时亏二十四万九千余顷"。④ 宪宗时屯粮"视旧所入,不能什一矣"。⑤ 早在正统六年(1441),大同和宣府就出现"屯军所入不及十一,余皆仰给于民"的情况。⑥ 正统元年(1436),户部在一份奏议中指出屯粮迅速减少的一个重要原因在于,"各处屯种卫所下屯军士百不遗一,生之者少,食之者众"。⑦ 也就是投入屯田的劳动力大幅减少,导致产量下降。成化十八年(1482),明廷指出,屯田逐渐遭到废弛的重要原因在于:"戍卒多役于私家,子粒不归于公廪,管屯者有积蓄之利而无差操之苦"。⑧ "屯田多为内监、军官占夺,法尽坏。"⑨随着屯政的破坏,嘉靖年间,朝臣如杨一清、唐顺之、王崇古和庞尚鹏等"争言屯政"。⑩ 管怀理指出屯政废弛将造成严重弊端:"屯田不兴,其弊有四:疆场戒严一也,牛种不给二也,丁壮亡徙三也,田在敌外四也。如是而管屯者犹欲按籍

---

① 丘濬:《大学衍义补》卷三五《屯营之田》。
② 丘濬:《大学衍义补》卷三五《屯营之田》。
③ 丘濬:《大学衍义补》卷三五《屯营之田》。
④ 《明史》卷七七《食货》一。
⑤ 《明史》卷七七《食货》一。
⑥ 《明英宗实录》卷七七。
⑦ 《明英宗实录》卷一六。
⑧ 《明宪宗实录》卷二三一。
⑨ 《明史》卷七七《食货》一。
⑩ 《明史》卷七七《食货》一。

增赋，非扣月粮，即按丁赔补耳。"①杨博则认为："屯政所以不举者，催征扰之也。种未入土，名已在册，人已在逃矣。"②

军屯的式微，与军官豪强对屯田的侵占关系最大。景泰年间，大学士商辂为此指出："各边操守官军，寡弱艰难。夫寡弱则不能战，艰难则不能守，窃闻口外田地广饶，多被势要之家占耕，收利入己，其军士非但无力耕种，亦无近便田地可耕，衣食既不给，则壮气沮丧，安望其能守也。乞命户部选能干官，分往大同、宣府、怀来、永宁等处，会同都御史等官，将田地尽数拨与军士，令其分为两番，六日操守，六日耕种，收成之后并力备御。如此则转输之费可省，又岂有寡弱艰难之足虑哉！"商辂的建议得到朝廷接受。③

万历初年，时人在探讨屯政时出现了新观点，认为屯政问题的症结在于屯田者不具有田地所有权，因而无法调动积极性。徐贞明为此指出："国家分兵而屯，授之以田，统于卫所之官。然久则田隐占而屯渐废。盖田授于官，田非己业也。"④隆庆与万历之际，颇有一些有识之士主张将部分屯田的永久使用权交给屯田者，从而调动积极性以恢复屯政活力。隆庆三年（1569）二月，时任总理九边屯田佥都御史的庞尚鹏提出："屯地僻远，原主力不能及者，募人开垦，即给为业……其管屯官亦视召种分数以行劝惩。"⑤其中所谓的"即给为业"，本质上就是把僻远屯田的永久使用权交给应募者。万历三年（1575）六月，户部明确提出："各卫所堡塞屯田……其无主田地先尽招人屯承种，如无人承种者，于城操军内拨给开垦，每军二十五亩，令其春耕夏种……所垦田地给与执照，永为己业。"⑥建议获得批准。

徐贞明提出了三项屯田主张，即"倡力耕之机，定赏功之制，广世职之法"。⑦其中的"倡力耕之机"，就是抓住大将这个屯田的关键因素："大将，因偏裨之所禀命者也，今诸边沃土，多大将养廉之地，使肯以地画井而田，以率偏裨，则所属无不响应而竞田者。"⑧值得注意的是第三点，即"广世职之法"，实际上就是在倡导富民屯田。富民屯田的要点在于，希望获得武职的富民，倘若能

① 《明史》卷七七《食货》一。
② 《明世宗实录》卷三一七。
③ 《典故纪闻》卷十二。
④ 徐贞明：《潞水客谈》。
⑤ 《明穆宗实录》卷二九。
⑥ 《明神宗实录》卷三九。
⑦ 徐贞明：《潞水客谈》。
⑧ 徐贞明：《潞水客谈》。

召募万民来耕种,那么就可以成为万夫之长,也就是依据所召募的屯夫数目来授予官职。"先试以虚衔,缓其征科,俟其田入既饶,积蓄既充,则命以官而董征其税。"富民所得官职可世世代代传给子孙。富民屯田能够收到良好效果,"无隐占之患","有增课之饶,无养兵之费"。徐贞明因此指出:"视彼武弁禄入兵费,皆仰给于官,岁縻而无补,安可同日语也!"①

《天下郡国利病书·凤宁徽·泗州志》记载了屯田变迁和弊病的演变。《天下郡国利病书·江西·九江府志》记载了卫官对屯田的侵夺:"卫官并吞其业,贫军鬻其业,奸军展转其业,今惟供士民之诡蠹而已。"《天下郡国利病书·江西·赣州府志·屯田》记载了类似情形。越到明代后期,屯粮赔补愈重,逃亡就愈多;逃亡愈多,赔补就愈重。两者之间形成螺旋形的恶性循环,致使屯政弊端积重难返。抛荒的屯田越来越多,屯田子粒的总额就越来越少。嘉靖以后,召人开种抛荒屯田,允许开种者永为己业,几乎成了缓和屯军逃亡和抛荒屯田的最重要举措。但是,既然允许开种者永为己业,那么官豪势要侵占和佃种屯田的积极性就更加高涨。

明代中叶以后,军屯土地逐渐从屯军手中转移到官豪势要手中,而且转移到他们手中的屯田大多比较肥沃,少部分尚留在屯军手中的屯田却比较贫瘠。手中尚有屯田的屯军,还时常遭到勋贵武官地主役使,被迫像农奴一样在他们的庄田上劳动。宣德以后,军余不仅被充作屯军,还被拣选操备,成为守御征进的旗军。军余负担迅速加重的原因,在于屯军失额。景泰以后,由于边事吃紧,大批屯军被调拨操守,余下屯田由余丁耕种。到了嘉靖年间,时人已经默认屯军失额和余丁顶补的情形。军余顶种现象的出现,意味着军屯制度的败坏和对军户剥削的加重,不祥地预示着明代军屯制度和军事制度的衰败倾向。

明代中晚期,许多有识之士发出清理屯政的呼吁。顾炎武在《天下郡国利病书》中记载了这方面情形,如《天下郡国利病书·江宁·江浦县志》引录的《兵防》《天下郡国利病书·河南·怀庆府志·屯田论》等等。

《天下郡国利病书·浙江·宁波府志·海防书》记载,明代中叶以后,舟山领饷水兵数额数倍于往昔,公私因此大困。《宁波府志·兵阵书》记载明代军力的日益衰微:"国初以全额之粮养全伍之卒,以全伍之卒充四境之备,故海波澄宴,狼烽息烟,几二百年,号为太平。……乃今尺籍空虚,仅存罢羸原额三万有奇,今已耗损大半。一遇小警,辄狼顾鱼骇。"《天下郡国利病书·浙江·义

---

① 徐贞明:《潞水客谈》。

乌县志》记载民兵之事。《天下郡国利病书·湖广·议四卫练兵募兵详》记载粮饷匮乏的严重后果等。《天下郡国利病书·河南·怀庆府志·京边戍役论》记载士兵地位的日益下降:"承平日久,人耻为军。强壮富室家居,而老弱贫人应役。"

但是,天下承平日久之后,弊端不可避免地渐渐丛生。宣德以后,明初屯田制度逐渐遭到破坏。《天下郡国利病书·山西》记载:"然而(屯田)饶沃或兼并于豪强,荒瘠或困乏于牛种,耕敛或夺于私差,输纳或胁于包揽。"以至于"卫所虽有屯田之官,而反因以侵渔。于是屯田之政为虚文,而兵食益困。竭民之脂膏以养兵,而兵未尝饱。涂兵之肝脑以卫民,而民未尝安。"

明代军户一般不准在附近卫所服军差,同一县军丁不准全在同一卫或同一地区服役。调拨惯例是江南的往江北,江北的往江南。据嘉靖《海宁县志》记载,浙江海宁县军户有六千八百九十八户,其军丁分属于四百四十八个卫分,主要是北边各镇的卫分。杨士奇曾指出这种办法的弊端:"有以陕西、山西、山东、河南、北直隶之人起解南方极边者,有以两广、四川、贵州、云南、江西、福建、湖广、浙江、南直隶之人起解北方极边者。彼此水土不服。南方之人死于寒冻,北方之人死于瘴疠。其卫所去本乡或万里,或七八千里,路远艰难,盘费不得接济,在途逃死者多,到卫者少。"弊端不仅仅表现为路途遥远而水土不服。一军起解,当事军户得供给军装和盘费,如再聚妻后一起佥解,费用就会更多。路途往往动辄几千里,路费的昂贵可想而知。"一军出则一家敝,一伍出则一里敝。"[1]军丁赴千里以外卫分,下等产业的军户家产就处于半废状态;赴二千里以外卫分的,下等产业的军户就得倾家荡产;赴三千里以外卫分的,中等产业的军户家产就得处于半废状态。

《天下郡国利病书·江宁》录《武弁袭替疏》说:"留都武弁穷极堪怜,乞赐议处,以彰国恩,以恤祖功事。武选清吏司案呈:照得每年春秋二季,遇有各卫指挥千百户老年病故,其弟男子侄,具告袭替。"但每每值赴北袭替,盘费无措,或指望着俸米而告借,或向亲友哀求相借,或卖房屋或卖儿鬻女以筹措路费,千辛万苦,闻之令人痛心酸鼻。至于到了北方听选守候,动不动就几个月,常常因盘费告罄,饥寒交迫而无以救之,在异乡丧命的每年都有。要么告货无门,放弃祖荫,终生不得袭替的人,每个卫都有。戚继光早年就经历过这样的情形。《天下郡国利病书·江宁》引《清军议》说:"郡县之不能无军,殆遍寰宇,

_____

① 《辽东善后事宜疏》,《皇明经世文编》三三七。

求其配所有定业,军常著伍,子孙代替,至令原籍之家,年远无勾,而忘其本籍之有军者有之,此其幸者也。然军罪本下死一等,役之苦者莫甚于军,则乐逃者亦莫甚于军。每解一军,为之买妻,为了金解,为置路费。以一人之故累及数十人者有之。乃解而辄逃,逃而复勾,勾而复补。逃之本籍,犹可稽也。逃之他乡,而本籍之诘捕者不用其扰。至以严急之故,得解一人者有之。此通弊也。"

家境不好和身体不够强壮的军丁,在路途中冻饿病死的很多。军丁到营之后,经常受到卫官勒索。当参军的得自备马匹。虽然明代法令规定军丁和余丁可免除差役,但在事实上,他们从永乐年间起就得服各种差役,宣德以后,服的差役逐渐加重。屯军经常服的差役,包括征操守备、养马、采薪、烧炭、采草、修渠、筑堤、修工事和转输运粮等。这些还算是得到官府默认的官役。严重的是,除了这些官役之外,屯军常常还得负担形形色色的私差。有权力之便役使他们的,当然是管理他们的各级屯官,包括镇守总兵、指挥、千户、百户,还包括一些官豪势要。这些官员豪强们役使屯军为他们耕种庄田、樵采、割漆、挈牧围猎、治薪炭、开窑、烧造砖瓦、修筑私第、作商贩、贩私盐、作仆从、刺绣和雕镂等等。包括农业、畜牧业、手工业和商业等等,真是应有尽有,五花八门,不一而足。屯军就这样沦为了廉价劳动力。

第三节　屯政之废弛

屯地来源中有很多废田、抛荒田、空地、荒闲田,这些田地中贫瘠的比较多,即使官田和没官田中,贫瘠的也不少。腹里的屯田还好一些,北方边镇的屯田,因为来源主要是闲田和荒田,所以贫瘠田地的比例最高。加上天气寒冻,灾害较多,收成自然也就少。腹里田地相对肥沃的多一些,但是屯田分散杂错的比较多,有的甚至相隔遥远,难以亲自耕种。屯军常常缺乏耕牛,水利失修。

除此之外,屯地还时常遭到官员豪强侵占,或因为水冲沙压而丧失。《天下郡国利病书·凤宁徽·泗州志》记载屯田的变迁和弊病的演变说:"屯田顷亩由四千二百二十八顷有奇,降而为二千五百七十六亩有奇,而又降而为今顷亩之数,止二千三十八顷五十八亩。此其情弊,殆有不可晓者。屯种之军,初为名七千五百一十有四,降而为名四千三百三十,又降而为名三千五百三十,今又降而为见在名数。此其屯田之修废,户口之登耗,较然甚明,岂不大可寒心也哉。"时人议论,造成屯田顷亩和屯种军士大幅减少的情弊并不难发现,"不过卫所之占种,旗军之侵隐、盗卖三者而已。……三者并行,则其原额焉得而不日耗一日哉"。"故屯田耗减之病,世官其膏肓也,旗军其骨髓也。未见膏肓骨髓之病而医能疗者也。"

《天下郡国利病书·凤宁徽·泗州志》记载屯粮的弊端:"屯粮之弊,端绪最多,佃种之户,多于正军,完粮之费,近于额粮。佃种者豪强,则旗军敛手而包赔;佃种者孱弱,则旗军借口而科擞,虽正军不获免焉。此屯卒之所以多流徙,而屯田之所以多污莱也。"屯军土地被侵占或丧失后,还得赔补屯粮,遭受更深的灾难。如"甘州屯田肥饶者多为太监总兵等官占据,而官军则含怨赔粮,衣食不足"。[1]"正军充伍,余丁拨屯,例也。但其中有有军无余者,有有军余而无力不能播种者,故屯地多侵没于将领豪右之家,以致屯军终岁赔粮。"[2]就连邻近北京的蓟镇,也出现屯地遭到侵占的严重情形。"查得各卫屯田或本军在逃,地归卫官,而隐占之弊生。或两图便益,私相典卖,而埋没之弊生。或势豪利其膏腴,逼勒抵换;或官舍因其邻近,径自侵渔;而兼并之弊生。或承佃年深,攘为己业;或指称隙地,投献权门;而雄据之弊生。是以粮多虚赔,为害滋甚。"[3]北方边镇军屯总的情形就是:"盖膏腴在官而瘠薄归军。官享其利,军任其赋。赋不堪,则不得不寄田于势要,而欺隐遂多。隐既多,不得不摊税于佃军,而包赔愈苦。"[4]宣德以后,官豪侵占屯地而屯军赔粮的情形越来越严重。

有些屯田由于相隔遥远,屯军无法亲自耕种,只得转佃于人而征收地租,再将地租作为屯田子粒上交屯仓。有些屯军由于贫困缺乏牛具种子,而将屯田转佃于人。有些屯军由于骄惰,将屯田转佃于人。转佃的结果,往往是屯田被佃户占为己有。后来由于屯军逃亡导致被抛荒的屯田越来越多,官府为保证屯粮生产,被迫"坐民承佃"或"召人承佃"。这些被佃种的屯田,往往被豪民顽佃占有。到了弘治初年,屯田典卖现象已经相当严重。之所以典卖屯田,主要原因当然是屯军的日益贫困。整个北方沿边地区,"军丁日渐消耗,其间私

① 《孝宗实录》一零一,"六月癸丑"。
② 《论甘肃事宜》,《皇明经世文编》一一九。
③ 《清理蓟镇屯田疏·皇明经世文编》三五八。
④ 《屯政·纪边屯》,《皇明世法录》三十。

相典卖者,无地无之"。① 长江下游和江南地区,由于屯田相对肥沃,典卖兼并的情形更为严重。比如江西九江府的膏腴屯田,"久而卫官并吞其业,贫军鬻其业,奸军展转其业"。②

《天下郡国利病书·江西·九江府志》记载了卫官对屯田的侵夺:"国初战争之余,民多死徙,田芜秽,发卫士耕而戍之。"时间一长,弊端丛生,"卫官并吞其业,贫军鬻其业,奸军展转其业,今惟供士民之诡蠹而已"。《天下郡国利病书·江西·赣州府志·屯田》记载了类似情形:"赣卫所屯粮岁计二万有奇,将以充军实补国计也。迄今岁额不充,一军以上,率仰给于有司,军未赡而民已告病。"这是为什么呢? 原因在于屯官倒持权柄,书手窃弄权柄,豪强对屯田及利益的吞并。屯田法规不惟不严,屯田一人只许耕种一分,一户只许耕种二分。侵占耕种屯田、典卖屯田予他人达五十亩以上的,军士要发遣边卫,民要发遣口外。但是法规虽然昭然如太阳星辰,"而军若民公然弁髦之,豪强之有所凭者,占田二三分,甚至五六分。积岁应纳之粮,分毫不输"。对这些恶劣行为,却无人敢于诘问。遭受严重损害的贫弱军士,田地被侵占,子粒还得照交不误。官府屯官"追呼逼迫,即庐舍妻孥不能保,安问田之有无。加以驾运之赔累,杂役之奔驰,奈之何其不逃且窜也"。到了这种悲惨的地步,为妻子儿女计,就只有逃亡一条路了。

越到后来,赔补愈重,逃亡就愈多;逃亡愈多,赔补就愈重。屯政弊端因此积重难返。抛荒的屯田越来越多,屯田子粒的总额越来越少。到了最后,为了多少能够获得一些屯田子粒,官府只得将抛荒的屯田召人耕种。为了鼓励承种者的生产积极性,允许承种之人永远管业或许为世业,最后将屯田子粒改为民粮,按照民田方式征收税粮。南直隶巡按御史方日乾的奏疏中,就是这样陈述当时情形的:南京"各卫屯种军余,近年以来,苦于赔补,相继逃亡,抛下田亩荒芜。……自非朝廷宽恩停税,设法召佃,则此荒田迄无可耕之期矣。今将抛荒屯田,不拘军民僧道之家,听其各择所便开耕,具告本衙门,计亩定税,给帖承耕,免其二年租税。……如无补役复业之军,则永为己业。如是,则承佃之人既不苦于全领,又不患于赔粮。虽一二年间未必有收,亦肯舍力向前,以图长远之利。近荒之田,刻期可熟,税额不患于亏矣"。③

---

① 《清理蓟镇屯田疏·皇明经世文编》三五八。
② 顾炎武:《天下郡国利病书·江西·九江府志》。
③ 《抚恤屯田官军疏·皇明经世文编》二一零。

官府召人开种屯田许为己业的措施,其实也就是对屯田流失事实的无奈承认。到了明代中后期,边事日益多事,军粮需求日益紧急。朝廷为获得宝贵的军粮,即使放弃军屯也在所不惜。嘉靖初年,林希元在《应诏陈言屯田疏》中大胆直陈:"今卫所之兵,逃亡过半,守城且不足,况可复屯种乎?"结论是"屯田之设,本在足食。粮苟不亏,斯已矣,何必军乎?"①类似的主张实际上已经意味明代军屯制度的结束。

总的来说,屯田亡失于权势阶层的肆意侵占,包括勋贵官豪侵夺占种,管屯官舍或官旗隐占,豪民兼并影射,豪强贿托官府将屯田勘为民田,官旗典卖,豪强以贫瘠民田抵换膏腴屯田。屯田又亡失于屯军的无力耕种或逃亡,包括不堪屯粮杂差的重负,而将屯田投献于官豪势要;因相隔太远而将田佃种于人,日久佃户反客为主,而将田占为己有;因屯粮赔补和杂差而逃亡抛荒;困于屯官的苛政而逃亡抛荒;因贫困和缺乏牛具种子而逃亡抛荒;北方边镇的一些地带,由于蒙古人侵扰而导致部分屯田抛荒。显而易见,被抛荒的屯田,大体又被官豪势要侵占。

手中尚有屯田的屯军,常常受到勋贵武官地主役使,被迫在庄田上劳动,形同农奴。而这些勋贵武官地主本身就是主要因为侵占屯田而发展起来的,他们的庄田主要来源于对屯田的非法侵占。这样一来,这些勋贵武官地主不仅侵占屯田,而且也变相侵占了屯军的劳动力。由于屯军在自家田地上耕种的时间减少而产量下降,造成赔补屯粮的情形更趋严重,这就又进一步导致抛荒和逃亡现象的增多。

宣德以后,军余不仅被充作屯军,还被拣选操备,成了守御征进的旗军。军余负担大大加重的原因,在于屯军失额。景泰以后,边事吃紧,大批屯军被调拨操守,余下的屯田由余丁耕种。从此以后,就形成了惯例。到了成化年间,辽东地区的军粮主要出于军余耕种的收获物。到了嘉靖年间,屯军失额,余丁顶补的情形已被时人默认。客观地说,军余顶种现象的出现,意味着军屯制度的败坏和对军户剥削的加重。它预示着明代军屯制度和军事制度的衰败倾向。

明代中晚期,许多有识之士发出清理屯政的呼吁。顾炎武在《天下郡国利病书》中记载了这方面的情形。《天下郡国利病书·江宁·江浦县志》引《兵防》说:"且试筹之,将以足兵,必先足食。益一兵即废一农,而一农之赋,又不

---

① 《皇明经世文编》一六三。

足以当一兵之养。则召募之直安出也？欲以安民，必先辑军。非比屋而保甲之，则势不一；比屋，则势不行。则画一之法安措也。卫屯之设，几以为民。今卫在浦口，屯散诸乡。平居势不相援，有警计将安出。则守望之相助，诚不可不讲也。兵之武场，犹百工之肆。今邑止一场。乡分六镇，捕盗有官之名，子弟无兵之实。则讲武于农隙，诚不可不为之所也。有民社之司者，固宜悉心。"《天下郡国利病书·河南·怀庆府志·屯田论》记载："屯田，军士之所天也。欲全军伍，先理屯田。兼并于豪强，私易于富室，其所由来者渐矣。"正德五年，曾经派遣京官清理屯田。用意虽好，可惜所用非人，急于成功，催逼太甚，以至酿成宁夏之变。由此议论清理屯田的人就很少了。嘉靖七年（1528），河南管理屯田的官员要求革除私下田地交易，命令军民各归本业。这其实也是优恤军民的善政。但由于处置无方，导致军民间的诉讼至今尚未停息。为什么会这样呢？这是因为"情不可强也"。"治家如治国，有为者治万亩而有余，无为者易百亩而不足，田荒芜而赋税何出。此则典卖者势之所必至也。"所以说，"强夺富人纳价之田而归之本主，是以拂人情而讼繁兴"。屯政演变到这个地步，是进亦难，退亦难。恢复屯田本意，命令军民各归本业，那是祖宗条例和军国大计所要求的，但要这样做，又违背了民间生活的强大人情。

随着军屯废弛，明代军制逐渐遭到破坏，军力日益下降。"国初于疆圉重地及沿海蛮夷去处，则必设卫所，广置屯田。今则有名无实矣。"永乐以后，屯田军士分为运军、操军和屯军。当时海运常有船沉大海等事故发生，或有运军逃亡现象，于是官府开始借调屯军为运军。屯军中逃亡的，又大多名册上未尝除名，官吏于是就在屯田上召佃耕种。"操军亡绝者，亦不与除名，操粮竟自官乾没矣。一遇该司调操，则雇一市民应役，实未尝有军也。京营亦然。"[1]《天下郡国利病书·浙江·宁波府志·海防书》记载，舟山在明代中叶以后"给饷水兵者，又数倍于昔矣，公私安得不困哉！且昔日之水军，固皆尺籍之编伍，未始征兵于外方也。间有老弱杂操，庸夫冒充，固可简而汰也"。巡抚朱纨矫枉过正，认为当地土军脆弱、军威不振，因此将他们尽数罢免，而专门召募福清兵船从事防守和攻击。召募的人中，大多为亡命劫掠之徒。当时有见识的人就说这是"前门拒狼，后门进虎"，必将造成尾大不掉之患。"即令分舟而伍，则诡名以冒粮，一或不遂，即有脱巾之变。奏调而行，则劫掠以饱欲，一或抗拒，即杀戮之惨。"一到临阵杀贼，因为盗贼不是他们同乡，就是平时暗中交通之人，于

---

① 《皇明经世文编》一六三。

是他们就常常临阵脱逃。

《天下郡国利病书·浙江·宁波府志·兵阵书》记载:"国初以全额之粮养全伍之卒,以全伍之卒充四境之备,故海波澄宴,狼烽息烟,几二百年,号为太平。间有疥癣之虞,遣一偏师应之,即望风而解逐矣。乃今尺籍空虚,仅存罢赢原额三万有奇,今已耗损大半。一遇小警,辄狼顾鱼骇",战栗观望,战则败绩,守卫则不支。于是"征发四方,召募非类,如狼苗等兵,布满海宇,而供亿浩繁,帑藏不继"。东挪西借之后仍然不足,于是"料民丁田,曰兵费,曰兵饷,曰兵米,诸色目殆十倍往昔。兵无休期,征无停日,而闾阎郊遂之间,十室九空矣。当事之臣,可不为寒心哉!"

当时的有识之士指出,为长治久安之计,当"举祖宗之成宪,军复军之旧额,粮复粮之旧额,振刷耗蠹而责其实效,调停法意而兴时宜之计"。"为今之计,莫若奏复全额原粮,尽充该卫所养兵募兵之用。不得复以羡余解京,而悉禁拖欠侵欺之奸。不得以国赋润豪猾。如又不足,不得已而加赋于吾民,当不如今日之甚矣。"足粮之后,必得足兵,仍旧要"严行清勾之法,移查原籍有无丁壮,可补者补之,即赘婿义子,年力强壮,俱准收充原额"。如果原籍已经户亡人绝的话,那么就于所在卫所"简见在丁壮,补足行伍,不必执空籍以靡岁月"。犯罪充军的人要严格解发,不得隐脱。如果还是不足的话,就"召募土著之人,膂力精壮者,程能试补,仍复其身而给之食。立以程限,以二十岁为始,五十而罢复为民"。不使他们劳苦终身,也不使其子孙世世辛苦,"则人皆鼓舞争为兵矣"。对于从其他郡县召募来的军士,要注册在籍,"给以悬牌,严其虚冒私替之弊"。让他们在年富力强之时尽力于武事,"而不出二十年后,复为平民"。那么他们就会自爱自律,不会轻易犯法,不会招呼无赖朋比为奸。如此一来,"则军无缺额,粮不虚靡,而必无不任战之民死于无罪者矣"。

《天下郡国利病书·浙江·义乌县志》记载民兵之事说:"募者起于兵农之分而师武之不足也。""明兴,分军民籍,而民力农养兵,兵守戍卫民。天下久平,卫所军日耗而变剧。"到了正统末年,就开始下令各府州县招募民壮,天下有警就调拨开拔,如此则"民复有兵"。到了正德年间,征兵银,大县有达千金的,这就叫作"于卫兵外复取民财而购民为兵"。长期推行这种政策所导致的结果就是"财耗兵脆"。卫军只不过持个名额,捕快只是徒有虚名。这样一来,到有军情急报的时候,又只得募兵。"嘉靖二十八年(1549),题准土著居民有能率众报效、招至百名以上者给冠带,三百名以上者授散官司。"嘉靖四十二年(1563),下令副参游守等将官自行招募家丁,报名于官府,统统给予粮饷。这是将官私募军队的开始。援朝之役时,卫所军士的"士气久靡,营卫列屯之军徒我尺籍名,至不能受甲。乃纷纷议募,而征师于乌"。

《天下郡国利病书·湖广·宝庆府志·军丁》记载了卫所官兵员额的日益零落:"宝庆卫五所,原额旗军五千六百名。事故未补,嘉靖年存一千三百三十名。崇祯十一年(1638),见存一千二百名。"《天下郡国利病书·云南 贵州 交阯》引周懋相《条议兵食疏》第二条"清隐占以广训练":"军非乏也,乃操不踰千,而夷寇临城,未有一军登陴而守者。此无他,荷戈持戟皆疲惫老弱之卒。而精锐豪猾冒厮役牢步之名,至其散粮也。"老实做军的吃不饱饭,狡猾无赖之徒冒名拿粮。"在各衙门跟役,皆得循例告给;而城操各军随大班支散者,多为管屯各官,以兑支敷军空名与之,有终岁而不沾半菽者。劳逸相悬,苦乐相异。毋怖乎私役愈众,城操愈虚也。"大多数人跑去跟着官府做私活,难怪操练城守的军士越来越少。第七条"严屯征以饱军腹":屯政弊端已是千疮百孔,即无法穷诘征收,也无法核实支出。

屯政废弛之后,军户逃亡现象越来越严重。《海盐县志·勾军》记载:万历四十三年(1615),御史李邦华巡行浙江,将军户分为七类,"一为有军在卫,并无继丁在籍;一为丁尽户绝,止存军产;一为丁尽户绝,向存户名未除;一为原注奏豁,近经办豁;一为新军全家赴卫,本籍并无户丁;一为新军虽有户丁在籍,不系在卫所生。以上六款,备将略节刻为书册销除,遇勾照册回覆。""其有军在卫,有丁在籍者,自为一款。另给循环簿稽查,以备勾补。其檄文曰:勾补军丁,在国家为必不可废之法,在民间为大不忍之事。"①明廷以前曾经派遣清军御史巡行天下,专管清军之事,搞得民间嚣然,不胜其累。但是如果不清军的话,底下的蠹蠹老奸巨猾盘根交错,又弊害太深,实际于朝廷、于小民仍然不利。

回顾明代初年"法意主严,事率引例,故遣戍独多,每一州县,无不以千数计。积传至今,有一邑而万计者。此为千为万之家,相传二百五十余年,子孙之消长,家业之兴废,沧桑不知几变,乃按籍而稽,军丁者如故也。当未奉勾军之日,人以为于衙门无相涉也。然执意十年则有兜底册之攒造乎,五年则有继丁册之攒造乎"。平时攒造这些文册就会骚扰民间,正费和隐秘费用不知要多少。"一奉勾军,所勾多不过三四名,少不过一二名耳。部檄一下,县票随出,追呼临门,举家惊惧。巧者百计营脱,悍者健足窜避。展转结勘乃得一丁起

———————————
① 顾炎武:《天下郡国利病书·浙江》。

解,而军装之措置,军妻之金聚,长解之路费,卒然科敛,纷纭告扰。一家之人,肝脑涂地矣。然此犹论于有丁之家也。"如果是丁尽产绝而无从勾补的情形呢?"单到之日,有司漫难申覆,不得不行查取给。于是无亲房则问族属,无族属则问里长。产业指东画西,姓名移花接木。得钱即给为回销,无贿仍不与开除。一番吓诈,何异劫掳。然此犹论于勾单之有据者也。"如果勾单没有确实根据的话,"就遍行搜查,此都尽,复寻之彼都;一里完,又觅之他里。捕风捉影,沿门挨户,究竟终是乌有。初发不胜株连,徒饱差腹,何益行伍! 然此犹系奉勾之不能已者也"。更糟糕的是,下面胥吏里书串通一气,以此为借口,联手作弊,敲诈小民钱财。"至若积年奸书,通同清军县丞,衙老蠹家藏底册、世传衣钵,自恃惯熟,几如狐之凭城。民畏簸弄,恰似羊之见虎,岁时买求,各有定额。即无单勾之事,亦非造册之年,又不必县官之片纸点墨,而岁岁一度下乡,索取常例,小民见之,尊如神明,奉若祖考。上则银钱布花,下尽黍稻鸡犬,争先献纳,莫之敢后。"

第四章　赋役改革

明朝开国之时设计的赋役制度，虽然强调抑富而右贫，但条文较为粗糙。例如将赋与役分开，致使田地多而人丁少的人户与田地少而人丁多的人户之间劳逸失衡。役分为力差与银差，有钱大户可以使钱雇人服役，贫困小民只能亲身服役，往往影响农业生产。豪门大户虽然田地很多，但由于可以使钱与里胥等勾结，往往得以将赋役转移于小民。优免到了明代中后期越发泛滥，使得豪强大姓反而可以摆脱赋役。赋役征收手续繁杂，使得经手人员可以从中渔利。从明代赋役制度本身来说，也大有需要改革之处，如亩有大小而并不统一，田赋轻重不均，优免越来越泛滥，征收的田赋内容并不完全合乎地方出产之物。不管是在法定征收环节如折色、蚀耗等，还是在形形色色的自由裁量环节中，基层里胥等都可从中营私舞弊。赋役改革的一个重要原因，在于明代中期后里甲制度日益破落，导致田额与丁额严重流失。

第一节　金　花　银

明朝开国初，在征收赋税时实行粮长制，以拥有田地多者为粮长。"上以郡县吏每遇征收赋税，辄侵渔于民，乃命户部令有司料民土田，以万石为率，其中田土多者为粮长，督其乡之赋税。且谓廷臣曰：'此以良民治良民，必无侵渔之患矣。'"[①]"癸巳，上谕御史台臣曰：'比设粮长，令其掌收民租，以总输纳，免有司科扰之弊，于民甚便。自今粮长有杂犯死罪及徒流者，止杖之，免其输作，

---

① 《太祖实录》六十八，洪武四年(1371)九月丙子。

使仍掌税粮。'御史台臣言：'粮长有犯，许纳铜赎罪。'制可"。① 但永乐之后，粮长制就产生许多弊端，致使大户往往不愿成为粮长。在成为粮长后，大户往往有破产的。"弘治中，常熟桑民怿通判尝过富家，见其碌碌置田产，戏为口号遗之曰：'广买田产真可爱，粮长解头专等待，转眼过来三四年，挑在担头无人买。'近年民家有田二三百亩者，官司便报作粮长、解户、马头，百亩上下亦有他差，致被赔贩不堪，以田典当输纳；再不敷者必至监追，限期比较，往往瘐死者有之。往年，田亩值银数两，今亩止一二两，人尚不愿售者。其低洼官田愿给与人承种，办粮不用价，人尚有不欲受者。其余朝廷一应供需，岁增月益，皆取于民，民必取之以奉上，下赖以资身。今民不堪命，以致伤生破业。民怿之言虽曰嘲之，切由时病。"② 江西的粮长之弊相当严重。乡村平民一旦被佥为粮长，往往有如丧考妣之感。"递年派粮编差无所归者，俱令小户赔偿，小户逃绝令里长，里长逃绝令粮长，粮长负累之久亦皆归于逃且绝而已，由是流移载道，死亡相枕，户口耗矣。由是鼠狗窃发，劫掠公行，盗贼兴矣。由是争斗不息告讦日滋，狱讼繁矣。大抵此弊（谓田役之弊）惟江西为甚，江西惟吉安为甚，临江次之，故凡人遇佥当粮长，大小对泣，亲戚相吊，民间有宁充军毋充粮长之谣。"③ 由此可见，江西民间甚至将充任粮长看作比充军还可怕。

因充任粮长破产而被迫转为工匠或经商的情形，在明代小说中也有描写。"话说国朝自洪武爷开基……内中单表江西南昌进贤县有一人姓张名权，其祖上原是富家，报充了个粮长。哪知就这粮长役内坏了人家，把房产陆续弄完。传到张权父亲，已是寸土不存。这役子还不能脱。间壁是个徽州小木匠店，张权幼年间终日在那店门首闲看，拿匠人的斧凿学做，这也是一时戏耍，不想父母因家道贫乏，见儿子没甚生理，就送他学成这行生意。后来父母亡过，徽州木匠也年老归乡，张权便顶着这店。因做人诚实，尽有主顾，苦挣了几年，遂娶了个浑家陈氏，夫妻二人将就过日，怎奈里役还不时缠扰，张权与浑家商议，离了故土，搬至苏州阊门外皇华亭侧边开了家店儿……"④ 由此可见，不仅贫弱小民不堪赋役沉重有流亡他乡的，由于充任粮长破产而游离他乡的也并不罕见。当然，粮长中也有因此致富的。例如在比较富饶的苏州府吴兴县："吴兴诸大家缙绅强半起于粮长，其子孙至今繁盛。吾邑如吾族，如朱，如孙，如李皆当粮

---

① 《太祖实录》一百二，洪武八年(1375)十二月丙戌朔。
② 沈周：《客座新闻》(扫叶山房《五朝小说大观》石印本)"桑民怿嘲富翁"条。
③ 陈子壮：《昭代经济言》卷三唐龙《均田役疏》。
④ 冯梦龙：《醒世恒言》卷二十《张廷秀逃生救父》。

长起家。"①

永乐末年,江南向北京输送的税粮,大多由百姓承运,负担日益加重。宣德五年(1430),户部下令,税粮运费"每石不过加一、加二、加三,多者坐赃论罪"。② 但实际开销又何止此数。"漕运军民相半。军船给之官,民则僦舟,加以杂耗,率三石致一石,往复经年失农业。"③为减轻百姓输送田赋的负担,明廷于宣德六年(1431)颁行漕粮兑运法,确定加耗标准:民运至淮安,然后兑军运至通州,每正粮二石,给加耗五斗;民运至瓜洲交兑,每石加耗五斗五升;江南卫所官军和南京卫所官军在长江以南就近仓交兑,每石另加过江米二斗、补垫芦席与折米五合,共七斗五合。

在确定漕粮兑军给耗标准之后,周忱于宣德八年(1433)奏行《加耗折征例》,确定耗米征收原则。首先,耗米征收数额可上下浮动,当年征收多少,应当依据上一年耗米支出的盈损数额确定。"初年,每正粮一石,收平米一石七斗,候起运酌量支拨;次年多余,则令加六征收,又次年益多,则令加五为止。"④其次,关于耗米征收办法,大体以论粮加耗为准。或"每秋粮一石加耗六斗七升",也有正粮"每石征平一石七斗",甚至"征平米一石九斗"。⑤ 对于部分轻税的民田,采取的办法是论田加耗。"周文襄于轻额民田,每亩加耗一斗有奇,以通融官田之亏欠。"⑥

周忱创立的平米法,有助于缓解小民沉重的赋役负担。"周忱巡抚江南。永乐初,豪户不肯加耗,并征之佃民,民逃亡而税额益缺。(周)忱乃创为平米法,令大小户出耗必均。"⑦《明史》中也记载了周忱创立平米法的事迹:"周忱字恂如,吉水人。永乐二年(1404)进士,宣德五年(1430)巡抚江南诸府,总督税粮。始至,召父老问逋税故,皆言豪户不肯加耗,并征之细民,民贫逃亡而税额益缺。忱乃创为平米法,令出耗必均。"⑧

正粮与耗米合称平米。在实施"平米法"之前,"豪有力者止供正额,而一

① 丁元荐:《西山日记》(《涵芬楼秘笈》)上。
② 况钟:《况太守集》卷七《遵旨会议奏》。
③ 《明史》卷一五三《周忱传》。
④ 赵用贤:《议平江南役疏》,《明经世文编》卷三九七。
⑤ 顾炎武:《天下郡国利病书》原编第六册《苏松》。
⑥ 蒋伊:《苏郡田赋议》,《清经世文编》卷三二《户政》。
⑦ 褚华:《沪城备考》卷五《田赋》条,《上海掌故丛书》本。
⑧ 《明史》一五三《周忱传》。

切转输诸费,其耗几与正额等,乃独责之贫民。此耗之不得其平也"。① 也就是说,在平米法实施之前,除正额之外的转输等费用,往往被豪强大姓转嫁于贫民。由此可见,周忱推行的论粮加耗和论田加耗法,主要有助于压制豪绅地主拒不纳耗的法外特权,从而有利于平民。

在推行平米法的同时,周忱还创立济农仓。济农仓收入主要来源于"京俸就支法"实施后节余的耗米。永乐年间,朝廷从南京迁往北京,但北京军官的月俸仍然在南京支取。周忱于宣德七年(1432)奏准,原本在南京支俸的北京军官,转而向苏州府、松江府和常州府支领,这就是所谓的"京俸就支法"。实行这一办法后,节余下来的起运南京粮运费,就拨给济农仓。如此一来,三府每年可节省六十万石,其中苏州府就可节省四十万石。②"文襄公精思民事,于是创为平米法,官、民田皆画一加耗。初年正米一石,加耗米七斗,计输将远近之费为支拨。支拨之余者,存积县仓,曰余米。……最后令县各立仓贮余米,曰济农仓"。③ 济农仓中储备的粮食,可用于补荒年税粮不足;用于弥补漕粮运输中的损失;荒年可用于赈济饥民;可用以资助水利的兴修;可用于补里甲支费不足;举凡里甲"买办纳官丝绢、修理(官)舍、(公)廨、庙(观)、学(校)、攒造文册及水旱祈祷"等开支,大多可从济农仓余粮及"所易钱随时支用"。④ 通过创立济农仓,里甲的负担有所减轻,实际上就是用田赋收入来弥补户税或丁税之不足。周忱的这些改革,虽然没有直接涉及田赋制度本身,却对随后的田赋制度改革产生了重要影响。

正统年间金花银的出现,导致田赋中货币税的比重大为增加。金花银的起源与俸贴有关。洪武年间,胡蓝之狱后,勋臣武将纷纷将原先钦赐的土地奉还官府,转而领取禄米。禄米"皆于浙西苏松等府官田内拨赐"。⑤"正统初,成国公朱勇言,在京文武官员俸粮每月关米一石,食用不敷,乞每年运粮,除正数外,每军增米二石至京,文武官员按月添米一石,英宗以带运艰难,不欲重困军士,止而不行。"⑥由此可见,不仅官员感到不便,而且官粮北运对小民来说,负担过于沉重。

---

① 顾炎武:《天下郡国利病书》原编第九册《常镇》。
② 《明宣宗实录》卷九四;《天下郡国利病书》原编第七册《常镇》。
③ 顾炎武:《顾炎武全集·天下郡国利病书·苏松备录》,第572页。
④ 《明太宗实录》卷二三。
⑤ 《诸司职掌·户部·民科》。
⑥ 《典故纪闻》卷十一。

在周忱实行"京俸就支法"改革后,武臣从北京到江南领取禄米,由于路途遥远,所得难偿所耗,只得出售俸帖,"南京米贱时,俸帖七八石仅易银一两"。[①]如此一来,武臣们显然就在俸帖买卖中吃了亏,"朝廷虚费禄米,各官不得实惠"。鉴于此种情形,都察院右副都御史周铨和江西巡抚赵新等先后上疏建言。赵新在奏疏中指出:"江西属县,有僻居深山,不通舟楫者,岁赍金帛于通津之处易米上纳,南京设遇米贵,其费不赀。今行在官员俸禄于南京支给,往返劳费,不得实用。"[②]在这种烦琐的过程中,禄米不可避免地会遭到商人的中间盘剥。周铨和赵新等人为此提出的解决办法是:"于浙江、江西、湖广、南直隶不通航楫之处,各随土产,折收布绢白金,赴京充俸。"明廷为此展开讨论,大学士杨士奇等援引祖例,指出明太祖曾于陕西和浙江实行田赋折纳,其中白银一两准米四石。朝议的结果是,用两种办法来解决。一种办法是派官员往南京专门办理官军俸给,在南京依时价粜卖俸粮,返回北京后依原粜之数发银给军官。另一种办法是,依据周铨等人的建议,将浙江、江西、湖广、南直隶、两广和福建起运的税粮,按米麦每石折银二钱五分的比价折收白银,"煎销成锭,委官赍送赴京,依原收价值放支"。[③] 这就是著名的金花银的来源。金花银又称"折粮银"和"京库折银"。

周忱在江南有力贯彻了金花银法,实行的派征原则是:"七斗至四斗则纳金花、官布(即税粮折布交纳),轻赍折色;二斗、一斗则纳白粮、糙米,重等本色,因田则轻重而为损益。"[④]由此可见,周忱主要将金花银派征于亩征四斗以上的官田。此外,周忱还在松江府推行棉布折粮法:"公见嘉定土薄民贫,而赋与旁邑等,思所以恤之。谓地产棉花,而民习为布。奏令出官布二十万匹,匹当米一石。"[⑤]浙江的湖州府同样规定金花银"专为此等重租官田……如无将民米派纳。"[⑥]税粮在折纳金花银时,通常低于粮食的市场价格,因此有利于纳税者,确切地说,主要有利于官田承种者。总的来说,金花银在正统年间主要推行于南畿、浙江、江西、湖广、福建、广东和广西等地。货币田赋在北方是相当少见的。直到成化二十三年(1487),李敏任户部尚书,才奏请北方田赋正式折

---

① 《续文献通考》卷二《田赋考》。
② 《明英宗实录》卷二一。
③ 《明英宗实录》卷二一。
④ 顾炎武:《天下郡国利病书》原编第七册《常镇》。
⑤ 顾炎武:《顾炎武全集·天下郡国利病书·苏松备录》,第 572 页。
⑥ 万历《湖州府志》卷一一《赋役》。

银征收。①

　　成化和弘治以后,除了金花银折纳之外,各地因逋欠、灾荒和运输问题等临时性地采取田赋折银的事情,也不断出现。值得注意的是,在实际操作中,金花银的折粮率经常有所变化。据《明史·食货志》和刘若愚《明宫史》记载,明朝岁进金花银百万两。正统年间,每年征金花银八十一万四千余两。② 正德初年,户部尚书韩文指出:"查得京库银两,以岁入言之,夏税共该五万五百余两,秋粮九十四万四千八百余两。"③正统年间,岁征田赋多者二千七百余石,少者二千四百余万石,平均为二千六百八十余万石。④ 总的来说,金花银占全年税粮总数约百分之十二点七。这是总的比例,就具体地区而言,则货币税的比例有所变化。

　　金花银的出现,同时导致明朝财政体制的变化。明代初年偶然折收的金银,主要运往南京作武臣俸禄。明代前期,南北两京先后设立内承运库,其中收贮的只是对坑冶征收的金银课税。金花银改革后,内承运库转而以收贮金花银为主。金花银创立初衷,原本是放支给武臣作为俸禄,但在实际操作中,"自给武臣禄十余万两外,皆为御用"。由此可见,大部分金花银被转到皇宫内库。基于这种变化,户部于正统七年(1442)另外设立了太仓库,"各直省派剩麦米,十库(即甲字、乙字、丙字、丁字、戊字、承运、广盈、广惠、广积、赃罚十库)中绵丝、绢布及马草、盐课、关税凡折银者,皆入太仓库。籍没家财,变卖田产,追收店钱,援例上纳者,亦皆入焉"。⑤ 太仓库收入专门用于国家的军政开销。

第二节　田赋改革

　　明代中期后赋税之沉重与宗室人口迅速繁衍和武职泛滥有一定关系。换言之,与吃国家财政饭的人越来越多有关。"古人有言天下之财,不在官则在

---

　　① 《明史》卷一八五《李敏传》。
　　② 王鏊:《震泽长语》卷上"食货"。
　　③ 韩文:《为缺乏银两库藏空虚等事》,《明经世文编》卷八五。
　　④ 梁方仲:《明代户口田地及田赋统计》第七表《英宗朝(正统)全国田地面积及户口税粮数》,《梁方仲经济史论文集补编》。
　　⑤ 《明史》卷七九《食货志》三《仓库》。

民,去年陕西、四川、河南、湖广、山东、山西等处凶荒,王府禄米军士月粮多有欠缺,无从处补,军民人等饿死数多,无从赈济,则是在官在民之财皆空虚不足矣。……在官之财所以空虚不足者,其弊有四:宗室日繁、武职日滥、冗食太多、冗费太广者是也,而征纳逋欠之弊则又在其外焉。在民之财所以空虚不足者,其弊亦有四:官吏剥削、差科繁重、风俗奢僭、生齿繁多是也……"①宗室人口繁衍之快,从山西晋王一系中可见一斑:"嘉靖初,詹事霍韬言……又按天下藩府,洪武初山西惟晋府一王,岁支禄一万石,今增郡王将军中尉而下共二千八百五十一位,岁支禄米八十七万有奇,则加八十七倍矣。举山西而天下可推也。"②

到了明代中期,江南地区由于赋役负担日益不均,逋赋现象严重,产生了一轮又一轮的田赋改革。例如天顺年间,湖州知府岳璿推行"官民分搭"法,苏松巡抚崔恭推行"论粮加耗"法。成化年间,松江知府樊莹推行"白银"法。弘治年间,巡抚朱瑄推行"分乡论田加耗"法。正德年间,巡抚艾璞推行"论田加耗"法,巡抚张风推行"论粮加耗"法等。这些田赋改革的宗旨在于,通过增减耗米以调整官民负担。正德以后的田赋改革更加深入,以改变征收科则为主,即"官民一则"改革。推行官民一则改革的典型地区是湖州府。正德十四年(1519),都御史许庭光对湖州府秋粮科则进行深入调查,发现秋粮科则竟多达四千四百四十七则。许庭光为此上疏,请求官民田"各均为一则办纳税粮"。官民一则改革的具体方案是:首先计算湖州府应纳的正粮、耗米和京库折银即金花银,总数共八十一万八千八百七十七石余。其中正粮四十六万九千一百余石,耗米二万七千八百余石,京库折银米十四万一千八百余石。当时粮价每石五钱,但官定折价每石二钱五分,比时价低一半,"折银米二石得准实米一石"。如此计算下来,京库折银米实征数仅为七千九百余石。在经过如此细致的计算之后,将八十一万八千八百余石的正粮、耗米和京库折银米总数,按湖州府二万七千二百九十六顷十一亩余官民田平均分摊,每亩实征三斗。尤其重要的是,在进行分摊时,对田则轻重不等的官民田,通过摊派不同比例的本色米和折银米,调整负担以达到每亩"俱以三斗为率"。官民一则改革,意在将部分田赋依据低于市场价格一倍的折价折成货币,再通过这样的货币税去调整官田负担。在不触动黄册登载原有科则的前提下,巧妙抹平了原本租和税

①　陈子壮:《昭代经济言》卷四,何瑭:《民财空虚疏》。
②　《典故纪闻》十七。

数量上的轻重差别。对官田和民田一概每亩征三斗,"税粮务要通融损益,不失概府每田一亩实米三斗之数"。① 如此一来,租税数额上的差异不复存在,官田与民田所有权的不同,仅仅存在于名义上而已。不过至少在名义上,官田和民田还是各一则起科。

真正推行官田和民田一则起科改革的,则要到嘉靖年间才出现于苏州府。嘉靖十六年(1537),在礼部尚书顾鼎臣建议下,明世宗责成右副都御史应天等十府巡抚欧阳铎着手清理江南田赋。欧阳铎的田赋改革主要包括两方面内容。首先是清理税源,将"计亩均输"确定为田赋征收原则;其次是整顿地方财政,将"八事定税粮"确定为田赋收支原则。那么如何做到"计亩均输"呢? 就是在不改动原黄册上登载科则的前提下,通过耗米和金花银对不同科则田地的负担进行调整,时人称之为"牵耗""摊耗""均摊"。

苏州知府王仪在推行牵耗法方面最富有成效。王仪推行牵耗法改革的关键环节是耗米和会花银。关于正米与耗米之比,三斗以上田不征耗米,二斗以上田的耗米随等则下降而递增。二斗以上田正米和耗米之比约一比零点三,一斗以上田正米和耗米之比约一比零点八。一斗以下田正米和耗米之比约一比五点四,耗米超过正米五倍。关于金花银的征收,三斗以下田不派金花银,三斗以上田派给金花银随等则上升而递增。三斗以上田本色米和折色银米之比,是一比零点五;四斗以上田之比,是一比零点四;五斗以上田之比,是一比一点四,折色银米超过本色;六斗以上田全派折色银米。通过将金花银折米率从原来每两准米四石改为准米二石,得以削减三斗以上重则田赋税额一斗。如此一来,牵摊之后的赋额,一般是"每亩正耗米三斗四升四合"。② 通过这样的改革,官田与民田之间的等则差别实际上就被取消,真正实现了官田与民田一则起科的新税则。

在苏州府王仪改革的影响之下,嘉兴知府赵瀛于嘉靖二十六年(1547)发动称为"扒平法"的田赋改革。扒平法改革的主要内容是:在"不动版籍、不亏额赋"的前提下,"合官民田麦地一例牵摊耗米","如正米重者,耗减轻;正米轻者,耗加重"。如此推算出来的结果是,每亩"俱不出三斗之数"。不过低产的"山荡滩滨池塘水面等项,(亩)征米五升,自为一则"。与此前改革的略有不同之处在于,白粮不再专门派给轻则民田,转而按一亩准糙米一石五斗比率统一

---

① 顾炎武:《天下郡国利病书》原编第六册《苏松》。
② 崇祯《吴县志》中《嘉靖十七年知府王仪摊耗丈量田地册》。

征收。金花银也不再专门派给重则官田,转而改为按每两准米二石的新折率,并不区分官田和民田,仅仅按田赋交纳多寡分派,"正米数少,则全征本色;正米数多,则量派折银。银不足则加之以米,米不足则补之以银"。各县"扒平"之后,每亩"俱不出三斗之数"。①在苏州府和嘉兴府改革的影响之下,嘉靖后期至万历前期,常州、松江、宁国、应天、镇江各府和浙江、江西、福建等纷纷推行官民一则改革。

自明代初年以来,官田重税问题就一直存在。由于官田佃种者向官府缴纳的是租税合一之税,因此明显高于民田所有者向官府缴纳的税。在明廷迁都北京之后,官田重税问题更加突出。这是因为,明廷迁都北京后,南方税粮必须大量北运,纳税者头上因此不得不负担运输费用即耗米。由于官田佃种者往往是无权无势的贫苦农民,民田所有者则多为豪强地主,因此豪强地主通常能够运用各种手段将耗米负担转嫁予官田耕种者。原本就相当沉重的官田租,加上迁都北京后繁重的耗米负担,致使官田佃种者纷纷破产,同时也影响了明廷的财政收入。宣德以后,明廷因此不断在江南地区推行田赋改革。改革从较为简单的耗米负担调整开始,逐渐深入到田则改革,最终确立了官民一则起科的新田赋制度。田赋制度改革主要意味着分配制度上的改革,但这样的改革反过来对所有制同样产生了影响。对官田和民田一则起科,表明了租税的一体化,导致官田与民田实际差别的消失。常州人唐鹤征为此愤愤不平地指出:"官民一则之说殊为可恨。何也?官田者,朝廷之有,而非细民之产,耕之者乃佃种之人,而非得业之主,所费乃兑佃之需,而非转鬻之价,所输乃完官之租,而非民田之赋。惟奸宄之徒,则据以为业,良民不敢有也。不揣其本,而齐其末,以租为赋,而病其过重,俾民田均而任之,是上夺朝廷之产,以惠奸宄。"②唐鹤征的指控,表明官田与民田之间差别的实际消失。

第三节　徭役改革

如果说土地清丈获得的较为准确的全国田亩数,是一条鞭法推行的重要条件,那么明代中期赋役制度方面的一些改革,就为一条鞭法的最终产生和推

---

① 万历《嘉兴府志》卷五《田亩》。
② 顾炎武:《天下郡国利病书》原编第七册《常镇》。

行积累了丰富经验。

由于里长在杂役编佥时常常上下其手、放富差贫，到了明代中叶，就出现了整顿杂役编佥的均徭法。此法最早出现于正统年间，由江西地方官柯暹创设，接着由按察司佥事夏时推广于全省。它要求在编佥杂役之前，审定各户的丁产状况、划定户等，将各等户类编制成册以作为佥役依据。这种文册被称为《均徭文册》，因为它以白纸封面，故又被称为《白册》。它要求上户编佥上役，中户编佥中役，下户编佥下役。采取以里为单位按甲轮当的办法。但是，它在带来积极作用的同时，也暴露出弊端，主要有：各里甲贫富不等，但徭役负担相等；《均徭文册》上丁产登计往往失实，导致依此而行的徭役负担不平均。

在明初创立黄册与里甲制度后，杂役编佥根据黄册上所登载的各里甲人户的户等临时量户点差。从理论上说，对上户派以重差，对下户则派以轻差。但是在实际操作中，临时量户点差权掌握在里长手中，因此往往发生里长贪污受贿而"放富差贫"现象，也就是上户派轻差甚至不当差，下户当重差甚至一户数差。明代中叶的均徭法就是为解决杂役编佥中这一弊端而产生。

欧阳铎在福州任上积极推行均徭法。"欧阳铎，字崇道，泰和人。正德三年进士……出为延平知府……调福州。议均徭曰：'郡多士大夫，其士大夫又多田产，民有产者无几耳，而徭则尽责之民。请分民半役。'士大夫率不便，巡按御史汪珊力持之，议乃行。"①可见，均徭法在实施过程中遭到士大夫阶层的激烈反对，幸亏有高级官员支持，方才得以推行。

夏时推广均徭法时，还没有力差与银差之分。在杂役项目逐渐增加后，方才产生力差与银差之分。正德元年（1506）首次出现银差。正德元年（1506）十一月，巡抚顺天府都御史柳应辰指出："顺天、永平二府并各卫所差役不均。审户虽有二等九则之名，而上则常巧于规免；论（轮）差虽有出银出力之异，而下户不免于银差。"②虽然没有统一规定，但一般而言，嘉靖以前，中央三司和府州县的柴薪和皂隶，各级衙门的马夫，各级学校的膳夫和斋夫，王府民校等，大多是银差。如库子和斗级这样的重差，因难以雇募，大多是力差。地方各级衙门的门子、看守牢狱的禁子、维持地方治安的巡检司弓兵、递运所水夫和江河渡口的渡夫等常备杂役，为力差。兴修水利等方面的杂役，是属于力差还是银

① 《明史》二〇三《欧阳铎传》。
② 《正德实录》卷一九。

差,得看具体情形。杂役中区分重差和轻差的一个重要标准,与服役地方的远近有关。在较近的地方当差通常为轻差,在较远的地方当差则通常为重差。"在州县者易当,在府运(远)者难当,在三司者尤难当。盖在下之差,居家应役,使用既少,且不妨耕;在上之差,使用浩大,既解正身,又要雇人。"①杂役是轻差还是重差的另一个重要标准,得看各项差役本身榜定的派额与实际支费之间究竟相去多少。一般而言,各项杂役都有榜注费用数额即丁数或银数,然后按榜注费用数额金丁或征银。倘若实际支费超过榜注派额,那么承役的负担就会加重。"循其派而自给稍轻,倍其派额而犹患不足则更重。"②负担最重的杂役,要算耗费既大而服役地区又远的解户。将各地"土贡"或其折银解运赴京的职役,被称为解户。"各处折粮布绢等项,除粮长起运外,其余坐派杂色解户,多从均徭编审"。③ 从原则上说,充当解户的应当是上等则的富裕户,即所谓"大户"。"有收头管收支各色钱粮,有解户管领解京各色物米,俱殷实之家金充,故谓之大户"。④ 与此相对,负担最轻的轻差是皂隶,特别是伺候官员的"长跟皂隶"。富户、军兵和市井无赖等往往千方百计地营求这样的轻差,因为通过歪门邪道可以在当此轻差时大发横财。

均徭法推行时间一长,也产生了一些弊端,主要在于:各里甲实际上贫富不等,但派的徭役负担量却相等;由于《均徭文册》对丁产的登载与实际不符,导致徭役负担不均。如此一来,在不断要求改革均徭法的呼声中,逐渐产生十段册法,又称十段锦法。与均徭法不同,它不是按照原有里甲轮役,而是在通计一县丁粮之后,重新均分编为十甲轮役。它的积极作用在于:针对均徭法中各里甲实际贫富不均而导致的实际徭役负担不均,放弃按原有里甲轮役的办法,将一县丁粮均分十段,按段轮役;针对黄册和白册上丁产登载失实的弊端,转而按新核实的各户丁产情形编金杂役;对于丁、田的负担采取丁、田相折的办法,开始具有摊丁入地的历史新因素。

《明史》对十段锦的内容进行了详细记载:"而征一法、一条鞭、十段锦、纲银,诸于在所异名而同贯……十段锦者,计每岁银力差(银差力差)各若干,总计十甲之田,派为定则,如一甲有余则留二三甲用,不足即提二甲补之。凡免田十年止免一年,一年之内止本户,若寄庄及原籍已免不再免,如金银库革定

---

① 李士翱:《钦奉敕旨陈言民情疏》,《明经世文编》卷二○九。
② 同治《庐陵县志》卷一一《赋役》。
③ 毛宪:《言库藏积弊疏》,《明经世文编》卷一九○。
④ 嘉靖《宿州志》卷二《食货·征役》。

名徭编之旧,照司府例纳银为募人工食费,止令巡守弗支收。其支收委之吏,而毫末承禀于官,需索者不得行,而诛求者自敛。又以时得代,不久,若查盘吏有身家不得窃逃,而仓斗级于旧有募充、亲充,若亲充偿所耗固当,而募充有耗折令徭户偿,是教之盗。乃募吏充,岁加脚费,而折耗责之,势不敢自盗,又年终而更无泡烂忧,又甚便。诸递运夫马俱官吏支应。若诸法皆都御史庞尚鹏、周如斗、刘光济,参政王宗沐前后条上者,上辄从之,遂随地行之不衰。"① 由此可见,十段锦业已相当接近一条鞭法,也就是丁役费由田亩分派。差别之处在于,十段锦法以里甲为单位,而一条鞭法则以州县为单位。

早在成化初年,十段册法就已经出现于福建邵武,由知府盛颙创立。"成化改元由进士历官知邵武。……先是徭役多从里胥推举,奸弊万端。乃通扣一县丁田数为十甲,以一年丁粮应一年徭役,周十甲而复始,民甚便之"。② 与均徭法的不同之处在于,盛颙的办法是总计一县丁粮,重新均分后,编为十甲轮流充役,从而得以克服先前应役里甲丁粮多寡不均的弊病。这种十甲轮役法,相当于后来的十段轮役法。自成化至嘉靖年间,这种轮役法在邵武旋行旋废。弘治至正德年间,邵武知府夏英和同知陆勉编纂《平定册》,通计十年丁粮,"衰多益德,均为十班,编为定役"。③ 这种办法实际上是对盛颙十甲轮役法的继承。嘉靖十二年(1533),邵武知县曹察恢复夏英旧法,推行"均平徭役册",具体办法是:"以一县之丁粮,均为十班,以十班之粮,均为一则","事事核其丁粮,同其总撒,通融斟酌,定为十年均徭之则"。④ 嘉靖十六年(1537),李元阳任福建御史后,在整个福建推行"十段法":"概一县(丁粮)之数,酌什分之一(应役),今年盈则以补捐明年之不足,缩则益取诸今年之有余"。⑤

早在正德年间,常州府同知马某就推行"十段册"法:"议将通县田地均分十段,别造《十段文册》,每年编审一段"。⑥ 一开始,十段册法颇受欢迎。但在造册时,富民巧为规避,加上人户消长参错,多有产去税存现象,官民两病。到了嘉靖元年(1522),于是转而改为按户等高下三则编审均徭。嘉靖十四年(1535),武进知县马汝彰重新推行"十段册"法,将全县官田十三万九千六百六

① 《明书》六十八《赋役志》。
② 嘉靖《邵武府志》卷一《名宦》。
③ 嘉靖《邵武府志》卷一《名宦》。
④ 嘉靖《邵武府志》卷五《版籍》。
⑤ 乾隆《尤溪县志》卷五《赋役》。
⑥ 万历《常州府志》卷三一《钱谷志》三。

十二亩余,按每五亩折民田一亩计,共折民田二万七千九百三十二亩余;山荡七万五千四百七十八亩余,按每十亩折民田一亩计,共计民田七千五百四十七亩余;人丁十二万四千三百九十八丁,按每丁折民田一亩计,共折民田十二万四千三九十八亩;加上实有民田一百二十九万五千八百八十一亩余,总计共折民田一百四十五万五千七百五十九亩余。除前两年已编审者外,余下民田一百十六万四千六百零七亩,均分八年应役,每年轮派同田十四万五千五百七十五亩余。①

总的来说,十段册法是在不对均徭所含役目进行改革的前提下,对均徭法编审对象及轮役方式的改革。鉴于各里甲贫富不均的现实,通计一县丁粮以重新均分十段,按段轮流服役。由于黄册或均徭文册上丁产登载失实,因此依据重新核实的各户丁田实际数量佥役。在实际操作中,出现了部分摊丁入地的因素。

为了减轻里甲正役,明代中叶东南各省对之普遍进行了改革。主要办法是将里甲费用部分摊入田粮,折银征收。南直隶将它称之为直日银,江西称之为公费银,浙江称之为均平银,福建称之为刚(纲)银。后来,由于官府费用开支无度,里长负担过重,往往无力供办。贫弱小民因此破产的不少。《天下郡国利病书·淮徐》引《吕梁洪志革代役议》说:"吕梁二闸洪夫,系徐州萧县杂差审编。当初赋时,不远数百里,皆按图赴役。后久役恋土,逃逸日频,有司之追解文移始旁午矣。正统间,主事李瀛乃为牛运之令。计工食之费,人贸一牛,使之代人而运。当时河流未溢,或用牛可也。及成化弘治之年,则河溢洪溜,牛不可支,而主事费瑄则为雇土人替当之令。夫瑄博学审谋,有功于洪者,民到于今祀之,此必大有所见,故迄今行之不衰。"

早在宣德年间,周忱和况钟就对里甲正役进行了改革。周忱为减轻里甲负担,在应天府论粮加征"里甲银"。"往周文襄巡抚时,以丁银不足支用,复唱劝借之说,以粮补丁。于是税粮之外,每石加征若干,以支供办,名里甲银。"②里甲银的征收,与耗米在性质上有相似之处。

成化和弘治年间,福建出现纲银。"成弘年间,乃令见役里长,随其丁田,或钱输官,以供一年用度,谓之纲,以雇一年之用者,谓之徭。既出钱,(甲首)则归之,唯一里长在役,以奉追征勾摄。"③"纲银"又叫"纲派",意为总征里甲各

---

① 万历《常州府志》卷三一《钱谷志》三。
② 顾起元:《客座赘语》卷二《条鞭始末》。
③ 顾炎武:《天下郡国利病书》原编第二十六册"福建"。

类费用。纲银依据丁田征收。征收标准按丁、田相折办法，"民米一石，准丁一丁"。如此一来，使得原本按丁负担的里甲支费，部分摊入了田地。正德十五年(1520)，御史沈灼改革福建纲银，要求各县"将通县费用，分正杂二办，以丁四粮六法则科派"。① 正办即正纲，杂办即杂纲。"正纲之费可稽，杂则私而难诘矣。"②嘉靖十八年(1539)，"时又有纲银、一串铃诸法。纲银者，举民间应役岁费，丁四粮六，总征之，易知而不繁，犹纲之有纲也"。③ "其纲银法者，举民间应役岁费，丁四粮六，总征之，在官法易知不繁，犹纲有纲一举而尽也……若诸法皆都御史庞尚鹏、周如斗、刘光济，参政王宗沐前后条上者，上辄从之。"④

推行这些赋役改革日久之后，依然有里胥和官员钻空子作弊的漏洞，因此嘉靖之后，又出现归并里甲和均徭从而依据丁田征收赋役的办法。嘉靖十六年(1537)，在常州知府应槚的建议下，应天巡抚欧阳铎推行征一法，又称为《通编里甲均徭法》。首先是改革徭役征派原则，包括四个要点：每年依据全县丁田数以分摊全县徭役，从而解决田粮推收挪移弊端："通计一县丁田，除优免及官田地粮重、滩荡利轻，俱免差徭，止论民田地与丁，计银差派。"徭役统一征银。徭役改为一年一编以减轻应役者负担。甲里均徭二役合一，所用银两"总会而并征"。其次改革徭役支费，实行"三定"即定祭祀乡饮、定公费、定备用，不许额外需索。⑤ 征一法的实质就是合并里甲与均徭，对役目进行归并，具有力役折银和摊丁入地因素。

弘治年间的户部尚书侣钟指出，景泰之后赋役日渐沉重，小民重困于此。在他看来："正统以前军国费省，小民输正赋而已。自景泰至今，用度日广，额外科率，河南、山东边饷，浙江、云南、广东杂办，皆昔所无，民已重困，无可复增。往时四方丰登，边境无调发，州县无流移。今太仓无储，内府殚绌，而冗食冗费日加于前，愿陛下惕然省忧，力加损节，且敕廷臣共求所以足用之术。"⑥明代中叶之后，赋税日渐繁重，名目五花八门："国朝取民之法除田上税粮外，如盐课、茶课、金银课、铁课、鱼课、税商船钞、户口食盐、皮角、翎毛、油漆、竹木之类无所不取，固已重矣。近年以来额征之外，杂派物料又纷纷而出，如供用库

---

① 嘉靖《安溪县志》卷一《地舆》。
② 乾隆《建宁县志》卷七《赋役》。
③ 《明史》七十八《食货志二》。
④ 《明书》六十八《赋役志》。
⑤ 万历《常州府志》卷三一《钱谷志》三《征输》。
⑥ 《明史》一百八十五《侣钟传》。

物料,甲丁库颜料,光禄寺厨料,太常寺牲口料,南京则又供用器皿物料,随时坐派,盖有不可胜数者。民财之耗民生之困此亦大端也。"[1]

在官府征收钱粮过程中,有钱有势的大户往往绞尽脑汁地转移或拖欠钱粮:"夏税秋粮与凡岁派额办,官府之程督有期,公役之催征甚急,小民无势,欲拖欠而不能,良民惜身畏拖欠而不敢,拖欠者类多豪强大户。"[2]苏州府和松江府大户时常拖欠税粮:"陈公凤梧当巡抚应天、苏、松等处,岁粮甲于天下,逋欠者多大家,公下令曰租五十石不纳者各户自解。争完报。"吴中在征收税粮的催科上,比浙江要繁难得多:"冯公琦答朱中丞书曰:'吴越风土物情不甚相远,而吴中抚台之难倍于两浙者,独以催科一事耳。催科事难不在士大夫,亦不在民,难在以民而托之士大夫。士大夫受其投献之利,而小民受偏累之害,缓之则课亏于国,急之则怨归于官……'"[3]

在沉重赋役的压迫之下,正德年间以后,百姓由本业转入工商业或官府,甚至游手好闲之人越来越多。"正德以前,百姓十一在官,十九在田,盖因四民各有定业,百姓安于农亩,无有他志,官府亦驱之就农,不加烦扰,故家家丰足,人乐于为农。自四五十年来,赋税日增,徭役日重,民命不堪,遂皆迁业。昔日乡官家人亦不甚多,今去农而为乡官家人者,已十倍于前矣;昔日官府之人有限,今去农而蚕食于官府者,五倍于前矣;昔日逐末之人尚少,今去农而改业为工商者,三倍于前矣;昔日原无游手之人,今去农而游手逐食者,又十之二三矣。大抵以十分百姓言之,已六七分去农。"[4]

总的来说,无论是里甲银、均平银、纲银,还是十段册法,都是针对里甲或均徭单项徭役发动的改革。在具体实施中,形形色色的徭役名目,导致编审、派差和征银变得相当困难,而且往往予富豪、官吏和书手以诸多作弊之机。鉴于这些弊端,嘉靖年间后又出现合并里甲和均徭,一律依据丁田征收的改革。其中最为典型的是征一法改革。"征一者,总征银米之凡(《明书》云:'以正亩括其征未征银之凡。')而计亩均输之。其科则最重与最轻者,稍以耗损益推移。重者不能尽损,惟递减耗米,派轻赍,折除之,阴予以轻。轻者不能加益,为征本色,递增耗米,加乘之,阴予以重。推收之法,以田为母,户为子。时豪右多梗其议,(顾)鼎臣独以为善……顾其时,上不能损赋额,长民者私以己意

---

① 陈子壮:《昭代经济言》卷四,何塘:《民财空虚疏》。
② 《西园闻见录》卷三十二《赋役前》。
③ 《西园闻见录》卷三十三《催科》。
④ 《纪录汇编》卷一百七十六《四友斋丛书摘抄》卷三。

变通。由是官田不至偏重,而民田之赋反加矣。"①

　　明代中叶的赋役改革,总的趋势是货币化与摊丁入地,有利于减轻少田或无田商人的负担。"富商大贾……或累万计,而竟以无田幸免徭役"。② "务本者孑立之身并应租庸,逐末者千金之子,不占一役"。③ 总的来说,这些针对徭役制度的改革,是最终产生一条鞭法的前奏曲。它们的共同趋势是把户丁役和人头税摊入田亩并折银征收,从而使得劳役负担货币化。它一方面有效减轻农民的徭役负担,削弱他们对官府衙门的人身依附关系,最终逐渐使里甲职能退出历史舞台;另一方面,它不利于丁田多的大户富户,而有利于无田或少田的富商大贾。《天下郡国利病书·河南·彰德府续志》记载:"先年驿传马驴牛头,审编上户应役。虽五年一更,非至倾产不已也。"实行征银募人应役之后,"民间甚称便矣"。因为"驿传之利害,恒苦于冒滥之骚扰,行使之需索。省差遣,严查覆,此最驿传兴除之要领也"。

---

① 《明史》七十八《食货志二》。
② 万历《秀水县志》卷三《食货》。
③ 《隆庆实录》卷四六。

第五章　土地清丈

洪武之后，鱼鳞图册往往相隔许多年才编绘一次，只在正统、嘉靖、隆庆和万历年间攒造过。正统年间攒造鱼鳞图册的情形，可见于嘉靖初年顾鼎臣的条陈钱粮积弊四事："一曰察理田粮旧额。请责州县官，于农隙时，令里甲等仿洪武、正统间鱼鳞、风旗之式，编造图册，细列元额田粮、字圩、则号、条段、坍荒、成熟步口数目，官为覆勘，分别界址，履亩检踏丈量，具开垦改正豁除之数。刊刻成书，收贮官库，给散里中，永为稽考。"①

明代中叶以后，赋役制度混乱和错讹已经达到极为严重的地步。它使贫富差距越拉越大，阶级矛盾日益尖锐，社会危机日益深重。正是在这种糟糕的情形之下，一些有识之士殚精竭虑地思考赋役制度调整的办法，提出若干改革措施。有些地区清丈田亩，有些地方实行"纲银法""鼠尾法""征一法""一串铃法"和"十段锦法"。在种种自发的改革措施中，最终应运而生的是一条鞭法。

第一节　早期的清丈努力

明代正统尤其是成化之后，土地兼并加剧。上自皇帝后妃、皇室贵族，下至乡村的一般地主，无不投身于土地兼并的狂潮。最高一阶的统治阶层利用权势兼并土地，乡村的大户富户则贿赂官府以欺隐土地。从后果来说，土地兼并造成大量的人户脱漏和土地诡寄，使朝廷直接可以征收赋役的人丁和土地大大减少，严重影响财政稳定和统治秩序。顾炎武在《菰中随笔》中明确指出明代中晚期田制的混乱："田以圩分，宽窄各有定额；赋缘田起，轻重元有定数。

---

① 《明史》卷七八《食货志》二《赋役》。

旧有风旗流水图籍在县，岁远朽废，百弊丛生。或田宽粮少、田窄粮多，利害迥于天渊；或轻粮改重、重粮改轻，转移凭于图总。甚至有有田无粮，一生安享；有粮无田，终身赔累。皆因久不丈量，无丘形可按，无弓数可稽，愈久愈弊，莫可究诘。"①

在这种越来越严峻的情形之下，为了均平赋役，一些有见识和敢担当的官员，自发地在各自主管地区推行土地清丈政策。正德年间和嘉靖初年，历任大名府开州知州龙大有、朱纨和张寰，尝试进行土地清丈。早在正德年间，大名府就开始较为普遍地推行土地清丈。正德十六年（1521），巡按江西御史唐龙疏请丈田，并阐述土地清丈的必要性，可谓土地清丈的先声。唐龙在奏疏中指出："乞求守、巡官分诣地方，严督州、县，将境内飞诡田粮，弊深者挨田丈量，轻者挨户清理。究首尾之因，度广狭之则，定高下之科，分肥沃硗瘠之等，均壅淤开垦之数，各将原粮填入原田，付归原户。……以后因户推田，因粮编差，户与田有一定之额，粮与差无两避之患，庶几弊革利兴，一劳永逸。赋役自此可充，户口自此可复，息盗止讼，未必无少补焉。"②但是，由于正德末嘉靖初实为多事之秋，土地清丈未能推行。

正德末年，山东东平府知府叶天球"行鱼鳞图以量田，得实地万有千余顷。令凡田有粮，凡粮有田，册藏于官，帖给于民，其沙卤恶地听民自理，于是，归业者千余户，岁亦大熟，累年逋税，不督皆完"。③ 山东东昌府知府王杲在东昌推行土地清丈。王杲考虑到"东昌土旷人稀……田税初无定则，而豪猾因得以上下其手，富者种无粮之地，贫者纳无地之粮，先君因民具奏，奉命为之丈量。先君生长南方，洞知量田之弊，全由委任不得其人，故本以利民，而民先见其扰，或反有因而为奸者，而民重受其害也。选于所属，得知县张四维，分任其事，而躬亲按校之，周一州七县，未尝费公私一缗，而宿弊顿清。均田之后，熟地或三四亩纳粮一亩，荒地或数十亩纳粮一亩，四方逃移者闻风复业"。④

嘉靖年间，要求土地清丈的呼声愈来愈响亮。嘉靖初，海门知县陈海上疏："海门临江枕海，三面风涛，额有田地十坍八九，虽经历年奏勘，多拘原额，不蒙开除，致使僻海穷民不沾圣化，包赔年久，愈加靠累。一遇征收，啼哭载道。""窃维乘除消长，理数自然。若新垦者既合增科，则坍没者亦应除豁。今

① 顾炎武：《菰中随笔》（三卷本）卷二。
② 唐龙：《请均田役疏》，载《御选明臣奏议》卷一六。
③ 吕枬：《四川布政司左参政叶天球墓志铭》，载《国朝献征录》卷九八。
④ 王樵：《山东副使王杲传》，载《国朝献征录》卷九五。

以既没之地,征先存之赋;剜有限之肉,应无穷之差,势诚危急。若不早为蠲豁,恐穷迫之下,致生他变。"时光化民张孜等,亦以浮粮困累,诣阙奏请均丈田亩。①

嘉靖初,桂萼在成安县推行土地清丈。桂萼在《成安政事记》中指出:"嘉靖改元夏四月,余至兹土,乃均里甲,去其虚社屯,为二十社屯,以核实地土。"②依据桂萼的自述,从正德九年(1514)到嘉靖改元(1522),他相继担任镇江府丹徒县、浙江湖州府成康县和广平府成安县知县,深切意识到地方豪强大姓无不反对清丈田土。《明经世文编》卷一八零《请修复旧制以足国安民疏》记载,桂萼认为土地清丈遭到极力反对的原因在于:"所以阴之者,北方官豪之家欲得独享广亩之社地,不肯为狭地屯民分粮;南方官豪之家欲得独出轻则之田粮,不肯为重则里甲均苦。所以一遇有志州县正官欲通行均则量地,势家即上下夤缘,多方排阻"。《天下郡国利病书·苏松》记载:"隆庆三年(1569),丈田均粮,富家将水乡荡或报为科粮民田,以绝灶户之告分;或指为滨海丁荡,以拒县人之丈量。俱该场奸人受贿,而除富家之额也。"

《天下郡国利病书·常镇·武进县志·额赋》指出,鱼鳞图册废弃之后,土地丈量出现混乱,导致豪强得益小民受损的后果:"万历十年(1582)末,奉旨通县丈量。旧制丈量之法有鱼鳞图,每县以四境为界,乡都如之。田地以垱相挨,如鱼鳞之相比。或官或民,或高或圩,或肥或瘠,或山或荡,逐图细注,而业主之姓名随之,年月卖买,则年月有开注。人虽变迁不一,田则一定不移,是之谓:以田为母,以人为子,子依乎母,而的的可据,纵欲诡寄、埋没,而不可得也,此鱼鳞图之制然也。自此制一废,以田随户,以户领田,户既可以那移,而田即因之变乱。母依乎子,变动不拘。官民、肥瘠、高圩、山荡存于籍者,特其概尔,名是而实非,于是图亏角折之虚粮,不可胜计。而县总操欺隐洒派之权,是年丈量,尝造鱼鳞图,闻之每图实费数金。推求缮写,不啻再三,总而藏之在官。未数年来,胥吏恶之,毁弃殆尽,有抱而鬻之市人之用楮者。自后飞诡复出,莫可端倪。"接着举了一个飞诡的恶劣例子,"即如万历三十一年(1603),乡民金某,身为总书,一旦欺隐田六百余亩,洒派农户,已则阴食其糈,而令一县穷民代之税。后同事者讼其奸,竟为一二缙绅所护脱。即一以推其余,弊亦何可穷诘也。且其时畏法者尺土不遗,奸顽者连阡多漏"。

---

① 顾炎武:《天下郡国利病书》卷二八,《江南》一六《扬州府》。
② 康熙《成安县志》卷一一《艺文》。

　　《明世宗实录》卷二〇四记载顾鼎臣要求清理江南税粮的奏疏："苏、松、常、镇、嘉、湖、杭七府，财赋甲天下，而里书、豪强欺隐、洒派之弊，在今日为尤多。以致小民税存而产去，大户有田而无粮，害及生民，大亏国计"。嘉靖皇帝看到后，心中大为震动，要求清查田亩。此后，江南各府的土地清丈方才开展起来。嘉靖六年（1527），顾鼎臣上《陈愚见划积弊以裨新政疏》，阐述"府州县总书、书手通同贪污官吏，上下之间关节相通，造作奸弊无所不至"的严重情形，并在描述田土和税粮情状时指出："或将官田改作民田，或将肥荡改作瘦荡，或将蠲粮叩（扣）卖别区，或将正粮洒派细户。其泰甚者，城郭附近田涂虚报坍江、坍河、坍海，膏腴常稔地土捏作板荒、抛荒、积荒。每年粮额亏欠以千万计，负累概州县善良人户包补，日积月欠，坐致困穷"，"是以民农流亡，抛弃田土"。①

　　在应天各府的土地清丈中，苏州府成绩最为突出。嘉靖十五年（1536），苏州知府王仪上任后，"至则叹曰：'苏赋当天下十二，而田赋涓无可考，何以定赋？'乃履亩丈之，使县各为籍。以八事定田赋，以三条核税课，徭役、杂办维均。治为知府第一"。②王仪秉承恩师顾鼎臣先年奏疏中"履亩检踏丈量"之意，在苏州府推行清丈，行均粮之法。对王仪的成绩，顾鼎臣极为推崇。嘉靖十六年（1537）九月，顾鼎臣在《恳乞天恩饬典宪拯民命以振举军国大计疏》中指出："臣于往年两次具奏，经今十余年，未闻一人遵奉敕旨能清查者"。③"近年止有苏州府知府王仪，不畏强御，尽心竭力，督率州县正、佐官员，清查坍荒虚实并产去粮存各项积弊，已有端绪，闾阎田野闻之，欣欣若更生，其流散四方穷民亦有相率复业者矣。"④嘉靖十五年（1536），应天巡抚欧阳铎推行核田均赋。"令赋最重者减耗米，派轻赍；最轻者征本色，增耗米。阴轻重之，赋乃均。诸推收田，从圩不从户，诡寄无所容。州县荒田四千四百余顷，岁勒民偿赋，铎以所清漏赋及他奇羡补之。……民皆称便。"⑤欧阳铎在以右副都御史巡抚应天等十府时，上任伊始即"令府州县各总其亩之额，而丈量田以正亩，括其征米银之凡，而计亩均输之"。⑥自此之后，在江南各府陆续推行清丈。最早进行清

①　顾鼎臣：《顾文康公疏草》卷一。
②　《明史》卷二〇三《王仪传》。
③　《明世宗实录》卷二〇四。
④　顾鼎臣：《顾文康公疏草》卷二《恳乞天恩饬典宪拯民命以振举军国大计疏》。
⑤　《明史》卷二〇三《欧阳铎传》。
⑥　《古今图书集成》食货典赋役部总论八《古今治平略·明朝田赋》。

丈的是苏州府知府王仪。没有土地清丈,就不可能随后在江南各府推行征一法改革与以"论田加耗"为中心的税粮征收制度改革。"征一者,总征银米之凡,而计亩均输之。其科则最重与最轻者,稍以耗(米)损益推移。重者不能尽损,惟递减耗米,派轻赍折除之,阴予以轻。轻者不能加益,为征本色,递增耗米加乘之,阴予以重。"①既然要"计亩均输之",那么首先就得对土地进行清丈。

顾鼎臣、欧阳铎和王仪等在应天推行土地清丈,虽然获得一定成效,但由于权势阶层的激烈反对和阻挠,最终夭折。在顾鼎臣看来,重要原因在于:"奈何本府(按,指苏州府)官户大户、奸猾里书,扶同作弊,及计买民田,不收原额税粮者,切虑一旦查理明白,不利于己,百般讪谤,以挠其成,遂使癃残待尽之氓,暂喜而仍忧;逃亡归业之户,既来而复去。"②

嘉靖中后期,在一些地方依然出现土地清丈的努力。嘉靖三十三年(1554),宜阳县知县卫某慷慨陈词:"夫海内言民瘼者,莫不以田赋不均为切害,至论利民亦莫不以均田赋为实惠。"③在辖区内"下令度田","所刻《平赋录》具载经理之详,与量度审定之法,极其周悉","父老百姓……皆翕然称便,谓惠政永久也"。④

海瑞深刻认识到土地清丈的巨大作用:"一丈田而百弊清矣,士君子为部民久长之计,无过于此。"⑤又说:"丈田之举,无一人不喜曰:'二百年来复睹朝廷今日均平之美矣。"⑥在土地清丈过程中,海瑞先后编撰了《均徭册式》和《丈田则例》等文件。面对豪强吏胥等疯狂的反攻倒算,向以清廉铁腕著称的海瑞,也曾经愤慨而无奈地悲叹:"奈之何! 奈之何!"⑦

江南各府中,只有松江府迟迟没有进行彻底的土地清丈。《天下郡国利病书·苏松》收录隆庆二年(1568)巡抚右佥都御史林润的奏言,称"江南诸郡久已均粮,民颇称便,惟松郡未均,贫民受累,势不能堪。请乞暂设专官,丈田均粮,以重国赋,以苏民困"。"吏部题,以原任本府同知转员外郎郑元韶,升湖广按察司佥司,领敕专管华、上二县,沿丘履亩,逐一丈量,均牵斗则"。隆庆三年(1569),"佥事郑元韶尽数清丈……田有字圩、号数,册有鱼鳞、归户。至今田

① 《明史》卷七八《食货二·赋役》。
② 顾鼎臣:《顾文康公疏草》卷一《申末议以裨国计拯民命疏》。
③ 王邦瑞:《王襄毅公集》卷下《宜阳平赋录》。
④ 王邦瑞:《王襄毅公集》卷下《宜阳平赋录》。
⑤ 海瑞:《海瑞集》下编《奉分巡道唐敬亭》。
⑥ 海瑞:《海瑞集》下编《又复唐敬亭》。
⑦ 海瑞:《海瑞集》下编《复吴悟斋操江都院》。

额以是为准"。① 紧接着又收录王思任的《均役全书序》,内中声称:"此青浦县清田均役之书也。青浦小县,耳割华上之瘠土,仅仅聚石成城,凿城通气。民赋与华上相颉颃,而大役倍为繁苦。往年金大役,皆从访报中来,访则不必其实,而报则不必其公。不公不实,则被役之家无不立破者。三吴官户不当役,于是有田之人尽寄官户,逃险负嵎而役无所得之。所得之者,其贫弱也,不则其愚蒙也。贫弱渐仄,愚蒙渐诈,则势且至于无田无役。不特当役者苦,而编役者尤更苦。徐大中丞曰:是诚苦,然而何必苦也。有田当役,则义而忠。论田编役,则公而实。于是有清田均役之议。"

据统计,在嘉靖年间进行过土地清丈的,有广平府成安县和威县,大名府开州,开封府尉氏县,南阳府裕州,彰德府安阳县,苏州府常熟县,应天府溧阳县,保定府新城县,顺德府沙河县,汝宁府新蔡县,开封府陈州项城县,济南府武定州商河县,绍兴府山阴县,宁国府,河间府庆云县,严州府淳安县,真定府新河县,兖州府滋阳县,赣州府兴国县,真定府真定县,河间府沧州,保定府。隆庆年间进行过土地清丈的,有杭州府海宁县,广平府肥乡县,兖州府汶上县,青州府安丘县,松江府,西安府渭南县,西安府朝邑县,和州,广平府邯郸县等。

《天下郡国利病书·江宁·高淳县志》记载当地清丈官民田粮的缘由:高淳田地膏腴,宋代时多属勋贵外戚太监,作为官田。永丰圩有田四十万余亩,宋哲宗将其赐予蔡京,后来宋高宗将它赐给秦桧。抄没后,田税与原先的田租等同,甚为沉重。进入明代中期以后,"民困,征输欲鬻田以办税,竟无受者。而富者惟利民田,于是业官者伪作民田售之。田归富家,粮遗本户,由此不胜逋积,逃亡接踵。则又有所谓逃粮赔米,贻害无极矣"。于是不得不丈量田亩。

《天下郡国利病书·江宁·溧阳县志》记载:"嘉靖十七年(1538),知县吕光洵通括概县田土而丈量之,衷官民之重轻,各为一则。其法令民自量,画图造册,里长类总送县查算,谓之手实册"。嘉靖二十年(1541),知县沈炼想要覆量田上。图画经界,已有可观。因为不久调任而去,没有完成,知道的人都觉得相当可惜。隆庆三年(1569),知县邹学柱丈量田土。因是在隆冬时节丈量,催督又太过严厉,致使亩数不准确。不知道"作弊者田连阡陌而无升斗之粮,奉公守法者反将小弓以割本分之业,此谓投赤子以啖贪狼,冒虚名以贻大患也"。

除江南各府之外,万历之前还有一些地区进行了土地清丈。例如嘉靖三

---

① 崇祯《松江府志》卷八《田赋一》。

十一年(1552),宁国府"所部六邑,通行丈量"。① 嘉靖三十七年(1558)至四十一年(1562),海瑞在淳安县任知县时,"金督管保书算量手,照依见管田地山塘丘段,从实丈量,吊查原号,金定今业"。② 隆庆六年(1572),南直隶和州知州康诰"奉例丈田均粮","博询密访,规画周悉,著为《丈量方略》"。③

《天下郡国利病书·江宁·和州志》记载"隆庆六年(1572)知州康诰丈田方略十款":一、自丈量以免骚扰。和州田地中间,"兼并欺隐偏累情弊,不可胜言。丈量之法,势不可已。如必逐亩亲量,未免稽延岁月。若或分委失人,未免增滋弊端。且骚扰小民,广开骗局,徒糜费民财,而无益于事也"。因此要求各里都亲管排年老人负起责任,各自命令田主佃人,同本都书手算手共同丈量,如实上报。知州随后将下乡抽查,如有欺骗隐瞒的,就将其田没收入官。二、立总图籍以便稽查;三、定等则以均田粮;四、摊粮税以便输纳;五、严界限以杜欺隐;六、定弓口以立丈则;七、均摊田以免兼并;八、处承佃以昭均平;九、定画图以杜影射;十、清攒造以垂永利。

第二节　万历清丈

嘉靖和隆庆年间各地的土地清丈,为万历初张居正柄国期间大规模的土地清丈积累了经验。张居正是一位深谋远虑的政治家,清醒地洞察到放任土地兼并必将给朝廷统治秩序带来可怕后果,同时也冷静地意识到土地清丈必然面临千难万阻。对当时有豪家田产多到七万顷而粮多至二万石却不交纳赋税的情形,张居正痛心疾首。对当时士风官风民心的颓靡不振、积重难返,他感到忧心忡忡。他洞见到,这一切的主要根源在于田赋不均、贫民失业,小民大苦于土地兼并。为了朝廷的长治久安,就不得不推行土地清丈。

嘉靖之后,明朝内忧外患的形势愈发严重。张居正在《京师重建贡院记》中,借题发挥,大谈忧国之思:"振敝维新,固自有时。举二百余年之陋制,一旦建为堂构巨观,非振奋乌能有成哉! 尝谓创始之事似难而实易,振蛊之道似易

---

① 《古今图书集成·食货典》卷一四七《赋役部·总论十》。
② 海瑞:《海瑞集》上编《淳安知县时期·量田申义》。
③ 万历《和州志》卷二《田赋志》。

而实难。室已圮而鼎新之易也，鸠材庀工而已。惟夫将圮而未圮，其外巍然丹青赭垩未易其旧，而中则蠹矣。匠石顾而欲振之。闻者必以为多事而弗之信，其势不至于大坏极敝不已也。明兴二百余年，至嘉隆之季，天下之势有类于此者多矣。”①在张居正看来，国家之所以内忧外患，原因在于：“自嘉靖以来，当国者政以贿成，吏朘民膏以媚权门。而继秉国者又务一切姑息之政，为逋负渊薮，以成兼并之私。私家日富，公室日贫，国匮民穷，病实在此”，“豪家田至七万顷，粮至二万，又不以时纳”，“民之亡且乱者，咸以贪吏剥下而上不加恤，豪强兼并而民贫失所故也”。②

在张居正看来，为了尽量平均赋役负担，就有必要清丈田地：“徭役往往有不均之叹，何也？盖无以清其源……欲清其源，先正其田”。③从万历五、六年（1577、1578）开始，张居正开始交错推行土地清丈与一条鞭法。要彻底推行一条鞭法，就必须进行土地清丈：“丈量以清其源，条编以均其派”。④

在万历新政的土地清丈中，福建打响了第一枪。万历六年（1578）十一月，明廷下令：“以福建田粮不均，偏累小民，命抚按着实清丈。”⑤福州府于“万历七年（1579）正月，丈量官民田亩”。清丈办法为：“履亩丈量，均匀摊补，其亩视田高下为差，其则以原县额为定，截长补短，彼此适均”。⑥福宁州：“万历七年（1579），朝廷为浮粮累民，令丈田……悉将官民田地清丈，补足原额，而以官未匀摊通州。”“今田地依丈量新额赋税”，“颁刻书册”。⑦“很明显，福建的清丈，包括丈地亩、清浮粮两个方面，官民田地统为一则起课，而田地视其肥瘠定为上中下三则征收税粮。这些原则后来在各地清丈中得到了推广。”

先是福建巡抚刘思问为解决浮粮问题，上疏请求清丈土地，得到朝廷许可后即开始清丈，事未竟而离任。继任的福建巡抚是耿定向，在万历六年（1578）八月至万历八年（1580）五月之间在任。耿定向继续推进清丈事业。张居正在《答福建巡抚耿楚侗谈王霸之辩》中指出：“丈田一事，揆之人情，必云不便，但此中未闻有阻议者，或有之，亦未敢闻于仆之耳。苟利社稷，死生以之，仆比来

① 张居正：《张太岳文集》卷九。
② 张居正：《张太岳文集》卷二六《答应天巡抚宋阳山论均粮足民》。
③ 嘉靖《海宁县志》卷二《徭役》。
④ 万历《汉阳府志》卷五《食货志》附《条编略》。
⑤ 《明神宗实录》卷八一，万历六年十一月丙子。
⑥ 万历《福州府志》卷七五《时事》，卷七《食货·户赋》。
⑦ 万历《福宁州志》卷四《食货志》。

唯守此二言。虽以此蒙垢致怨，而于国家实为少裨。愿公之自信而无畏于浮言也。"①张居正充分表达了"苟利社稷，死生以之"的推行清丈的决心，同时鼓励耿定向"无畏于浮言"，厉行清丈事业。

与此同时，张居正又在《答福建巡抚耿楚侗》中告诫耿定向清丈不可草率，必须认真仔细。"丈地亩，清浮粮，为闽人立经久计。须详审精核，不宜草草。"②在任期间，耿定向始终在推进土地清丈。耿定向离任之后，继任的劳堪继续推进土地清丈，仅仅三个月，"福建清丈田粮事竣"。张居正之所以以福建作为清丈典型，一方面是由于福建有良好的土地清丈基础，另一方面也是由于他与耿定向私交甚密的缘故。

张居正早就清醒意识到土地清丈的重要性，声称"此举实均天下大政"，③将土地清丈视为"剔刷宿弊，为国家建经久之策"。④ 万历三年（1575）前后，张居正致力于解决里甲、经催、投靠和优免等经年弊病，为土地清丈与一条鞭法进行准备。福建山多田少，民生艰难。嘉靖隆庆以来，倭寇不断作乱，民间骚动不止，赋役不均问题尤其严重。"闽素称难治。"⑤万历八年（1580），福建土地清丈完成。"福建清丈田粮事竣，抚臣劳堪以闻，（户）部覆谓宜刊定成书，并造入黄册，使奸豪者不得变乱。上可其奏。"⑥

在福建进行土地清丈试点工作的同时，一些省份紧锣密鼓地对勋贵势要之家的土地进行了丈量。万历七年（1579），明廷颁旨："清查南北直隶、山东、陕西各勋戚庄田有无溢额、脱漏、诡借，差官履亩丈量。"⑦在某种意义上，土地清丈旨在剥夺权贵之家的超额特权，从而免除或缓和小民的赋役负担。"丈田之法，缩此伸彼，利东害西"。⑧ 张居正明确指出："清丈之议，在小民实被其惠，而于宦豪之家殊为不便。"⑨

万历八年（1580），山东在清丈土地过程中遭遇靖难功臣阳武侯薛禄后裔要求保留额外优免的非分要求，张居正当即指示山东巡抚杨俊民不应迁就：

① 张居正：《张太岳文集》卷三一。
② 张居正：《张太岳文集》卷三一。
③ 张居正：《张太岳集》卷三二《答江西巡抚王又池》。
④ 张居正：《张太岳集》卷三一《答福建巡抚耿楚侗言治术》。
⑤ 张居正：《张太岳集》卷三一《答福建巡抚耿楚侗言治术》。
⑥ 《明神宗实录》卷一〇四，万历八年九月庚辰。
⑦ 《明神宗实录》卷八八，万历七年六月辛卯。
⑧ 邹元标：《敷陈吏治民瘼恳乞及时修举疏》，载《明经世文编》卷四四六。
⑨ 张居正：《张太岳集》卷三三《答山东巡抚何来山》。

"承询阳武(侯)优免事,查律,功臣家除拨赐公田外,但有田土,尽数报官,纳粮当差。是功臣田土,系钦赐者,粮且不纳,而况于差!锡之土田,恩数已渥,岂文武官论品优免者可比。若自置田土,自当与齐民一体办纳粮差,不在优免之数也。近据南直隶册开诸勋臣地土,除赐田外,其余尽数查出,不准优免,似与律意相合。"①万历九年(1581),张居正对山西几个宗室勋贵进行严厉处分,展现出非凡的政治勇气与担当。朝廷为顺利推行土地清丈,高度重视此事,对这些阻挠清丈的王公贵族予以严厉处分,并晓谕抚按:"丈地均粮,但有执违阻挠,不分宗室、官宦、军民,据法奏来重处。"②事情的经过大致如下:

[万历九年(1581)五月庚午],巡抚大同贾应元、巡按茹宗舜疏劾饶阳王府镇国中尉廷、潞城王府奉国将军俊榔、镇国中尉充夫等。先是,以阻挠丈地,奉旨戒饬,已而充夫病故,俊榔等称赴阙陈情,擅出镇城,项插黄旗,书"阑当者斩"。潞城王充煜坐视群宗出城若罔闻知;太平王鼎铉不行参奏,长史王明辅、署教授胡官辅导失职,乞分别处治。户科给事中郝维乔等亦具疏参纠,因言该省委官,宜遵奉明旨,将应查地土,依法查核。及称:宗室置种军民地土,不特代府为然,乞通行天下王府,各严谕宗室,凡置买田土,俱听抚、按官查勘明白,照例纳粮,止许佃户耕种,不许私出城郭。礼部复议上请。上以各宗擅出封城,猖狂无礼,俊榔革为庶人,充鲲、充蠡、充鲈各革禄米,充煜罚禄米半年。仍敕各该抚、按,丈田均粮,但有抗违阻挠,不分宗室官宦军民,据法奏来重处。③

万历八年(1580)九月,在福建清丈完毕后,张居正即会同阁僚张四维、申时行及户部尚书张学颜等人,决定将福建清丈之法推行于全国。"所在强宗豪民,敢有挠法者","皆请下明旨切责"。④ 怀着"苟利社稷,死生以之"的决心,张居正于万历八年(1580)十一月颁布《清丈条例》,命令全国各地推行土地清丈。条例分为八款。第一,田粮总额有缺失的要清丈,总额全的不用。第二,清丈以各布政司总领,分守、兵道分领,府、州、县专管本境区域。第三,田有官田、民田和屯田数等,税粮有上、中、下数级,要逐一查勘,不得诡寄混淆。第四,恢复本征之粮,如农民耕种屯地的,就交纳屯粮,军士耕种民田的,就交纳民粮。第五,严厉执行关于欺隐田粮的律条,自首历年诡占和开垦田亩没有上报的,可以免罪;首报不实者,连坐;豪右隐占田粮的,发遣重处。第六,规定清丈期

① 张居正:《张太岳集》卷三三《答山东巡抚杨本庵》。
② 《明神宗实录》卷一一二,万历九年五月庚午。
③ 《明神宗实录》卷一二二。
④ 张居正:《新刻张太岳先生诗文集》卷四七《太师张文忠公行实》。

限。第七,推行丈量磨算之法。第八,处纸札供应之费。在张居正恩威并施的举措之下,清丈过程中对权贵包括对皇亲国戚施行不留情面的惩治,土地清丈推行得比较彻底,至万历十一年(1583)基本完成。

为了迅速而彻底地推行土地清丈,张居正深思熟虑地将官员考成与土地清丈结合起来。在推行清丈过程中,张居正以身作则,声称:"仆忝在执政,欲为朝廷行法,不敢不以身先之。"①"自仆受事以来,一切付之于大公。虚心鉴物,正己肃下。"②张居正特意要求居住家乡的儿子张嗣修清查自家户下田粮,结果发现张家原有田土不过七十余石,但是县册上却载"内阁张优免六百四十余石",如此推算下来,诡寄税粮达五百七十石。经过一番调查,原因在于:"有族人倚借名号,一体优免者;有家僮混将私田,概行优免者;有奸豪贿赂该吏,窜名户下,巧为规避者;有子孙族仆私庇亲故,公行寄受而逸者。是以十分之中,论本宅仅得其一,余皆他人包免"。在清查诡寄之后,张居正将"本宅田粮七十四石例得优免者,尽数与小民一体当差"。③张居正自律如此严厉,别人也就不好再说什么。

在张居正雷厉风行地大力推动之下,全国土地清丈轰轰烈烈地展开了。万历十年(1582),保定、大同、蓟辽、山西、广西、应天等江南十一府州县、宣府、浙江、贵州、凤阳、淮安、扬州、徐州、河南、延绥、湖广、四川、陕西和两广,先后奏报清丈事竣。万历十一年(1583),宁夏、甘肃和云南亦报清丈事竣。在历时两年多之后,全国土地清丈终于胜利完成,清丈出大量被欺隐的田地。新增地亩总额一百八十二万八千五百四十二点七三顷,约占《明会典》所记万历六年(1578)全国地亩总额七百零一万三千九百七十六顷的百分之二十六,即四分之一强。④

与此同时,土地清丈使得田有定数,赋有定额,从而有效改变税粮负担不均的情形。例如嘉兴府海盐县:"吾乡田地丈量以后,经界既正,润色无难。若于每册推收过割之年,清查在册之总撒,抽对旧籍之号数,无心差误者听改,有意裁除者必罪。尚可支持四五十年不至于大紊。"⑤在清丈之后,田亩经界变得清楚,税粮负担得以落实,可保证较长时期内不至于混乱。海盐县在万历清丈

---

① 张居正:《张太岳文集》卷三二《答保定巡抚张浒东》。
② 张居正:《张太岳文集》卷二五《与李太仆渐庵论治体》。
③ 《万历邸抄》,万历九年夏四月。
④ 张海瀛:《张居正改革与山西万历清丈研究》,第 130 页。
⑤ 天启《海盐县图经》卷五《食货篇·田土》。

时，对明初的鱼鳞图册进行了复核，"其法将田土分段立号，算实弓口亩数，备书坐落、都分、里分、业主姓名及田圹四至，挨次入册，藏之县库。盖一准国初鱼鳞（图册）之旧，而总核之"。① 万历三十九年（1611），海盐知县乔拱璧在谈及新编鱼鳞图册时指出："鱼鳞册乃原丈之粮，其中号段，卖者照此号而除，买者照此号而收，号内有分收若干者，俱照除注明。"② 由此可见，万历清丈后重新编纂的鱼鳞图册，成为此后民间土地所有权转移时的凭证。

明遗民陆世仪在《论鱼鳞图册》中强调鱼鳞图册的重要性，认为要厘正赋役的话，"莫若废黄册，专用鱼鳞图册"，"凡赋税徭役一以鱼鳞图册为主，即所谓坐图还粮也"。③ 所谓废除黄册，实质在于废除人户；转而以鱼鳞图册为准，实质就在于以田为主。

《天下郡国利病书·河南·临漳县丈地记》认为丈地的理由是："强者兼圻而粮少，弱者削地而粮多"，所以要通过丈地，核查其中弊端。但是刚刚丈量之后为什么又要复丈呢？这是因为有些官吏急于邀功请赏，以丈量神速为能耐。丈量没有完成，甚至没有丈量，就上报丈量已告成。还有志在博取虚名的官吏，以多报田地为能耐，伪增而报数，豪强地主欺隐田地的弊端没有革除，而浮收的粮额却反而增加。可见丈量田地之难。因此有些官吏苦于复丈田地之难，多不了了之。"时邑侯新任至，以此而质诸父老，咸云漳地之丈不平也。侯毅然曰：知丈之不平，以劳费而不为之所，非牧也。遂下复丈之令。择土官赵时民等二十员，矢之以誓，谕之以法，援之以方略……立公直老人，品田之高下而第其等。恐民田影于屯田也，先吊屯田之册以照其数；恐境内影于邻境也，会邻境之官以定其界；恐委用之诬慢也，不时巡行于郊，间量一坵，躬验土脉，以堪其公私；恐书手造册因缘成弊也，令委官自相攒造，飞洒者无所用其策。可谓虑周议著矣！"《天下郡国利病书·陕西·渭南志薛腾蛟序》记载："逮隆庆初，有令丈地均粮。有司不能履亩，但令自报。奸民或隐或寄，或窜之军屯王庄，或为邻封所攘。黠吏干没其间，地以益少，税以益多，而民愈苦矣。"

通过土地清丈，平民负担有所减轻。由于征收粮额不增加，在田亩大增的情形下，每亩负担大为减轻，小民也得免于荒地包赔虚粮。在万历年间全国性的土地清丈之后，户部编制新的鱼鳞图册，为一条鞭法推行创造了良好的必要条件。因为只有具备准确而符合实际的田亩数，才可推行计亩征银的措施。

---

① 天启《海盐县图经》卷五《食货篇·土田》。
② 天启《海盐县图经》卷六《食货篇·役法》。
③ 《皇朝经世文编》卷二九《户政·赋役》。

土地清丈带来了积极后果,有利于朝廷的长治久安。

万历初年的土地清丈,首先从皇庄官田开始。"万历二年(1574)奏准,仁寿、清宁、未央三宫庄田,坐落顺天、河间等府,每年额征子粒银三万七千八百三两五钱九分零。……前项官庄田地,俱系裔腴,每亩止征课银三分或二分。坐落各该地方亩数,逐一丈量,将清查出田土,改正过姓名、佃种地亩、应纳子粒,备细造册奏缴。"①土地清丈的目的在于缓解民生之艰难,"所为均赋者,用苏民瘼,非尽地利,求增税也"。② 在土地清丈之后,明廷颁布配套法令以巩固清丈成果。例如对勋贵阶层的庄田:"万历九年(1581)议准,勋戚庄田,五服递减。勋臣止于二百顷,已无容议。惟戚臣,如始封本身为一世,子为二世,孙为三世,曾孙为四世,曾孙之子为五世。以今见在官品为始,以今见留地数为准。系二世者,分为三次递减;系三世者,分为二次递减;至五世,止留一百顷为世业。如正派已绝,爵级已革,不论地亩多寡,止留五顷,给旁枝看守坟茔之人。又题准,勋戚庄田,有司照例每亩征银三分,解部验给。如有纵容家人下乡占种民地,及私自征收,多勒租银者,听屯田御史参究。"③由此可见,对勋贵阶层的占田不仅要予以限制,还要逐代递减。

那些庞大的既得利益遭到大量剥夺的官绅地主阶层,对土地清丈和一条鞭法改革颇为不满。曾任首辅的松江人徐阶,其家族为松江府首富,就对嘉靖年间欧阳铎和王仪主持的土地清丈颇为反感。在《与抚按论均粮》中,徐阶公然表达自己对土地清丈的反对立场:"近闻郡中为均粮之举,百姓骚然病之。当此凶岁,流离载途,劫夺时作,谓当静以缓之,不知何急而重以此也?"④在超级地主徐阶看来,松江府田赋不均,田赋高者达一亩五斗甚至七斗而田赋低者仅为五升,这是具有合理性的。在辩护时,徐阶主要寻找地力、田则等客观原因,却有意忽视豪门大户将赋役转嫁于小民的事实,体现了虚伪性。徐阶在文中煞有介事地指出:"仆闻正德以前,粮未尝减于洪武之旧,而其民富庶安乐;正德以后,粮亦未尝溢于洪武之额,而其民愁叹困穷,然则为利民之图者,无亦务贪残之去乎,不当专归咎于粮也。且夫谓均粮而粮可轻也,今五斗减而五升增,是朝三暮四,狙公之计耳,而得谓之轻乎? 又况乎今之均粮也,上乡亩四斗六升,中乡亩三斗二升,下乡亩一斗八升,并昔之所谓五升者不复见乎? 即其

---

① 万历《明会典》卷一七《田土》。
② 朱健:《古今治平略》卷一《国朝田赋》。
③ 万历《明会典》卷一七《田土》。
④ 徐阶:《世经堂集》卷二二《与抚按论均粮》。

所谓五升者,三倍而取之乎? 所谓上中下三乡者,其以田之肥瘠,租之多寡为等乎? 则如前所均可矣。如其不然,其无乃求以利之,而反以病之,将使东乡之下田弃而不敢耕,而逋赋无所取乎? 若是,仆未见其可也。"①徐阶的这一长篇大论,只能说是狡辩,是在委婉地为豪门大户进行辩护。

不可否认的是,在土地清丈过程中,出现了一些弊病,甚至出现了一些欺诈行为。例如:"河南丈田,册报多虚。"②"获嘉知县张一心,报垦田户俱抄旧册。"③某些地方的土地清丈依然为豪绅吏胥所操纵,"豪奸巨室,大肆欺隐,代书算做了一场大卖买"。④ 即使主管土地清丈的州县官公正廉洁,但由于清丈手续烦琐,就容易给一些贪腐成性的吏胥以可乘之机。吕坤为此感慨地指出:"均丈之法,亦多端矣。……即使掌印官步步追随,尺尺量度,左手操笔,右手执算,不能清一区。姑以平原之地言之:弹绳之紧松,区角之斜正,地势之高卑,宅园之阻碍,持尺者之前却,操笔者之增减,执算者之含糊,报数者之多寡,分区者之出没,平原之地,已自难精。况夫山岭之崎岖,段落之细碎,形体之参差,而以一令之耳目,斗百种之奸顽,未有不穷者。"⑤

土地清丈虽然原则上追求恢复地亩原额数,但在实际操作过程中,一些地方官员为邀功请赏,往往追求溢额,也就是追求清丈出更多的纳赋耕地。"万历六年(1578),帝用大学士张居正议,天下田亩通行丈量,限三载竣事。用开方法,以经围乘除,畸零截补。于是豪猾不得欺隐,里甲免赔累,而小民无虚粮。总计田数七百一万三千九百七十六顷,视弘治时赢三百万顷。然居正尚综核,颇以溢额为功。有司争改小弓以求田多,或掊克见田以充虚额。北直隶、湖广、大同、宣府遂先后按溢额田增赋云。"⑥几乎各省在土地清丈中都有所溢额。"江南丈田,原额四十五万一千五百八十顷五十余亩,多余九千五百四十余顷;各卫、所屯田九千八百九十九顷。"⑦"浙江丈出田一万六千一百十二顷十七亩,军田三十四顷五亩有差。"⑧"丈出贵州额外民田十四万二千三百十四

① 徐阶:《世经堂集》卷二二《与抚按论均粮》。
② 《国榷》卷七一,万历十年四月癸巳。
③ 《国榷》卷七一,万历九年七月乙丑。
④ 李乐:《见闻杂记》卷八之二九。
⑤ 吕坤:《实政录》卷四《民务》。
⑥ 《明史》卷七七《食货志》一。
⑦ 《国榷》卷七一,万历十年七月辛酉。
⑧ 《国榷》卷七一,万历十年七月己卯。

亩,屯田一万七千一百八十一亩。"[1]"广西丈出官民田七百六十八顷八十七亩。"[2]"江西丈田,原额外丈出六万一千四百五十九顷五十四亩。"[3]一些地方为追求溢额,不惜损害百姓利益。例如广西梧州:"清丈之议,稽脱漏,惩欺隐,将以利民耳。乃梧郡屡经寇盗,民逃田荒,欲复旧额,将荒芜不耕之地一概丈报,甚至逐亩加赋,有粮无田。……时因清丈荒米重累,百姓苦之。"[4]

总的来说,土地清丈之后,在大多数地方产生了良好效果,清查出余地,开发荒地,勾销虚粮,有效解决了赋役不均问题。例如在山东,"粮悉照旧,往日荒地包赔者,以余地均减"。[5] 在江西,"六十六州县官塘地,原额外丈出地,免另行升科,即将抵补该省节年小民包赔虚粮"。[6] 在浙江义乌,"万历初,用辅臣议,行丈量法,大均天下之田。于是,知县范俊履亩清丈,是时法严,令其人习步算而赋均,民间虚粮赔累之弊尽汰"。[7]

---

① 《国榷》卷七一,万历十年七月己卯。
② 《国榷》卷七一,万历十年七月己卯。
③ 《国榷》卷七一,万历九年十二月己亥。
④ 崇祯《梧州志》卷四《郡事志》。
⑤ 《明神宗实录》卷一一六,万历九年九月乙亥。
⑥ 《明神宗实录》卷一一九,万历九年十月己亥。
⑦ 雍正《义乌县志》卷八《田赋》。

第六章　一条鞭法

一条鞭法是田赋史上的重要转折,意味着现代田赋制度的开始。一条鞭法在尝试和推行过程中,不仅面临权贵阶层的反对,而且在朝廷中也面对相当强大的反对力量。在经历了半个世纪的试验之后,一条鞭法终于在张居正的强力推动下于万历九年(1581)推行于全国。

对以黄册为依据的传统赋役制度来说,一条鞭法导致的是革命性变化,具体表现为:首先把赋役中的各项条款归并为一项;其次,除主要运往京师的漕粮外,一律改折银两交纳,使得实物赋税变成货币赋税;再次,把里甲征解赋税改成官收官解;最后,里甲每十年一次输役,改成每年编派一次,出钱代役。一条鞭法简化赋役制度,取消里甲这一中间层次,开启了将力役归并入田赋的倾向。

一条鞭法最受时人和后人攻击的,是它用银缴纳,不便于农民。但是在客观上,一条鞭法有助于平民摆脱户籍制度的严厉束缚,使他们拥有较多的转向工商业等的自由,从而有利于工商业的发展。

第一节　南方地区的尝试

"明初以黄册鱼鳞图分载户口、田土,以整饰赋役,其法未尝不善,奈因日久废坏,又不能按照实际情形调查更定,以致其后田赋大乱,穷者有税无田,富者有田无税。同时,田赋征收之项目繁琐,役法亦极复杂,百姓负担繁重而国家田赋收入反而减少。"[①]相较于元代,明代的庄园经济更加发达。庄田通常不

---

① 邝士元:《中国经世史》,上海三联书店,2013年版,第38页。

承担纳税义务,同时又千方百计地侵吞小民田地。"盖明初之赋役制,虽似整然有条,但就其科则项目及编检施行程序言之,实甚繁密,非乡间细民所能把握。而奸吏猾胥,缘之以滋弊则甚易。故为改革之谋者,务以化繁为简作原则。"①

从根本上来说,赋役的货币化改革,以商品经济的繁荣作为前提和基础。正统初年,明英宗弛用银之禁,用银两计算国家财政收支,官俸同样以银两计算。早在宣德八年(1433),江南巡抚周忱在松江府等地,将原本纳米的部分赋税,以平米四石合银一两的折算率缴纳银两。正统元年(1436),浙江、江西、湖广、南直隶、广东、广西和福建等地陆续推行这一办法。通过税粮改折而征收的银两称为折粮银,在户部铸成银锭后,又称为金花银,也就是精良之银的意思。到了弘治年间,北方税粮同样大部分以折纳银两的形式征收。

伴随着折粮银的推行,弘治与正德年间,徭役的佥派方式发生相应变化,即以银代役。通过以银代役,出现了一些可折纳银两的役目,即所谓的银差。银差的意思就是,将主要是杂役的各项徭役,每名折收若干银两,由官府雇人充役。银差的诞生无疑意味着徭役货币化的开端。

嘉靖九年(1530),内阁大学士桂萼提出,"通将一省丁粮,均派一省徭役","以一切差银,不分有无役占,随田征收"。② 其中把役银摊入田赋的做法已经具有一条鞭法的精神。嘉靖九年(1530),根据桂萼有关"审编徭役"的奏疏,户部尚书梁材提出解决赋役制度问题的方案:"合将十甲丁、粮总于一里,各里丁、粮总于一县,各州县丁、粮总于一府,各府丁、粮总于一布政司,布政司通将一省丁、粮,均派一省徭役,内量除优免之数,每粮一石编银若干,每丁审银若干,斟酌繁简,通融科派。"③嘉靖十年(1531),御史傅汉臣奏请:"顷行一条鞭法,十甲丁粮总于一里,各里丁粮总于一县,各州县总于府,各府总于布政司,通将一省丁粮,均派一省徭役。"④提督江西都御史陶谐同样上疏:"奏行条鞭法,概算于田,总括众役"。⑤

据《明史·食货志》记载:"一条鞭法者总括一州县之赋役,量地计丁,丁粮毕输于官。一岁之役,官为佥募。力差则计其工食之费,量为增减;银差则计

① 邝士元:《中国经世史》,上海三联书店,2013年版,第45页。
② 桂萼:《请修复旧制以定安民疏》,载《明经世文编》卷一三〇。
③ 《明世宗实录》卷一二三,嘉靖十年三月己酉。
④ 《明神宗实录》卷一二三,嘉靖十年三月己酉。
⑤ 张萱:《西园闻见录》卷三二《赋役》。

其交纳之费,加以增耗。凡额办、派办、京库岁需与存留、供亿诸费,以及土贡方物,悉并为一条,皆计亩征银,折办于官,故谓之一条鞭。"它的特点在于:赋役全面折征白银;取消轮年应役的办法;摊户役于田赋,实际上差役的课税对象从户变成了人丁土地,按户金派的差役分解成了丁银和地银,随后丁银逐步转变为土地税;确立了官收官解制度。

在江西:"嘉靖十年(1531)南赣都御使陶谐以赣名邑,而徭役重,其杂差之故耳。乃奏行条鞭法,概算于田,总括众役,每夏税、秋粮计田一亩,纳银止于二分三分,民自乐于征输,而官不劳于督理,编审之时更无分外诛求,官民两获其利。"① 嘉靖十二年(1533),南直隶宁国府出现"十年一条编派":"宁国府自今军需,不论该年里甲,并于该府丁、粮总算,一条编派。"② 嘉靖十六年(1537),苏州府和松江府出现"照田多寡为轻重,凡大小差役总其徭役数目,一条鞭征充"。③ 嘉靖二十年(1541),在"申请均摊税粮议"中,湖州知府张铎强调,苏州府"里甲丁田、均徭银力等差","民壮力役,每年随粮带征之法,委果明白简易,经久可行",建议予以仿照,按田"均派税粮、均徭、里甲等项"。④

嘉靖三十八年(1559),巡按广东监察御史潘季驯"行均平里甲法,广人大便。临代去,疏请饬后至者守其法,帝从之"。⑤ 其中所说的"均平里甲法",可谓一条鞭法的前身。在这项改革中,潘季驯积极减少徭役层次,以使徭役变得简便。"其法先计州县之冲僻,以为用之繁简,令民各随丁力输银于官。每遇供应过客及一切公费,官为发银,使吏胥老人承买,其里长止在官勾摄公务,甲首悉放归农,广人便之。"⑥"时承平日久,官吏为奸,征敛无艺,民甚苦之。季驯以通省衙门公用,约其出入之数,行司府会议,刻为成书,名《永平录》,一曰岁办,二曰额办,三曰杂办,纲领条目厘然具备。事无大小,皆支官银,毫不复累里甲。"⑦

嘉靖四十二年(1563),余姚知县周鸣"申银力二差一概征银","雇募役法

---

① 张萱:《西园闻见录》卷三十二。
② 嘉靖《徽州府志》卷八《食货志》。
③ 乾隆《苏州府志》卷一一《田赋·徭役》。
④ 万历《湖州府志》卷一一《赋役》。
⑤ 《明史》卷二二三《潘季驯传》。
⑥ 潘季驯:《上广东均平里甲议》,载《钦定四库全书》,《潘司空奏疏》卷一。
⑦ 万历《南海县志》卷三《政事纪》。

始平著为令"。① 平湖知县顾廷对推行"条鞭均徭法"。② 嘉靖四十四年 (1565),巡按御史庞尚鹏在浙江将余姚和平湖等在试行的做法予以肯定并推广,正式推行一条鞭法:"洞悉两役为民大害,乃始核一县各办所费,各役工食之数目,一切照亩分派,随秋粮带征","岁入之官,听官自为买办,自为雇役"。③ 庞尚鹏充分肯定余姚和平湖等的试验,在"均徭役以杜偏累以纾民困"的奏疏中强调:"近该臣查得余姚、平湖二县原著有均徭一条鞭之法,凡岁编徭役俱于十甲内通融随粮带征,行之有年,事尤简便。盖以十年之差而责之一年,则重而难;以一年之役而均之十年,则轻而易。官免编审之劳,民受均平之赐。"④ 在庞尚鹏看来,"均徭一条鞭",是针对"势豪之嘱托,奸巧之规避"进行的改革,规定"每岁通计概县丁、田,约复士大夫之家外,通融派银,定值雇役"。⑤

庞尚鹏在巡按浙江时,意识到赋役弊端众生的问题:"赋役不均实由于优免之太滥",因此推行"十段锦之法","凡官吏、举监、生员、军灶匠丁,系例应优免者,即将应免之数开列名册前如或各甲内俱有丁粮,止从一甲内优免,其余免剩者,挨造入册,与民一体编差"。⑥ 庞尚鹏进而指出,奸民以诡寄和花分等手段避重就轻,频年告免,以致"轻重愈失其平",通过一条鞭法可有效抑制这种趋势。⑦ 嘉靖四十四年(1565),庞尚鹏巡按浙江时,"民苦徭役,为举行一条鞭法"。⑧ 其中的宗旨在于,"总核一县各办所费及各役工食之数,一切照亩分派,随秋粮带征。分其银为两款:一曰均平银,一曰均徭银。岁入之官,听官自为买办,自为雇役,而里甲之提牌轮办,与力差之承应在官者,尽罢革焉。此杂泛差役改为一条鞭之始"。⑨ 一条鞭法改革受到浙江百姓的热烈欢迎,以致"各府俱立生祠祀之"。⑩ 在调离浙江时,庞尚鹏奏请将一条鞭法"通行天下"。⑪

潘季驯和庞尚鹏推行一条鞭法的成功,与他们的铁腕密不可分。庞尚鹏

---

① 乾隆《余姚县志》卷一〇《田赋》。
② 乾隆《平湖县志》卷一二《宦绩》。
③ 顾炎武:《天下郡国利病书·浙江二》。
④ 庞尚鹏:《百可亭摘稿》卷一《均徭役以杜偏累以纾民困疏》。
⑤ 万历《新昌县志》卷一二《民赋志》。
⑥ 庞尚鹏:《百可亭摘稿》卷一《厘宿弊以均赋役疏》。
⑦ 庞尚鹏:《百可亭摘稿》卷一《均徭役以杜偏累以纾民困疏》。
⑧ 《明史稿·列传》一〇六《庞尚鹏传》。
⑨ 万历《海盐县图经》卷五《税粮》。
⑩ 万历《南海县志》卷三《政事纪》。
⑪ 万历《南海县志》卷三《政事纪》。

一到浙江,"入境首按墨吏与势家横逆者置于法"。① 在改革过程中,他不断展示雷霆手段,不怕得罪权贵阶层,"按治乡官吕希周、严杰、茅坤、潘仲骖子弟僮奴,请夺希周等冠带,诏尽黜为民。尚鹏介直无所倚,所至搏击豪强,吏民震慑"。②

由此可见,南方地区推行一条鞭法普遍获得了良好效果。时人就赞美庞尚鹏的一条鞭法改革:"庞尚鹏巡按浙江时,乃奏请行一条鞭法,其法通府州县十岁中夏税秋粮,存留起运额若干,均徭里甲土贡雇募加银额若干通为一条鞭,总征而均支之也。其征收不轮甲,通一县丁粮均派之……盖轮甲则递年十甲充一岁之役,条鞭则合一邑之丁粮充一年之役也;轮甲则十年一差,出骤多易困,条鞭令每年出办,所出少易输……诸役钱分给主之,官承募人,势不得复取赢于民,而民如限输钱讫闭户卧,可无复追呼之扰,此役法之善者也。"孙承泽在肯定庞尚鹏之后,对张居正把一条鞭法推广到全国也给予充分的肯定:"后江陵相当国,复下制申饬海内通行者将百年……"③

海瑞早在担任淳安知县时就意识到均徭问题的重要性:"民间不苦朝廷正差,独苦均徭里役,富者破产,贫者逃亡,图图有之,是诚未可轻议也。"④隆庆年间,海瑞出任应天巡抚,在苏州府和松江府推广庞尚鹏的做法,将两府早就在进行的一条鞭法改革继续推进。"尝言欲天下治安,必行井田,不得已而限田,又不得已而均税,尚可存古人遗意。故自为县以至巡抚,所至力行清丈,颁一条鞭法,意主于利民,而行事不能无偏云。"⑤隆庆三年(1569),对均徭和均费等银,海瑞不分银差还是力差,俱以一条鞭方式征银,在官听候支解。海瑞的方案颇为详尽:"十甲丁、粮总于一里,各里丁、粮总于一州县,州县总于府,府总于布政司,通计一省粮,均派一省徭役",如此一来,均徭、里甲与两税合而为一,凡一县丁、粮毕输于官,官为金募,以免一岁之役。⑥

海瑞在应天巡抚任上推行的一条鞭法改革,同样得到时人的肯定:"赖巡抚海公均田粮,行一条鞭法,从此役无偏累,人始知有种田之利,而城中富室始肯买田,乡间贫民始不肯轻弃其田矣。至今田不荒芜,人不逃窜,钱粮不拖

---

① 《两浙均平录》卷一。
② 《明史稿·列传》一○六《庞尚鹏传》。
③ 孙承泽:《春明梦余录》卷三五《户部·一条鞭》。
④ 海瑞:《海瑞集》上编《均徭申文》。
⑤ 《明史》二二六《海瑞传》。
⑥ 乾隆《苏州府志》卷一一《田赋·役法》。

欠。"①由此可见,通过一条鞭法改革,不仅百姓的徭役负担得以合理化,官府也可顺利征收到条鞭银。顾炎武在《天下郡国利病书》"江南"中指出:"正嘉以来事日增役日繁,在小民利于官产,而官产则少;在优免人户利于民田,以省杂徭,而买者卖者或以官作民,或以民作官,以各就其利。于是民间减价出鬻者日益多,而差役之并于佃户者日益甚","革现年之法为条鞭"之后,"向来丛弊为之一清"。② 海瑞的改革遭到御史房寰、给事中戴凤翔和钟宇淳等人的激烈指控与诽谤。隆庆四年(1570)初,张居正致信海瑞,表示对他的同情,同时也流露出矛盾的心情:"三尺法不行于吴久矣,公骤而矫以绳墨,宜其不能堪也。讹言沸腾,听者惶惑。仆谬忝钧轴,得与参庙堂之末议,而不能为朝廷奖奉法之臣,摧浮淫之议,有深愧焉。"③

隆庆四年(1570),江西布政司所属州县正式推行一条鞭法:"各项差役逐一较量轻重,系力差者,则计其代当工食之费,量为增减;系银差者,则计其扛解、交纳之费,加以增耗。通计一岁共用银若干,照依丁、粮编派,开载各户由帖,立限征收。其往年编某为某役,某为头户贴户者,尽行查革。如有丁无粮者编为下户,仍纳丁银,有丁有粮者编为中户,及粮多丁少,与丁粮俱多者,编为上户,俱照丁粮并纳。著为定例。"④

由于一条鞭法以土地作为主要课税对象,所以清丈土地自然就成为彻底推行一条鞭法的前提。万历初年清丈土地在全国的实施,进一步推进了一条鞭法的全面推行。一条鞭法被称"为田赋史上一绝大枢纽","可以说是现代田赋制度的开始"。⑤ 张居正当然不是首先倡导一条鞭法的官员,但绝对是最坚定不移同时又最有手腕的推行者。

如果说一条鞭法在南方推行时进展还比较顺利,那么在北方推行时往往遭到重重阻力。嘉靖二十年(1541)后,山东一些地方推行一条鞭法,物议沸腾。葛守礼就激烈抨击一条鞭法"不开仓口,不论贫富,括其总数,一例均摊,下户已累矣"。⑥ 葛守礼明确要求恢复旧制而终止一条鞭法改革。隆庆元年(1567),他抨击一条鞭法:"畿辅、山东流移日众,以有司变法乱常,起科太重,

① 顾炎武:《天下郡国利病书》卷一四《江南》。
② 顾炎武:《天下郡国利病书》卷一四《江南》。
③ 张居正:《张太岳集》卷二二《答应天巡抚海刚峰》。
④ 陈仁锡:《皇明世法录》卷三九《赋役》。
⑤ 梁方仲:《一条鞭法》,载《梁方仲经济史论文集》,中华书局,1989年,第36页。
⑥ 葛守礼:《葛端肃公集》卷一五《与姜蒙泉中丞论田赋》。

征派不均。且河南北、山东西，土地硗瘠，正供尚不能给，复重之徭役。工匠及富商大贾，皆以无田免役，而农夫独受其困，此所谓舛也。乞正田赋之规，罢科差之法。又国初征粮，户部定仓库名目及石数价值，通行所司，分派小民，随仓上纳，完欠之数瞭然可稽。近乃定为一条鞭法，计亩征银。不论仓口，不问石数。吏书夤缘为奸，增减洒派，弊端百出。至于收解，乃又变为一串铃法，谓之伙收分解。收者不解，解者不收，收者获积余之赏，解者任赔补之累。夫钱谷必分数明而后稽核审，今混而为一，是为那移者地也。愿敕所司，酌复旧规。"①葛守礼强调北方土地较为贫瘠，丁差较重，农业商品化程度较低，因此流通的白银少。不过他显然有意忽略了北方赋役不均的严重情形，忽略了推行一条鞭法同样有利于解决北方的赋役不均问题。

推行一条鞭法不仅面临权贵阶层的反对，而且在朝廷中面对的反对力量亦相当强大。就连向称开明的徐阶，同样反对清丈田地和推行一条鞭法。李开先甚至指责一条鞭法"名虽一条鞭，实则杀民一刀刀也"。②张居正主持万历新政后，以铁腕排除各种干扰，将一条鞭法坚决推行于北方，以及一些尚未实行一条鞭法的地区。

第二节　一条鞭法的全面推行

在经历半个世纪的试验之后，一条鞭法终于在万历九年（1581）推行于全国。"嘉靖间数行数止，至万历九年（1581）乃尽行之。"③在推行一条鞭法于全国的过程中，张居正功不可没。梁方仲为此指出："条鞭法到了万历初年发展得甚快。这件事与当时首相张居正锄抑豪强的政策相配合。如果没有张居正的极力支持，条鞭法恐怕不易推动。从这点说，我们认为张氏是推行一条鞭法最有功的人，亦未尝不可。"④

在全面推行一条鞭法过程中，同样存在激烈的反对声音。例如万历五年

---

① 《明史》卷二一四《葛守礼传》。
② 李开先：《李中麓闲居集》卷一二《苏息民困或问》。
③ 道光《广宁县志》卷六《赋役》。
④ 梁方仲：《明代一条鞭法的论战》，载《梁方仲经济史论文集》，第340页。

(1577)，吏部侍郎杨巍就痛陈一条鞭法"徒利士大夫，而害于小民"。[①] 对这种反对意见，张居正给予坚决驳斥："条编之法，有极言其便者，有极言其不便者，有言利害参半者。仆思政以人举，法贵宜民，执此例彼，俱非通论。故近拟旨云：'果宜于此，任从其便；如有不便，不必强行。'朝廷之意，但欲爱养元元，使之省便耳，未尝为一切之政以困民也。若如公言：'徒利于士大夫，而害于小民'，是岂上所以恤下厚民者乎？公既灼知其不便，自宜告于抚、按当事者，遵奉近旨罢之。若仆之于天下事，则不敢有一毫成心，可否兴革，一顺天下之公而已。"[②]同样在万历五年(1577)，张居正在致山东巡抚都察院副都御史李世达的书信中，表明为推行一条鞭法，自己不怕付出沉重代价，表明破釜沉舟的大无畏勇气："条编之法，近旨已尽事理……仆今不难破家沉族，以殉公家之务，而一时士大夫乃不为之分谤任怨，以图共济，亦将奈之何哉？计独有力竭而死已矣。"[③]

作为一代名相，张居正深切意识到，要迅速推行一条鞭法，选对负责的官员至关重要。万历四年(1576)夏，张居正在致湖广巡按向程的书信中指出："一条编之法，近亦有称其不便者，然仆以为行法在人，又贵在地。此法在南方颇便，既与民宜，因之可也，但须得良有司行之矣。"[④]

万历四年(1576)三月，张居正将在广东推行一条鞭法卓有成效的潘季驯委任为江西巡抚，授予"兼理军务"大权，以节制该省所有军政官员，特准对"军卫有司官员，敢有贪残，畏缩误事者，文职五品以下，武职三品以下，径自擎问发落"。[⑤] 不特如此，张居正还授权潘季驯全责裁理民田、官田和军(屯)田事务。潘季驯就任江西巡抚后，不负重望，率同省内府卫各官"亲临地方，将各原额官军并田地顷亩额数，逐一清勘明白"。[⑥]"以人认地，以地计田，以田计粮。"[⑦]潘季驯首先解决军、屯各田中的弊政，"定军伍鞭役法"。[⑧] 在此之后，潘季驯在江西全省陆续推行一条鞭法。在将驿传等役银两统一编入一条鞭时，潘季驯要求："委官亲历州县，将原编各驿递夫役文册，吊取到官，逐一磨勘原

① 张居正：《张太岳集》卷二九《答少宰杨二山言条鞭》。
② 张居正：《张太岳集》卷二九《答少宰杨二山言条鞭》。
③ 张居正：《张太岳集》卷二九《答总宪李渐庵言驿递条编任怨》。
④ 张居正：《张太岳集》卷二八《答楚按院向明台》。
⑤ 潘季驯：《潘司空奏疏》卷四《奉敕疏》，载《钦定四库全书》史部。
⑥ 潘季驯：《潘司空奏疏》卷四《报丈勘各卫所屯田疏》，载《钦定四库全书》史部。
⑦ 潘季驯：《潘司空奏疏》卷四《报丈勘各卫所屯田疏》，载《钦定四库全书》史部。
⑧ 万恭：《洞阳子再续集》卷五《送顾冲吾序》。

额旧数若干,消乏若干明白,酌量某人相应,某人丁粮消乏,某人堪以作正,某人堪以作贴。应编者编,应替者替,务要审勘明白,以近就近,从公编造。不许卖富差贫,致民嗟怨。审编之际,里书作弊,最为害人,须要用心稽察。承委官员,如有怠慢误事及审编不公,悉听抚、按衙门,应提问者提问,应参奏者参奏。审编完毕,将编金过夫役姓名、置造过马驴船车数目,造册奏缴。"①在推行一条鞭法改革过程中,潘季驯以户作为核算单位,以银两为本位,以一年为期限,要求官员负责收解。在向朝廷奏报时,他表达了对在江西推行一条鞭法的部署:"臣愚拟将各项差役逐一校量,通计一岁用银若干,止照丁粮编派,开载各户由帖,立限征收在官,分项解给。……其银一完,则终岁无追呼之扰,而四民各安其业。"②

隆庆中期,庞尚鹏被削职为民。直至张居正担任首辅后,"万历四年(1576)冬,始以故官抚福建。奏蠲逋饷银,推行一条鞭法"。③ 在推行一条鞭法过程中,庞尚鹏可谓中流砥柱型的人物,"浙江、福建暨其乡广东皆以徭轻故德尚鹏,立祠祀"。④ 为指导一条鞭法改革,庞尚鹏撰写《庞尚鹏审编事宜》。就任福建巡抚后,庞尚鹏"酌立条鞭,议行通省"。⑤ "创为一条鞭之法,题请颁行,郡县遵奉惟谨"。⑥ 在就任福建巡抚的一年半时间里,福建省的福州、延平、建宁、邵武、泉州、兴化、汀州等府以及福宁州,都迅速推行了一条鞭法。

"万历二年(1574),张居正当国,雅知仪望才,擢右佥都御史,巡抚应天诸府。"⑦宋仪望早年就任吴县知县时就推行"计役授田",以缓解"输白粮京师,辄破家"⑧的严峻问题。到任之后,宋仪望致信张居正,告知:"豪家田至七万顷,粮至二万,又不以时纳。"⑨张居正则回复:"来翰谓苏、松田赋不均,侵欺拖欠云云,读之使人扼腕。公以大智大勇,诚心任事。当英主综核之始,不于此时剔刷宿弊,为国家建经久之策,更待何人! 诸凡谤议,皆所不恤。""一应赋役俱以

① 潘季驯:《督抚江西奏疏》卷三《遵照条鞭站银疏》,载《潘司空奏疏》卷四。
② 潘季驯:《督抚江西奏疏》卷三《遵照条鞭站银疏》,载《潘司空奏疏》卷四。
③ 《明史》卷二二七《庞尚鹏传》。
④ 《明史》卷二二七《庞尚鹏传》。
⑤ 万历《宁化县志》卷三。
⑥ 万历《惠安县志》卷一《田赋条鞭》。
⑦ 《明史》卷二二七《宋仪望传》。
⑧ 《明史》卷二二七《宋仪望传》。
⑨ 张居正:《张太岳集》卷二六《答应天巡抚宋阳山论均粮足民》。

一条鞭例，照田丁均徭银解给。"①"田亩户口详请一条编法，积弊以清。"②在宋仪望转任南京大理寺卿后，张居正致信继任应天巡抚的胡执礼，提出殷切期望："吴中财赋之区，一向苦于赋役不均，豪右挠法，致使官民两困，仆甚患之。往属（宋）阳山公稍为经理，而人心玩愒日久，一旦骤绳以法，人遂不堪，谤议四起，然仆终不为动，任之愈力。今观公所措画，不吐不茹，式和厥中，积岁恃顽强梗，咸颣首祗奉约束，盖至是吴人始知有法，而阳山公之经理于始者，赖卒成之矣。"③对于积极推行一条鞭法的基层官员，张居正同样爱护有加，在诽谤与攻击面前予以积极保护。万历四年（1576），湖广荆州江陵县知县朱正色在坚决推行一条鞭法过程中遭到攻击，张居正在致湖广巡按向程的信中为其辩护："江陵令朱正色均差之议，其中综理精当详密。此君初任，人皆以为刻核，仆独爱其明作，今观其所建立，必为良吏无疑矣。慰甚，慰甚！"④

万历四年（1576）八月和万历五年（1577）正月，户科都给事中光懋屡次在奏疏中否定一条鞭法，声称："近年创立一条鞭法，一概混征。及至起解，随意先后。每遇查盘，有尽一县欠户而皆治罪，尽一户欠粮而皆问赎者"。⑤ 对在山东省东阿县积极推行一条鞭法并取得卓著成绩的知县白栋，光懋要求将其查办："至嘉靖末年，创立条鞭，不分人户贫富，一例摊派；不论仓口轻重，一并伙收。其将银力二差与户口钞盐并之于地，而丁力反不与焉。商贾享逐末之利，农民丧乐生之意。然其法在江南，犹有称其便者，而最不利于江北，如近日东阿知县白栋行之山东，人心惊惶，欲变地产以避。请敕有司，赋仍三等，差由户丁。并将白栋记过劣处。"⑥张居正对此进行明确驳斥，并对白栋予以保护和勉励："法贵宜民，何分南北？各抚、按悉心计议，因地所宜，听从民便，不许一例强行，白栋照旧策励供职。"⑦在致山东巡抚李世达的书信中，张居正还表扬了白栋："白令，访其在官素有善政，故特旨留之。大疏为之辩雪，殊惬公论。"⑧

万历五年（1577）秋天，吏科给事中郑秉性上疏，在探讨赋役问题时公开要求恢复旧有的赋役制度，要求终止一条鞭法："均徭之善者，在十年一编，调停

---

① 万历《来安县志》卷三《赋役》。
② 道光《安徽通志》卷一一三《职官志·名宦》一一，引《江南通志》。
③ 张居正：《张太岳集》卷二九《答应天巡抚胡雅斋言严治为善爱》。
④ 张居正：《张太岳集》卷二八《答楚按院向明台》。
⑤ 《明神宗实录》卷五三，万历四年八月辛未。
⑥ 《明神宗实录》卷五八，万历五年正月辛亥。
⑦ 《明神宗实录》卷五八，万历五年正月辛亥。
⑧ 张居正：《张太岳集》卷二九《答总宪李渐庵言驿递条编任怨》。

贫富;而其不善者,在于行法之人,放富差贫。条鞭之善者,在于革库子斗级里长支应;而其不善者,在于尽数征银,贫富无等。宜分银力二差,审户定则,编上户银差,以至上中户;力差则编下户以至中下户。仍十年一轮,以循我祖宗之旧。"①对这种混淆是非的意见,张居正干脆不与之商讨,以皇帝名义下令:"条鞭之法,前旨听从民便,原未欲一概通行,不必再议。"②

第三节 利与弊

总的来说,一条鞭法对以黄册为依据的传统赋役制度是一场革命。这种革命性表现在如下情形中。第一,把赋役中的各项条款归并为一项。第二,除了主要运往京师的漕粮外,一律改折银两交纳,这样一来,传统的实物赋税就变成了货币赋税。第三,把里甲征解赋税改成官收官解。第四,里甲每十年一次输役,改成每年编派一次,出钱代役。一条鞭法有力简化了赋役制度,取消里甲这一中间层次,开启了将力役归并入田赋的倾向。赋役征解开始逐渐以土田为主,以户丁为辅。

《天下郡国利病书·淮徐·罗山县志》记载推行一条鞭法之前官民的各种不便和弊端:"襄阳李公曰:隆庆以前,银差以各项征,力差以审户定也。想其时,今日催此项钱,明日催彼项钱,应差人又讨工食,追呼无宁日也。且也有一番追呼,则有追呼人一番科敛,而民坐困矣。知县应存初立为一条鞭法。一条鞭法云者,以各项银差并力差工食合为一处,计银若干数,然后照丁高下,粮多寡,以此银派征之。征毕,则分此以为银差起解及为官觅力差人之工食也。百姓完此外无一事矣。法诚良哉!"推行一条鞭法使得豪强地主难以揽收侵欺,于国计民生大有补益。一条鞭法部分改善了赋役负担不均的状况。万历《泽州志》记载:"先是,条鞭之法未行,胥人同里老相因缘为奸利,巧立会敛之名,以鱼肉吾民而啖之,乡民生不见官府,乌知赋额或相倍徙,而莫可究诘其故。"③万历《章丘县志》指出:"本县未行条鞭之先,乡官、举监、生员,各照例优免粮银、丁银之外,一应杂办差银毫不与及,其种地百姓有三等九则之丁银……其

---

① 《明神宗实录》卷六九,万历五年十一月甲寅。
② 《明神宗实录》卷六九,万历五年十一月甲寅。
③ 万历《泽州志》卷七《籍赋志·税粮》。

均徭银力二差,马夫、马价、盐钞、里甲,一应杂差银两,俱派于地内。又有大户收头之赔费,斗(级)、禁(子)、铺兵、头役之苦累。"①《天下郡国利病书·江宁·太湖县志徭役》记载:"近奉例行条编法,令民户丁出银,不足,又计田准丁,悉输之官以免役,而诸役尽官为召募,盖较若划一而称两便。"

在推行一条鞭法过程中,产生了很多争论,有人热烈赞成,也有人激烈反对。赞成者着眼于一条鞭法产生的益处,反对者着眼于一条鞭法推行中导致的坏处。总的来说,一条鞭法益处很多,比如与以前比较,赋役负担比较公平。"隆、万之世,增额既如故,又多无艺之征,逋粮愈多,规避亦益巧。已解而衍限或至十余年,未征而报收,一县有至十万者。逋欠之多,县各数十万。赖行一条鞭法,无他科扰,民力不大绌。"②

一条鞭法的推行在很多地方受到热烈欢迎。"明兴以里甲籍民,犹古比闾族党之义,而力征则用宋法,差雇兼焉。迨后条鞭法行,而民始稍苏矣。盖公费节则里甲岁裁;繁简悉则邮传屡更;约束严则纵恣尽戢。"③"嘉靖四十五年(1566),侍御庞公尚鹏按浙,加惠里甲,振刷夙弊,凡公用支应等项俱定数编银,征之于民而用之于官。……万历九年(1581),巡抚吴公、巡按帅公复奏减派,民困渐苏。"④"嘉靖十六年(1537),巡抚欧阳公定赋役册,至隆庆三年(1569)准为画一之制,银力二差俱以一条鞭征银在官,如成化间劝米诸法俱入正科矣。其法诚简便可以永行。"⑤

河南省罗山县,有人在比较推行一条鞭法前后的情形后,认为一条鞭法有利于百姓生计,要求将一条鞭法立为定制:"隆庆以前,银差以各项征,力差以审户定也。想其时,今日催此项钱,明日催彼项钱,应差人又讨工食,返呼无宁日也。且也,有一番返呼,则有返呼人一番科敛,而民生困矣。知县应存初立为一条鞭法。一条鞭法云者,以各项银差并力差工食合为一处,计银若干数。然后,照丁高下,粮多寡,以此银派征之。征毕,则分此以为银差起解,及为官觅力差人之工食也。百姓完此外,无一事矣。法乃宜民哉!所愿官是邑者,因而行之,不复分征,不入库寄,不使豪右人揽收侵欺,则国计民生两裨之矣。"⑥

① 万历《章丘县志》卷一二《条鞭法》。
② 《明史》卷七八,《食货志》二。
③ 万历《承天府志》卷六《徭役》。
④ 康熙《永康县志》卷四《户役》。
⑤ 康熙《镇江府志》卷六《赋役》。
⑥ 顾炎武:《天下郡国利病书》卷五三《河南》四,《罗山县》条。

山东曹县推行一条鞭法后，民众受益颇多："条鞭之法既行，曹民始有其身家。当是时，里无追呼，号称极治。"①"条鞭之法，江南诸郡行之已十余年。江北旧称不便，今渐次遍行，乃知此法终不可废，盖合南北而俱利之矣。"②

一条鞭法改革的成效是显著的。"自正（德）、嘉（靖）虚耗之后，至万历十年（1582）间，最称富庶。"③在实行改革后，国家摆脱了财政危机，府库充足。"江陵志在富强，当积弛之后，钱谷阴耗不可问，力振其弊，务责实效，中外凛凛，毋敢以虚数支塞。行之十年，太仓之积，足备数载，则宰相不问钱谷，真迂儒之言也。"④经过十年的改革，到了万历十年（1582），"是时帑藏充盈，国最完富，故有是举"。时人充分肯定张居正"经纶之才，使天下晏然如覆盂"，"神宗初政，起衰振隳，纲纪修明，海内殷阜，居正之力也"。⑤

在很多地方，一条鞭法都受到衷心欢迎。诸多地方志中都记载了相关情形。例如在《南昌府志》中，就记载了这样的情形："条编之法，其来远矣。吾郡则议始于余姚周中丞（如斗），成于江阴刘中丞（光济）。每年通计丁粮琐条，诸费相提衡论，而视所出颇裕计焉。征银在官，齐以画一，愚民岁输募直，则循循阡亩，安所常业，终身无吏胥之苦毒焉。盖拯之酷烈，登之清台，厚幸矣，厚幸矣。而或者谓官不便，夫张官置吏，所以为民，奈何可使不便在民耶？剡官未必不便也。或又谓岁岁出钱，致令小户逃窜，又云仓库重事，不当徒寄吏胥，又云精兵恐不时给生变，而令对支。凡所纷纷，皆妄言沮法，无事实。今法行二十余年，不闻有此，是浮论左计无稽，不效可睹矣。"⑥

在山东省曹县，即使改朝换代到了清代，一条鞭法依然受到肯定："原额均徭，应设官吏坐理，治法甚善，行之既久，寖失初意。每一役出，辄下乡索括金钱，谓之'攒回流'，小民不胜其扰，故有'家有二顷田，头枕衙门瞑'之谣。至万历三年（1575），知县王圻任，思为一条鞭法，即古免役。一切照地丁征银，官为雇役，民甚便云。会以谪官，未久转去。于是乡官、学校、里老百姓三千人，赴两院恳代题留任，以终其法，特为展限九月。圻于是自四年始，条议申详之，允行。……至今七八十年，时势虽极多端，而户田、税粮、徭役、里甲、岁办诸政，

---

① 顾炎武：《天下郡国利病书》卷三九《山东》五，《曹县·赋役》。
② 万历《邯郸县志》卷四《赋役》。
③ 《明史》卷二二二《张学颜传》。
④ 谈迁：《国榷》卷七一。
⑤ 《明通鉴》卷六七。
⑥ 万历《南昌府志》卷七《田赋》。

犹以王圻为准,不能更张易治也,则其法可知已。"①

一条鞭法的优点在于:"由于不征丁税,不只减轻人民的负担,且给予人民较大的自由。从此,人民容易离开乡土,奔向城市,另谋生计;对疏散较密地方人口,发展都市工商行业,有刺激鼓舞作用。"一条鞭法刺激了白银流通,便利了商品交换,有力促进了工商业发展。

《天下郡国利病书·山东·章丘县志》记载:"条编之法……其略有三:一不审均徭,二不设里甲,三不金头役。"为什么要有这三不呢?这是因为均徭过于累人,"任人不如任地,而移工等之差银,悉入于地"。而有了里甲,"则不能无支销,既有支销,则不能无旁费。公曰:劳民不如劳吏。而革见年之供应,悉责之吏"。有了头役,"则不能无收解,既有收解,则不能无包赔添墬之劳费。公曰:民之费十,官之费一。而改一切之头役,悉隶之召募"。

一条鞭法款目比较简单,中间环节比较少,所以舞弊之处也比较少。一条鞭法改良了税制,使赋税由繁复而变为简便,费用有所减轻。"(一条鞭)立法颇为简便,嘉靖间,数行数止;迨隆万之世,提编推广如故,又多无艺之征。逋粮愈多,规避亦益巧,已解而愆限或至十余年,未征而报收,一县有至十万者。逋欠之多,县各数十万。赖行此法,无他科扰,民力不大绌。"②

《天下郡国利病书·山东·户役论》探讨了一条鞭法的利害得失,认为"旧时力役之法,每夫一名,该银若干,即审有力一人,金充头役,而以花户贴之"。中间有包赔的弊端。自从推行一条鞭法之后,"差银上柜,召募代当,按季给银。代当者领银于官,无折准之滥;应差者纳银于官,无包赔之苦。此不坐头役之便也"。以前征派税粮,挑选殷实富户,让他们去征收。钱银入手,免不了乱开销;如果要亲自解运,出现赔偿事情的话,常会导致倾家荡产。自推行一条鞭法之后,"粮银上柜,但以柜头守之,不得侵牟,亦无赔补之累。此不金大户之便也"。以前里甲十年一输,买办支应的费用浩繁。"今将里甲银数,并入差银,上柜收支,官为代办,而输当交应之苦,皆得免焉。此不应里甲之便也。"以前门丁均徭,三年一审。里书造册,常有诡寄、请托和贿买之弊。自推行一条鞭法之后,"均徭不审,产有更易,田无增减,而此弊尽除矣。此不审均徭之便也"。

《天下郡国利病书·江西·吉安志》记载里甲制度行之久远后产生的弊

① 顾炎武:《天下郡国利病书》卷三九,《山东》五,《曹县》。
② 《续通考》卷一。

端："以民事官,入役之初,常例费已不赀。而责办于上,需求于下,有编银一两而费至十倍百倍数百倍者,苦乐不均。于是豪民巧为规避。户之低昂,吏得私易之,而低者反昂,昂者反低。民之穷困,十户而九。"隆庆年间,开始推行一条鞭法,分均徭、里甲、民兵和驿传为四种差役,"计四差之银,通融各为一则,摊分十年输纳。斗库诸役,出自官募。夫一分为十,则役轻;征价于官,则民便。轻重通融,苦乐适均,则差平而吏不得持低昂之柄。是宜乎万口称便矣"。编志者认为,一条鞭法"利于下,不利于上;利于编氓,不利于士夫;利于闾阎,不利于市胥"。

推行一条鞭法之前,赋役名目繁杂,小民终岁惶惶不安,吏胥里书从中敲诈作弊,令人防不胜防。推行一条鞭法征银入官库之后,征收解运和雇募人工的事情都由官府操办,征输便利了许多。《天下郡国利病书·常镇·武进县志·额赋》"征输"条内记载,嘉靖四十五年(1566)武进知县谢师严立征粮一条编法:"先是夏税秋粮,派征项款繁杂,设有县总分派,其间不无缓急。县总阴操其权,与各粮长为市,以致侵欺赔贴不均之甚。不惟粮长率至破家,而积逋亦无由追偿。征输之弊,于斯极矣。至是悉烛其弊,尽革县总之分派。不问缓急,总征在官,悉令贮库。时又立总,由以严比较;设直总,以督里甲。分收解以平苦乐,均官民以杜那移,制实征册以防隐漏,皆前所未有。吏胥无欺赳之权,里甲无逋负之窦,粮长得以有其家身者,皆自此始也。"

《天下郡国利病书·常镇·武进县志·额赋》记载,隆庆四年(1570)巡抚朱大器推行一条鞭法,又称条编法。"先是江西诸郡行条编法,人皆称便。至是兵宪蔡国熙广询而力行之。其法先总概州县每年银差若干,其力差应出雇役银若干,其繁苦而应加增者,明为加增,共该银若干。次总一州县实在丁田若干,除优免外,将一岁合用之数,均派丁田,并入秋粮征办。应解者官自发解,应雇者官自给值。并里甲每田一亩,大约共输银一分五厘有奇。百姓不知有徭里之差矣,至今永为例云。"《天下郡国利病书·山东·汶上县志》认为一条鞭法"舍赀产而括丁地,抑简易宜民之术"。虽然荐绅先生各执所见,有意忽略一条鞭法带来的好处,却强调一条鞭法的不便之处,甚至加以抨击。但是,以往百姓"之托籍侨寓借势荐绅诡寄丛生,异脱是耳。使尽行条鞭之法,官募柜头,官俵种马。则民出役钱,安坐无事"。如此一来,诡寄等弊端就会不革自清。

《天下郡国利病书·山东·汶上县志·条鞭法议》认为一条鞭法的有利之处在于:"不坐头役,无讨索包赔之苦;不佥大户,无侵牟偿补之虞;不应里甲,无输当支应之烦；不审均徭，无诡寄贿托之弊。"《天下郡国利病书·山东·安丘县志》陈述一条鞭法产生的十种益处："通轻重苦乐于一邑十甲之中，则丁粮均而徭户不苦难，一也。法当优免者，不得割他户以私荫，二也。钱输于官而需索不行，三也。又折阅不赔累，四也。合银力二差，并公私诸费，则一人无丛役，五也。去正副二户，则贫富平，六也。且承禀有制，而侵渔无所穴，七也。官给银于募人，而募人不得反复抑勒，八也。富者得弛担，而贫者无加额，九也。银有定例，则册籍清而诡寄无所容，十也。"

但是，反对者认为，一条鞭法在带来便利的同时，也有不便之处。《天下郡国利病书·山东·曹县志》记载，推行一条鞭法之前，每当某种徭役出来，就有胥吏下乡搜括钱财，小民不胜其扰，致有"家有二顷田，头枕衙门眠"民谣。推行一条鞭法之后，"曹民始有其身家。当是时，里无追呼，号称极治"。可是"法既初行，应募者寡"，后来，兑军俵马起解等差役，"稍不能不用里甲矣。名虽召商，实签大户"。又过了三十年后，里甲遭受的弊害达到极其沉重的地步。

一条鞭法的缺点在于："一条鞭法之实行，以往赋役之各项繁复项目取消，其始固便农民，及至末流，各种力役又再恢复，杂税冗费名罢实存，使人民无形增加负担，其困苦比前更甚。"唐鹤征指出，一条鞭法"行之山东者，齐鲁之民群起哗焉"，原因在于，"盖条编主田为算，而每丁折田二亩。江南地土沃饶，以田为富，故赋役一出于田，赋重而役轻……齐鲁土瘠而少产，其富在户，故赋主田而役主户，赋轻而役重。以轻带重，田不足供，安得不困？"[1]

万历《章丘县志》："本县未行条鞭之先，乡官、举监、生员各照例优免粮银、丁银之外，一应杂办差银，毫不与及其种地"，推行一条鞭法之后，"士大夫所免止于例，例有限，而所加者因乎地，地无穷，地愈多银愈加，致使新行所加派者反多于旧例之所优免者"，"而犹以其（民户）所减派之银数，加派于有地士夫之家"，因而此法"便于庶民而不便于士夫"，"无怪乎乡官、举监、生员之屡屡陈诉也"。[2] 由此可见，一条鞭法有"便于庶民而不便于士夫"的一面。

激烈反对的言论有："差分九等，粮独不可九等三等，而乃一条鞭乎！名虽一条鞭，实乃杀民一刀刀也。典卖田产，市鬻女男，离弃乡井，若死牢禁，不惟下户，中户亦有之矣。"[3]由于一条鞭法在施行时无视土地肥瘠与贫富差别，"贫民之地皆不售者，非沙碱则不毛，富人之田膏沃易治，所得子粒比贫民或加十

---

① 顾炎武：《天下郡国利病书》卷二三《江南》。
② 万历《章丘县志》卷一二《条鞭法》。
③ 李开先：《李中麓闲居集》卷一二《苏息民困或问》。

倍,一例纳粮,贫者何以堪乎?"①

一条鞭法亦有漏洞,使得基层官吏在其中兴风作浪,造成相当大的弊害:"书吏为奸,奉行无状。一丈量之余,弓口有大小,册籍有虚伪,甚至有势者除沃壤为荒地,无势者开旷土为良田,隐蔽百端难以枚举,虽讼牒繁兴,有司莫能清稽规正,民但鼓腹含冤,仰屋窃叹而已。呜呼,除一弊滋一弊,改革之难诚难哉! 然则小民何时而或苏息也,可为于邑也夫!"②

在改革徭役方面,一条鞭法也有不大方便的地方,《天下郡国利病书·江宁·太湖县志徭役》记载:"然而民情犹有可轸者,则以出钱而放免者,有豪户之漏丁也,有弱户之鬼纳也。又贫户之艰于金而愿输力者不得遂也,至受直而应募者则或一役而三四人共之,或一夫而应二三夫之役,或一马而供八足十二蹄之奔走。"

《天下郡国利病书·山东·户役论》记载,在旧法中,均徭有丁银门银,而没有地银。现在则以地银代替门银,导致的结果是"田家偏累,而贾贩之流,握千金之赀,无陇亩之田者,征求不及焉。此农病而逐末者利也"。实际上就是不利于豪强地主,而有利于商人。旧法规定上八则人户有丁银门银,现在以地银代替门银,大致没有增加负担。而下下丁户,旧法只规定有丁银,现在增加地银,那么就增加了他们的负担。这是贫下小农遭到的侵害。

此外,由于地不分厚薄肥瘠一律征收地银,导致的结果就是"成垦之田利,而荒弃之田病也"。由于北方较南方来说,田地较为贫瘠,推行一条鞭法之后,地力越差的田地负担越重,因此抛荒田地越来越多。隆庆元年(1567),户部尚书葛守礼上奏:"直隶、山东等处,土旷民贫……今不论籍之上下,惟审田之多寡,故民皆弃田而避役。且河之南北,山之东西,土地硗瘠,岁入甚寡。正赋尚不能给,矧复重之以差役乎? 往臣在河南,亲睹其害,近日行之直隶,浸淫及山东矣。山东沂、费、郯、滕之间,荒田弥望,招垦莫有应者,今行此法,将举山东为沂、费、郯、滕也。夫工匠佣力自给,以无田而免差;富商大贾,操资无算,亦以无田而免差。至被褥胼胝,终岁勤劳者,乃更受其困,此所谓舛也。"

明代北方土地比较贫瘠,田粮本来较轻,差徭相对较重。推行一条鞭法之后,以役归田,田地负担加重。葛守礼在"宽农民以重根本疏"中指出:"若河之南北,山之东西,地多瘠薄沙鹻,每亩收入,不过数斗,而寸草不生者亦有之,又

---

① 葛守礼:《葛端肃公集》卷一五《与姜鸣泉中丞论田赋》。
② 刘仕义:《新知录摘抄》(《纪录汇编》二百十六)"一条边"条。

年年应差,并之于地,无怪农民之失所也。"①因为南北地力不同,贫富不同,南方便于雇役,北方便于亲身力役。《天下郡国利病书·陕西·巩昌府志·徭役论》中说:"以余观于巩之徭役,而知新法条鞭之为北境累矣。何者？盖南境气候既燠,物产复饶,有木绵粳稻之产,有蚕丝楮纻之业,又地僻力余,营植不碍,民间贫富不甚相悬,一切取齐条鞭,奚不可？北境则不然,地寒凉,产瘠薄,即中路,又苦冲烦,贫富相去,何啻倍蓰？然条鞭未行之前,民何以供役不称困？盖富者输资,银差无通;贫者出身,力役可完。且一身既食于官,八口复帮于户。讵惟存贫？兼亦资养。吏习民安,兹其效矣。自条鞭既行,一概征银。富者无论已,贫者有身无银,身又不得以抵银,簿书有约,催科稍逼,有负釜盂走矣。"

万历五年(1577),户科都给事中光懋上疏:"至嘉靖末年,创立条鞭,不分人户贫富,一例摊派;不论仓口轻重,一并伙收。其将银力二差与户口钞盐并之于地,而丁力反不与焉。商贾享逐末之利,农民丧乐生之意。然其法在江南,犹有称其便者,而最不便于江北,如近日东阿知县白栋行之山东,人心惊惶,欲变地产以避之。"②根据《神宗实录》后来的记载,光懋所说有夸大之处。《天下郡国利病书·山东·东阿县志》记载明代中期东阿县赋役的混乱和不公:"其后稽虚实于簿籍,寄耳目于里胥。则豪民巨室终身不一劳,下户单丁三年而两役。故奸胥黠总始得窜智巧于其中,此乃以弱之肉为强之食。不但如诗所谓小东大东杼轴其空,可为潸然出涕而已。"推行一条鞭法之后,百姓大感便利。

一般来说,田地地力尚可,土地兼并不是过于严重的地方,推行一条鞭法比较有利于农民。但是对于田地地力较差,土地兼并很严重的地方,推行一条鞭法则导致田地抛荒现象的增多。一条鞭法最受时人和后人攻击的,是它用银缴纳,不便于农民。万历十四年(1586),礼部陈言:"囊自里甲改为会银,均徭改为条鞭,漕粮渐议折色,则银贵谷贱,而民有征输之困矣。夫既贱鬻以输官,而又贵买以资用,民穷财匮,不亦宜乎？"③

《天下郡国利病书·山东·滕县志》陈述一条鞭法的弊端,首先记述嘉靖以来屡次丈量田地,由于官吏不作为或作弊,实际对民间有相当大的扰乱。嘉

---

① 《葛端肃公文集》卷三。
② 《神宗实录》卷五十八。
③ 《神宗实录》卷一七二。

靖三十年(1551)以后,"累岁大饥,人相食。加以大疫,民死亡者十家而九。行境内数十里,无炊烟,于是地大荒,多逋赋"。此时官府首先要担心的,应该是人口太少,劳动力太少,而不是田地不均。但官府仍然丈量田地,而所用常非人,致使弊端百出,田地脱漏者不可胜数,小民骚动不安。

此后到了万历初年,张居正柄国,在全国推行土地丈量,"执事者欲邀福于相公,多生枝叶,其所开宅舍园圃高下于沙平坂山石潟卤诸名色,以令乡鄙之民"。这就为里书们作弊欺诈开启了大门。地不分肥沃贫瘠而统一征赋,那么贫瘠之地显然就会遭到损害。又使徭役尽归于地,"是专行田租而除庸调也。岁少不登,则中下地尽荒,其徭安出乎?"在这种情况下,抛荒田地日益增多。这都是北方田地较南方贫瘠所导致的!《天下郡国利病书·山东·汶上县志·条鞭法议》认为一条鞭法的不利之处在于"商贾利而农病,熟地利而荒病,口存而户亡,调去而租增"。

《天下郡国利病书·山东·条鞭总论》陈述一条鞭法的得失之处,地方缙绅有认为它应当推行的,也有认为它不应当推行的。大致而言,缙绅和百姓愿意它推行的十有七八,不愿意它推行的十有二三。一条鞭法不论田地肥沃贫瘠,不论人丁贫穷富贵,一律征银,"殊失轻重。是以贫弱小民多有不愿"。有些狡诈的富民趁机鼓动小民诽谤官长,千方百计地阻扰。官府往往迷惑于这些轻浮言论,在官声毁誉之间患得患失,因此在推行一条鞭法时朝三暮四,屡行屡止,致使恭顺小民出售大半田产纳银后,户口等级却还很高,经年累月地承担各种沉重差役,可谓苦不堪言。

虽然面临层出不穷的反对意见,但张居正依然坚决推行一条鞭法。久而久之,一条鞭法的益处慢慢展示了出来。时人因此称:"近议有便有不便者,夫条编非尽便也,相提而论,便多于不便也。"[1]最初激烈反对一条鞭法的于慎行,也逐渐意识到一条鞭法实行二十年后,"邑士称其便",具体表现在:税粮总收起解,差役照丁地编派,按丁征银与按亩征银,官府出银雇役,大户免除妄费,解消见年里长,无诡寄请托等。[2]

在张居正主导的万历新政之下,明朝财政危机逐渐消除,"太仓粟可支数年,同寺积金不下四百余万"。[3] 太仓的收入,从嘉靖和隆庆年间每年二百万两

---

① 顾炎武:《天下郡国利病书》卷四一,山东。
② 于慎行:《谷城山馆文集》卷三四《与抚台宋公论赋役书》。
③ 谈迁:《国榷》卷七一,万历十年六月丙午。《明神宗实录》卷一二五,万历十年六月丙午。

白银,增加到了万历初期三百万两至四百万两之间。①

相较于两税制,一条鞭法的特点在于:"一、明代社会分工日益发展,地主豪户经营的商业性农业,以追求货币为目的。二、明代白银地位提高,洪武虽禁止人民用白银,要用宝钞和制钱,但商品关系越发展,越需要一种价值较高的贵金属作为货币。三、明代徭役渐变为雇役,人民从事工商业,赚得货币,以之雇人代役。而另一方面,里甲制也开始破坏,甲首因赔累而破产,于是税粮收解由官方负责。"②一条鞭法有助于平民摆脱户籍制度的严厉束缚,使他们拥有较多的转向工商业等的自由,从而有利于工商业的发展。

梁方仲教授早在 1936 年就高度评价一条鞭法:"从公元 16 世纪,我国明代嘉靖万历间开始施行的一条鞭法,为田赋史上一绝大枢纽。它的设立,可以说是现代田赋制度的开始。自从一条鞭法施行以后,田赋的缴纳才以银子为主体,打破二三千年来的实物田赋制度。这里包含的意义,不仅限于田赋制度的本身,其实乃代表一般社会经济状况的各个方面。……一条鞭法还有种种在赋法与役法上的变迁,与一向的田赋制度不同。从此便形成了近代以至现代田赋制度上主要的结构。"③一条鞭法显著削弱了农民对地主和国家的人身依附关系,也削弱了他们对土地的依附关系,从而有利于人口的流动与工商业的发展。

对一条鞭法客观上有利于工商业的效应,有些人极为愤慨:"有积镪堆困,权子母而出之,而其家无田,不名一差;有操艇江湖,转盐积币,而其家无田,不名一差;有专卖屯种,肥膏至数千亩,而家无'民田',不名一差;有四方逋逃,作过犯科,而第宅连云,舆马豪侈,借资冠盖,出入荣宠,其家无田,不名一差。此其人,或子孙鼎盛,或奴仆拥翼,而谓之无丁可乎? 谓之寡丁可乎?"④有些人不愿意接受照田编差的改革,"或问近日审编均徭,以田土为主,其法如何? 曰:此非祖宗之法也,盖流俗相传之误也。……今舍人丁而论田土,盖失其本矣。……舍户丁而计田土,故寄庄人户有躲差之弊,欲革其弊,盖求其本乎? ……上户丁少者量出门银亦可也。岂必尽取所有,使之尽与小民之贫者

① 全汉昇、李龙华:《明中叶后太仓岁入银两研究》,载《香港中文大学中国文化研究所学报》第 5 卷第 1 期。
② 邝士元:《中国经世史》,上海三联书店,2013 年版,第 47 页。
③ 梁方仲:《一条鞭法》,原载《中国近代经济史研究集刊》,第四卷第一期。又载《梁方仲经济史论文集》,中华书局,1989 年,第 36 页。
④ 李腾芳:《李文庄公全集》卷五《征丁议》。

相若,然后为快乎?"①

一条鞭法行之既久之后,照样弊端丛生。官吏巧立名目,横征暴敛的情形仍然时时出现。万历年间,吏部赵南星说:"今士人一为有司,往往不期月而致富。问其所以,率由条鞭法行,钱粮经有司之手,重收而取羡余,加派在其中矣。而数年来又以军兴加派,则加重收而取羡余,是加派无已矣。"②到了明朝末年,由于内忧外患而发生财政危机,加上政治日益腐败,一条鞭法"规制顿紊,不能尽遵",产生了重重问题。有人指责:"虽然条鞭已折差役,而里徭之科派不止,则条鞭之名实舛。"③有的讽刺说:"名一条鞭","不啻十条鞭。"④

---

① 何塘:《何文定公全集》卷八《均徭私论》。
② 《赵忠毅公文集》卷十四。
③ 《皇朝经世文编》卷二九任源祥《问条编征收之法》。
④ 顺治《襄阳府志》卷六《里甲》。

第七章　钱　之　道

在撰写于乙酉年的《钱法论》中，面对南明政权伪钱泛滥、物价飞涨和市场混乱的财政困局，顾炎武深入剖析和探讨了财政问题。他评论明代的钱法："莫善于国朝之钱法，莫不善于国朝之行钱。"顾炎武之所以称赞明代的钱法之善，是因为明代之前钱法屡变，以致物价腾跃，严重损害百姓生计。而"国朝自洪武至正德十帝而仅四铸，以后帝一铸，至万历而制益精。……而又三百年来无改变之令，市价有恒，钱文不乱，民称便焉。此钱法之善也。"顾炎武之所以批评明代的行钱之不善，是因为越到明代晚期，就越是"物日重，钱日轻，盗铸云起，而上所操以衡万物之权，至于不得用，何哉？盖古之行钱者，不独布之于下，而亦收之于上"。

顾炎武认为钱币流通的规律是："钱自上下，自下上，流而不穷者，钱之为道也。"明代晚期的钱币却是下而不上，以至于"伪钱之所以日售，而制钱日壅，未必不由此也"。基于此种情形，顾炎武主张国家以制钱作为统一货币，"凡州县之存留支放，一切以钱代之。使天下非制钱不敢入于官而钱重，钱重，而上之权重"。

明代初年铸造的大中通宝钱，与历代传承下来的古钱共同流通。"至嘉靖，所铸之钱最为精工。隆庆、万历加重半铢，而前代之钱通行不废。……自天启、崇祯广置钱局，括古钱以充废铜，于是市人皆摈古钱不用。而新铸之钱弥多弥恶，旋铸旋销，宝源、宝泉二局只为奸蠹之窟。"[①]顾炎武指出，历史上的钱法经历过两次大变。隋朝时尽数销毁古钱为一大变，天启以来销毁古钱为又一大变。从前发生钱弊的时候，古钱还在，尚可以较为从容地淘汰劣钱和伪钱。如今古钱被销毁，新钱质量又恶劣不堪，要改良钱法，就变得更加困难重重了。

---

① 顾炎武：《日知录》卷十一《钱法之变》。

顾炎武探讨过钞法的兴衰。他指出,唐宋年间时尚未以银为币,而铜钱又太沉重,于是朝廷创立钞法以进行补救。宋朝的"一交一缗,以三年为一界而换之。天圣间,遂置交子务。然宋人已尝论之,谓无钱为本,亦不能以空文行"。① 到了明代,白银逐渐流通,而且携带运输方便,纸币自然就式微了。"故洪武初欲行钞法,至禁民间行使金银以奸恶论,而卒不能行。及乎后代,银日盛而钞日微,势不两行,灼然易见。乃崇祯之末,倪公元璐掌户部,必欲行之,其亦未察乎古今之变矣。"他认为钞法难以实施的原因在于:"盖昏烂倒换出入之弊,必至于此。乃以钞之不利而并钱禁之,废坚刚可久之货,而行软熟易败之物,宜其弗顺于人情,而卒至于滞阁。"②

第一节　大明宝钞

顾炎武在《日知录》卷十一"钞"中谈到钞起源于宋朝:"钞法之兴,因于前代未以银为币,而患钱之重,乃立此法。唐宪宗之飞钱,即如今之会票也。宋张咏镇蜀,以铁钱重,不便贸易,于是设质剂之法。一交一缗,以三年为一界而换之。天圣间,遂置交子务。[原注]元史,刘宣言,原交钞所起,汉唐以来,皆未尝有。宋绍兴初,军饷不继,造此以诱商旅,为沿边籴买之计。比铜钱易于赍擎,民甚便之。"钞在宋朝产生后,金人继而用之,都出于不得已。宋人已经认识到,发行钞要以钱为根本。一旦白银流行,那么钞就难以流通。"故洪武初欲行钞法,至禁民间行使金银,以奸恶论,而卒不能行。及乎后代,银日盛而钞日微,势不两行,灼然易见。"正由于钞与白银难以同时流通,因此在洪武年间为了推动宝钞的流通,就不得不禁止白银流通。

洪武八年(1375)开始造大明宝钞,"洪武八年(1375),造大明宝钞,命民间通行,以桑穰为料,其制,方高一尺,广六寸,质青色,外为横文花阑,横题其额曰大明通行宝钞,中图钱贯,十串为一贯云云。若五百文则画钱文为五串,余如其制而递减之。其等凡六,曰一贯,曰五百文,四百文,三百文,三百文,二百文。每钞一贯准钱千文,银一两。四贯准黄金一两"。为了促使宝钞流通,洪

---

① 顾炎武:《日知录》卷十一《钞》。
② 顾炎武:《日知录》卷十一《钞》。

武年间相继禁止铜钱与白银流通:"二十七年(1394)八月丙戌,禁用铜钱矣。[原注]其时即有以钱百六十折钞一贯者,故诏禁之。大明会典,洪武二十七年(1394),令军民商贾所有铜钱,有司收归,官依数换钞,不许行使。"①在《日知录之余》"禁用铜钱"中,顾炎武谈到洪武二十七年(1394)禁用铜钱的原因在于宝钞贬值或者说物价迅速上涨:"时两浙之民重钱轻钞,多行折使,至有以钱百六十文折钞一贯者。福建、两广、江西诸处,大率皆然。由是物价涌贵,而钞法益坏不行。"

洪武"三十年(1397)三月甲子,禁用金银矣。三十五年(1402)十二月甲寅,命俸米折支钞者,每石增五贯为十贯。是国初造钞之后,不过数年,而其法已渐坏不行。于是有奸恶之条,充赏之格,而卒亦不能行也"。由此表明,宝钞流通没几年后就不断贬值,钞法遭到破坏。永乐元年(1403),由于钞法不通,朝廷再次重申金银禁令:"犯者准奸恶论。有能首捕者,以所交易金银充赏。其两相交易,而一人自首者,免坐,赏与首捕同。"由于钞法滞碍不通,仓库中腐烂的宝钞越来越多。正统十年(1445),"山西布政司奏,库贮钞贯朽烂不堪用者五十九万三千锭有奇,勒令焚毁"。② 正统十三年(1448),朝廷重申禁止使用铜钱:"时钞既通行,而市廛亦仍以铜钱交易,每钞一贯折铜钱二十文。监察御史蔡愈济以为言,请出榜禁约,仍令锦衣卫、五城兵马司巡视,有以铜钱交易者,擒治其罪,十倍罚之。上从其言。"③宣德以后,大明宝钞迅速贬值,"正统元年(1436),黄福疏言,洪武间,银一两当钞三五贯,今银一两当钞千余贯"。④

到了明代中叶,钞法逐渐式微,大明宝钞基本退出流通领域,仅仅存在于与国家财政有关的某些领域。"自天顺、成化以来,钞之用益微。"⑤生活在成化和弘治年间的陆容指出:"宝钞今惟官府行之,然一贯仅直银三厘,钱二文。民间得之,置之无用之地耳。"⑥可见,大明宝钞到了明代中叶已经无用。

在钞法逐渐遭到破坏之后,钞的种类日益减少。洪武年间,宝钞具有一贯至十文十一等,仅仅到了半个世纪之后的洪宣之世,种类就大大减少。"闻洪熙、宣德间犹有百文钞,今但有一贯文者。每贯值银三厘,钱二文,非复国初之

① 顾炎武:《日知录》卷十一"钞"。
② 顾炎武:《日知录》卷十一"钞"。
③ 顾炎武:《日知录之余》"禁用铜钱"。
④ 顾炎武:《日知录》卷十一"钞"。
⑤ 孙承泽:《春明梦余录》卷三八《宝钞局》。
⑥ 陆容:《菽园杂记》卷一〇。

值矣。"①宝钞种类迅速减少,当与宝钞贬值有关。明代铜钱的最小单位是"文"。洪武年间,一贯钞等于一千文铜钱,那么十文钞就相当于十枚铜钱。在钞法遭到破坏后,一贯钞甚至只值一二文铜钱,实际购买力急剧下降。明代中叶,宝钞退出流通领域,与小钞印制成本超越钞的实际交换价值有关。因为此时再印制小钞,就得不偿失了。何况随着宝钞贬值,在购买商品时,携带大量宝钞很不方便。嘉靖年间,御史魏有本指出:"每钞一张为一贯,每千张为一块,时价每块值银八钱,官价每块准银三两。"②

在征收商税方面,明廷在财政困难时倾向于征银,在无钞可用时倾向于征钞。不过总的来说,越到后期,就越倾向于征银。明代中叶后,宝钞虽然退出流通领域,但皇帝有时还将宝钞赏赐于臣子与朝贡之外夷。得到赏赐之人也只是将宝钞"置之而已"。时人对此颇有怨言,"今宴赏路费皆给钞贯,而各处钞关及宣课司专收银两,或兼收钱钞。只此一事间,有利者皆归官府,无用者皆及下人"。③

虽然大明宝钞在明代中叶就实际退出商品流通领域,但由于明廷坚持用钞,因此无法彻底告别钞法。宣德三年(1428)六月,官府停止印钞。为了在某些时候用钞,例如征税与赏赐等,就必须解决钞的来源问题。基于这样的需求,明代中叶后就相应产生了屯钞之家,也就是囤积和经营宝钞的人家。不管是朝廷需要,还是民间百姓需要,都可以向屯钞之家买钞。当然,出的价格肯定大大超过宝钞的实际价值。当时就有人抱怨:"自钞法不行,而国家匦颁之用,皆市诸京师积钞之家,展转收纳,烦不赀。"④由于屯钞可以赚取相当大的利润,因而就有官吏与富户从中进行投机。成化年间,一千贯钞在市场上仅值银四五钱,但是"在京势要殷富之家往往载于各布政司及府州县,公行嘱托,每钞千贯征银五两,其利十倍"。⑤

明朝末年,与后金作战,加上镇压农民起义军,造成严重的财政危机。朝廷中出现重行钞法的声音,例如天启年间的惠世扬、崇祯四年(1631)的何楷与崇祯十六(1643)年的蒋臣等都提出重行钞法主张。其中以蒋臣主张影响最大。蒋臣重行钞法的主张涉及定界法、工制造和信倒换等,最核心的内容可见

---

① 陆容:《菽园杂记》卷八。
② 傅维鳞:《明书》卷八一《钞法》。
③ 《明孝宗实录》卷二〇。
④ 《明世宗实录》卷三三七。
⑤ 《明宪宗实录》卷一六一。

于《春明梦余录》卷三八《宝钞局》中的相关记载："桐城生员蒋臣言钞法可行，且云岁造三千万贯，一贯直一金，岁可得金三千万两。而户部侍郎王鳌永专管钱钞，亦以钞为必可行，且言初年造三千万贯，可代加派二千余万，以蠲穷民，此后岁造五千万贯，可得五千万金。所入既多，将金与土同价，除免加派外，每省直发百万贯，分给地方各官，以佐养廉之需。其言甚美，然实不可行也。"崇祯皇帝对蒋臣主张兴趣很大，在批示中指出："钱钞兼行，原属祖制，宜万世永遵。因未画界期，致年久昏烂。今率由旧章，务期裕国足民，上下通行。敢有阻坏假造等弊，照律重惩。奏内颁榜文，工制造，开铸局，信倒换，俱如议，界期改为四年，就宝钞司准照新颁样式，仍著在内行造。应用物料，该司奏议。其行使姓名，侍郎兼管，及用堂印，俱不必行。提举司照旧仍将督捕阻坏诸法，察照律例，确议申明。其余未尽事宜，卿还广询博采，续奏。"①

但是，内阁大臣蒋德璟反对蒋臣重行钞法的主张，强调："蒋臣持论虽坚，臣等实未见其必然之效。倘万不得已，或且试之京师。于凡百官俸廪，军匠月粮，以钞兼行，俾民间有钞可用，而一切赋税、课程、赃罚纳钞悉与收受，俾知有用钞之利。俟上下通行，耳目相习，而后推之天下，或亦变通宜民之一道乎？"②大学士王应熊也表示反对，在给崇祯皇帝上疏时指出："钞法始于宋末，国初以济度支，利赖实多，但民间不习于耳目者二百余年，一旦骤用，保无窒碍乎？闻高皇帝行钞时，盖用严刑以法之，今中外人心汹汹，未可复用峻法。屯钞二事，臣愚恐将来所获不如始愿，而更有欺隐之弊，纷扰之烦，所谓立法当虑其终者，此也。"③

但是，崇祯皇帝坚持同意蒋臣重行钞法主张，并付诸实施。上特设内宝钞局，昼夜督造，募商发卖，而一贯拟鬻一金，无肯应者。鳌永请每贯鬻三分，止鬻九钱七分。京商骚然，绸缎各铺皆卷箧而去。内阁言："民虽愚，谁肯以一金买一张纸？"上曰："高皇帝时如何偏行得？"内阁对："高皇帝似亦以神道设教，当时只赏赐及折俸用钞，其余兵饷亦不曾用也。"上曰："只要法严。"阁臣对："徒法亦难行。"因言民穷困已极，且宜安静。其语颇多。然上已决意行之。④为了终止重行钞法，蒋德璟有意在宝钞印制上设置障碍。及内宝钞局言：造钞宜用桑穰二百万斤，旧例采取北直、山东、河南、浙江诸处，分遣各珰催督。内

---

① 《崇祯长编》卷一《中国历史研究资料丛书》。
② 孙承泽：《春明梦余录》卷三八《宝钞局》。
③ 《崇祯长编》卷一《中国历史研究资料丛书》。
④ 孙承泽：《春明梦余录》卷三八《宝钞局》。

浙江杭、嘉、湖三府桑穰价银，户部请以北新关税银二万抵之。阁臣拟旨："采取扰累，且关税例当解京，不准留。"又五城御史言：钞匠除现在五百人外，尚欠二千五百人。各城勾摄，多未学习。议于畿内八府州县多方勾解。阁臣亦拟："不许。"上不怿，俱发改票。① 崇祯皇帝对此相当不满，但蒋德璟坚持己见，并于崇祯十七年（1644）正月二十七日回奏："行钞揭适蒙发下二本改票。一为户部坐会关税事，内言浙江解造钞桑穰夹纸动支关税二万金。一为各城御史钞匠城役无多事，内言五城解到钞匠并未学习及人数不足，议于在外州县多方勾解二千五百人各事情。臣敢不祗遵另拟。惟是造钞一事，原系祖制。当此三空四尽之时，而能化纸穰为金钱，且岁得数千万之入，其利甚大。果如所言，即一时劳费亦不足惜。而近来中外攒眉，动称窒碍，细酌情势，颇费经营。"②如此一来，崇祯皇帝就只得下令撤回采买造钞原料的中官孙元德，停止造钞。③

由于宝钞早就退出商品流通流域，而且贬值太多，以至印制成本超过实际价值。在此情形下，强制推行宝钞必定无济于事，而且弊大于利。御史白抱一为此指出："窃惟今天下处处用兵，处处需饷，则生财为今日第一义。皇上虑地方残苦，闾阎匮竭，特下制钞之令，以济时事之艰，其虑非不周，而意非不善，大小臣工自当遵行惟谨，何敢复生异议。然臣揆度时势，实有难以骤举，敢备为我皇上陈之。从来钞法与钱相副而行。今出铜地方，如两广、山、陕、河南等处，见遭寇患，则铜、铅势不能办，云、贵诸处，道路梗阻，即有铜亦无路可达。铜既不足，则鼓铸万万不能充溢。鼓铸穷，则钱且不能遍布域中，而单单以易涅烂之楮币，令通行无滞，谁其信之？此其不可行者一。

且钞完必颁之州县，令小民输银自领，然后或交易，或纳税，始可上下流通。窃思小民纳银买钞，又复输钞作银，吏胥勒索，转折之间，不无亏折。彼以银输官，何等直捷，小民不思为便捷，肯乐此转折乎？此其不可行者二。

且奉行之际，有司贤者上体国法，下顺民情，委曲调停，犹不为害，如遇不肖，藉口功令，以威驱民，强其所难，小民既不甘受，必生忿怒，激而成变，为害不小，此其不可行者三。

且祖宗朝虽云制钞，然行之未久。今二百余年，百姓止知银钱为重，蓄贮、行使，皆是此物，一旦易钞，而与银钱并重，在皇上曰遵祖制，在愚民曰创非常。非常之原，黎民惧焉。此其不可行者四。

---

① 孙承泽：《春明梦余录》卷三八《宝钞局》。
② 孙承泽：《春明梦余录》卷三八《宝钞局》。
③ 《倪文正公年谱》，《丛书集成》初编。

至于皇上制钞,原欲遍行天下,始少获微息。今南北俱大寇盘踞,则行钞地方亦似无几,钞既不能遍及,利息似亦觉少。当此库藏匮竭之际,先费二三千万金钱造此不能通行之钞,未收难必之利,先费见在之金,何若留此金钱,济目前急需之为得计乎? 此其不可行者五。"①

第二节 钱 法

依据来源不同,明代使用的铜钱可分为制钱、古钱与私钱三类。明代官方铸造的铜钱为制钱。历史上流传下来的铜钱为古钱或者说旧钱,其中以宋代铜钱最多。非法铸造的铜钱就是私钱,又称低钱、滥恶钱和新钱等。私钱式样虽然大体模仿制钱,但往往会增加一些制钱所没有的品种。私钱种类繁多而形态混杂,称谓更是混乱不堪,如板儿、倒好、皮棍、鹅眼、宽边、大版、金灯、胖头、歪脖、尖脚、煞儿、大眼贼和短命官等。

顾炎武在《日知录》卷十一"五铢钱"中对五铢钱进行了一番考证,认定明朝最为流行的五铢钱是隋代铸造的:"今世所传五铢钱,皆云汉物,非也。南北朝皆铸五铢钱,天嘉三年(562)闰二月甲子,改铸五铢钱。……隋书,高祖既受周禅,以天下钱货轻重不等,乃更铸新钱,背面肉好皆有周郭,文曰五铢,而重如其文,每钱一千重四斤二两,悉禁古钱及私钱。置样于关,不如样者没官销毁之。自是钱币始壹,百姓便之。是则改币之议,始于齐文襄,至隋文帝乃行之,而今之五铢亦大抵皆隋物也。……古钱惟五铢及开元通宝最多。五铢,隋开皇元年(581)铸。开元,唐武德四年(621)铸。"

铜钱基本单位为"文","文"之上为"贯"。一贯为一千文。"贯"之上为"锭"。一锭等于五贯,即五千文。明代最早铸造的制钱为大中通宝,铸造年代为元末至正二十一年(1361)。"置宝源局,铸'大中通宝'钱。先是中书省议,以国家新立,钱法未定,民以米麦与钱相贸易,每米一石,官值钱千,而民间私易,加至三千,然钱货低昂岂能久而不变,今请置宝源局于应天府,铸'大中通宝'钱,使与历代钱兼行,以四百为一贯,四十为一两,四文为一钱,其物货价

---

① 孙承泽:《春明梦余录》卷三八《宝钞局》。

值,一从民便,设官以主其事。上从之。"①到了至正二十四年(1364)四月,部分行省也开始铸钱。"命江西行省置货泉局,设大使、副使各一人。颁'大中通宝'大小五等钱式,使铸之。"②顾炎武在《日知录》卷十一"钱法之变"中同样记载了这一史实:"太祖实录,岁辛丑二月,置宝元局于应天府,铸大中通宝钱,与历代之钱相兼行使。"洪武元年(1368)三月,明太祖朱元璋下令铸造"洪武通宝",分大小五等。"命户部及行省鼓铸'洪武通宝'钱,其制凡五等,当十钱重一两,当五钱重五钱,当三钱重三钱,当二钱重二钱,小钱重一钱。"③洪武元年(1368)七月,明太祖"命户部、各行省罢铸钱。未几,以国用不敷,复令鼓铸"。④

明代初年包括正式建国前的一段时间,铜钱铸造量相当可观,并且呈现增长趋势。"至正二十一年(1361)四百三十一万文;至正二十三年(1363)三千七百九十一万有奇;洪武元年(1368)八千九百余万;洪武五年(1372)二万二千二百四十万一千九百五十六文;洪武七年(1374)一万九千九百八十四万九千八百三十二文;洪武八年(1375)一万九千九百八十四万九千八百三十二文。"⑤

但是,明廷在权衡之后,转而于洪武八年(1375)三月实行钞法。自此之后,铜钱铸造量迅速减少。在转而实行钞法的当月,"罢宝源局铸钱";⑥洪武八年(1375)九月,"革福建行省宝泉局,罢铸钱"。⑦ 洪武九年(1376)六月,"罢各布政司宝泉局,停铸钱"。⑧ 洪武十年(1377)五月,明廷由于意识到只流通宝钞而没有铜钱难以推行,因此又"命各布政使司复设宝泉局,铸小钱与钞兼行"。⑨

自此之后,明朝的铸钱活动时断时续。洪武二十年(1387),宝源局和各布政司停止铸钱。⑩ 洪武二十二年(1389)六月,朝廷恢复铸钱,更定钱样。主事徐观上疏指出:"往岁铸钱,分两不一,难为定则,今定其制,每生铜一斤,铸小钱一百六十,折二钱八十,当三钱五十四,当五钱三十二,当十钱一十六。"制可。复置江西、河南、广西、陕西、山西、山东、北平、四川八布政司所辖宝泉局,

① 《明太祖实录》卷九。
② 《明太祖实录》卷一四。
③ 《明太祖实录》卷三一。
④ 《明太祖实录》卷三二。
⑤ 以上数字分见于《明太祖实录》卷九、一三、三七、七七、九五、一〇二。
⑥ 《明太祖实录》卷九八。
⑦ 《明太祖实录》卷一〇一。
⑧ 《明太祖实录》卷一〇六。
⑨ 《明太祖实录》卷一一二。
⑩ 《明太祖实录》卷一八一;王圻:《续文献通考》卷一八《皇明钱法》。

与浙江、湖广、福建、广东所置并同,每局大使一人,秩从九品,副使一人,未入流。① 洪武二十三年(1390)十月,"再定钱制,每小钱一,用铜(一钱)二分,其余四等钱,依小钱制递增"。② 洪武二十六年(1393),明廷规定:凡在京鼓铸铜钱,行移宝源局,委官于内府置局。每季计算人匠数目,其合同铜炭油麻等项物料,行下丁字库等衙门放支。如遇铸完,收贮奏闻,差官类进内府司钥库交纳,取批回实收长单附卷。在外各布政司一体鼓铸,本部类行各司,行下宝源局,委官监督人匠,照依在京则例。铸完钱数,就于彼处官军收贮,听候支用。③ 但是,这些规定没有得到真正执行。因为我们可以在《明会典》卷三一《钱法》、王圻《续文献通考》卷一八《皇明钱法》中看到有关洪武二十六年(1393)的相关记载:"复罢各布政司宝泉局。"洪武二十七年(1394)以后,明太祖决定推行大明宝钞,因此不再铸钱,而且还一度禁止使用铜钱。永乐至宣德年间,由于将推行钞法视为当务之急,官府铸造铜钱数量更少。有关铸钱的记载相当稀少而简略。永乐六年(1408),铸"永乐通宝"钱。④ 永乐九年(1411),浙江、江西、广东、福建四布政司铸"永乐通宝"钱。⑤ 宣德八年(1433)十月,命工部及浙江、江西、福建、广东四布政司铸"宣德通宝"钱,数量仅十万贯。⑥ 宣德九年(1434),令南京工部并浙江等布政司铸"宣德通宝"钱。⑦ 明英宗即位后,明廷下令各处铸造铜钱悉皆停罢。⑧ 自此之后,朝廷铸钱就完全停止。弘治二年(1489)八月,重庆府知府毛泰奏请铸钱,但明廷没有采纳。相关记载可见于《明孝宗实录》卷二九:户部以四川重庆府知府毛泰奏请铸钱,因言国朝有洪武、永乐、宣德钱,皆积不用,宜疏通之,且请令宝源局并各布政司开局鼓铸"弘治通宝"钱,俾与洪武等钱并历代钱兼用。今宜先将各处见贮洪武等钱充官吏旗军折色俸粮。其折收商税户口钱今半收历代钱,半收洪武等钱,如无洪武等钱者,以二当一。上曰:"诸司职掌虽开有各处铸钱例,然久已不行,今若令十三布政司一概开局鼓铸,未免冒滥纷扰,不准。宝源局铸钱工部看详以闻。官吏折俸,商税、食盐收钱准拟。"既而工部言:"今民间洪武等钱俱不用,若辄铸'弘治通宝'

① 《明太祖实录》卷一九六。
② 《明太祖实录》卷二〇五。
③ 《明会典》卷一九四《铸钱》。
④ 万历《明会典》卷一九四。
⑤ 王圻:《续文献通考》卷一八《皇明钱法》。
⑥ 《明宣宗实录》卷一〇六。
⑦ 王圻:《续文献通考》卷一八《皇明钱法》。
⑧ 《明英宗实录》卷一。

钱，倘更不行，徒费无益，宜俟洪武等钱通行后更议。"从之。

直到弘治十六年（1503），明廷才重新开始铸钱。在此之后，明朝的铸钱举动主要有：弘治十六年（1503），令两京及各布政司铸"弘治通宝"。但到了弘治十八年（1505），实际的铸钱数量仅达到原计划的十分之一二。[①] 嘉靖六年（1527），铸造"嘉靖通宝"，并补铸累朝未铸者。三十二年（1553）十一月，令铸洪武至正德纪元九号钱，每号一百万锭，嘉靖纪元号一千万锭。一个月后，改为仅铸"嘉靖通宝"。三十四年（1555），以两京所铸，铜价太高，得不偿费，又在云南即山鼓铸。每年扣支云南盐课银二万两，额定铸钱三千三百零一万二千一百文，后因物料艰难，转输不便，盐银之外又加赃罚银一万一千两。至三十七年（1558），只铸钱二千八百七十四万七百文。隆庆四年（1570），铸"隆庆通宝"。万历四年（1576），铸"万历通宝"二万锭，每文重一钱二分五厘，七分金背，三分火漆。万历十三年（1585），铸"万历通宝"钱十五万锭。天启元年（1621），铸"天启通宝"，补铸"泰昌通宝"，铸大钱。崇祯元年（1628），铸"崇祯通宝"。相较而言，嘉靖年间所铸造的铜钱最为精良："世宗实录，嘉靖十五年（1536）九月甲子，巡视五城御史阎邻等言，国朝所用钱币有二，曰制钱，祖宗列圣及皇上所铸，如洪武、永乐、嘉靖等通宝是也。曰旧钱，历代所铸，如开元、太平、淳化、祥符等钱是也。百六十年来，二钱并用、民咸利之。……至嘉靖，所铸之钱最为精工。隆庆、万历加重半铢，而前代之钱通行不废。"[②]到了天启之后，明代钱法之弊达于极点："而新铸之钱弥多弥恶，旋铸旋销，宝源、宝泉二局只为奸蠹之窟。故尝论古来之钱凡两大变，隋时尽销古钱，一大变。天启以来，一大变也。昔时钱法之弊，至于鹅眼、綖环之类，无代不有。然历代之钱尚存，旬日之间便可澄汰。今则旧钱已尽，即使良工更铸，而海内之广一时难遍，欲一市价而裕民财，其必用开皇之法乎？"[③]

从明朝铸钱的经过可以看出，明代官方"制钱"主要有十一种，即"大中通宝""洪武通宝""永乐通宝""宣德通宝""弘治通宝""嘉靖通宝""隆庆通宝""万历通宝""泰昌通宝""天启通宝"与"崇祯通宝"。

"大中通宝"和"洪武通宝"分五等，即面值为一文的小钱以及面值为二文、三文、五文、十文的当二、当三、当五、当十钱。洪武四年（1371）二月，明太祖诏命改铸大中通宝和洪武通宝大钱为小钱，理由在于，"先是，宝源局所铸新钱皆

---

① 《明孝宗实录》卷二二四。
② 顾炎武：《日知录》卷十一"钱法之变"。
③ 顾炎武：《日知录》卷十一"钱法之变"。

铸'京'字于其背,其后多不铸,民间以二等大钱无'京'字者不行使,故命改铸为小钱以便之"。① 自此以后,直至万历末年,就再也没有出现铸造大钱与使用大钱的记录。其中的主要原因在于,由于铜钱为不足值货币,小钱尚且无法禁绝私铸以图利的现象,如果发行大钱,那么就更无法禁止私铸以图利的现象。天启和崇祯年间尝试铸造大钱,终因无法禁止私铸现象而不了了之。与此同时,在商品流通领域,使用大钱也是阻力重重。百姓不愿使用,"大钱以一当十,原充十文之用。近日有买三、五文货物者,亦持大钱,反令卖主按数找偿,则喧嚣滋起矣。合无谕示,货物值十文或二十文以上整数,使用大钱,其余零数者,仍用小钱"。

明代初年的铸钱机构,在京者为"宝源局",各行省的铸钱机构初为"货泉局",后来改为"宝泉局","鼓铸之事惟属工部"。② 到了明朝末年的天启二年(1622),京城铸钱机构在宝源局之外又增设宝泉局,以户部右侍郎督理,名为"钱法堂"。③ 有明一代,在不同地区与机构铸造的制钱之间的差别相当大,且越到后期越是如此。不特如此,制钱名称也不一而足,京城铸造的称为"黄钱",行省铸造的称为"皮钱"等等。到了嘉靖年间,还出现金背、火漆、镟边和一条棍等名称。相关的记载可见于徐阶《请停止宝源局铸钱疏》:"盖制钱之解自南京者,其背或以金涂之,民间因谓之金背;或以火熏其背而使之黑,民间因谓之火漆;其云南所解及宝源局先年所铸,纯用铜锡,不掺以铅,每钱一文,秤重一钱二分,钱边又皆经由车镟,民间因其色黄美,其质坚重,其边圆整,谓之镟边。近年局中所铸,为科官建议革去车镟,止用铸锉二匠,而工匠人等又复侵盗铜料,民间因其色杂,其质轻,其边锉磨粗糙,遂谓之一条棍。"

如果说在前期和中期,明廷主要出于满足商品流通需要才铸钱,那么到了财政危机频发的后期,铸钱活动就愈加受到谋利动机的驱使。例如万历三十三年(1605),贵州巡按毕三才请求在当地铸钱的原因就是:"贵州山多田少,额赋甚俭,虽赖川、湖协济,而岁出浮于岁入,目今仓库空虚,官军俸粮历一二年不支,无从措处",目的是"济民用,裕国计"。④ 但从历史事实来看,明廷铸钱的效果并不理想。其中的一个原因在于中国铜原料匮乏。巧妇难为无米之炊,既然原料缺乏,那么就不可能大规模铸造铜钱。为了解决原料问题,洪武年间

---

① 《明太祖实录》卷六一。
② 孙承泽:《春明梦余录》卷四七《宝源局》。
③ 孙承泽:《春明梦余录》卷三八《宝泉局》,卷四七《宝源局》。
④ 《明神宗实录》卷四一一。

通过销毁废钱和旧铜器以增加铜原料。"国初改铸'洪武通宝'小钱,皆用废钱及旧器铜铸之。"①为了从民间征集尽可能多的废钱与旧铜器,官府还特地规定:"其军民之家,除镜子、军器及寺观庵院钟磬铙钹外,其余应有废铜,并听赴官中卖。每斤给价铜钱一百五十文。若私相买卖,及收匿在家不赴官中卖者,各笞四十。"②明朝后来改行钞法,显然与铜原料匮乏无法大规模铸造铜钱有关。同时,官府在实际铸造活动中,无法禁绝弄虚作假的舞弊行为。舞弊手段形形色色,从天启三年(1623)九月御史游凤翔的相关指陈中可见一斑:"留都鼓铸,其旧弊有三,新弊有四。有出马之弊。铸用本银五千两,铸出利钱一千两。当出钱时,司官先取钱八十万以入私囊,余者方除本利以还朝廷,下而铸钱大使及炉头工匠各役,无不染指。此出马之弊也。又有补秤之弊。如铜一百斤兑出,及铸成兑入只九十斤。所少十斤,不以铜补,而以钱补。每铜一两,补小钱七文,每文重七分,共重四钱九分,计已窃铜十之五矣,由两而上可以类推。此补秤之弊也。又有对赏之弊。钱有磋磨则有铜末,分毫皆公家赀。乃巧立名色,令工匠搜括,得铜末百斤,则以半入官,以半给赏。工匠乘机作弊,偷铜置之他处,混充铜末,官佯为不知,与工匠均分。此对赏之弊也。三弊其来已久,今又新添四弊:南中每钱十二文准银一分,今藉口铜贵,搭放军粮只十一文,是取之军者一也;搭放商人只十文,是取之商者二也;给匠工食另铸一种细钱,十不当七,是取之匠者三也;旧制铜七铅三,今且铜铅对参,故钱色不黄而白,又减去斤两,致钱千文只重五斤四两,是取之铜与铅者又不知若干文矣。此四者皆新添之弊也。"③为了对付这些千奇百怪的舞弊手段,官府提出过诸种措施,但是收效并不大。

正由于舞弊行为愈演愈烈,越到后期,明朝制钱的质量就越差。明末御史赵洪范的奏疏就指出了这种情形:"臣令楚时,见布政使颁发天启新钱,大都铜止二三,铅砂七八,其脆薄则掷地可碎也,其轻小则百文不盈寸也。一处如此,他处可知。"④明清之际的叶梦珠细致地描绘了明朝后期制钱每况愈下的情形。他说:"所见之钱,惟嘉靖、隆庆两朝最为精美。嘉钱尚有二种,黄者如金,白者如银。隆钱尽如金色。皆以最美净铜铸就,体亦工致,明光焕发,一文约重钱外,此时便不可多得,盖为私铸者收去,杂以铅钞,更铸新钱也。然于折净白钱

① 《明太祖实录》卷八七。
② 万历《明会典》卷一六四《钱法》。
③ 嵇璜:《续文献通考》卷一一。
④ 嵇璜:《续文献通考》卷一一。

之中,往往有之。每当用时,拣选别贮,以为小儿玩弄。若万历钱,时虽盛行而体各异制,其精者或与嘉、隆等,而恶者则轻薄不堪,与时钱无异。泰昌、天启,享国日浅,钱不多行,式无甚美,亦无甚恶,惟铜质则递降耳。崇祯初,铜钱虽大异乎隆、万,然而京局所铸,大小轻重犹是。若京师每千价银一两二钱,外省犹兑九钱一千,与嘉、隆、万、启钱间杂通用。其后私铸盛行,钱色日恶而价亦日贱,崇祯十三年(1640)戊寅夏,价至六钱耳,百货腾贵。庚辰、辛巳之间,递减至四、五钱一千。癸未而后,每千兑银不过三钱有奇,而钱之所重,每千不过三斤有零而已。"①

洪武初年,明廷允许百姓使用铜钱。洪武八年(1375)三月,明廷实行钞法,对铜钱使用进行限制,不过尚未完全禁止用钱,在征收商税课程时也可部分以钱缴纳。但是到了洪武二十七年(1394)八月,明廷意识到允许铜钱存在将危及钞法,就下令完全禁用铜钱。明太祖诏示天下:"国家造钞,令与铜钱相兼行使,本以便民。比年以来,民心刁诈,乃以钱钞任意亏折行使,致令钞法不行,甚失立法便民之意,宜令有司悉收其钱归官,依数换钞,不许更用铜钱行使,限半月内,凡军民商贾所有铜钱,悉送赴官,敢有私自行使及埋藏弃毁者,罪之。"②由于完全不用铜钱致使百姓深感不便,明英宗一度"弛用钱之禁"。

但这次弛禁历时不长,至正统十三年(1448)五月,明王朝再次下令禁用铜钱。"禁使铜钱。时钞既通行,而市廛仍以铜钱交易,每钞一贯,折铜钱二文。监察御史蔡愈济以为言,请出榜禁约,仍令锦衣卫、五城兵马司巡视,有以铜钱交易者,擒治其罪,十倍罚之。上从其请。"③从实际情形来看,虽然朝廷严厉禁止,但在民间,铜钱依然在悄悄地流通。

明代中叶由于钞法破坏,明廷被迫取消钱禁。景泰四年(1453),令"钱钞听民相兼行使"。④ 成化元年(1465),明廷规定,凡征商税课程钱钞中半兼收。弘治十六年(1503)恢复制钱铸造,表明铜钱彻底恢复合法地位。

有明一代,古钱自始至终在市场上流通。天顺四年(1460),明廷"令民间除假钱、锡钱外,凡历代并洪武、永乐、宣德铜钱及折二、当三依数准使,不许挑拣"。⑤ 万历年间,谢肇淛指出这种古钱流通的现象:"山东银钱杂用,其钱皆用

① 叶梦珠:《阅世编》卷七《钱法》。
② 《明太祖实录》卷二三四。
③ 《明英宗实录》卷一六六。
④ 万历《明会典》卷三一《钞法》。
⑤ 万历《明会典》卷三一《钱法》。

宋年号者,每二可当新钱之一。"①

　　明朝时,有些地方在市场交易中很少使用铜钱,甚至不用铜钱。很多文献都有相关记载,如:"钱之用,不出于闽、广。宣德、正统以后,钱始用于西北。"②弘治十六年(1503)三月,工科左给事中张文陈铸钱事宜,指出一些地区不用铜钱的情形:"土货之产殊则贸易之情异,云南专用海贝巴,四川、贵州用茴香、花银及盐布,江西、湖广用米谷银布,山西、陕西间用皮毛,自来钱法不通,骤欲变之难矣。"③万历五年(1577)闰八月,福建抚按庞尚鹏等在议钱法时,同样指出福建不用铜钱的情形:"闽省钱法久废,卒然行之,愚民不无疑惧。"④使用铜钱的主要是北方,江南在商品交易中主要使用白银。万历二十六年(1598),给事中郝敬在《钱法议》中为此强调:"今海内行钱,惟北地一隅;自大江以南,强半用银。即北地,惟民间贸易,而官帑出纳仍用银。则钱之所行无几耳。"⑤由此可见,白银显然比铜钱更受欢迎。"今钱法非不行,而行钱之地,天下十不及二……未有用银废钱,如今日之甚者也。"⑥总的来说,商品经济发达的江南普遍使用白银,经济落后的偏远地区也很少使用铜钱。

　　不特如此,铜钱即使在使用过程中,也往往出现钱法阻滞现象。从广义上来说,钱法阻滞意味着民众拒绝使用一切铜钱;从狭义上来说,钱法阻滞指人们不愿使用特定的某一种钱。导致钱法阻滞的原因主要有三种。首先是,由于民间私铸铜钱泛滥,铸造出来的大量劣质铜钱相当程度上抑制了优质铜钱的流通。这就是所谓"伪币驱逐良币"现象。其中的根本原因在于,作为不足值货币的铜钱,不管是官铸还是私铸,都能从铸造铜钱中获得利益。暴利之下,必有铤而走险之徒。即使在素有严刑峻法名声的洪武年间,私铸行为就已经出现。"应天府言:民间交易杂以私铸铜钱,以故钱法不通。乃诏自今遇有私铸铜钱,许作废铜送官,每斤给官钱一百九十文偿之。诸税课内如有私钱,亦更铸之。"⑦景泰年间铜钱弛禁之后,私铸问题变得更加严重,苏州府与松江府等处的权贵之家多有热衷铜钱私铸的:"纷纷伪造,来京货卖。其钱大小不

① 谢肇淛:《五杂俎》卷一二。
② 孙承泽:《春明梦余录》卷三八《宝钞局》。
③ 《明孝宗实录》卷一九七。
④ 《明神宗实录》卷六六。
⑤ 孙承泽:《春明梦余录》卷四七《宝源局》。
⑥ 孙承泽:《春明梦余录》卷三八《钱法》
⑦ 《明太祖实录》卷八六。

一,俱各杂以锡铁",在京的军匠人等亦私铸造。① 嘉靖三十三年(1554)之后,私铸行为更加严重,以致"民间竞私铸'嘉靖通宝'钱,与官钱并行焉"。②

关于明代中期的铜钱私铸情形,陆深有相关记载:"予(陆深)少时,见民间所用皆宋钱,杂以金元钱,谓之好钱。唐钱间有开元通宝,偶忽不用。新铸者谓之低钱,每以二文当好钱一文,人亦两用之。弘治末,京师好钱复不行,而惟行新钱,谓之倒好。正德中则有倒三倒四,而盗铸者蜂起矣。嘉靖以来,有五、六至九、十者,而裁铅翦纸之滥极矣!"③董谷同样指出明代中期铜钱私铸泛滥的情形:"吾乡自国初至弘治以来,皆行好钱。每自金一分,准铜钱七枚,无以异也。但拣择太甚,以青色者为上。正德丁丑(1517),余(董谷)始游京师。初至,见交易者皆称钱为板儿。怪而问焉,则所使者皆低恶之钱,以二折一,但取如数而不视善否,人皆以为良便也。既而南还,则吾乡皆行板儿矣,好钱遂阁不行,不知何以神速如此。"④

嘉靖年间,巡视五城御史阎邻等指出私铸铜钱质量之低劣:"国朝所用钱币有二,首曰制钱,祖宗、列圣及皇上所铸,如洪武、永乐、嘉靖等通宝是也;次曰旧钱,历代所铸,如开元、祥符、太平、淳化等钱是也。百六十年来,二钱并用,民咸利之。虽有伪造,不过窃真售赝,其于原制犹不甚相远也。迩者京师之钱轻制薄小,触手可碎,字文虽存,而点画莫辨。甚则不用铜,而用铅、铁,不以铸,而以剪裁,粗具肉好,即名曰钱,每三百文才直银一钱耳。作之者无忌,用之者不疑,而制钱、旧钱返为壅遏。"⑤到了明末崇祯年间,私铸铜钱质量之低劣达到顶点。"私钱无代无之,而惟崇祯时最盛。予生崇祯之际,通用新钱无一佳者。"⑥

明朝政府对私铸铜钱行为并非无动于衷,相反,明朝法律对私铸行为的惩罚相当严厉。例如成化十三年(1477)就规定:"凡私铸铜钱者绞,匠人罪同,为从及知情买使者各减一等,告捕者官给赏银五十两……若将时用铜钱剪错(锉)薄小,取铜以求利者,杖一百。……私铸铜钱为从者问罪,用一百斤枷枷号一个月,民匠舍余,发附近充军,旗军调发边卫食粮差操。若贩卖行使者,亦

① 《明英宗实录》卷二六八。
② 《明史》卷八一《钱钞》。
③ 陆深:《河汾燕闲录》。
④ 董谷:《碧里杂存》上《板儿》,《从书集成》初编。
⑤ 《明世宗实录》卷一九一。
⑥ 叶梦珠:《阅世编》卷七《钱法》。

枷号一个月,照常发落。"①法律规定不可谓不严厉,但关键是官府的执行是否到位。从历史事实来看,真正从事私铸铜钱行为的往往是权贵势要之家。例如万历二十二年(1594)四月,御史张蒲就直言:"钱法之壅,由王府私造,官法难加。"②"时王府皆铸造私钱,吏不敢讦。"③所谓"王子犯法与庶民同罪"只是美丽的传说,在官官相护的现实情形中,很少有官员敢揪出这些私铸铜钱的大奸加以惩罚。

钱法阻滞现象,不仅与权贵势要私铸铜钱有关,而且还与权贵势要操纵货币市场,利用钱价变化从中渔利有关。这些现象到了明代中期之后变得愈发严重。"日者鹾价忽腾,钱法顿滞,不知其所自起。蚩蚩之氓,负载入市……且所得钱,暮不能为用。如大定、大观、开元、正元、祥符、太平等钱,皆格不行。一夫倡言,千人附和,虽有厉禁,视若弁髦。无何,有客来买前钱,以一当三,捆载而去。此所谓龙(垄)断之尤,而奸人之雄也。"④

富商大贾为操纵钱价,可谓绞尽脑汁:"富商大贾设谋网利,欲贵卖其所积,以图目前之饶,则偏重行之;欲贱收其所弃,以规日后之利,则惑众阻之。钱法不行,率是之故也。"⑤崇祯年间,户部尚书侯恂指出奸商操纵钱价之法:"奸商当铺因而为奸,每于通衢关隘倡言某钱盛行,某钱不行,转相煽弄,既贵卖其所积以图目前之利,又贱收其所弃以图他日之利。时而私钱得与官钱并价,此其所积者多而欲出也;时而私钱二三文折官钱一文,此其所收者少而欲入也。若辈操其利权,钱法受其壅滞,岂可无整齐之术,听奸钱日生而莫之禁乎?"⑥面对私铸与钱价操纵泛滥等各种恶劣情形,平头百姓为了自我保护,只好尽量不用铜钱,以防自己辛苦赚得的钱财付诸东流。

有明一代钱法之不善,还表现于制钱、古钱与私钱并存。更为糟糕的是,这三种铜钱之间的比价关系阴晴不定。制钱与古钱之间有时相等,有时制钱价值是古钱的两倍。制钱与私钱之间比价更具有随意性,有时是四倍,五倍,有时甚至达到十倍。不仅如此,而且各种制钱之间比价也相当混乱。例如黄钱和青钱一文可抵南直隶和江浙等地铸造的铜钱二文。⑦ 钱制的

---

① 万历《明会典》卷一七〇《私铸铜钱》。
② 《明神宗实录》卷二七二。
③ 《明史》卷八一《钱钞》。
④ 万历《汝南志》卷二。
⑤ 《明神宗实录》卷一八七。
⑥ 孙承泽:《春明梦余录》卷三八《户部尚书侯恂条陈鼓铸事宜》,崇祯年间侯恂所言。
⑦ 《天工开物》冶铸卷八。

混乱,致使各种铜钱之间的兑换相当困难。由于参与铸造制钱的官吏工匠往往从中营私舞弊,使得铸造出来的制钱良莠不齐。冯梦龙在《钱法议》中就指出:"司铸者未暇急公,先谋润橐,扣铜价,征样钱,勒余羡,于是搀和铅石,掷地即碎,体制薄小,百不盈握,官铸与私铸工拙不相远,故私钱益多,而价因以大减。"对于明廷在钱法上的混乱与钱法的阻滞,隆庆年间的名臣高拱批评:"至于钱法不通,则由指点多端,事体不一所致。盖小民空手无资,日觅数钱以苟朝夕,必钱有定用,乃可通行。今且议夕更,迄无成说。小民恐今日得钱,而明日不用,将饥而死。是以逾变更逾纷乱,逾禁约逾惊疑,人情汹汹,职此故耳。臣惟钱法之行,当从民便。试观当年未议钱法而钱行,近年议之而反不行,外省不议钱法而钱行,京师议之而反不行,其理可知也。臣愿陛下特降圣谕,行钱但从民便,不许更为多言乱民耳目,如此则人心自定。人心既定,则钱法自通,小民各得以为朝夕矣。古云:天下本无事,庸人扰之耳。"[①]由此可见,明廷在钱法管理上盲目干预,没有从实际出发,没有照顾民情。货币政策的朝令夕改致使百姓且惊且疑,无所适从。

在顾炎武看来:"莫善于明之钱法,莫不善于明之行钱。"明代行钱之弊端主要表现为铜钱只是流通于下,却无法回收于上:"然其后物日重,钱日轻,盗铸云起,而上所操以衡万物之权至于不得用,何哉?盖古之行钱不特布之于下,而亦收之于上。汉律,人出算百二个钱,是口赋入以钱。管子,盐筴,万乘之国为钱三千万,是盐铁入以钱。商贾缗钱四千而一算,三老北边骑士轺车一算,商贾轺车二算,船五文以上一算,是关市入以钱。令民占卖酒租升升四钱,是榷酤入以钱。隆虑公主以钱千万为子赎死,是罚锾入以钱。晋南渡,凡田宅、奴婢、马牛之券,每直万税四百,是契税入以钱。张方平言,屋庐、正税、茶盐、酒醋之课,率钱募役,青苗入息,以敛天下之钱。而上之赉予禄给,虑无不用钱。自上下,自下上,流而不穷者,钱之道也。明之钱下而不上,伪钱之所以日售,而制钱所以日壅。请仿前代之制,凡州县之存留支放,皆以钱代,则钱重,钱重则上之权亦重。"这显然与明代中后期赋役改革货币化进程中征收白银有关,也就是与以白银取代铜钱有关。

---

① 《明穆宗实录》卷四四。

第八章　白　　银

顾炎武在《日知录》"银"中指出："唐宋以前，上下通行之货一皆以钱而已，未尝用银。汉书食货志言，秦并天下，币为二等。而珠玉、龟贝、银锡之属为器饰宝藏，不为币。孝武始造白金三品，寻废不行。……旧唐书，宪宗元和三年六月诏曰，天下有银之山，必有铜矿。铜者，可资于鼓铸。银者，无益于生人。其天下自五岭以北，见采银坑，并宜禁断。……然考之通典，谓梁初唯京师及三吴、荆郢、江湘、梁益用钱，其余州郡则杂以谷帛交易，交广之域则全以金银为货。而唐韩愈奏状亦言，五岭买卖一以银。元稹奏状言，自岭已南，以金银为货币。自巴已外，以盐帛为交易。黔巫溪峡用水银、朱砂、缯彩、巾帽以相市。"由此可见，早在南朝时，由于白银作为海外贸易结算手段的影响，交趾和广东一带就以金银为货。白银在一定程度上已经作为货币在流通。中唐以后，白银产地从岭南扩大到岭北。不过全国加起来的白银年产量只有一万多两。客观地说，白银在当时主要被用作器饰、宝藏，银块多被铸成银铤。白银有时被用作皇帝赏赐臣下的礼品，有时被用于军费、地方进献的贡品，有时被用于贿赂，有时被用作旅费和谢礼。在民间，白银的使用并不多见。在使用时，一般是先变卖成铜钱后支付，因为白银在当时还没有获得法定货币地位。五代时，白银方始获得交换手段的地位。这是因为在五代十国时期，各个割据政权为保护珍贵稀缺的铜钱不外流，采取限制铜钱外流的政策。

到了商品经济较为繁荣的宋代，白银的使用范围和生产量都得到充分增长。宋代的商税和盐茶等专卖收入，往往部分收纳白银。在一些地方，田赋允许用银折纳。因此在财政收入中，白银的比例增加明显。北宋天禧末年，财政收入白银达八十八万多两；神宗年间，白银岁入达到二百九十万两；南宋孝宗淳熙年间，朝廷左藏库每年对禁军和百官发放白银达到二百九十多万两。白银生产量比唐朝时增加许多，在整个宋代，每年平均下来，白银生产量可达到二、三十万两。针对某些地方田赋折银收纳的情形，当时的一些有识之士显得忧心忡忡，比如南宋光宗绍熙元年，就有官员上疏称"古者赋税出于民之所有，不强其所无；今之为绢者，一倍折而为钱，再倍折而为银，银愈贵，钱愈艰得，谷愈不可售。使民贱粜而贵折，则大熟之岁，反为民害，愿诏州郡凡多取而多折者，重置于罪。"

民间普遍用银始于金哀宗正大年间。顾炎武通过考证指出："金史食货志，旧例银每铤五十两，其直百贯。是知前代银皆是铸成。民间或有截凿之者，其价亦随低昂。遂改铸银，名承安宝货，一两至十两分五等，每两折钱二贯，公私同见钱用。又云，更造兴定宝泉，每贯当通宝五十。又以绫印制元光珍货，同银钞及余钞行之。行之未久，银价日贵，宝泉日贱，民但以银论价。至元光二年，宝泉几于不用。哀宗正大间，民间但以银市易。此今日上下用银之始。"

明朝建国时铸造洪武通宝钱。由于铜钱供给困难，为了增加铜源，官府要求百姓以私铸铜钱作为废铜输官，甚至要求毁铜制器皿以输官，引起民间骚动不安。洪武八年（1375）开始发行大明宝钞，建立以纸币为主、铜钱为辅的纸币制度。与元朝纸币的准银本位制不同，明代朝廷发行纸币不备金银本钱，并且禁止民间私下交易金银。洪武十九年（1386）诏令，有路途遥远运输困难的，允许折成金银交纳。此种折变办法虽然是暂时性的，但是金银交易的禁令也就因此稍稍松弛。由于大明宝钞是不兑换纸币，发行数量没有限制，时间一长，宝钞就日益贬值，通货膨胀现象变得越来越严重。仅仅二十年时间，宝钞制度就已经日趋残破。朝廷为了竭力维持宝钞制度，屡次禁止金银和铜钱使用。但是在民间，由于宝钞信用无法坚挺，人们还是私下纷纷使用金银和铜钱。最终，民间和市场力量胜过了朝廷维持宝钞制度的僵硬意志。

第一节　赋役货币化

明朝立国之初，征收田赋时未尝收银。到了洪武末年，政策有所松动，但田赋折银有限。至宣德年间，田赋折银方才得到一定增长。"国初所收天下田赋，未尝用银，惟坑冶之课有银。实录于每年之终记所入之数，而洪武二十四年（1391），但有银二万四千七百四十两。至宣德五年（1430），则三十二万二百九十七两。岁办视此为率，而宣德五年（1430），奏温、处二府，平阳、丽水等五县,银额至八万七千八百两,盖所开坑冶渐多。当日国家固不恃银以为用也。"①顾炎武在《日知录》"银"中同样记载田赋折银在洪武年间的逐渐松动。"太祖实录,洪武八年(1375)三月辛酉朔,禁民间不得以金银为货交易,违者治其罪。有告发者,就以其物给之。其立法若是之严也。九年(1376)四月己丑,许民以银钞钱绢代输今年租税。十九年(1386)三月己巳,诏岁解税课钱钞,有道里险远难致者,许易金银以进。五月己未,诏户部,以今年秋粮及在仓所储,通会其数,除存留外,悉折收金银布绢钞,定输京师。此其折变之法虽暂行,而交易之禁亦少弛矣。"

正统元年(1436),朝廷允许用银,当时副都御史周铨上疏:"行在各卫官俸支米南京,道远费多,辄以米易货,贵买贱售,十不及一。朝廷虚糜廪禄,各官不得实惠。请于南畿、浙江、江西、湖广不通舟楫地,折收布、绢、白金,解京充俸。"②顾炎武指出,江西巡抚赵新和户部尚书黄福,也上疏发出类似请求。"巡抚江西侍郎赵新亦言,江西属县有僻居深山,不通舟楫者,岁赍金帛于通津之处易米,上纳南京。设遇米贵,其费不赀。今行在官员俸禄于南京支给,往返劳费,不得实用。请令江西属县量收布绢或白金,类销成锭,运赴京师,以准官员俸禄。"③英宗询问行在户部尚书胡濙,胡濙答复:太祖时曾在陕西、浙江折纳税粮,民间感到方便。于是"遂仿其制,米麦一石,折银二钱五分。南畿、浙江、江西、湖广、福建、广东、广西米麦共四百余万石,折银百万余两,入内承运库,谓之金花银"。④ 顾炎武在《日知录》"银"中也记载了这一史实:"二年(1437)二月甲戌,命两广、福建当输南京税粮,悉纳白金,有愿纳布绢者听。于是巡抚南直隶、行在工部侍郎周忱奏,官仓储积有余。其年十月壬午,遣行在通政司右通政李畛,往苏、常、松三府,将存留仓粮七十二万九千三百石有奇,卖银准折官军俸粮。三年(1438)四月甲寅,命粜广西、云南、四川、浙江陈积仓粮。遂令军民无挽运之劳,而困庾免陈红之患,诚一时之便计也。"自金花银问世以后,白银开始扩大流通范围。"收赋有米麦折银之令,遂减诸纳钞者,而以米银钱当钞,弛用银之禁。朝野率皆用银,其小者乃用钱,惟折官俸用钞,钞壅不行。"⑤

---

① 顾炎武:《日知录》卷十一《银》。
② 《明史·食货志二》。
③ 顾炎武:《日知录》卷十一《银》。
④ 顾炎武:《日知录》卷十一《银》。
⑤ 《明史·食货志五》。

正统十一年(1446),周忱在南直隶设立济农仓:"正统十一年(1446)九月壬午,巡抚直隶工部左侍郎周忱言,各处被灾,恐预备仓储赈济不敷,请以折银粮税悉征本色,于各仓收贮。俟青黄不接之际,出粜于民。以所得银上纳京库,则官既不损,民亦得济。从之。此文襄权宜变通之法,所以为一代能臣也。"

弘治年间,榷关"皆改折用银"。嘉靖初,"钞久不行,钱亦大壅,益专用银矣"。① 自此以后,在流通领域中白银成为主要货币。同时,赋役的货币化改革加速了白银流通,加强了白银的合法地位。金花银是白银进入正赋的开端。大致同一时期,官营手工业赖以生存的物料征派,由于征收的实物运费昂贵、途中损耗和质量欠缺等原因,加上商品经济发展,逐渐改为折色征收银两。嘉靖十二年(1533),"各处岁解物料,除土产听纳本色,其余折银解京,以便召买"。② 嘉靖四十一年(1562),对班匠征银,开以银代役制度的先河。

也是在嘉靖年间,浙江巡按庞尚鹏根据浙江沿海商人拥有大量海外贸易得来的白银的现实,请求在闽浙地区推行一条鞭法。一条鞭法改革的主要内容是摊丁入地,徭役从以人户和人丁为征收对象,转变为按田亩征收银两;由征收实物,改变为计亩征银;田赋与徭役合并为一,量地计丁,一概征银。一条鞭法的改革既是对农民、雇工、商贾、工匠和手工业者脱离里甲——黄册制度的无奈承认,对商业经济迅速发展这一现实的承认,同时又反过来进一步促进农民、雇工、商贾、工匠和手工业者对原有社会秩序的脱离,促进商业经济的日益繁荣。一条鞭法的实质是以白银作为税收货币,从而使得白银成为大明国内百姓的必需品。

王世贞在当时就敏锐指出白银的优点:"凡贸易金太贵而不便小用,且耗日多而产日少;米与钱贱而不便大用,钱近实而易伪易杂,米不能久,钞太虚亦复有浥烂;是以白金之为币长也。"③所谓白金指的就是白银。白银便于搬运又便于储藏,是令人心仪的贵重金属,容易引起贪婪者的占有之心。随着一条鞭法将白银流通推向全国,推向各行各业,白银就成为各阶层人民的心心念念之物。权贵和豪富阶层纷纷以储藏白银为时髦,将白银作为炫富手段。白银成为财富化身,成为寄托人们安全感和价值感的标的物,成为通向世俗天堂的通行证。

但是,白银流通在带来便利的同时,也隐藏着粮食危机。在正统元年

---

① 《明史·食货志五》。
② 《明世宗实录》卷一五二,嘉靖十二年七月己巳条。
③ 王世贞:《弇州史料后集》卷三十七《钞法》。

(1436)江南租税折收金帛之后,顾炎武就指出:"然自是仓廪之积少矣"。[1] 正统二年(1437),诏命两广和福建输南京税粮折收白金,有愿意交纳布绢的也允许。顾炎武认为,这种政策短期内对百姓有益:"遂令军民无挽运之劳,而困庾免陈红之患,诚一时之便计也。"[2]但是从长期来看,这种折收金银的办法会导致粮库空虚。正所谓"相沿日久,内实外虚。至崇祯十三年(1640),郡国大祲,仓无见粟,民思从乱,遂以亡国"。[3] 他认为不改变折变金银之道,民不聊生的情形就无法根本改变:"虽使余粮棲亩,斗米三钱,而输将不办,妇子不宁,民财终不可得而阜,民德终不可得而正。"原因就在于:"国家之赋不用粟而用银,舍所有而责所无故也。夫田野之氓,不为商贾,不为官,不为盗贼,银奚自而来哉!"[4]这就导致了比唐代和宋代更为严重的钱荒。

　　一条鞭法的改革使权势和富贵阶层卷入对白银的追逐浪潮之中,其实质是以囤积白银为目标的重商政策。因此,在这种改革的内部就隐藏着分裂倾向:一方面,征收赋役的主要对象是田地,其出产主要是粮食等农产品;另一方面,实际征收上来的是白银,而白银恰恰掌握在与海外贸易有直接或间接关系的商人阶层手中。农民交纳税银,得把从田地上收获得来的农产品变换成铜钱,以铜钱兑换成白银方才行得通。如果农业丰收,就会导致谷贱钱贵,倘若再加上白银供给短缺造成银贵钱贱,那么农民为了交纳税银,就得遭受多重剥削。在农产品—铜钱—白银的兑换机制中,商人阶层毫无疑问掌握着铜钱—白银的兑换机制,逐利本性决定他们会通过操纵这种兑换机制来榨取超额利润。这种通过资本机制进行剥削的方式,还是品行尚可的商人所做的,如果是品行不端和贪婪成性的商人,那么就更会倾向于在熔铸银锭时,通过偷工减料和弄虚作假的方式来诈取非法超额利益。所谓"今日上下皆用银,而民间巧诈滋甚,非直绐市人,且或用以欺官长。济南人家专造此种伪物,至累十累百用之,殆所谓'为盗不操矛弧'者也。律:'凡伪造金银者,杖一百,徒三年。为从及知情买使者,各减一等。'其法既轻,而又不必行,故民易犯"。[5] 可以说,商人阶层通过合法和非法手段,在国家财政与税收体系中占据了关键位置,开始隐蔽地深刻影响国家的命运和朝代的兴衰。

---

① 顾炎武:《日知录》卷十一《银》。
② 顾炎武:《日知录》卷十一《银》。
③ 顾炎武:《日知录》卷十一《银》。
④ 顾炎武:《日知录》卷十一《以钱为赋》。
⑤ 顾炎武:《日知录》卷十一《伪银》。

第二节 银 荒

中国自古以来就不是产银大国。十六世纪之前,由于海禁的缘故,加上商品经济尚不十分繁荣,市场流通对白银需求还不是很大,因此白银供给主要来自国内的银矿开产所得。据记载:"凡银中国所出,浙江、福建旧有坑场,国初或采或闭。江西饶、信、瑞三郡有坑从未开。湖广则出辰州,贵州则出铜仁,河南则宜阳赵保山、永宁秋树坡、卢氏高咀儿、嵩县马槽山,与四川会川密勒山、甘肃大黄山等,皆称美矿。其他难以枚举。然生气有限。每逢开采,数不足则括派以赔偿。法不严则窃争而酿乱,故禁戒不得不苛。燕、齐诸道则地气寒而石骨薄,不产金银。然合八省所生,不敌云南之半,故开矿、煎银唯滇中可永行也。"①

明代开产银矿的历史可分为两个时期。第一个时期是洪武至万历二十四年(1596),第二个时期是万历二十四年(1596)至万历末年。在第一个时期,洪武年间对开采银矿并不积极。永乐年间,银矿已经到处开采,银课收入也达各朝之冠。由于银课课额沉重和私采银矿等原因,正统年间,浙江和福建相继发生叶宗留和邓茂七领导的矿工暴动。在这前后,朝廷对银矿的开采和封闭摇摆不定。成化至嘉靖初年,湖广、云南、四川、山东、福建和浙江等地的银矿时开时闭。顾炎武在《日知录》"银"中指出:"至正统三年(1438),以采办扰民,始罢银课,封闭坑穴,而岁入之数不过五千有余。九年(1444)闰七月戊寅朔,复开福建、浙江银场,【原注】是年采纳已六万七千一百八十两。乃仓粮折输变卖,无不以银。后遂以为常货,盖市舶之来多矣。"隆庆初年,撤矿使,封闭矿场,严行私采之禁。总的来说,在第一时期,银矿时开时闭,不存在全国同时大规模的开采。据梁方仲先生统计,洪武至永乐年间,共采银九百七十八万余两。② 弘治至正德年间,共收金银一百十一万两,其中绝大部分为银。

万历年间发生三大征和两宫三殿火灾事件之后,财政发生危机。万历三大征中的平宁夏哱拜耗费饷银二百余万两;援朝花费饷银七百余万两;平定播

---

① 《天工开物·五金第八·银》。
② 梁方仲:《梁方仲经济史论文集·明代银矿考》,中华书局。

州杨应龙叛乱,花费二、三百万两。为重新建造三大殿,仅仅采木一项,就要花费惊人的九百三十余万两。

为筹措银两,开辟财源,神宗决定开采银矿。万历二十四年(1596),府军前卫副千户仲春请开采银矿,以筹措营建各宫殿的费用。自是年起至二十八年(1600),开采银矿地区遍布北直隶、河南、山东、山西、浙江、陕西、湖广、辽东、福建、江西、云南、四川、广东、广西、南直隶等。"自二十五年(1597)至三十三年(1605),诸珰所进矿税银几及三百万两,群小藉势诛索,不啻倍蓰。"[1]当然,实际上缴皇帝内库的白银远远高出三百万两。万历二十七年(1599),吏部侍郎冯琦就说过,五日之内,矿监税使们就在全国搜取金银二百万两。何况众所周知的是,上缴内库和太仓的仅仅是搜取来的金银总数的一小部分,矿监税使们"挟官剥民,欺公肥己,所得进上者什之一二,暗入私囊者什之八九"。[2] 按此比例,仅仅万历二十四年(1596)至三十三年(1605),在全国搜刮的金银总数就达到三千万两至五千万两之巨。当然,这些金银不是全部从开采银矿得来,恐怕相当一部分是从掠夺各阶层人民财富和征收各种流通领域中的税收而得来。其中相当一部分白银,应该来自海外贸易所得。

为了更多地搜刮白银,万历皇帝派遣内监四处征收商税。《扬州府志》记载:"而关津榷税之使四出矣。二十五年(1597),始遣中使榷两淮盐,岁增行盐八万余引供内帑,而正盐大阻。语具盐法志中。未几而仪真亡徒。"有百户马承恩建议在仪真征商税,以便为宝殿修复筹措一笔经费,于是"设仪真税监,督瓜仪沿河商税。诸分委抽税官,所在相望。初至,民大骇,商旅至委货自亡匿。而瓜洲民多逐末,倚负贩自给,骤若夺其所为命,罢市鼓噪者累日,赖有司调停安辑之。顾商旅出途者日寡,势不能取盈,乃令坐贾包税,又辄以事株逮诸富人,动称匿税,必尽没其家赀乃已"。导致的结果是"诸奸徒附从为羽翼者,骤起家钜万,输内帑什一而已"。[3]

当时的江淮巡抚李三才,为矿税之事上疏直言:"自矿税烦兴,万民失业,朝野嚣然,莫知为计,阁部九卿台省百执事,无不剖心极言,而皇上莫之省也。征榷之使急于星火,搜括之令密如牛毛。今日开某矿,明日增某税,怠玩者褫职,阻挠者逮罪。上下相争,唯利是闻。远迩震骇,怨诟载道。"李三才接着说明他管辖的境内,税使像天上的星星一样多,收税就像逮捕逃窜的乱民罪犯一

---

① 《明史》卷八一《食货五·坑冶》。
② 《明神宗实录》卷三三三,"万历二十七年四月癸丑"条。
③ 顾炎武:《天下郡国利病书·扬》。

样穷凶极恶。加上无赖亡命之徒狼狈为奸,阴怀不逞之图的奸徒假借旨意敲诈钱财,动不动就以万计。因此倾家荡产的,十家中就有九家。湖北一带甚至有掘人坟墓得财的,导致生者含冤怀恨,死者遭受侮辱。在谴责这一些贪赃枉法之徒之后,李三才笔锋一转,直接向万历皇帝呼吁:"独念陛下天托以司牧之任,而乃甘为此掊尅之举? 祖宗传以赤子之农,而使罹此流亡之惨? 清宫静夜,试一思之。臣知其决不忍且安矣! 且一人之心,千万人之心。上爱珠玉,人亦爱温饱。上忧万世,人亦爱妻孥。奈何陛下欲黄金高于北斗之储,而不使百姓有糠粃升斗之储。陛下欲为子孙千万年之计,而不使百姓有一朝一夕之计。"接着,李三才以元末暴政导致天下大乱的历史故事警告万历皇帝,希望他以社稷的长治久安为念。

第三节　海外白银

在国内开采银矿出产过少又劳民伤财搞得天怒人怨的情形之下,恰恰当时美洲和日本的白银源源不断地流向海外贸易市场,明朝于是水到渠成地将解决银荒的办法转向海外贸易。"当中国白银因供求失调而价值高昂时,美洲的银矿,却由于西班牙人的大规模采炼而产量大增。菲岛的西班牙人,因有银产丰富的西属美洲作后盾,当与把白银视为至宝的中国商人贸易的时候,购买力显得非常之大,从而引起中国商人扩展中菲贸易的兴趣,以便把西班牙人自美洲运来的白银,赚回中国使用。"[1]

据统计,"从 16 世纪到 18 世纪,由于中国在丝绸、瓷器和茶叶出口上极具竞争力,再加上中国对白银的需求,都使银价达到世界其它地区市价的两倍以上,因此'新大陆'生产的四分之三的白银都流向中国"。[2] 隆庆元年(1567)前后,美洲白银大量涌向东方,日本白银的开采和流入,有力缓解了中国钱荒包括银荒与商品市场迅速扩张之间的矛盾。"在明朝灭亡前的 72 年间,海外输入中国的银元至少在 1 亿元以上。"[3]吴承明的估计是,十六世纪后期到十七世

① 邝士元:《中国经世史》,上海三联书店,2013 年版,第 433 页。
② 乔万尼:《亚当·斯密在北京:21 世纪的谱系》,路爱国、黄平、许安结译,社会科学文献出版社,2009 年,第 339 页。
③ 黄仁宇:《十六世纪明代中国之财政与税收》,生活·读书·新知三联书店,2007 年,第 101 页。

纪初,流入中国的白银至少达到一亿五千万两。陈梧桐认为,1540—1644 年之间,日本开采的白银绝大部分流入中国,总计七千五百吨左右。小叶田淳认为,"17 世纪早期的一些年份,日本、中国、葡萄牙和荷兰的船装运的白银加在一起,出口额可能达到 15 万至 18.75 万公斤之间"。[①] 通过与日本市场急需的丝棉织品、瓷器、黄金等商品的交换,这些白银大部分流入了中国。

　　与中国是个贫银国相对,日本向来是产银国。万历年间,日本石见、佐渡与秋田三地矿山生产的白银相当多。白银因此成为日本的主要硬通货。日本对来自中国的货物非常渴求,以至价格相当昂贵。如丝"每百斤值银五、六百两",丝绵"每百斤价银至二百两",红线"每一斤价银七十两",水银"每百斤卖银三百两",针"每一针价银七分",铁锅"每一锅价银一两",川芎"一百斤价银六、七十两",中国古钱,每一千文价银四两。[②] 由此亦可见日本国内白银流通之多。

　　日本白银流入中国主要有两种渠道,即前往日本长崎进行贸易的中国海商直接将白银带回中国,或通过与日本进行贸易的葡萄牙商人间接地流入中国。关于后面这种白银流入中国的渠道,可见于如下这些资料:"他们(葡萄牙人)每年在贩买中国绢于日本这宗生意上获得的银,年额达二百二十五万两,以充作他们购买中国货往欧洲的资本"。[③] 傅衣凌指出:"据估计,万历十三至十九年(一五八五年至一五九一年)间,葡萄牙人每年运往日本的中国商品约值六十至一百万克鲁沙多(葡萄牙银元,一克鲁沙多约合白银一两),万历末年,有时每年高达三百万克鲁沙多"。[④] 与此同时,直接与日本进行贸易的中国商人数量众多,甚至在相关的贸易港口如筑前、博前与长崎等形成了唐市。天启五年(1625),兵部为此指出:"闻闽越三吴之人,住于倭岛者,不知几千百家,与倭婚媾长子孙,名曰唐市。此数千百家之宗族姻识,潜与之通者,迹姓名,实繁有徒,不可按核。其往来之船,名曰唐船,大都载汉物以市于倭,而结萑苻出没泽中,官兵不得过而问焉"。[⑤]

　　西属美洲秘鲁南部的波多西(今属玻利维亚)银矿,自天启四年至崇祯七年(一六二四年至一六三四年)该矿每年平均产银五百二十三万二千四百二十

　　① 黄仁宇:《十六世纪明代中国之财政与税收》,生活·读书·新知三联书店,2007 年,第 380 页。
　　② 李言恭、郝杰:《日本考》卷一《倭奴》。
　　③ 矢野:《关于长崎贸易之绸及银的向中国之输出》,见《经济论丛》第 26 卷第 2 号。转引自梁方仲《明代国际贸易与银的输入》,见《梁方仲经济史论文集》,中华书局 1989 年版。
　　④ 傅衣凌主编《明史新编》,第 307 页。
　　⑤ 《明清史料》乙编 7 本;天启五年(一六二五年),兵部题行条陈澎湖善后事宜残稿。

五西元。自嘉靖二十四年(一五四五年)被发现后,至乾隆五十四年(一七八九年),该矿所产白银,共值二亿三千四百六十九万三千八百四十镑。①

西班牙1565年占领菲律宾后,对军需品及补给品的需求日益增长。由于菲律宾群岛尚未开发,资源稀缺,因此势必要依赖中国商品。如此一来,中国尤其是东南沿海就成为菲律宾与西属美洲之间大帆船贸易的主要货源地。菲律宾实际上就成为中国与西属美洲之间贸易的中转站。"在十六七世纪间发展起来的中菲贸易,便成为墨西哥与菲律宾间大帆船贸易发展的必需条件,同时也成为中国与西属美洲贸易的重要一环。"②"据科米因的估计,自公元1571年马尼拉开埠时起至1821年止,前后二百五十年间,由墨西哥输入马尼拉的白银,总额约四亿元,其中四分之一以上流入中国。其次是在十七世纪中,日本有大量白银由长崎流出,大部分输入中国,或由来长崎贸易的中国商人直接带回中国,或是由荷兰商人由长崎带往澳门,购买中国生丝。据估计自1601年至1708年这一百零七年间,输入中国的白银,约达一亿元。"③

据记载,福建—马尼拉—墨西哥的太平洋丝银贸易活动中,1572年到1644年,共有1 086艘中国货船载着生丝和丝织品前往马尼拉进行贸易活动,这些货物再从马尼拉运往墨西哥太平洋沿岸的阿卡普尔科。中国白银相对于海外尤其是欧洲价格的高昂,意味着中国商品的相对便宜。"据估计,1565—1820年之间,墨西哥向马尼拉输送白银高达4亿比索,其中的绝大部分流入中国。"④全汉昇估计,十七世纪早期,从这条航线每年进口的白银价值在200万—300万比索,约57 500—86 250公斤白银。但是,实际数量可能远远超过这个数据。"1602年,墨西哥的官员禀告西班牙国王,每年从阿卡普尔科用船运往菲律宾的白银通常为500万比索(相当于143 750公斤白银),但在1597年,运往马尼拉的白银总数达到了1 200万比索(相当于34.5万公斤白银)的惊人数额。"⑤

在《菲岛史料汇编》中,我们可以看到一位西班牙官员在万历十四年(1586)致国王腓伯二世的信,其中指出:"许多白银和银币都运到那里(马尼拉)去交换中国货物,这些银子虽然若干乃留在菲岛,但其余全部都为中国大

① 全汉昇:《中国经济史研究》中册《明代的银课与银产额》。
② 邝士元:《中国经世史》,上海三联书店,2013年版,第434页。
③ 邝士元:《中国经世史》,上海三联书店,2013年版,第435页。
④ 林金水主编《福建对外文化交流史》,福建教育出版社,1997年,第140页。
⑤ 林金水主编《福建对外文化交流史》,福建教育出版社,1997年,第373页。

陆运货到那里出售的华商运走"。万历二十五年(1597),菲律宾总督在致腓力伯二世的信中说:"所有的银币都流到中国去,一年又一年的留在那里,而且事实上长期留在那里"。万历二十六年(1598),马尼拉大主教在致腓力伯的信中指出:"每年由新西班牙(美洲)运来的一百万西元的银币,都违反陛下的命令,全部转入中国异教徒之手。"万历十四年(1586)之前每年输入约三十万比索,万历十四年(1586)达五十万比索。万历二十六年(1598)前后,每年增至八十至一百万比索。万历三十年(1602)前后,每年迅速增至二百万比索。万历三十二年(1604)最多,达到二百五十万比索以上。

大约十六世纪中期以后,由葡萄牙船只转运往澳门的西班牙美洲白银数量迅速增长。到十六世纪末期,葡萄牙人每年运往澳门的白银数量大约是六千至三万公斤。这个数字大概比较真实。一艘在一六零一年沉没于南中国海的葡萄牙货船,满载香料和价值一万公斤白银的葡萄牙银币。一六零三年,荷兰人捕获一艘驶往里斯本的大帆船,上面装载着一千二百捆中国生丝和约二十万件中国瓷器。[①] 从十七世纪早期开始,新崛起的海上强国荷兰和英国的东印度公司运输大量西班牙美洲银元至亚洲,以购买丝绸、瓷器、胡椒粉、香料和棉花等,通过这种方式,也有大量白银流入中国。

中国的产业优势和巨大贸易顺差,使巨量白银源源不断地流入。对十六世纪和十七世纪的白银开采量和最终流向中国的数量,存在不同的估计数字。按照巴雷特的推算,"从1545年到1800年,美洲出产了13.3万吨白银,其中大约75%,即10万吨输出到欧洲。而欧洲输入的白银有32%(即美洲总产量的24%),即3.2万吨输出到亚洲"。[②] 根据阿特曼的估算,美洲白银最终流入亚洲的数量要高得多,是4.8万吨。当时除了美洲白银之外,日本也开采数量巨大的白银,其中绝大部分都输入到中国。世界白银开采和输出量的主要份额最终流入到中国,"大量白银来自日本,有一些白银是从太平洋上经马尼拉而获得的,有一些是从美洲经欧洲、黎凡特、西亚、南亚和东南亚转到中国,也有一些是直接或间接从中亚获得的"。"肖努曾经估计,美洲白银的1/3最终流入中国,另有1/3流入印度和奥斯曼帝国"。魏斐德估计,"可能有一半美洲白银最终流入中国"。[③] 弗兰克综合各种资料,最终估算的结果是,"从16世纪中期到17世纪中期,美洲生产了30 000吨,日本大约生产了8 000吨,总计

---

① 林金水主编《福建对外文化交流史》,福建教育出版社,1997年,第375—376页。

② 林金水主编《福建对外文化交流史》,福建教育出版社,1997年,第135页。

③ 林金水主编《福建对外文化交流史》,福建教育出版社,1997年,第138页。

38 000吨。如果减去留在美洲以及在转运中流失了的难以确定的一部分,最终流入中国的7 000吨到10 000吨的确是一个很可观的数字"。[①] 即使这种保守的估计数字,依然高于同一时期欧洲、南亚、东南亚和西亚分别占据的份额。

从大历史来看,海外白银不断流入中国,是与一条鞭法改革基本同步进行的。充沛的白银市场供应,使赋役货币化改革得以完成。万历九年(1581),在一条鞭法改革成功后,年赋税征银量达到一千五百万两以上。

海外白银流入中国后,例如从吕宋过来的墨西哥银元,就立即在东南沿海市场上流通了起来。例如在福建,"钱用银铸造,字用番文,九六成色,漳人今多用之"。[②] 海外白银进入广州后,"揽头者就舶取之,分散于百工之肆,百工各为服食器物,偿其值。承平时,商贾所得银皆以易货,度梅岭者,不以银捆载而北也,故东粤之银出梅岭十而三四"。[③] 在太湖流域的棉布产地,如松江和太仓等,到处是福建与两广商人,"闽广人贩其归乡者,每秋航海来贾于市,无虑数十万金"。[④] "标布盛行,富商巨贾操重赀而来者,白银动以万计,多或数十万两,少亦万计"。[⑤]

白银的巨量流入,一方面促使中国商品经济进一步繁荣和发展,另一方面又悄悄地然而意味深远地将中国纳入西班牙人和葡萄牙人所掌握的白银资本体系之中。从此以后,历代禁止钱外流的政策实际上遭到放弃,本质上为物物交换的朝贡贸易不再是中国对外贸易的主要方式。中国进入了大规模出口丝绸、茶叶和瓷器等以交换白银的世界贸易时代。白银的流入,直接和间接加强了商人尤其是东南沿海地区商人的经济权力。在政治上,商人阶层隐蔽迂回地开始分享向来由传统地主阶层所掌握的权力。事实上,明朝晚期众多朝廷大臣的家族背景已经具有商人色彩,这在出生于东南地区的大官僚身上表现得尤为明显。

明代国家整理财政和税收的种种努力,始终受到乡村豪绅顽吏阶层的扭曲和利用。赋役的货币化即白银化征收,实质是在将农民利益和命运交给豪绅顽吏阶层之后,又交给了商人阶层。农民遭受的剥削因此多了一层。商业表面的繁荣发展可以暂时掩盖这个严重问题,但一旦遭遇天灾人祸,国家遭受

---

① 林金水主编《福建对外文化交流史》,福建教育出版社,1997年,第140页。
② 顾炎武:《天下郡国利病书》卷九三《福建三》。
③ 屈大均:《广东新语》卷一五。
④ 《镇洋县志》卷一。
⑤ 叶梦珠:《阅世编》卷七。

内忧外患，问题就会激化起来。在重农抑商的悠久传统之下，商人表面的地位比较低，一直是官府和广义士大夫阶层的压制对象。所以他们的社会担当意识比较低下，公共意识比较弱，他们的意识被压制于个人和家族范围最多同乡范围之内，加上商人特有的逐利天性，必然倾向于侵蚀乡村—宗法—士大夫秩序，而他们此时又还提不出能够引领整个社会健康有序发展的意识形态。这样的结果就是农民利益遭受损害，国家控制财政和税收的能力遭到侵蚀，国家对社会及社会自身的整合能力受到腐蚀。士气离散，人心动荡，国家的动员能力和道德号召能力日益下降。在白银腐蚀之下，传统意识形态遭到扭曲，官员贪污腐化，上至皇亲国戚、下到乡村豪绅，人人汲汲于白银的囤积。白银开始溶解原有秩序结构的各种枝干和血管。在思想领域中，倾向于重农抑商的正统理学逐渐没落，各种富有个性的新思潮兴起，呈现鱼龙混杂的情形。"毫无疑问，在16世纪和17世纪，中国国内对进口白银的需求，国外对中国丝绸、瓷器、金、铜币和其他商品的需求，促使中国比以往更深地卷入了世界经济事务。这种卷入被证明是一种祸福结合的幸事。"①

晚明中国商品经济的发展，对当时世界经济具有关键性作用。"一个因素是中国的生产和出口在世界经济中具有的领先地位。中国在瓷器生产方面是无与伦比的，在丝绸生产方面也几乎没有对手。"另一个重要因素是"中国作为世界白银生产的终极'秘窖'的地位和作用"。② 晚明中国垄断了世界市场上的瓷器，"80％的瓷器出口是输往亚洲，其中20％输往日本。输往欧洲的瓷器在数量上仅占16％，但都是优质产品，其价值高达中国瓷器出口的50％"。③ 弗兰克引用滨下武志的话说："朝贡贸易区组成了一个统一的'白银'区，即白银成为中国持续贸易顺差的结算手段。"④在这种作为朝贡贸易区的多边贸易平衡体系中，中国因显著的产业优势而占据主导地位，成为世界白银的终极秘窖。中国与日本、朝鲜、东南亚、欧洲及其经济殖民地、印度和西亚等之间的经济中心—边陲关系，在当时的世界经济中产生了决定性作用。滨下把这些地

① 崔瑞德、牟复礼编《剑桥中国明代史（1368—1644年）》下卷，杨品泉等译，中国社会科学出版社，2006年，第400页。
② 贡德·弗兰克：《白银资本——重视经济全球化中的东方》，刘北成译，中央编译出版社，2011年版，第104页。
③ 贡德·弗兰克：《白银资本——重视经济全球化中的东方》，刘北成译，中央编译出版社，2011年版，第105页。
④ 贡德·弗兰克：《白银资本——重视经济全球化中的东方》，刘北成译，中央编译出版社，2011年版，第107页。

区之间的独特关系称之为"藩属朝贡关系的连续链条"。

十六世纪美洲殖民地白银的巨量开采和输出,使这种以中国为中心的贸易体系大大扩张。欧洲人在此后愈加深刻地卷入世界经济之中,但这种世界经济的两个核心却都是亚洲国家。一个核心是印度,它主要以棉纺织业和丝织业占据世界市场。"另一个甚至更为'核心'的经济体是中国。"[1]中国拥有当时世界上最强大的生产力和竞争力。它最庞大的贸易顺差来自丝绸和瓷器出口在世界经济中的主导地位。其他的主要出口商品还有黄金、铜钱和茶叶。

第四节　丝银贸易

有学者指出,通过向日本贩卖丝绸,中国每年可以赚得 235 万两白银。墨西哥银元经由印度、南洋流入中国。从墨西哥流入西班牙的白银,转移到英国人、法国人、荷兰人及葡萄牙人之手,然后由葡萄牙人输送到印度,最后流向中国。西班牙向中国流出的白银逐年增加。最初的年额是 30 万比索(西班牙银元),1586 年(万历十四年)达到 50 万比索,1598 年达到一百数十万比索,其后数年超过 200 万比索大关,1621 年(天启六年)一艘贸易船就打破 300 万比索的记录。[2]

在美国学者艾维四(William S. Atwell)看来,中国在 1530 年—1570 年期间最重要的白银来源国是日本。由于中日之间官方贸易遭到严格限制,因此走私格外猖獗。参与走私的主要是浙江、福建与广东商人。在走私贸易刺激下,1491 年到 1573 年,福建漳州府的集市增加 245%;宁波的集市也实现类似的增长。十六世纪六十年代至七十年代,浙江与福建之所以能推行一条鞭法,当与海外白银流入有关。在开放海禁之后四年,1571 年太仓岁入大增。1577 年太仓收入白银达到 1560 年代最高纪录的 2 倍。国家白银收入的迅速增加,显然与海外白银迅速流入中国有关。[3]

---

① 贡德·弗兰克:《白银资本——重视经济全球化中的东方》,刘北成译,中央编译出版社,2011年版,第 119 页。

② 百濑弘:《明清社会经济史研究》,第 56—60 页。

③ 艾维四:《从国内外银产和国际贸易看明史的时代划分》,"自宋至 1900 年中国社会及经济史"中美史学讨论会论文,1980 年,北京。

严中平指出,将中国丝绸从马尼拉贩卖于西属美洲,利润最高可达 10 倍。在高额利润刺激下,墨西哥和秘鲁的西班牙商人纷纷前往马尼拉贩运中国货物。为此,西班牙殖民当局多次对贸易额进行限制。1593 年,西班牙殖民当局规定,从马尼拉销往阿卡普尔科的货物总价值不得超过 25 万比索,从阿卡普尔科运往马尼拉的货物和白银总值不得超过 50 万比索。但是,这样的限制措施效果有限,因为利润实在太高了。从马尼拉运往阿卡普尔科的最大宗货物是中国纺织品,特别是丝绸。从阿卡普尔科返航马尼拉时装载的货物,其中价值最大的是白银,尤其是白银铸币比索。有一个文件说,1586 年从马尼拉流入中国的白银,将由每年 30 万比索增加到 50 万比索。同年的一个文件说,马尼拉进口货值常在 80 万比索左右,有时超过 100 万比索。1598 年的另一个文件说,从墨西哥运进马尼拉的白银 100 万比索,都流到中国去了。有人估计,在 1565—1820 年间,墨西哥向马尼拉输送白银 4 亿比索,绝大部分流入了中国。①

在研究白银流入中国方面最权威的学者,当推全汉昇。他在《明清间美洲白银的输入中国》中深入而细致地研究了白银流入问题。全汉昇认为,在 1565 年至 1815 年的两个半世纪中,西班牙殖民当局每年派遣一至四艘(通常以两艘为多)载重 300—1 000 吨(有时重至 2 000 吨)不等的大帆船,来往于墨西哥阿卡普尔科与菲律宾马尼拉之间。大帆船贸易的主要表现形态是中国丝织品与美洲白银。16—18 世纪,每年通过大帆船自西属美洲运往菲律宾的白银,有时高达 400 万比索,少的年份约为 100 万比索,但多数年份为二三百万比索。自 16 世纪下半叶开始,每年由菲律宾输入中国的美洲白银,逐渐由数十万比索,到 16 世纪末增加为超过 100 万比索,17 世纪更增长到 200 万或 200 余万比索,到 18 世纪甚至达到三四百万比索。全汉昇引用 1602 年一位南美洲主教的话指出:"菲律宾每年输入二百万西元(比索)的银子,所有这些财富都转入中国人之手。"1633 年 8 月 14 日,菲律宾总督向西班牙国王报告:"每年自新西班牙(即西属美洲)运抵马尼拉的银子,多达二百万西元(比索)"。1565 年—1765 年之间,从美洲运到菲律宾的白银约为 2 亿比索,这些白银大部分都流入了中国。② 全汉昇认为,1572—1821 年的两个半世纪中,大约有 2 亿比索流入中国。在他看来,这种中国丝织品与白银之间的贸易,对中国尤其是对江南经济活动产生了深刻影响:"中国的丝绸工业因为具有长期发展的历史,技术比

①　严中平:《丝绸流向菲律宾白银流向中国》,《近代史研究》1981 年第 1 期。
②　全汉昇:《明清间美洲白银的输入中国》,载《中国经济史论丛》第一册,第 435—439 页。

较进步,成本比较低廉,产量比较丰富,所以中国产品能够远渡太平洋,在西属美洲市场上大量廉价出售,连原来独霸该地市场的西班牙丝织品也大受威胁。由此可知,在近代西方工业化成功以前,中国工业的发展就其使中国产品在国际市场上的强大竞争力来说,显然曾经有过一页光荣的历史。中国蚕丝生产地普遍于各地,而以江苏和浙江之间的太湖区域为最重要。由明到清,这些地区经济特别繁荣,人口特别增多,生活特别富裕。当时有句俗语:'上有天堂,下有苏杭',苏州、杭州以及附近地区所以特别富庶,当然可以有种种不同的解释,可是海外市场对中国丝与丝绸需求非常大,因而刺激这个地区蚕丝生产事业的发展,使人民就业机会与货币所得大量增加,当然是一个重要因素。"[1]

依据沃德·巴雷特(Ward Barrett)的研究,西属美洲白银的产量增长相当迅速。16 世纪总计为 17 000 吨,平均年产量为 170 吨。17 世纪平均年产量就快速增长到 420 吨,总产量为 42 000 吨。在这些产量中,约 31 000 吨输入欧洲。欧洲则把 40% 即 12 000 吨以上白银运往亚洲。

依据巴雷特的计算,美洲在 17 世纪和 18 世纪生产的白银,约 70% 输入欧洲,其中 40% 又被输入亚洲。艾维四认为,每年从阿卡普尔科运往马尼拉的白银为 143 吨,其中 1597 年更是达到惊人的 345 吨。这些白银最终都流入中国。在流入中国的白银中,有相当部分源于日本。弗兰克在《白银资本》中援引巴雷特的估算,将 1600—1800 年亚洲大陆吸收的白银数量列表如下:

欧洲转手的美洲白银	32 000 吨
经马尼拉转手的美洲白银	3 000 吨
日本白银	10 000 吨
总数	45 000 吨

关于 16 世纪中期至 17 世纪中期流入中国的白银数量,可列表如下:

美洲生产的白银	30 000 吨
日本生产的白银	8 000 吨
总数	38 000 吨
最终流入中国数	7 000—10 000 吨

弗兰克最终得出结论:"因此中国占有了世界白银产量的四分之一至三分

---

[1] 全汉昇:《略论新航路发现后的海上丝绸之路》,载《中国近代史研究通讯》第 2 期。

之一。魏斐德（Frederic E. Wakeman）则认为，可能有一半美洲白银最终流入中国。"①

中国之所以能通过海外贸易源源不断地获得白银，是由于在与葡萄牙、西班牙、荷兰等的贸易中，中国都处于强大的顺差地位。弗兰克甚至将这种促使白银不断流入中国的贸易称为商业上的纳贡："'中国贸易'造成的经济和金融后果是，中国凭借在丝绸、瓷器等方面无与匹敌的制造业和出口，与任何国家进行贸易都是顺差"，"外国人，包括欧洲人，为了与中国人做生意，不得不向中国人支付白银，这也确实表现为商业上的'纳贡'"。② 梁方仲同样注意到晚明时期白银流入中国现象，在《明代国际贸易与银的输出入》中指出："欧洲东航以后银钱及银货大量地由欧洲人自南北美洲运至南洋又转运来中国。关于这方面的数字，虽然亦缺乏不堪，但根据前面所说，由万历元年至崇祯十七年（1573—1644）的 72 年间合计各国输入中国的银元由于贸易关系至少超过一万万元以上。此时中国为银的入超国家，已毫无疑问"。③

全汉昇在注意西属美洲白银流入中国现象的同时，也关注到日本白银流入中国的现象。在他看来："因为中国市场上白银的购买力远较日本为大，中国商人在日售货所得的白银，自然大量运载回国。上述王在晋记载往日本贸易的中国商船，有两名银匠，利用船中的炉冶、风箱、器具，把倭银倾销熔化，炼成一锭一锭的银子。根据小叶田淳教授的研究，在 1542 年，有三艘自日本开往泉州的商船，共载银 8 万两，即每艘载银 26 000 余两，或约 1 000 公斤。又据岩生成一教授的计算，在十七世纪初期，赴日贸易的中国商船，每艘平均自日运银 23 500 两回国。到了 1641 年，中国各商船共自日输出白银 35 625 公斤，或 90 余万两；及 1646 年，输出银更多至 63 750 公斤，或 160 余万两。"并进一步指出："出国贸易的朱印船，除载运各种日本物产外，因为日本银产丰富，每艘都输出大量白银，有时一艘多至 5 600 公斤。据估计，朱印船每年自日运出的银子，共约三万至四万公斤，多过中国商船自日本运出的数量，差不多有葡船自日运出的那么多。"④

---

① 弗兰克：《白银资本——重视经济全球化中的东方》，刘北成译，中央编译出版社，2021 年版，第 202—207 页。

② 弗兰克：《白银资本——重视经济全球化中的东方》，刘北成译，中央编译出版社，2011 年版，第 166 页。

③ 梁方仲：《明清赋税与社会经济》，中华书局，2008 年，第 562 页。

④ 全汉昇：《明中叶后中日间的丝银贸易》，《历史语言研究所集刊》第五十五本第四分册，第 643—644 页。

第五节　白银的流通

　　有明一代,银子存在的形态主要有三种,即碎银、银锭和银元。所谓碎银,当然形状与重量皆无一定之规。银锭形状如马蹄,重量不等,一般为"两"的整数倍。银元指的就是海外流入的银元。除此之外,尚有少量明代皇宫特制的用于赏赐的银制品,比如银钱、银豆与银叶等,不过数量很少,从市场流通角度看可忽略不计。

　　由于银子属于称量货币,因此具体形态无关紧要。明代小说《初刻拍案惊奇》第一卷《转运汉巧遇洞庭红 波斯胡指破鼍龙壳》中就讲到这种情形。小说描写苏州府长洲县人文若虚出海经商,用百余斤"洞庭红"橘子在吉零国交换了不少银钱。吉零国银钱式样很多,有龙凤纹的、人物纹的、禽兽纹的、树木纹的和水草纹的等,虽然重量都一样,但在当地人眼中却有贵贱之分,其中龙凤纹的最贵重,人物纹的次之,水草纹的最不值钱,一枚龙凤纹可抵一百枚水草纹。文若虚因此在卖"洞庭红"时只收水草纹银钱。文若虚的道理在于:"那国里见了绫罗等物,都是以货交兑。我这里人也只是要他货物,才有利钱。若是卖他银钱时,他都把龙凤、人物的来交易,作了好价钱,分两也只得如此,反不便宜。如今是买吃口东西,他只认做把低钱交易,我却只管分两,所以得利了。"由此可见,明朝人是按重量来计算银子价值的。

　　自古以来,白银就是流通领域中重要的货币。明代前期虽然实行钞法,但也无法彻底禁绝白银。明初财政上需要用银,民间一度似乎也可以用银,如刘辰《国初事迹》就记载了朱元璋的这样一道命令:"历代铜钱与金银相兼行使"。可见,民间用银尚属可容忍之列。但是,随着洪武年间钞法实行得愈加严厉,白银流通越发遭到禁止。朝廷规定:"禁民间不得以金银物货交易,违者治其罪,有告发者就以其物给之,若有以金银易钞者听。"[①]洪武三十年(1397),更由于杭州商贾以金银为货物定价导致钞法阻滞的缘故,朝廷重申"禁民间无以金银交易"。[②] 永乐元年(1403),对金银的禁令更加严厉:"以钞法不通,下令禁金

---

① 《明太祖实录》卷九八。
② 《明太祖实录》卷二五一。

银交易,犯者准奸恶论,有能首捕者,以所交易金银充赏,其两相交易而一人自首者免坐,赏与首捕同。若置造首饰器皿不在禁例。"①不过此后,对使用金银的惩罚有所减轻。到了宣德元年(1426),对使用金银的惩罚进一步减轻:"严钞法之禁。时行在户部奏,比者民间交易惟用金银,钞滞不行,请严禁约。上命行在都察院揭榜禁之,凡以金银交易及藏匿货物高抬价值者,皆罚钞。强夺强买者,治其罪。"

　　不过在实际执行金银禁令的过程中,由于总有一些官员希图借此邀功请赏,不免存在加重惩罚等现象。从表现明成祖一些仁政的记载中,可以看出这一些信息。这些记载表现了明成祖反对过分严厉执行金银禁令的言论。永乐二年(1404),刑部尚书郑赐等上奏:"湖广江夏县民有父死以银营葬具者,在法以银交易当徙边。"明成祖答复:"朝廷始以钞法不通皆缘民间银、钞兼用,而率重银轻钞,故禁其交易。今民丧父,自于治葬之急而违法,终非玩法贪利之心。古人哀有丧者,宜矜宥之。"②同样是永乐二年(1404),明成祖召见刑科都给事中杨恭等谕曰:"去岁命御史给事中往各处抚安军民,禁止慝奸,导其为善……昨日给事中丁琰等奏,云至四川,见无犯法者,乃阴遣亲信用银诱之交易,已而果有犯之,是其心终不戒也,遂执之。琰不肖刻薄如此……此辈小人但图邀功,不顾枉陷良善,甚孤(辜)朕任使。其令都察院遣人,驰往释所诬民,而执琰等赴京罪之。"③永乐九年(1411)四月,守卫南京聚宝门(即今中华门)的千户上奏,在入城小民行李中查到金镯及银数锭。明成祖询问刑部尚书刘观:"此在何法?"对曰:"法不得以银交易,百姓不得用金首饰。"明成祖强调:"禁民交易、服用,何尝禁其藏蓄。"特命还之,仍戒谕千户不许越职厉民。④ 由此也可见出,在严格执行钞法过程中,市场上以白银作为货币的现象确实少得多了。

　　明代前期,朝廷虽然严禁金银,但在实际的市场流通中,依然存在使用金银的现象。例如洪熙元年(1425),"民间交易率用金银布帛";宣德元年(1426),"比者民间交易惟用金银";宣德四年(1429)六月,"比年巨商富民并权贵之家,凡有交易俱要金银"。⑤ 在征赋税时,明代前期虽然强调赋税实物化,但偶尔也可将赋税折为金银。例如洪武十七年(1384)"命苏、松、嘉、湖四府以

① 《明太宗实录》卷二七。
② 《明太宗实录》卷二九。
③ 《明太宗实录》卷二九。
④ 嵇璜:《续文献通考》卷一〇《钱币考》。
⑤ 《明宣宗实录》卷五五。

黄金代输今年田租"。① 洪武十九年(1386)规定解纳税课钱钞,"有道里险远难致者,许易金银以进"。② 宣德六年(1431),浙江温州府"商税鱼课仍征银"。③

关于严禁金银的法令,洪武年间,朝廷下达一道严厉的命令。"诏户部申严交通外番之禁。上以中国金银铜钱缎疋兵器等物自前代以来不许出番,今两广、浙江、福建愚民无知,往往交通外番,私易货物,故严禁之。沿海军民官司纵令私相交易者,悉治以罪。"④这一命令本身主要为禁止沿海百姓与外番进行贸易,其次才是禁止金银外流。

随着商品经济发展,钞法逐渐难以严格执行,金银禁令也随之破绽百出。在实际流通中,银子的使用悄悄地普及开来。早在正统年间,就出现征收赋税中的米麦折银之令,弛用银之禁,"朝野率皆用银,其小者乃用钱"。⑤ 万历初推行一条鞭法之后,赋役按亩征银。时人谓:"今天下交易所通行者,钱与银耳。"⑥"自大江以南,强半用银。即北地,惟民间贸易,而官帑出纳,仍用银。"⑦到了崇祯年间,白银的硬通货地位更加无以撼动:"今天下自京师达四方,无虑皆用白银,乃国家经赋,专以收花文银为主,而银遂踞其极重之势,一切中外公私咸取给焉"。⑧

到了明代中叶,国家在征税时,虽然表面上是在征钞,但实际上收的却是银子。例如景泰三年(1452),户部尚书陈循等就在上疏时指出,当时征收船钞,只收新钞,"民船无从而得,将银易钞,其实收银,非收钞也"。⑨ 嘉靖年间,明世宗命钱钞留各地方,而内库用银。"厥后钞益无用,而各关皆征银"。⑩

在明代中后期的市场交易中,交易额度较大的用银,交易额度较小的用钱。这是因为,当交易额度较小时,用银相当不方便。例如在《醒世恒言》第三十四卷《一文钱小隙造奇冤》中,杨氏叫儿子到市场上买椒用的就是一文铜钱。交易额度较大时用银的情形,在明代小说中表现得更多。例如在《卖油郎独占花魁》中,卖油郎平常做买卖积攒的就是白银,青楼中的花魁卖身、赎身、接客,

① 《明太祖实录》卷一六三。
② 《明太祖实录》卷一七七。
③ 《明宣宗实录》卷八〇。
④ 《明太祖实录》卷二〇五。
⑤ 《明史》卷八一《钱钞》。
⑥ 谢肇淛:《五杂俎》卷一二。
⑦ 孙承泽:《春明梦余录》卷四七《宝源局》。
⑧ 孙承泽:《春明梦余录》卷三八《户部尚书侯恂条陈鼓铸事宜》。
⑨ 《明英宗实录》卷二一八。
⑩ 傅维鳞:《明书》卷八一《钞法》。

朱十老送秦重,秦重为父建造净室,用的都是银子。不过在莘善还饭钱、刘四妈家粉头买瓜子的情形中,由于额度很小,因此用的是铜钱。

随着白银普及,由于暴利驱使,造假银的恶劣现象显著增加。顾炎武在《日知录》卷十一"伪银"中指出:"今日上下皆用银,而民间巧诈滋甚,非直给市人,且或用以欺官长。济南人家专造此种伪物,至累十累百用之,殆所谓为盗不操矛弧者也。律,凡伪造金银者,杖一百,徒三年。为从及知情买使者,各减一等。其法既轻,而又不必行,故民易犯。"面对伪银泛滥现象,顾炎武明确主张当以严刑处置:"今伪银之罪不下于伪黄金,而重于以铅锡钱交易,宜比前代之法,置之重辟,庶可以革奸而反朴也。"景泰年间的户部尚书陈循为此指出:"为国之计,在于商贾乐藏其市。今专造伪银,哄骗商贾,铜多银少,亏本数倍,商贾誓不再来。乞令该部出榜禁约,造伪者发戍边远。"① 嘉兴府崇德县丝行商人在购买丝时就有用假银的:"朱提白镪,淆以连锡"。② 苏州府嘉定县商人牙侩购买棉时有用赝银骗人的。③

万历年间,福建与两广一带"用银抵假,市肆作奸,尤可恨也"。④ 时人范濂愤慨地指出:"行使假银,民间大害,而莫如近年为甚。盖昔之假银可辨,今则不可辨矣;昔之行使者尚少,今则在在有之矣;昔犹潜踪灭迹,今则肆然无忌矣。甚至投靠势家,广开兑店,地方不敢举,官府不能禁,此万姓所切齿也。"⑤ 顾炎武指出伪造假银的触目惊心的现象:"今日上下皆用银,而民间巧诈滋甚,非直给市人,且或用以欺官长。济南人家专造此种伪物,至累十累百用之,殆所谓为盗不操矛弧者也。"⑥

在明代笔记中亦可见到伪银现象所导致的悲惨后果:"正德初,苏商王某,徽人也……亟往苏敛赀而归,至某处值梅雨水涨,不可以舟,乃暂寓客肆中。晚霁出河滨散步,见一少妇抱一孩投水,某急呼诸渔舟曰:'能救此者与二十金。'诸渔舟竞援出之,遂如数与金。问其故,则曰:'夫贫,佣工度日,家畜一豕,将鬻以偿租。昨有买豕者来,值夫他出,因遂鬻之,不意所得皆假银也,非惟夫归棰楚,亦无以聊生,故谋死耳。'"⑦假银的花样繁多,如巧青、烧假、纸盖、

---

① 《明英宗实录》卷二一八。
② 康熙《石门县志》卷二。
③ 顾炎武:《天下郡国利病书·苏松》。
④ 谢肇淛:《五杂俎》卷一二。
⑤ 范濂:《云间据目抄》卷二。
⑥ 顾炎武:《日知录》卷一一。
⑦ 《纪录汇编》卷二百十五《见闻纪训》卷下。

鼎银、吊铜、傥边、掺铜、灌铅、闹银、参梅、筅白、双倾青、烧隔、纸窗、摇丝、神仙。[①] 还有撺铜、吊铁、洪铜、淡底、三倾、炼熟等。[②] 在铅铁外边裹上薄薄一层银皮儿的假银,被称为"铁胎假银"。在《醒世恒言》第一六卷《陆五汉硬留合色鞋》中,强得利以不正当手段弄到手的"光光两锭雪花样的大银",就是假银。在《二刻拍案惊奇》第一五卷《韩侍郎婢作夫人 顾提控掾居郎署》中,妇人为救丈夫出狱而卖猪,得到的银子假得相当厉害,用银匠的话来说就是:"哪里有半毫银气,多是铅铜锡镴装成,见火不得的"。

明代对伪造假银的惩罚措施是:"若伪造金银者,杖一百,徒三年,为从及知情买使者各减一等","伪造假银及知情买使之人俱问罪,于本地方枷号一个月发落"。[③] 当然,暴利之下必有铤而走险之徒,"虽官府屡行严禁,终不能止"。[④]

第六节 白银之弊

明代晚期海外贸易的迅速扩大,大规模的丝、瓷器与白银的交换,使得明代中国深深卷入当时的世界贸易体系之中。在刺激中国商品经济尤其是东南沿海地区商品经济更大繁荣发展的同时,潜伏着诸多严重问题。首先,海外贸易直接和间接地加速中国农产品和手工业品的专业化和市场化。尤其是农产品的过度白银化和市场化,包括粮食生产的区域化和市场化,在交通运输手段和信息传播手段相对落后的情形之下,在天灾人祸的年份特别容易导致和强化粮食危机。十七世纪四十年代,苏州地区就发生过惨烈的粮食危机。"已卯亦丰年也,第米贵而钱贱,小民始不聊生。复四月,巡抚黄公至(名希愈,江右人),下令禁米出境,禁不能止,而吏胥因缘为奸,求遂腾涌,六月初九日娄门富人姚天倪粜米百石,其邻恶少十余人,凑银强籴,遂至斗争,无良者乘之,将家什尽行毁碎,入内室,取金宝衣饰之类,四散撒开,然犹未抢也。"[⑤]

---

① 康熙《石门县志》卷二。
② 顾炎武:《天下郡国利病书·苏松》。
③ 万历《明会典》卷一七〇。
④ 道光《石门县志》卷三二。
⑤ 徐树丕:《识小录》卷二,"庚辰民变"条。

恰恰在此时，中国进入天灾频发的时期。据《天下郡国利病书·淮徐》记载："天启六年(1626)，自六月并闰月，南旱北霪，淮涸黄涨。黄高于淮数尺，倒侵逆淮三十余里。而通济闸外出口之处，泥淤壅塞，几不可舟，上下焦虑。"根据气象学史学家的研究，明代从十五世纪后进入寒冷期，南方甚至连极南方的两广、云南南部地区都出现过寒冷记载。景泰五年(1454)正月，江南各府连下四旬大雪，苏州府和松江府因冻饿而死的人难以计算。万历五年(1577)六月，苏州府和松江府连续降雨，寒冷得宛如冬天，庄稼因此受到冻伤。万历二十一年(1593)十月丙戌，武进和江阴下大冰雹，砸伤和冻伤五谷庄稼。崇祯七年(1634)四月壬戌，常州和镇江下冰雹。仅仅在南方和极南方地区，在本该较暖和的日子就发生如此严重的雪灾和雹灾，北方地区发生的雪灾和雹灾的严重程度更是可想而知。史载崇祯"八年(1635)七月己酉，临县大冰雹三日，积二尺余，大如鹅卵，伤稼"。十年(1637)"闰四月癸丑，武乡、沁源大雨雹，最大者如象，次如牛"。[1]

大灾之年，如果政府救助不到位，就极易发生大饥馑。早在隆庆元年(1567)，苏州府和松江府就发生过大饥馑。隆庆二年(1568)，享有"湖广熟，天下足"美誉的湖广发生饥馑。万历十三年(1585)，湖广又发生饥馑。十六年(1588)，苏州、松江和湖州三府发生饥馑。二十九年(1601)，苏州府发生饥馑，民众在忍无可忍之下殴杀七名税使。四十三年(1615)，浙江发生饥馑。四十八年(1620)，湖广发生大饥荒。崇祯十年(1637)，浙江发生大饥荒，以至于父子、兄弟和夫妻相食，令人不忍目睹。十三年(1640)，浙江和苏南又发生饥荒。[2] 作为商业繁荣和经济富庶的东南沿海地区，屡次遭受大规模天灾，后果可想而知。

其次，由于明代晚期商品经济进而财政和税收很大程度上受到白银供给的左右，所以海外白银供给的起伏势必会对明代中国的命运产生重大影响。一般认为，在十七世纪三十至四十年代，发生了普遍的世界性危机。白银价格受到市场供需影响，在通货膨胀和通货紧缩的起伏中剧烈波动。白银开采在十六世纪七十年代走向高峰，此后由于白银开采量和供给量的长足增加，导致白银价格猛烈下跌，致使白银开采量和供给量迅速下降。这种下降在十七世纪三十年代至四十年代达到低谷。法国年鉴学派历史学家布罗代尔指出，美

① 《明史》卷二十八《五行一》。
② 《明史·五行》。

洲白银的光辉时代在十七世纪中叶结束了。亚当·斯密在评论这场危机时指出，白银价值相对于谷物价值的降低，从来没有达到过这种地步。白银供给的短缺，加上天灾导致农作物歉收，使得物价昂贵和银荒的现象同时出现。

十六世纪是葡萄牙人和西班牙人垄断海上霸权的时代，到了十七世纪之后，荷兰、英国和法国崛起于海上，开始与他们竞争。"于是，在欧洲各国之间出现斗争，互相阻碍航行，欧洲与东洋之间的通商因而也自然受到阻碍。欧洲贸易的停滞影响了中国社会，引起了严重的经济萧条。"①荷兰相继夺取葡萄牙之前占领的马六甲群岛和台湾地区，并介入到日本的贸易之中，导致葡萄牙人在澳门地区进行的中国—澳门地区—日本三角贸易遭到阻挠而迅速衰落。另外，荷兰在台湾地区和爪哇两个方向切断西班牙人由马尼拉向福建地区运输白银的海路，导致由这个方向输入中国的白银数量下降了一半。一六三七年，只有一艘小型帆船装载货物从马尼拉驶往阿卡普尔科。次年，在西班牙殖民当局管制政策之后，中国货物重新来到菲律宾，两艘大帆船驶往墨西哥。但祸不单行的是，其中最大的一艘船在航行途中失事，装载的全部货物沉入了大海。据说由于当年马尼拉只拥有微不足道的白银，中国人很可能以赊账方式出售这些货物，这样一来，损失就落在中国人的头上。又过了一年，驶往马尼拉的两艘大帆船再次石沉大海，损失超过五十万比索。

由于殖民当局的征税，中国人与菲律宾的欧洲人之间爆发冲突，结果导致在一六三九年十一月至次年三月有两万多中国人遭到屠杀。这次惨烈的屠杀事件造成随后两年中国与西班牙之间贸易的中断。一六四二年，澳门地区的葡萄牙人获悉宗主国葡萄牙脱离西班牙统治的消息后，中断了澳门地区与马尼拉之间的贸易关系。"17世纪30年代的一些年份，单单澳门与马尼拉的贸易额就达到150万比索（43 125公斤白银），因此澳门与马尼拉贸易中断的经济后果对于西、葡双方及中国都是相当严重的。"②

根据里德的统计，"各种来源的白银的总供给量（几乎都输入到中国）在17世纪头10年平均每年为150吨，在20年代为178吨，在30年代为162吨。然

---

① 宫崎市定：《宫崎市定论文选集》下卷，中国科学院历史研究所翻译级编译，商务印书馆，1965年，第74—75页。

② 宫崎市定：《宫崎市定论文选集》下卷，中国科学院历史研究所翻译级编译，商务印书馆，1965年，第393页。

后,这种供给在 40 年代突然下跌到每年 89 吨"。① 阿特韦尔指出,由于白银在晚明中国经济中起到愈益重要的作用,十六世纪后期海外贸易换来的白银的巨量涌入导致货币供给的失控,使得中国商品经济深受世界市场波动的影响。"秘鲁、墨西哥和日本白银生产的波动、马德里和江户的保护主义情绪、海盗活动和海难,这一切都使中国的对外贸易关系变得极不稳定,在我们讨论的这段时期(1620—1644 年)尤其变化莫测。在 17 世纪 30 年代末和 40 年代初,这种波动恰好与侵袭中国和东亚其他地区的恶劣天气及洪灾、旱灾、歉收等重合,造成了特别严重的反响。"②

　　总的来说,十七世纪二十年代,由于美洲白银开采量和出口量急剧下降,加上随之而来的荷兰人和中国海盗劫掠行为的连锁反应,迫使中国与菲律宾之间贸易下降,进而严重影响沿海地区商品经济的活力。晚明中国的经济因此陷入停滞状态。十七世纪二十年代末期和三十年代早期,由于著名海盗首领郑芝龙投诚后对海盗活动的有效镇压,海外贸易有所恢复和发展。但是很快,到了三十年代中期,由于西班牙减少从美洲运往马尼拉的白银数量的决定,最终再次大幅度减少流入中国的白银数量。一六三九年,日本德川幕府禁止澳门商人在长崎从事贸易,从而大大降低从日本流入中国的白银数量。在当时的中国,这些事件最终导致剧烈的通货紧缩。四十年代初,东南沿海商业繁荣区域的银价急剧上扬,而同时许多经济作物和手工业品的价格则雪崩式下滑。这种情形又再次导致白银囤积行为的普遍化,迫使更多白银退出市场流通领域。在一六四零年即崇祯十三年,北直隶、南直隶、山东、河南、山西和陕西饥馑遍野,在不少地方甚至导致人相食的人间惨剧。次年,北直隶、南直隶、山东、河南、浙江和湖广发生旱灾和蝗灾。这些天灾显然导致了粮食产量的猛烈下降,不仅在受灾地区造成悲惨景象,而且由于商业繁荣的东南沿海地区对外地粮食输入的依赖,又沉重打击了这个地区的商业活力。例如同为江南地区的浙江就往往在购买米粮上与南直隶形成竞争关系,致使吴地百姓往往遭受饥饿之苦:"浙之米价每溢于吴,浙商舳舻昼夜不绝,居民之射利者又乐与之,以致吴民常苦饥而浙商倍获利。自用兵以来,江广之米渐以难致,全赖

① 宫崎市定:《宫崎市定论文选集》下卷,中国科学院历史研究所翻译级编译,商务印书馆,1965 年,第 224 页。
② 宫崎市定:《宫崎市定论文选集》下卷,中国科学院历史研究所翻译级编译,商务印书馆,1965 年,第 223 页。

此本地之粟。"①

商业繁荣带来的好时期暂时结束了,取而代之的是寒冷的气候、人口的损失、贸易停滞和白银供给的困难等问题。祸不单行的是,就在一六三九年,日本大概鉴于白银产量下降,限制长崎的对外贸易。一六四零年在马尼拉发生屠杀两万华人的悲剧事件,沉重打击了福建与马尼拉之间的贸易,从而导致白银的流入量急剧减少。据估算,在十七世纪前半期,美洲殖民地对西班牙的白银输入量下降三分之二,并且这种下降在一六四零年前后明显加剧。因此,此时的西班牙政府遭遇了金融和财政危机。通过白银的流动,中国和西班牙的命运奇特地联系在一起。晚明中国对白银的巨大胃口,在开始阶段剧烈抬高了白银价格,西班牙通过增加美洲殖民地的白银开采量,极大增长了自己的财富。接着,由于市场供求规律的作用,白银供大于求,甚至迫使白银价格降到生产成本水平,直至低于成本。表现在市场和物价上,就是严重的通货膨胀现象,就是银贱物贵的现象。银价的剧烈下跌导致西班牙政府财政的实际购买力迅速下降,财政陷于恶化,直至卷入危机的漩涡之中。为了避免财政危机变得更加严重,西班牙政府于是加强对人民的征税。在沉重的税收负担下,西班牙经济陷入动摇和崩溃的境地。

对于白银可能导致的严重弊端,顾炎武早就深刻地意识到,并予以严厉批评。在《钱粮论》中,顾炎武毫不留情地批判明代中后期赋税征收中征银而不征粮的做法。徐乾学对《钱粮论》颇为推崇,认为它"至为痛切,仲长统《昌言》、崔实《政论》之俦匹也","某昨岁对策,谓须得公忠强干之臣,权万物之有无,计百姓之赢绌,而为之变通,盖实本于先生之论。呜呼!今日司国计者,不可不三复斯篇也"。②

"三代圣王治下,天下也会出现凶荒年岁,以至于有百姓卖儿卖女以活命的。因此说,不幸遭逢凶荒年岁而至于出卖妻子儿女,这是大禹、商汤之世也无法完全避免的。"令顾炎武深感不满的是,"丰年而卖其妻子者,唐、宋之季所未尝有也"。③ 顾炎武在山东看到了这种悲惨情形。山东登州、莱州滨海地区的百姓常说谷米价格低廉,但是因为处于山区偏僻地方,很难换到白银以缴纳官府。他来到向以富饶著称天下的关中,自鄠县(即今户县)向西至于岐山之

---

① 顾炎武:《顾炎武全集·天下郡国利病书·联苏松常镇并浙之嘉湖杭严八府蜀一督抚以保江南腹心议》,第2374页。

② 顾炎武:《顾炎武全集》卷二十二《附录·文·题舅氏亭林先生钱粮论后》。

③ 顾炎武:《钱粮论(上)》。

下，看到五谷丰登，一派丰收景象，但是出现的反常且悲惨的现象却是："而民且相率卖其妻子。至征粮之日，则村民毕出，谓之人市。"顾炎武沉痛地指出，出现这种痛苦局面的原因在于："有谷而无银也。所获非所输也，所求非所出也。"

白银的匮乏局面是如何造成的？这是由于"夫银非从天降也，矿人则既停矣，海舶则既撤矣，中国之银在民间者已日消日耗，而况山僻之邦，商贾之所绝迹，虽尽鞭挞之力以求之，亦安所得哉！"官府不顾银日贵而谷日贱的残酷现象，不顾百姓生活的左支右绌，仍然像抽水机似地绞尽脑汁从广大乡村中榨取田赋，所导致的后果只能是："谷日贱而民日穷，民日穷而赋日诎。逋欠则年多一年，人丁则岁减一岁，率此而不变，将不知其所终矣。"最终的结果只能是引火烧身，导致万劫不复的天下分崩离析的局面。顾炎武愤怒地指出："夫树谷而征银，是畜羊而求马也；倚银而富国，是恃酒而充饥也。"如果还不醒悟而继续自欺欺人的话，只会导致国家与百姓同归于尽的最糟糕的局面。

自三代以至于唐代，官府取于民间的，只是粟帛而已。自从唐代中期杨炎推行两税法之后，才开始用钱纳税，但还没有用银。真正用银纳税，只不过才二三百年而已。顾炎武鞭辟入里地指出："且天地之间，银不益增而赋则加倍，此必不供之数也。"

天下各地一概征银，而不问是否可行，显然与民情不合。"先王之制赋，必取其地之所有。"顾炎武指出，在商业繁荣的地方，因为流通的白银很多，可以全数征银。但是在交通不便的穷乡僻壤，即使以十分之三的小比例征银，也无法征收到足够的白银。因此合理的官民两便的办法，为什么不可以是"度土地之宜，权岁入之数，酌转般之法，而通融乎其间？凡州县之不通商者，令尽纳本色，不得已，以其什三征钱"。由此可以达到的良好效果是："无蠲赋之亏，而有活民之实；无督责之难，而有完逋之渐"。[①]

在征银中产生的恶政还有火耗，在贪婪成性的州县官吏操纵之下，火耗严重危害了百姓生计。顾炎武为此严厉地指责："此所谓正赋十而余赋三者与？此所谓国中饱而奸吏富者与？此国家之所峻防，而汙官滑胥之所世守，以为子孙之宝者与？此穷民之根，匮财之源，启盗之门，而庸愞在位之人所目睹而不救者与？"[②]火耗的产生有不得已之处，因为田赋征收极为繁杂，"是不得不资于

①　顾炎武：《钱粮论（上）》。
②　顾炎武：《钱粮论（下）》。

火"。银子经火融铸之后,"有火则必有耗,所谓耗者,特百之一二而已"。但就是这本来微不足道的火耗,却成为贪官污吏榨取小民钱财的藉口。顾炎武愤怒地斥责他们:"有贱丈夫焉,以为额外之征,不免干于吏议,择人而食,未足厌其贪惏。""于是官取其赢十二三,而民以十三输国之十;里胥之辈又取其赢十一二,而民以十五输国之十。"在实际征收时,官府薄于两而厚于铢,实质上就是薄征豪强地主而厚敛下户。"于是两之加焉十二三,而铢之加焉十五六矣。"征收时又"薄于正赋而厚于杂赋"。"于是正赋之加焉十二三,而杂赋之加焉或至于十七八矣。"而且还有其他的名目,如:"解之藩司,谓之羡余,贡诸节使,谓之常例"。

明代的银锭倾销,可以由地方政府督责进行,也可以由收税解户自行请银匠倾煎。银匠在倾销白银时暗中盗窃银两的情形屡见不鲜,以至当时民间盛行"银匠打造倾泻,皆挟窃银之法"[1]的传言。"江陵当国时奏请:天下有侵盗官银至若干者斩。苏有管枫洲者,以销银为业,侵渔至数万金。郡县捕得,下镇抚狱。"[2]小小一个银匠管枫洲,居然在倾煎官银的过程中侵盗数万两白银,实在令人触目惊心。

山东德州唯独没有这种情形。经过调查后,顾炎武方知,原因在于当地田赋征收为二银八钱。因为钱不像白银,没有火耗之害,所以德州百姓实际交纳的田赋,要比征收白银的地方轻得多。他由此得出的结论是,银实乃"吏之宝,民之贼也"。[3]

姚莹评论明代的火耗:"明嘉靖中,以八事定税粮,以三事定均徭,总征银米之凡而计亩,均输之,其科则最重与最轻者,稍以耗损益推移。……耗既归上,有司势不能不更取耗于下。盖银米不能自达于京师,由州县而省司,由省司而上供,舟车转运,折耗实多,故以耗补之。而后入天庾者得如其额。至于银色之优劣,称兑之重轻,不以耗补之,入库之数所损实大,册籍一定,官吏岂能倾?家赔累乎!此立法严禁,所以不能止绝也。"[4]大意是说,赋税征收白银,无论采取何种形式都会出现损耗问题,征收中的白银成色不足、秤兑轻重等情形都需要额外的银两以补足损耗。

由于白银的轻便和易于携带,由于其中火耗等环节的存在,赋税征银无疑

---

① 江盈科:《谐史》,"一三九",《江盈科集》,岳麓书社1997年版。
② 姚士麟:《见只编》卷中,泰山出版社2000年版。
③ 顾炎武:《钱粮论(下)》。
④ 姚莹:《寸阴丛录》卷三"赋税加耗",黄山书社1991年版。

便于官吏贪污,从而刺激他们贪欲的日益膨胀。赵时春认为,明代初期赋税征收实行本色形式,"虽有贱贪,无所取银,欲窃物以行,则形迹易露,而法顾重,是以官吏清而民安乐"。赋税推行征银之后,情势陡变,朝野上下出现骛求白银的局面:"贪残奸佞之臣,专事乎银,任土之贡,尽易以银,百货出入,以银为估,可以低昂轻重,以施诡秘。窃上剥下,以济其私。交通关节,以崇其宠。卖轻而迹难露,俗敝而上不知。百吏四民,弃其本业,而唯银之是务。银日以登,物日以耗,奸宄得志,贤智退藏,用乃益匮。"①

在读《宋史·忠义传》至陈遘时,顾炎武对史臣因其婴城死节而列入忠义传却忽略其创立经制钱一事大为不满。北宋徽宗宣和年间方腊起义,朝廷以陈遘任发运使,经制东南七路财赋,陈遘"因建议如卖酒、鬻糟、商税、牙税,与头子钱、楼店钱皆少增其数,别历收系,谓之经制钱"。② 其后官员多承其制,且多增益之。百姓为此苦不堪言,经制钱终成州县大患。顾炎武因此评论:"然则宋之所以亡,自经总制钱,而此钱之兴,始于亨伯。虽其固守中山,一家十七人为叛将所害,而不足以偿其剥民之罪也。"

---

① 赵时春:《赵浚谷文集·处州银冶志序》,转引自武新立《明清稀见史籍叙录》,江苏古籍出版社2000年版。

② 顾炎武:《亭林文集》卷五《读宋史陈遘》。

第九章　奢侈与城市

　　以苏州为中心引动海内时尚或者说奢侈之风,主要开始于商品经济日益活跃的明代中期。当是时,社会风尚逐渐由俭入奢。生活由往昔的朴素转变为奢华,当然与经济条件改善有关,尤其与江南明代中期后商品经济日益繁荣密切相关。这种奢华铺张的做派,在太湖流域市镇年中行事的排场中尽显无遗。

　　面对明代中期后商品经济的繁荣与生活的由俭入奢,一些有识之士开始摆脱传统禁欲思想的束缚,转而反思奢侈风尚在经济上的正面意义和作用。上海县陆楫充分意识到奢侈风尚所具有的正面经济意义。在他看来,工商业的繁荣必定导致奢侈风尚的产生,而奢侈风尚则会反过来推动经济发展,从而有利于民生。事实上,明代中期后服饰风尚日新月异的变化与丝织业和棉布业的发展之间就形成了相当大程度上的良性循环。不特如此,奢侈与城市繁荣之间也具有密切关系,并在江南的苏州和杭州淋漓尽致地体现了出来。

第一节　由俭入奢

　　苏州是江南当之无愧的时尚中心,为各地争相效仿。张瀚就指出:"至于民间风俗,大都江南侈于江北,而江南之侈尤莫过于三吴。自昔吴俗奢华,乐奇异,人情皆观务焉。吴制服而华,以为非是弗文也;吴制器而美,以为非是弗珍也。四方重吴服,而吴益工于服;四方贵吴器,而吴益工于器。是吴俗之侈者愈多,而四方之观于吴者,又安能挽而俭也。"又说:"自金陵而下,控故吴之墟,东引松(江)、常(州),中为姑苏。其民利鱼稻之饶,极人工之巧,服饰、器具足以炫人心目,而志于富侈者争趋效之。"①不管是优雅的时尚,还是较为粗俗的时尚,苏州都是各地模仿的榜样:"苏人以为雅者,则四方随而雅之;俗者,则随而俗之……海内僻远皆效尤之,此亦嘉、隆、万三朝为盛。"②

有关明代中期后风俗从俭朴变为奢侈的记载,在江南的地方志中处处可见。"今天下风俗惟江之南靡而尚华侈,人情乖薄,视本实者嗤鄙之。"③有关嘉定县的:"富室召客,颇以饮馔相高,水陆之珍常至方长,至于中人亦效慕之,一会之费,常耗数月之食。"④关于松江府的:"吾松正德辛巳(十六年)以来,日新月异,自俭入奢……"⑤关于吴江县的:"明初芟夷豪门,诛戮狂士,于是俗以富为不幸……习尚俭素,男子不植党,妇人不市游,久而成俗……迨百年后,人始尚文乐仕,而俭素之习因而渐移。迩来弥甚,厌故常而喜新说,好品藻而善讥详,淳庞之气鲜有存者。"⑥《淞南志》中亦有相关的详细记载,充分展现了万历之后奢侈风尚的愈演愈烈:"今则家无担石者十居其五,而饮食服饰竞以侈靡相尚"。该志书编者引用清初余起霞的话证实了这一点:"吾乡习尚日异月新,余幼时见亲朋宴集,所用不过宋碗,其品或四或六,其味亦只鱼虾鸡豕;婚娶盛筵果单,实以枣栗数枚而已。自后,宋碗变为宫碗,宫碗又变为水盘,水盘又变为五簋十景九云锣。其中所陈,穷极水陆。一席所费,可作贫家终岁需矣。往时及见里中素封之家,所服不过褐苎而已,今则绸不足而纱之,纱不足而缎之,缎不足而绫之、锦之,甚且袭以银鼠、褐以紫貂。一帽也,倏而昂其顶,倏而广其檐。一履也,俄而镶其面,俄而厚其底。如是者谓之时人,否则,群以村汉目之。举世滔滔,莫知所自始,亦莫究其所终。"⑦在生活细节上如此花样翻新,并且具有自觉的时尚意识,真是令人叹为观止。关于松江府华亭县奢侈风尚的记载尚有:"今富贵侂达子弟,乃有绫缎为裤者,暴珍何为? 奢侈之俗,纨绔之俗,吾松更甚于他方。毋论膏粱势厚,弃菅蒯而贱罗绮,下至舆台仆隶,咸以靡丽相矜诩。"⑧

生活由往昔的朴素转变为奢华,当然与经济条件改善有关,尤其与江南明代中期后商品经济日益繁荣密切相关。这种奢华铺张的做派,在太湖流域市

---

① 张瀚:《松窗梦语》卷四《百工纪》《商贾纪》。
② 王士性:《广志绎》卷二《两都》。
③ 徐献忠:《吴兴掌故集》卷十二《风土》。
④ 万历《嘉定县志》卷二《风俗》。
⑤ 崇祯《松江府志》卷七《风俗》。
⑥ 康熙《吴江县志》卷十三《风俗》。
⑦ 康熙《淞南志》卷一《风俗》。
⑧ 吴履震:《五茸志逸》卷二《尚衣缝工》。

镇年中行事的排场中尽显无遗。作为濮绸产地,濮院镇经济极为繁荣,堪称嘉兴府内生活最为富裕的市镇,年中行事尤其具有奢华的做派。每当正月初一"大年朝",机坊人家男女就会换上新衣,向神祇行礼,然后参加佛会接喜神,即"走喜神"。濮院镇附近从事养蚕缫丝的农家,正月间举行隆重的"田柴之会",祭祀田祖和蚕花诸神,由巫师唱歌侑神。入夜之后燃放爆竹花筒,送神时焚烧田柴,谓之"照田柴"或"烧田柴"。一般来说,整个濮院镇在正月半以前都洋溢着喜悦而奢华的气氛。"阖镇市廛,新岁惟鱼肉冠履等铺不罢市鬻,余须以次开张,至元宵始遍。遇天气晴朗,春风鼓动,里人新衣丝履,顶时式红绒冠,往来道左,锣鼓爆竹间时辄发。茶肆弹演小说,近村隙地竖长竿缚刍燎之,以祈有年。助以流星花炮,举音乐,打元宵鼓。乡之人酿分酤饮,以尽其欢,谓之田蚕会。烟火、烛龙、马灯之外,又有寻橦、走索、跳大头诸戏。妇女则召柴姑(俗称灰七姑)、苇姑(俗称三娘子)、筲箕姑、帚姑(即如愿),以卜一岁之休咎。"①

在养蚕季节开始的三月,会举行庄严而隆重的信仰仪式。三月初三,育蚕农家贴门神,揉草头和粉以制作青白色茧圆,祭祀蚕花诸神,濮院镇上有与之相配合的迎神赛会。赛会排场相当宏大,可谓一掷千金。具体情形可见嘉兴李日华的相关描述:"三月三日,秀水濮院镇酿金为神会,结缀罗绮,攒簇珠翠,为抬阁数十座,阁上率用民间娟秀幼稚妆扮故事人物,备极巧丽,迎于市中。远近士女走集,一国若狂。盖无赖辈诱惑愚荡,利其科敛干没,所入不赀故耳。且迎会之日,民间亲戚来聚,其家浆酒藿肉,费用甚侈,贫者至典质应之。又有抬阁经行之处,群恶少竟自毁拆墙屋,无可告诉。甚则逾越之盗乘人尽出,恣行探肤,不良之姬,飘荡之子,潜相拐引。其他幼弱挨挤,踏背折支,酗狂斗狠,丧生构讼,骚然不宁者数月未已。镇民甚苦之,云:每三年必遭一劫,盖三年一迎会故也。特以镇去郡邑远,官法不能尽行,而无赖辈抵掌效尤,以城隍神为由,自闰三月十四日起,至二十五六日,昼夜骑马嘶锣,纠众勒索。嘉兴陆令君前后出示,严禁不止,反借他事编歌谣以污蔑之,又假借诸乡绅名目,公行抗拒,日夜攒簇抬阁,城内外约七八十,拥塞街巷。司理沈公出,不避道,公怒,命焚之,诸无赖虑人抢掠,各拆卸遁去。余以为令行禁止,乃可为国。令不行禁不止,何乱不酿?何法可恃?"②在这样的迎神赛会中,糅合了信仰与狂欢,其中的男男女女可谓如痴如狂。

---

① 嘉庆《濮院琐志》卷六《风俗》。
② 李日华:《味水轩日记》卷二,万历三十八年四月二日条。

　　值得注意的是,迎神赛会还具有明显的与养蚕缫丝有关的商业色彩。三月初三这一天,濮院镇四乡每一圩各装一船,举行盛大的划船会,其中有占卜桑叶、蚕丝、田岁等行情和价格的举动。当是时,濮院镇四乡划船几十艘往来如织,前来观赏的船只则更多,称之为"闹清明"。不仅迎神赛会与养蚕缫丝有关,而且此后的年中行事也基本与此有关。小满时节举行"动三车"仪式,也就是开动丝车、油车、水车,迎接农忙季节的到来。农家从这一天开始关门闭户,称之谓"蚕关门"。直到采茧时才可以开门,即"蚕开门"。七月十五中元节,举行盂兰会、水陆道场和翻经会。在乡人看来,这些活动有利于蚕花,因此踊跃参与。十二月十二日为"蚕生日",养蚕人家会腌蚕种屑秋,做茧圆祭祀灶神,以祈求来年蚕桑继续兴旺。[①] 由此可见,在商品经济日益繁荣的浪潮中,濮院镇的民俗完全与当地主业即养蚕缫丝业融合在了一起。

　　濮院镇的奢华风尚,还可从鳌山会中窥见一二。"鳌山会,数年一举。共二十四座,每坊各出其一,以天字号为首,凤栖次之。余坊行走先后,悉有成规,并各分主宾迎送,不相紊也。先作山骨,凡可以点缀山色者,靡不穷搜巧购,求巧厥形。届期募硖川(硖石镇)冶工制细铁条,以小儿扮神仙故事。山之巅结彩亭,用五色绸簇栏杆、藻井、椽题、梁栋之物,陈设几案金玉器具,旁坐一人或二三人,亭之上或坐一二人,用细铁条自履至臂,视手中所持物,随其形屈曲而出。忽于空中立一人其上,远望之但见虚无缥缈而来,初不解其连属之巧,殊可观也。其所服之裙率皆新制,又以珍珠缀其裾领,金钏珠冠皎日之下光彩眩目。虽百计挪移,好胜者在所不恤,计数日之间费且盈万。而远近来观者篙楫纵横,男女填溢,所谓举袂成帷,挥汗如雨,不是过也。"[②]几年举办一次的鳌山会,往往花费上万两白银,极尽奢华之能事。这种奢侈的风尚,没有雄厚的经济基础作为支撑,是不可想象的。由此亦可见出濮院镇经济之发达。值得注意的是,濮院镇风尚之奢华受到苏州时尚的深刻影响。"婚嫁之礼宜称其家,而濮(院)之业绸者多与苏(州)人往来,目见耳闻,渐务奢华。如男家求吉,钗珥之外,加以果茶;女家允吉,冠履之外,佐以糕饵。此风自昔有之,今则有加无已。茶必茗器精工,果则添设果匣。向来用糕者十之一二,亦不过四盘而止,近来务从丰厚,每糕重四五十两,五十为一架,饰以剪彩,自四架至八架,率以为常。其后道日亲迎诸仪,无不称是。"[③]

　　① 万历《嘉兴府志》卷一《风俗》。民国《濮院志》卷六《风俗》。
　　② 嘉庆《濮院琐志》卷六《岁时》。
　　③ 嘉庆《濮院琐志》卷六《杂仪》。

第二节　奢侈的经济效应

　　中国传统思想往往批评奢侈现象，主张禁奢，倡导俭朴风尚。这种观念合乎农业社会，但对于商品经济日益发达的明代中期后的江南地区来说，却显得不合时宜。明代中期后，面对商品经济的繁荣与生活追求的由俭入奢，一些有识之士开始反思奢侈风尚在经济上的正面意义和作用。正德与嘉靖年间，上海县陆楫就意识到奢侈风尚所具有的正面经济意义。面对禁奢观念，陆楫指出：

　　"予每博观天下之势，大抵其地奢则其民必易为生；其地俭则其民必不易为生也。何者？势使然也。"

　　"今天下之财赋在吴越。吴俗之奢莫盛于苏杭之民，有不耕寸土，而口食膏粱；不操一杼，而身衣文绣者，不知其几何也。盖俗奢而逐末者众也。只以苏杭之湖山言之，其居人按时而游，游必画舫、肩舆、珍馐、良酝，歌舞而行，可谓奢矣。而不知舆夫、舟子、歌童、舞妓，仰湖山而持爨者不知其几。故曰：'彼有所损，则此有所益也。'若使倾财而委之沟壑，则奢可禁。不知所谓奢者，不过富商大贾、豪家巨族自侈其宫室、车马、饮食、衣服而已。彼以粱肉奢，则耕者庖者分其利；彼以纨绮奢，则鬻者织者分其利。正孟子所谓'通功易事，羡补不足'者也。上之人胡为而禁之？"

　　"……要之，先富而后奢，先贫而后俭。奢俭之风起于俗之贫富。虽圣王复起，欲禁吴越之奢，难矣！"[①]

　　就明代中期而言，陆楫反对禁奢的观念相当富有新意，发前人所不敢发，富有理论勇气与独立思考能力。在陆楫看来，随着工商业的发达，奢侈风尚必定会出现，而且有助于经济的进一步发展，有助于民生。陆楫指出奢侈与经济之间的关系，即只有经济富裕才会引发奢侈现象。因此一个地方出现奢侈风尚，就说明这个地方经济较为富裕。奢侈不是无助于经济与社会民生的浪费，相反，奢侈在大量消费社会财富的同时，有助于良性刺激经济生产，有助于市场经济的活跃，有益于手工业和商业的繁荣，有助于服务行业对精湛技艺的追求。

　　清代乾隆年间，苏州士人顾公燮在探讨奢华现象与经济民生关系时，发表

---

　　① 陆楫：《蒹葭堂稿》卷六《杂著》，《续修四库全书》卷一三五四，集部，别集类。

了类似观点："即以吾苏郡而论,洋货、皮货、绸缎、衣饰、金玉、珠宝、参药诸铺,戏院、游船、酒肆、茶店,如山如林,不知几千万人。有千万人之奢华,即有千万人之生理。若欲变千万人之奢华而返于淳,必将使千万人之生理亦几于绝。此天地间损益流通,不可转移之局也。"①彼之奢华可谓此之生理,这样的观点有一定道理。后世的德国学者维尔纳·桑巴特对奢侈现象深有研究,并特地撰写出名著《奢侈与资本主义》,充分肯定奢侈的经济意义,认为资本主义产生出历史上的奢侈风尚,奢侈则有助于资本主义经济的发展。"到了17世纪,在欧洲广泛出现的已经增长的财富,带动了非常强烈的奢侈需求,桑巴特认为这一变化震动了从手工业立场看待商业到关注工业资本主义的所有商人。农业也对奢侈需求产生了回应……到18世纪时,所有真正的奢侈品企业都转变为通常以大规模生产为特征的资本主义企业。"②值得注意的是,欧洲冒险家之所以前赴后继地向海外拓殖,之所以卷入东方贸易,并最终发展出经济全球化网络,与欧洲权贵阶层的奢侈品消费有密切关系,甚至与他们对中国生丝、绸缎、瓷器等的极度渴求有关。

到了明代中期以后,苏州经济日益繁荣,风尚趋向奢华,人心变得日益精巧:"吴中素号繁华,自张氏之居,天兵所临,虽不被屠戮,人民迁徙实三都、戍远方者相继,至营籍亦隶教坊。邑里潇然,生计鲜薄,过者增感。正统、天顺间,余尝入城,咸谓稍复其旧,然犹未盛也。迨成化间,余恒三、四年一入,则见其迥若异境,以至于今,愈益繁盛,间檐负辐辏,万瓦鳞鳞,城隅濠股,亭馆布列,略无隙地。舆马从盖,壶觞罍盒,交驰于通衢。水巷中,光彩耀目,游山之舫,载妓之舟,鱼贯于绿波朱阁之间,丝竹讴舞与市声相杂。凡上供锦绮、文具、花果、珍羞奇异之物,岁有所增,若刻丝累漆之属,自浙宋以来,其艺久废,今皆精妙,人心益巧而物产益多。至于人材辈出,尤为冠绝。"③

到了明代后期,时尚之风越变越快。例如南京妇女的衣饰,嘉靖和隆庆年间十多年一变,但到了万历后,不到两三年就一变。妇女首髻的大小高低,衣袂的宽狭修短,花钿的样式,漂染的颜色,以及鬓发之饰,履綦之工,都出现了新的变化。时尚流行速度越来越快的效果显而易见:服饰在流行之际,大众普遍以此为美,但等到大众效仿穿戴于身后,曾经以为的时尚却已经落伍,因为

---

① 顾公燮:《消夏闲记摘抄》卷上《苏俗奢靡》。

② 维尔纳·桑巴特:《奢侈与资本主义》,王燕平、侯小河译,上海人民出版社,2000年,第246—248页。

③ 王锜:《寓圃杂记》卷五《吴中近年之盛》,中华书局1984年版,第42页。

出现了更新的时尚。① 这种时尚的变化速度,显然有助于对相关产品的消费。万历年间,在江南更是出现所谓的"服妖"现象。一位名叫李乐的闲居官员偶然进城,目睹士子穿红披紫的服妖现象后,禁不住改古诗一首予以痛斥:"昨日到城郭,归来泪满襟。遍身女衣者,尽是读书人。"②

明代中期的成化和弘治年间之后,服饰风尚变化越来越快,面料奢华而式样不断翻新。例如泉州府,在成化以前:"俗尚敦朴,自昔已然。诸诣黉塾市肆者,踽踽一布袍,士以素,庶人以缁,冬夏迭更,聊顺寒署。假积之家,制薄缣轻纱为衣,藏诸笥中,值吉礼嘉会,始一被体。既散,归而笥之如故。"但进入成化和弘治年间,尤其到了万历年间,服饰风尚日益奢华:"储无甔石,衣必绮纨,非然者以为僇辱。下至牛医马佣之卑贱,唐巾、晋巾、纱帽巾,浅红深紫之服,炫然摇曳于都市,古所谓服妖也。"③

明代中期以后,服饰面料的精美和式样的不断翻新,与丝织业和棉布业日新月异的发展有关。纺织技术不断改进,染色技术日益精湛,工匠技艺精益求精,有力促进了服饰生产的进步。在丝织行业,明代中期出现改机,能够生产更多品种的丝绸。明末之前,苏州府出现了五种织机,即绫机、绢机、罗机、纱机和绸机。④

第三节　奢侈与城市繁荣

苏州最为典型地表现了奢侈与城市繁荣之间的密切关系。苏州西濒太湖,位于京杭大运河与娄江(浏河)交汇之处。"平江府……大城'罗城'周围四十七里,小城'子城'周围十里。"⑤平江府就是今日的苏州。北宋时,苏州就已经相当发达,"自朝家承平,总一海内,闽粤之贾乘风航海不以为险,故珍货远物,毕集于吴之市"。⑥ 明清两代,苏州最重要的手工业是丝织业,享有"以杼轴

---

① 顾起元:《客座赘语》卷九《服饰》,第 293 页。
② 李乐:《续见闻杂记》卷十,第 817 页。
③ 万历重修《泉州府志》卷三《风俗》。
④ 宋应星:《天工开物》卷上《乃服》,江苏广陵古籍刻印社 1997 年版,第 86—88 页;崇祯《吴县志》卷 29《物产》。
⑤ 范成大:《吴郡志》卷三。
⑥ 《吴郡图经续记》卷上"坊市条"。

冠天下"的美誉,并且是官营织造业所在地,因此集中了大量技艺精湛的工匠。在官营手工业的带动下,苏州民间丝织业异常繁荣,成为丝织品加工中心。

除了发达的丝织业之外,苏州也是棉布加工中心。在清代,"各省青蓝布匹,俱于此地兑买染色",[①]之后才运销四方。苏州布商往往在松江开设布庄,以收购坯布。在手工业推动下,苏州商业繁荣,物流业也相当发达。各省商人往往聚集于阊门,大量购买绸缎布匹。"陆行之舆徒,舟行之牵挽,骈肩接踵,往来于各桥者无间昏旦"。除了绸缎布匹之外,其他商品的交易也相当热闹,"闽商、洋贾,燕、齐、楚、晋百货之所聚,则杂处阛阓者半行旅也"。[②] 徽商在苏州主要经营棉布绸缎及盐、木、茶等,婺源商人则多经营木业。[③] 苏州的广东商人主要来自广州、潮州与嘉应州等。

除了苏州之外,另一个充分表现奢侈与经济繁荣之间关系的城市是杭州。杭州始建于五代十国,吴越国钱武肃王筑新夹城,后又筑罗城,周长约七十里。北宋时,杭州已然发展为大都会。南宋时由于成为首都,杭州改名临安,繁华程度可媲美北宋时的开封。嘉祐二年(1057),梅挚出守杭州,宋仁宗以诗相赠,有"地有湖山美,东南第一州"之句。欧阳修在《美堂记》中盛赞杭州:"若乃四方之所聚,百货之所交,物盛人众,为一都会,而又能兼有山水之美,以资富贵之娱者,唯金陵、钱塘然。……今其民幸富足安乐,又其俗习工巧,邑屋华丽,盖十余万家;环以湖山,左右映带。而闽商海贾,风帆海舶,出入于波涛浩渺、烟云杳霭之间,可谓盛矣!"可见北宋时,杭州就已成为大都会。

与苏州一样,杭州也是织造所在地。明代时,杭州官营丝织业相当发达,品种繁多,工艺水平精湛。杭州地理位置优越,位于京杭大运河最南端,水运向北可通达苏松、江淮、山东、直隶和京津,向南经钱塘水系及海路可通达福建、广东以及江西。杭州因此成为丝织品贸易中心。

围绕丝织业,杭州发展起了发达的服务业。这是因为,外地客商来杭州贩运绸缎,"必投歇家寄顿"。由于各地对品种的需求不同,"一省有一省所行之货","客商置货必就彼处所宜,故花样、轻重、长短各有不同"。这样一来,为了深入了解行情,外地客商就有必要"寻觅牙人","面同机户讲就价值,开定货色",或者"将银交托牙人转付机户买丝,照定织交"。为客商提供住宿与买卖中介服务的牙行邸店业因此得到迅速发展。到了清代康熙年间,杭州的牙行

---

① 雍正八年七月二十五日李卫奏折,见《宫中档雍正朝奏折》第十六辑。
② 乾隆《吴县志》卷八《市镇》。
③ 乾隆《婺源县志》卷四。

店户就达到四五十家。作为客商与机户之间的中介，牙行店户向两头收取费用。对于商人，凡银货现成交易者"牙用止取一分"；发银订货者，"牙人有经手出入之责，每两取用二分"。对于机户，凡现货市卖交易者"例止牙用一分"；凡机户预领客银者，因"牙人有经手收交亏缺之责，每两取用二分"。①

杭州纺织品不仅售予来杭城采购的客商，而且杭州本地商人往往主动出击，亲自将纺织品推销于外地。除了纺织品，杭州的名产还有杭扇、杭线、杭剪、茶叶、藕粉和锡箔等。锡箔制造集中于孩儿巷、贡院后与万安桥一带。在苏州阊门内开设的"武林杭线会馆"，"生意之盛甲于天下"。② 在杭州流通的商品，还有茶叶、烟草、布匹与竹木等。杭州重要的税关有户部北新关，征收杂货税；工部南新关，征收竹木税。"北新关税课，上赖江西、闽广，下赖苏（州）、杭（州）、常（州）、镇（江）等商货"。来自江西、福建和广东的货物有烟丝和茶叶，来自苏州和松江一带的货物则有布匹与绫绸等。

南京同样是江南的丝织业中心。南京在西关征收商税，"入城之货惟赖白丝、绫绸、布匹、香油等项；出城之货全资纱缎、剪绒、暖帽、线纬等物"。③ 三山街一带分布着数十家绸缎铺，供应丝织机具的还有机店、梭店、筘店、竹器店、范子行和边线行等。④ 伴随着纺织业的发展，浆染业也不断发展，"染坊多近秦淮，两岸漂丝，必于青溪、东水关、北铜管三水合流之间，其色乌亮"。⑤ 作为繁荣的丝织业中心，南京同时也是重要的丝织品贸易中心。南京丝织品的销售市场非常广阔，"北趋京师、东北并高句丽、辽沈，西北走晋、绛，逾大河，上秦雍甘凉，西抵巴蜀，西南之滇黔，南越五岭、湖湘、豫章、两浙、七闽，斥淮泗，道汝洛"。⑥

南京进入清代后，凭借运河与长江水运之便，转运贸易日益兴旺，外地客商云集。安徽、江西、山西、陕西、江苏、浙江、福建、广东、山东、河南、湖北、湖南，以及江苏崇明、苏州洞庭和浙江湖州的商人都在南京建有会馆，总计达三十余所。⑦ 在南京商人中，实力最大的是徽商，拥有十二所会馆，经营粮食、烟

---

① 康熙五十五年《杭州府告示商牙机户店家人碑》；康熙五十年《杭州府仁和县告示商牙机户并禁地棍扰害碑》，转见陈学文《中国封建晚期的商品经济》，第119—123页，附录之碑文。

② 《江苏省明清以来碑刻资料选集》，第166页。

③ 乾隆七年七月十六日两江总督德沛奏折，中国第一历史档案馆藏档案。

④ 范金民：《清代前期南京经济略论》，见《南京经济史论文选》，第126页。

⑤ 光绪《续纂江宁府志》卷一五《拾补》。

⑥ 同治《上江两县志》卷七《食货》。

⑦ 范金民：《清代前期南京经济略论》，见《南京经济史论文选》，第126页。

叶和木材等业。"徽多木商,贩自川广,集于江宁之上新河,资本非巨万不可"。南京城西上新河一带"市廛辐辏,商贾萃止,竹木油麻蔽江而下"。[1] 南京居民需求的粮食主要来源于长江中上游。"四乡所产米不能果数月腹,于是贩鲁港、和州、庐江、三河运漕诸米以枭于铺户,富户复开耷坊收之"。[2] 南京"需用食粮甚多,历系仰给客米接济,三五日内客贩不到米价即昂"。[3]

①　同治《上江两县志》卷四《水》。
②　同治《上江两县志》卷七《食货》。
③　晏斯盛:《上制府论布商易米书》,见《清经世文编》卷四七。

第十章　市　　镇

在工商业繁荣发展的带动下，城市也变得更加繁荣。不仅城市得到发展和繁荣，而且邻近乡村的市镇更是遍地开花，到处欣欣向荣地发展了起来。以江南地区为例，在丝绸业发达的太湖流域，围绕着丝绸的原料与制成品的生产和销售，一大批直接和间接相关的市镇发展了起来。

第一节　繁荣的江南经济

从古中原角度来看，江南原本是一个相对落后甚至野蛮的地区。通过东汉至南朝的开发，江南经济开始出现显著的发展。隋朝开挖大运河，对江南经济发展具有决定性意义。开挖大运河的初衷主要是政治性的，即维护南北统一。自此之后，大运河的经济作用越来越重要，使得中原与江南联为一体。唐朝后期，北方由于连年战乱，经济逐渐没落，而南方经济在全国的作用则愈发突显，"军国大计，仰于江淮"。五代十国时期，由于江南地区的相对和平，经济得到进一步发展，尤其是农业生产，地位变得越发重要。吴越国与北宋和平统一后，"国家根本，仰给东南"，"而吴中又为东南根柢，语曰：'苏湖熟，天下足'"。①

整个宋代，尤其是南宋，两浙路的农业生产发展迅速。随着占城稻的推广，早稻、中稻和晚稻的稻作体制逐渐形成。不仅如此，水稻种植还从原本粗放的直播转变为精细的移植即插秧，单位面积产量显著提高。"上田一亩，收

---

① 《宋史》卷三三七《范祖禹传》。陆游：《渭南文集》卷二〇《常州奔牛闸记》。

五六石。故谚曰：'苏湖熟，天下足。'虽其田之膏腴，亦由人力之尽也。"①由于北宋末与南宋初北方的持续战乱，导致大量北方人民向南方移民，带来小麦种植技术，由此在东南形成稻麦轮作体制，即稻麦二熟制。太湖流域一带因此成为粮仓与国家主要的税收来源地。

两宋时代，太湖流域是天下闻名的粮仓，被时人称为"苏湖熟，天下足"。但是到了明代，太湖流域由于工商业迅速发展，刺激农民转向种植以桑、棉为主的经济作物。如此一来，原来的粮仓就逐渐转变为缺粮区，产生对商品粮的大量需求。在这种商品粮需求的推动下，长江中游的湖广地区在十五世纪开始成为新的粮仓，由此出现了新谚语，即"湖广熟，天下足"。

有明一代，尤其是明代中后期，湖州经济作物的种植与加工，逐渐压倒传统的粮食作物生产。湖州一带农家"唯藉蚕办生事。十口之家，养蚕十箔，每箔得茧一十二斤。每一斤取丝一两三分，每五两丝织小绢一匹，每一匹绢易米一石四斗，绢与米价相侔也。以此岁计衣食之给，极有准的也。以一月之劳，贤于终岁勤动，且无旱干水溢之苦，岂不优裕也哉！"②由此可见，农家从养蚕缫丝中获得的收益明显超过粮食作物。经济作物种植与加工的优厚收益，促使农业商品化越来越得到发展，从而为市镇的大量涌现奠定坚实基础。

在粮食不断增产的前提下，经济作物的种植就有了越来越大的空间。经济作物的种植与相关的加工业，日益取代传统粮食作物的种植，蚕桑或棉业逐渐压倒稻作。随着东南沿海地区商品经济的日益繁荣，这一带地区的市镇经济就越发卷入全球性经济循环之中。

太湖流域既然是全国经济最富庶的地区，那么就不可避免地成为财赋重地。江南是国家赋税重地，"以今观之，浙东西又居江南十九"，"而苏、松、常、嘉、湖五郡，又居两浙十九"。③明代中叶的大学士顾鼎臣同样认为："苏、松、常、镇、杭、嘉、湖七府，供输甲天下"，是"东南财赋重地"。④从万历《大明一统志》的相关记载可以看到，苏州府税粮是 2 502 900 石，松江府是 959 000 石，常州府是 764 000 石，嘉兴府是 618 000 石，湖州府是 470 000 石，杭州府是 234 200 石。仅仅苏州一府就占了全国税粮总额 26 560 220 石的近十分之一。

---

① 高斯得：《耻堂存稿》卷五《宁国府劝农文》。
② 陈旉：《农书》卷下《种桑之法篇》。
③ 丘濬：《大学衍义补》卷二四《经制之义下》。
④ 顾鼎臣：《顾文康公集》卷一《陈愚见划积弊以裨新政疏》。

可见负担之沉重。一个地区经济越是富庶,供应的赋税就会越多。明代后期,苏州府赋税已增至 3 503 980 石,松江府赋税已增至 1 031 460 石。①

到了明代中后期,太湖流域一带的粮食作物生产一半多已让位于经济作物种植与加工。因此从这个角度来看,这一带的税粮负担与其说是压在粮食作物上面,不如说是压在经济作物种植与加工业上,是在变相地对当地工商业进行征税。在沉重的赋税压迫下,太湖流域一带经济依然保持了发展,还显得越发繁荣,这与卷入全球化的工商业发展密不可分。

江南地区大批丝绸业市镇与棉业市镇的形成与迅速发展,表明这一地区实际上出现了早期工业化,民众生计依赖于手工业与商业活动。在耕地主要种植经济作物的情形下,就必须从外地大量输入商品粮。例如在清代雍正年间,"杭嘉湖三府属地,地窄人稠,民间多以育蚕为业,田地大半植桑,岁产米谷,除办漕外,即丰收之年尚不敷民食,向藉外江商贩接济"。②

如果说苏州府和松江府棉作区耕地大半用于种植棉花,那么杭州、嘉兴和湖州三府耕地则大半用于种植桑树。松江府和苏州府太仓州耕地的种植比例达到"棉七稻三",也就是"三分宜稻七分宜棉",嘉定县甚至"专种棉花","不产米"。③ 一旦发生饥荒,情形将相当可怕。粮食对外地的依赖程度由此可见一斑。

明代中期到 1850 年的三个世纪中,江南工业在经济中的地位日益重要,民众生计主要依赖于工业及其带动的商业。在经济最为发达的一些地区,工业地位甚至超过农业。从本质上来说,这些地区由于通过海外贸易卷入全球化,业已产生早期工业化。"所谓早期工业化,指的是近代工业化之前的工业发展,使得工业在经济中所占地位日益重要,甚至超过农业所占的地位。由于这种工业发生在一般所说的工业化(即以工业革命为开端的近代工业化)之前,因此又被称为'工业化前的工业化'"。④

---

① 参见顾炎武:《肇域志·江南·南直隶》。
② 《雍正朱批谕旨》,王景颢(二年八月二十日)奏疏。
③ 康熙《嘉兴府志》卷十二《风俗》。
④ 李伯重:《江南的早期工业化(1550—1850 年)》,社会科学文献出版社,2000 年,第6—7 页。

第二节　工商与城镇

随着明代商品经济的发展,尤其是中后期商品经济的发展,商业繁荣的城市日益增多。明代前期商业发达的城市约三十多个,后期则增加一倍,约有六十多个。首先是具有政治色彩的消费型城市,如王公贵族聚集的北京、南京与开封等。随着工商业的繁荣,这些王公贵族的消费欲望愈益强烈,对奢侈品的追求愈益热烈。抛开政治与道德考虑,这种强烈的消费欲望显然有助于工商业的繁荣。例如明代初期曾作过首都的南京,由于位于经济富庶的江南地区,即使沦落为陪都之后,商业也相当繁荣,铺行达一百多种。"街道极宽广,虽九轨可容。"地理位置优越,交通便利,"北跨中原,瓜连数省,五方辐辏,万国灌输。三服之官,内给尚方,衣履天下,南北商贾争赴"。[①] 商业繁盛之景,从《南都繁会景物图卷》中可见一斑,例如形形色色的铺面招牌:"东西两洋货物俱全""川广杂货""福广海味""西北两口皮货发客""南北果品"等。

消费型城市虽然可以刺激奢侈品的生产与贸易,但毕竟不是健康的城市经济。因为这样的城市经济建立于统治阶层对民众无情的经济压榨之上,缺乏内生动力。真正健康的城市是围绕工商业发展起来的城市。明代中期以后,由于工商业日益繁荣,这样的城市发展相当快。它们往往既是工商业中心,又是国内外贸易中心。

苏州本身是一个历史悠久的城市,同时又在明代中后期发展为以工商业为主的城市。《天下郡国利病书》指出苏州人具有从商习俗:"苏州当江、淮、岭海、楚、蜀之走集,其人浮游逐末,奇技淫巧之所出也。"[②]此处所谓的"逐末"主要指从事商业活动,"奇技淫巧"则泛指手工业活动。"苏、松、常三府,大率市浮于农,文胜于质。"[③]苏州商业因此极为发达,"货物辐辏,四方旅寓之人,皆在其地开张字号行铺"。[④] "城内列巷通衢,华区锦肆,坊市棋列,桥梁栉比","货

---

① 张瀚:《松窗梦语》卷四《商贾记》。
② 顾炎武:《顾炎武全集·天下郡国利病书·苏松备录》,第597页。
③ 顾炎武:《顾炎武全集·肇域志》,第55页。
④ 万历《歙志》卷一〇《货殖》。

财所居,珍异所聚"。① 苏州阊门一带商业特别繁华,小说家禁不住称赞此地"乃舟车辐辏之所,真个是:'翠袖三千楼上下,黄金百万水东西,五更市贩何曾绝,四远方言总不齐'"。② 苏州商业建立在发达的丝织业基础之上。"绫绵纻丝纱罗绸绢皆出自郡城关房,产兼两邑,而东城为盛。比屋皆工织作,转贸四方,吴之大资也。"③"靓装炫服,坠马盘鸦,操筹倚市,封、娄、齐盖罕矣,惟以织造业者,俗曰机房。"④

如果说城市的繁荣程度往往与政治及其带动的消费有关,那么市镇就大致是纯粹工商业发展的产物,是内生性经济活跃的产物。"城市是由于政权的力量,政治上的原因,由上而下形成的,消费对象主要为贵族阶级;市镇则主要由于经济的原因,即乡村与商品经济联系的扩大,由下而上形成的。"⑤ 苏州府下面的县与镇同样经商风气浓郁,例如《吴县疆域图说》:"山田多瘠,民苦赋役,而流徙者众也。""东西洞庭之民,鲜负农耕,多业商贾。"⑥《吴县城图说》:"盖吴民不置田亩,而居货招商。"⑦ 太湖中的西洞庭:"稍有资畜,则商贩荆、襄,涉水不避险阻。"东洞庭:"编民亦苦田少,不得耕耨而食,并商游江南、北,以迫齐、鲁、燕、豫,随处设肆,博锱铢于四方,以供吴之赋税,兼办徭役。"⑧

由于交通便利的缘故,城市关厢往往商业繁荣。例如苏州阊门西七里的枫桥市,就是远近闻名的米、豆粮等的集散中心。"枫桥,在西七里。"⑨为商贾货物汇聚之地。城市关厢之所以容易出现商业繁荣的景象,主要是因为处于城乡结合部,农民、市民与各地商贾往来便利。关厢与市镇类似,与附近乡村有密切的经济联系。大量的日用消费品与生产资料汇聚于关厢街市,起到了商品集散作用。

除了长江三角洲一带,长江流域与珠江三角洲也出现相当多的专业城市。例如江西景德镇,"天下窑器所集,其民繁富,甲于一省……万杵之声殷地,火光烛地,夜令人不能寝"。⑩ 景德镇的瓷器产品畅销海内外,"自燕云而北,南交

① 《明神宗实录》卷三六一。
② 《警世通言》卷二六《唐解元一笑姻缘》。
③ 嘉靖《吴邑志》卷一四《土产物货谷菽蔬果上》。
④ 万历《长洲县志》卷一《风俗》。
⑤ 王家范:《明清江南市镇结构及历史价值初探》,载《华东师范大学学报》1984年第1期。
⑥ 顾炎武:《顾炎武全集·天下郡国利病书·苏松备录》,第495页。
⑦ 顾炎武:《顾炎武全集·天下郡国利病书·苏松备录》,第496页。
⑧ 顾炎武:《顾炎武全集·天下郡国利病书·苏松备录》,第538页。
⑨ 顾炎武:《顾炎武全集·肇域志》,第46页。
⑩ 王世懋:《二酉委谭摘录》。

趾,东际海,西被蜀,无所不至,皆取景德镇,而商贾往往以是牟大利"。①

珠江三角洲有因为铁器制造而远近闻名的佛山镇。"佛山多冶业,冶者必候其工而求之,极其尊奉,有弗得则不敢自专,专亦弗当,故佛山之冶遍天下"。②佛山镇的铁器制作精良,产品畅销于两广、长江流域与海外。"(佛山)两广铁货所都,七省需焉。每岁浙、直、湖、湘客人腰缠过梅岭者数十万,皆置铁器而北"。③佛山镇位于西江与北江之冲,河道上舟楫往来不绝。镇"周遭三十四里,中分二十四区,区可一里有半,其广不及县之一隅"。④佛山镇冶铁业产品种类繁多,镇中会馆林立。佛山镇与广州都是岭南繁荣的工商业中心,经济繁荣程度甚至超过广州。

从渊源来说,市与镇有所不同。市,顾名思义,就是商品交易场所。宋代以前,镇主要是军事戍所。随着宋代以后商品经济的日趋繁荣,镇与市逐渐融合。正所谓镇中有市,而市也不断发展为镇。到了明代,市与镇往往并称为市镇。市镇通常在市、集、墟与场等基础上发展起来,而本身又是城市发展的基础。但是在文献记载中,市镇名称往往与市、集、墟和场等混在一起。《澄海县志》中有相关记载:"民人屯聚之所为'村'。商贾贸易之所为'市'。远商兴贩所集,车舆辐辏,为水陆要冲,而或设官将以禁防焉;或设关口以征税焉为'镇'。次于镇而无官司者为'埠'。此四者其定名也。亦有不设官司而称'镇',既设官而仍称'村'、称'市'者,从俗也。凡天下县邑皆然。"⑤一般来说,规模宏大的市镇有常驻的行政、税收或军事机构和官员,中小规模的市镇则没有这样的官方机构。

供需型市镇一般是地区性经济中心,服务于本地的生产与生活需求。产品产销型市镇拥有生产、存贮与销售商品的市场体系。商业转运型市镇致力于不同地区之间的商品经济联系。综合型市镇则是较大规模区域的经济中心,是较大规模商品流通网络中的主要环节。

地理大发现之后,全球性经济逐渐形成。明代后期的中国正是全球性经济中的重要组成部分。在中国的丝、棉和瓷器等商品与海外白银之间形成巨大的贸易网络。白银源源不断流入中国,持续而深刻地推动东南沿海地区商

① 嘉靖《江西省大志》卷七。
② 屈大均:《广东新语》卷一六。
③ 《明经世文编》卷三六八,霍与瑕《上吴自湖翁大司马》。
④ 乾隆《佛山忠义乡志》卷一《乡域志》。
⑤ 乾隆《澄海县志》卷二《埠市》。

品经济的迅速发展,并带动市镇的迅猛发展。

在晚明之前,市镇的发展主要与内生性商品经济发展有关。到了晚明,由于市镇深深卷入全球性贸易网络,也就是深度介入葡萄牙人、西班牙人、荷兰人与日本人的海外贸易,因此极大地刺激了丝、棉与瓷器等的生产与销售。

第三节　集市的发展

除了消费型城市、工商型城市与专业性市镇之外,由于广大农村商品经济发展的刺激,乡村集市贸易也红红火火地发展了起来。乡村集市贸易主要是农民以及小生产者之间进行交易的初级市场,是市镇与城市工商经济发展的肥沃土壤。各地对这种乡村集市的称谓并不相同。"岭南之市谓之虚,言满时少,虚时多也。西蜀谓之亥,亥者,痎也,痎者疟也,言间日一作也。山东人谓之集"。[1] 岭南"呼市为墟,五日一集"。[2] "乡落有号墟市者,止是三数日一次市合"。[3] 还有一些地方将集市称为"步""埠"和"行"等等。

市镇之"市",自古就有。早在先秦时代,古人就将商品交易称之为"市"。"市,买卖所也"。[4]"市,恃也。言交易而退,恃以不匮也。古者日中为市,致民而聚货,以其所有者,易其所无者。"[5]有些地方的集市,历史相当悠久。例如常州府的竹塘市,"《风土记》云:晋天福二年(937)十月置"。望亭市,"《风土记》云:隋文帝至德二年置"。[6] 徽州府婺源县,"五代时南唐检校司空刘津建东西二市,宋元及国朝因之"。[7]

明代中后期由于商品经济的繁荣,集市如繁星密布于各地,尤其集中于长江三角洲、珠江三角洲与长江流域。集市的分布密度与数量,无疑大大超过过去的时代,并为此后的集市分布基本奠定了基础。集市可划分为不定期集市与定期集市。不定期集市没有固定集期与贸易地点,是偶发性的小集市。随

---

① 谢肇淛:《五杂俎》卷三。
② 《太平寰宇记》卷一六七《岭南道容州》。
③ 《宋会要辑稿·食货十八》《商税》。
④ 《说文解字》。
⑤ 《风俗通》。
⑥ 咸淳《毗陵志》卷三《地理·坊市》。
⑦ 弘治《徽州府志》卷一《坊市》。

着经济发展,不定期集市可发展为定期集市,成为固定的商品交易中心。

定期集市的类型很多。有每月一集的,半月一集的,十二日一集的,十日一集的,七日一集的,六日一集的。有五日一集的,如福建邵武府邵武县的朱坊墟,"月二七日集",将石墟"月三八日集"。[①]有四日一集的。有十日三集的,如广东廉州府钦州的平银墟,"令民每月一四七日趁(墟)",西门墟则是以二五八日趁墟,桥南墟则是以三六九日趁墟。[②]有三日一集的,十日四集的,二日一集的。有意思的是,一县之内各个集市的集期往往均衡分布,基本上能做到县内天天有集市。

每日一集的集市相当接近于常市。常市是市镇发展的基础,业已超越集市的初级形态而发展为较大区域的稳定的商品集散中心。苏州枫桥市就由集市发展而来,"为储积贩贸之所会归","为水陆孔道,贩贸所集,有豆米市"。[③]晚明时期,枫桥市业已跃升为长江三角洲规模最大的米市。

由此可见,集市高度繁荣之后就会发展为市镇。如果一个市镇规模发展得很大的话,那么就接近于城市。在农村城市化过程中,集市与市镇作用相当重要。在江南地区,有一些大型市镇甚至设置了城隍庙。所谓城隍庙,既然有"城",传统上就是设置于城市之中。那么在一个镇上出现城隍庙,就表明这个镇的城市化程度受到承认,不再是乡村的一部分,而更接近于都市。

在傅衣凌看来,明清的江南市镇"已具有资本主义生产的初步萌芽",不过依然处于"强大的封建势力的包围之下","带有浓厚的封建的、宗法的色彩"。傅衣凌由此认为:"从明清时代江南市镇经济的分析,可以使我们明白中国封建社会后期经济发展的特点与资本主义萌芽过程的缓慢性和长期性的内在原因。同时,也有助于理解封建社会后期中国国内市场的局限性。"[④]

第四节　太湖流域的市镇发展

在工商业经济发展的推动之下,赋税负担最重的苏州府,下属各县的市镇分布在正德年间就已经相当稠密。苏州府和松江府百姓的生计往往依赖于工

---

① 嘉靖《邵武府志》卷二《王制·城池》。
② 嘉靖《钦州志》卷七《墟埠》。
③ 康熙《长洲县志》卷八《市镇》。
④ 傅衣凌:《明清时代江南市镇经济的分析》,《历史教学》1964年第5期。

商业。"苏、松壤地与嘉、湖不殊,而赋乃加其十之六。毕竟吴中百货所聚,其工商贾人之利,又居农之十七,故虽赋重,不见民贫。"①根据正德《苏州府志》的相关记载,我们可以看到,吴县已经拥有六镇一市,包括横塘镇、新郭镇、横金镇、木渎镇、光福镇、社下镇与月城市。"木渎镇在县西南三十里,西出胥口。"②吴县"光福,在县西五十里"。"月城市,阊门内。"③长洲县拥有三镇五市,包括甫里镇、陈墓镇、许市镇、大市、黄埭市、相城市、王墓市、尹山市。"大市,在乐桥。黄埭,在县北四十里。相城,在县东北四十里。""陈墓,在县东南五十五里。其地东连昆山,南近淀山诸湖。有巡检司。""陆墓,在县北二十里。"④其中的陈墓镇设有巡检司,许市镇又名浒墅,旧有巡检司、急递铺,景泰间置钞关于此。"浒墅镇在县西北二十五里,南北运道之要冲,户部分司在焉。""阊门外要冲莫若浒墅。往年倭寇五十三人自南京至吴县之横泾,为官兵所截,正由乎此。其南为枫桥,商贾骈集,乃入苏之正道也。又有虎丘山塘泾,货物亦阜,乃入苏之间道也。"⑤昆山县拥有五镇四市,包括丘墟镇、泗桥镇、石浦镇、安亭镇、蓬阆镇、半山桥市、周市、陆家浜市和红桥市,其中的丘墟镇有税课子局,泗桥镇有税课篡节,石浦镇有巡检司,安亭镇有税课子局。常熟县有五镇九市,包括福山镇、许浦镇、梅李镇、庆安镇、常熟镇、县市、杨尖市、河阳市、奚浦市、徐家市、唐市、李市、支塘市与练塘市。"唐市,在县东南三十里。其东南为昆山界。李市,在县东三十六里。支塘,在县东北四十五里。……练塘市,在县西南三十六里。"⑥"福山,在县北三十六里,临大江。城方四里。有把总分司。""梅李,在县东三十六里。吴越钱氏遣二将梅世忠、李开山戍此,以防江北南唐之兵,故名。"⑦其中的福山镇有巡检司。"唐市在县东南三十里,南接昆山斜堰。""吴中风俗,农事之获利倍而劳最,愚懦之民为之;工之获利二而劳多,雕巧之民为之;商贾之获利三而劳轻,心计之民为之。"⑧吴江县有四镇三市,包括著名的同里镇、黎里镇、平望镇、震泽镇、县市、江南市与新杭市。"同里,在县东十六里。有巡检司。黎里,在县东南二十里。平望,在县东南四十里。有平

---

① 顾炎武:《顾炎武全集·肇域志》,第491页。
② 顾炎武:《顾炎武全集·天下郡国利病书·吴县·郊聚》,第453页。
③ 顾炎武:《顾炎武全集·肇域志》,第417页。
④ 顾炎武:《顾炎武全集·肇域志》,第418页。
⑤ 顾炎武:《顾炎武全集·天下郡国利病书·长洲县·郊聚》,第457页。
⑥ 顾炎武:《顾炎武全集·肇域志》,第418页。
⑦ 顾炎武:《顾炎武全集·肇域志》,第419页。
⑧ 顾炎武:《顾炎武全集·天下郡国利病书·常熟县·郊聚》,第468页。

望驿巡检司。"①其中同里镇有巡检司、税课局，"同里镇在县东一十里，四面皆湖，民居稠密，县东之藩篱也"。② 平望镇有平望驿、巡检司，"平望镇在县南五十里，为嘉兴、湖州二府必由之路。宋置寨，伪吴张士诚尝筑城于此。嘉靖三十三年(1554)，为倭所焚。三十四年(1555)，复犯平望，知县杨芷守盛墩。幕府调宣慰彭尽臣兵二千至，大败之于平望"。③ 震泽镇有巡检司。"震泽镇在县西南九十里，北滨太湖。"④"简村在县西南一十里，北至鲇鱼口，南至震泽镇。"⑤嘉定县有六镇九市，包括罗店镇、南翔镇、大场镇、黄渡镇、江湾镇、清浦镇、州桥市、新泾市、广福市、真如市、娄塘桥市、封家浜市、纪王庙市、钱门塘市和瓦浦市。"州桥，在县治东南。新泾，在县东六里。广福，在县东南二十四里。真如，在县东南五十里。娄塘，在县北十二里。"⑥"罗店，在县东十八里。南翔，在县南二十四里。"《肇域志》记载罗店镇，"今徽商凑集，贸易之盛，几埒南翔矣"。"南翔镇，在县南二十四里。往多徽商侨寓，百货填集，于诸镇比为无赖蚕食，稍稍徙避，而镇遂衰落。"⑦"黄渡，在县西南三十六里。江湾，在县东南六十里。有巡检司。清浦，在县东南八十里，南接上海县境。"⑧《肇域志》是如此记载黄渡镇的："黄渡镇，在三十一保，去县四十五里。临吴淞江之上，北岸即属嘉定，俗称新街。近来商贩颇盛"。⑨ 青浦镇，又名高桥镇，"其地东北距海，西濒吴淞江，多鱼盐、芦苇之利，田土丰腴，人民殷富，是为通邑诸乡之冠"。⑩ 太仓州有四镇十市，包括双凤镇、沙头镇、新安镇、茜泾镇、诸泾市、半泾市、新市、璜泾市、隆市、甘草市、直塘市、吴公市、涂崧市和陆河市，其中的茜泾镇有巡检司，甘草市亦有巡检司。⑪

明代中期太湖流域市镇的发展速度可谓惊人。正德年间，吴江县有四镇三市，包括著名的同里镇、黎里镇、平望镇、震泽镇、县市、江南市与新杭市。仅仅到了嘉靖年间，就迅速增加为四镇十市，也就是在原有基础上增加了八斥

---

① 顾炎武：《顾炎武全集·肇域志》，第419页。
② 顾炎武：《顾炎武全集·天下郡国利病书·吴江县·郊聚》，第462页。
③ 顾炎武：《顾炎武全集·天下郡国利病书·吴江县·郊聚》，第461页。
④ 顾炎武：《顾炎武全集·天下郡国利病书·吴江县·郊聚》，第461页。
⑤ 顾炎武：《顾炎武全集·天下郡国利病书·吴江县·郊聚》，第462页。
⑥ 顾炎武：《顾炎武全集·肇域志》，第419页。
⑦ 顾炎武：《顾炎武全集·肇域志》，第481—482页。
⑧ 顾炎武：《顾炎武全集·肇域志》，第420页。
⑨ 顾炎武：《顾炎武全集·肇域志》，第513页。
⑩ 顾炎武：《顾炎武全集·肇域志》，第482页。
⑪ 均见正德《姑苏志》卷一八《乡都》。

市、双杨市、严墓市、檀丘市、梅堰市、盛泽市与庵村市。[①] 到了明末清初,吴江已经拥有七镇十市,分别为平望镇、黎里镇、同里镇、震泽镇、盛泽镇、芦墟镇、章练塘镇、县市、江南市、新杭市、八斤市、双杨市、严墓市、檀丘市、梅堰市、庵村市和黄溪市。[②] 由此可见,仅仅在正德到嘉靖的半个世纪中,吴江县的市镇就增加了一倍。

松江府市镇的发展速度不亚于苏州府,在分布密度上甚至超过苏州府。松江府仅仅拥有华亭与上海两县,但据正德《松江府志》记载,却拥有四十四个市镇。华亭县拥有数量令人惊诧的十六镇六市,包括凤泾镇、朱泾镇、金泽镇、小蒸镇、凤凰山镇、亭林镇、沙冈镇、南桥镇、萧塘镇、张泾堰镇、小官镇、柘林镇、青村镇、陶宅镇、叶谢镇、北七保(宝)镇、兴塔市、杨巷市、吕巷市、泗泾市、北钱市与广富林市。"亭林镇,在县东南三十六里。梁顾野王故居。""柘林镇,在县东南七十二里。""北七宝镇,在县东北三十五保。左为横沥,前临蒲汇塘,商贾必由之地。今税课局在焉。"[③]亭林镇元代就设有金山巡检司,小官镇有金山卫,北七保镇有税课局。上海县拥有十一镇十一市,包括吴会镇、乌泥泾镇、下沙镇、新场镇、周浦镇、盘龙镇、青龙镇、唐行镇、赵屯镇、三林塘镇、八团镇、嵩宅市、泰来桥市、杜村市、白鹤江市、杨林市、诸翟港市、鹤坡市、东沟市、北蔡市、闵行市与高家行市,其中的乌泥泾镇有税课局,新场镇有北桥税司、杜浦巡司,唐行镇有新泾税局,八团镇有三场盐司。[④]

到了崇祯年间,华亭县增加了莘庄镇,上海县增加了一团镇、龙华镇与陈家行市。尤其值得注意的是,万历元年(1573)由华亭县与上海县析置出来的青浦县,在原有的市镇之外,新增加了朱家角镇、沈港镇、刘夏镇、北竿山镇、郏店镇、重固镇、艾祁镇、古塘镇、金家桥镇、杨扇镇、天兴庄镇、双塔镇、王巷市与杜家角市。[⑤] 青浦县市镇的发展高峰出现于万历年间。

青浦县的朱家角镇尤其值得注意。朱家角镇兴起于嘉靖与万历年间,时人称"商贾辏聚,贸易花布,为今巨镇"。双塔镇是"商人往来苏松适中之地,至夕驻此停榻"的交通枢纽。"双塔,在四十二保。因商人往来苏、松适中之地,

① 嘉靖《吴江县志》卷一《地理志·疆域》。
② 康熙《吴江县志》卷一《疆域》。
③ 顾炎武:《顾炎武全集·肇域志》,第 422 页。
④ 均见正德《松江府志》卷九《镇市》。
⑤ 崇祯《松江府志》卷三《镇市》。

至夕住此停塌,故名商塌镇。"①黄渡镇同样兴起于嘉靖与万历年间,横跨吴淞江两岸,江北老街属于嘉定县,江南新街则属于青浦县,"近来商贩颇盛"。金泽镇在嘉靖与万历年间日益兴旺,"市盛佛庐,穷极壮丽","舆梁飞亭列肆,又他镇所无"。② 同样在嘉靖与万历年间,华亭县新兴起了莘庄镇,"其地产花少稻",跃升为"居民数千指"的棉布交易中心。上海县兴起的龙华镇,是远近闻名的稀布集散中心。一团镇则是上海县盐业中心。

　　宋室南渡后,杭州成为首都,加上是京杭大运河起点,交通便利,是"中外之走集而百货所辗会"之地。"市镇蕃饶,颇闻于内",市镇分布相当稠密。府城内有药市、花市、珠子市、米市、肉市、菜市、驴市、马市、布市、蟹市、牛市等,城外又有浙江市、西溪市、赤山市、龙山市、半道红市、安溪市、江涨桥镇、范浦镇、汤村镇、北土门市、南土门市、临平镇。杭州进入明代以后,"此衰彼盛,以实计之,倍徙畴曩"。③ 杭州府城内外共有二十二个市镇。府城内的市镇有:寿安坊市、清河坊市、文锦坊市、塔儿头市、东花园市、众安桥市、盐桥市与褚堂市,其中的寿安坊市又称官巷口,郡市之盛,唯此为最。杭州府城外的市镇有:侯潮门外的嘉会门市、艮山门外的沙田市、夹城巷市、宝庆桥市、得胜桥市、石灰坝市、江涨桥市、北新桥市、临平镇、塘栖镇、浙江市、鲞团、范村市与西溪市。海宁县拥有七个市镇,包括县市、郭店市、袁花市、转塘市、黄冈市、长安镇与硖石镇。富阳县拥有五市,包括汤家埠、场口埠、灵椿埠、渔里山埠与洋婆场。余杭县拥有六镇,包括瓶窑镇、石濑镇、双溪镇、黄湖镇、长乐镇与闲林镇。临安县有六镇,包括青山镇、下管镇、横板溪镇、鹤山镇、西墅镇与黄潭镇。新城县有四镇,包括渌川镇、松溪镇、山溪镇与洞桥镇。昌化县拥有二镇,包括河桥镇与手穿巡检司镇。唯一没有市镇的是於潜县。④

　　嘉兴府原本只辖有嘉兴、海盐与崇德三县,宣德四年(1429)分嘉兴西部析置秀水县、分嘉兴北部析置嘉善县(旧魏塘镇)、分海盐东北部析置平湖县(旧当湖镇)、分崇德东部析置桐乡县(旧凤鸣市)。如此一来,嘉兴府就从三县增加至七县。嘉兴县拥有四镇,包括王店镇、新丰镇、钟带镇与新行镇。⑤ 秀水县拥有四镇,包括王江泾镇、新城镇、濮院镇与陡门镇,其中王江泾镇居者可七千

① 顾炎武:《顾炎武全集·肇域志》,第514页。
② 万历《青浦县志》卷二《镇市》。
③ 万历《杭州府志》卷三四《市镇》。嘉靖《仁和县志》卷一《封畛·市镇》。
④ 均见万历《杭州府志》卷三四《市镇》。
⑤ 万历《嘉兴府志》卷一《疆域》。

余家,新城镇居者可万余家,濮院镇的规模更大。① 嘉善县有六镇,包括魏塘镇、玉带镇、斜塘镇、陶庄镇、风泾镇与千家窑镇。② "西塘镇,在北二十里。""千家窑镇,在西北一十二里。"③海盐县拥有五镇五市,包括茶院镇、半逻镇、鲍郎镇、澉浦镇、沈荡镇、软城市、砂腰市、梅围市、通玄街市与甪里堰市,其中的沈荡镇列廛五六百家,五谷、丝市、竹木、油坊、质店皆有。④ 平湖县拥有七镇三市,包括当湖镇、乍浦镇、广陈镇、新仓镇、新带镇、旧带镇、灵溪镇、芦沥市、钱家带市与徐家带市,其中的当湖镇有当湖税课局,乍浦镇有守御千户所。⑤ "石门,在县西北二十五里,界于崇德。""皂林市,在北八里。"⑥崇德县拥有一镇二市,包括石门镇、洲钱市与御儿市。⑦ 桐乡县拥有四镇一市,包括皂林镇、石门镇、濮院镇、青镇与凤鸣市,其中的皂林镇有巡检司。⑧

　　湖州府在宋朝熙宁元丰年间拥有六镇,明朝嘉靖和万历年间迅速增加至二十二个市镇。乌程县拥有二镇二市,包括乌镇、南浔镇、菁山市与妙喜市,其中的乌镇与南浔镇俱为巨镇。"乌镇,在东南九十里,接归安、桐乡、崇德、吴江界。""南浔镇,在东六十一里。张士诚尝筑城于此。"⑨归安县拥有三镇二市,包括菱湖镇、双林镇、乌镇、埭溪市与琏市,其中的三个镇都可称得上巨镇。"菱湖镇,在南三十六里。""双林镇,在东南五十六里。"⑩安吉州拥有三镇,包括马家渎镇、递铺镇与梅溪镇。长兴县拥有五镇,包括四安镇、和平镇、皋塘镇、合溪镇与水口镇,其中四安镇和皋塘镇设有巡检司。德清县拥有二镇,包括塘栖镇与新市镇。武康县拥有二市,包括三桥埠市与上陌埠市,其中三桥埠市有税课局。"新市巡检司,在东北四十五里。"⑪孝丰县拥有一市,即沿干市。⑫

---

① 万历《秀水县志》卷一《舆地志·市镇》。
② 万历《嘉兴府志》卷一《疆域》;卷二《城池》。
③ 顾炎武:《顾炎武全集·肇域志》,第 3313 页。
④ 万历《嘉兴府志》卷一《疆域》;卷二《城池》。
⑤ 天启《海盐县图经》卷一《方域篇之一·县坊乡镇图》。
⑥ 顾炎武:《顾炎武全集·肇域志》,第 3318 页。
⑦ 万历《嘉兴府志》卷一《疆域》;卷二《城池》。天启《平湖县志》卷一《舆地·都会》。
⑧ 万历《嘉兴府志》卷一《疆域》;卷二《城池》。
⑨ 顾炎武:《顾炎武全集·肇域志》,第 3320 页。
⑩ 顾炎武:《顾炎武全集·肇域志》,第 3321 页。
⑪ 顾炎武:《顾炎武全集·肇域志》,第 3324 页。
⑫ 嘉泰《吴兴志》卷一〇《管镇》。万历《湖州府志》卷三《乡镇》。

第五节　市镇之网

从市镇规模来看,市的居民大约在一百户至三百户之间,少数规模较大的市在五百户至一千户之间。例如嘉靖年间的吴江县,介于一百户至三百户的,从少到多有盛泽市、严墓市、八斥市与双杨市;介于五百户至一千户的有梅堰市;庵村市与檀丘市为数百户。①

少数经济地位特别重要的市,相当于中等镇。例如吴县月城市:"阊门内出城自钓桥西渡僧桥南分为市……各省商贾所集之处","又有南北壕、上下塘,为市尤繁盛"。② 长洲县枫桥市:"为储积贩贸之所会归","为水陆孔道,贩贸所集,有豆米市"。③

一般来说,镇的居民在一千户以上,规模大的镇可多达万户。湖州府的南浔镇超过县城而直逼府城,"市廛云屯栉比","阛阓鳞次,烟火万家,苕水流碧,舟航辐辏,虽吴兴之东都,实江浙之雄镇"。巡抚常安在《请通判移驻南浔疏》中特地强调:"南浔镇与江省接壤,地处湖滨,烟火万家,商贾云集。"④同里镇正德和嘉靖年间,"居民二千余家",入清以后,"居民日增,市镇日扩"。⑤ 平望镇康熙和雍正年间,"居民数千家,比于苏之枫桥,故人呼曰小枫桥"。⑥ 震泽镇正德和嘉靖年间"地方三里,居民千家",入清以后,"货物并聚,居民且二三千家"。⑦

市镇人口规模通常介于乡村与县城之间。太湖流域市镇的街市上往往具有进行加工制造的众多作坊如机坊、染坊、练坊和踹坊等,分布着众多服务于丝绸业、棉业等的牙行如丝行、绸行、叶行、花行和布行等,同时还密布着商业服务店铺如茶楼、酒肆、饭店和钱庄等。市镇上的人口组成比乡村复杂得多,

---

① 嘉靖《吴江县志》卷一《疆域》。
② 正德《姑苏志》卷一八《乡都》。乾隆《苏州府志》卷一八《乡都》。乾隆《苏州府志》卷一九《乡都·市镇》。
③ 康熙《长洲县志》卷八《市镇》。
④ 咸丰《南浔镇志》卷一《疆域》。民国《南浔镇志》卷二《公署》。
⑤ 嘉靖《吴江县志》卷一《疆域》。嘉庆《同里志》卷一《沿革》。
⑥ 弘治《吴江县志》卷二《市镇》。乾隆《吴江县志》卷一四《镇市村》。道光《平望志》卷一《沿革》。
⑦ 嘉靖《吴江县志》卷一《疆域》。乾隆《震泽县志》卷四《镇市村》。

有亦工亦农的居民,有在各类作坊谋生的工匠,有众多商贾,有乡绅和文人,也有带黑社会或边缘人性质的牙侩、行霸、市井流氓、脚夫与乐人等。从人口组成来说,市镇经济只要持续发展,就有可能发展为颇具规模的城市,成为工商业与文化中心。

市镇作为一县之内的工商业中心,面积一般不会特别大,但少数市镇规模确实相当惊人,可以媲美县城甚至府城,拥有密密麻麻的街市。例如乌青镇,介于乌程县与桐乡县之间,"巨丽甲他镇,市逵广袤十八里"。[①] 周长达令人咋舌的十八里,超过只有十二里的湖州府城与嘉兴府城。[②] 乌青镇虽然没有正规的城墙,却拥有四个坊门:南昌门——青镇之南门,通杭州;澄江门——乌镇之北门,通苏州;朝宗门——青镇之东门,通嘉兴;通雪门——乌镇之西门,通湖州。[③]

南浔镇元朝末年时,张士诚在此修建城墙,周长一千六十六丈五尺,高三丈,宽一丈。[④] 南浔镇是江南市镇中唯一筑过城墙的。镇中运河、南市河、北市河两岸密布街巷,如大街(即东栅上塘)、寿星街(即西栅上塘)、爆场街(即北市河东岸)、丝行埭(即南市河东岸)、米廊下(俗称米棚)、树行埭(即西栅下塘)与西木行等。[⑤]

繁华程度直逼普通县城的大镇相当多,如南翔镇、濮院镇、双林镇、黎里镇、江湾镇、周庄镇、罗店镇、临平镇与碛石镇等,都是当地的工商业中心。

在以太湖流域为中心的长江三角洲地区,密密麻麻的市镇通过发达的手工业、商业与农业等形成网络体系。市镇网络体系将乡村与县城、府城紧密地联系在一起,将地区性市场与外部市场联系在一起。在这样的市镇网络中,彼此相邻市镇之间的距离通常为十二里至二十四里。彼此仅仅相距十二里的有南翔镇至黄渡镇,安亭镇至黄渡镇;彼此相距十八里的有周庄镇至陈墓镇,乌青镇至皂林镇,南翔镇至广福镇,珧市镇至乌青镇等等;彼此相距二十里的有王店镇至濮院镇,金泽镇至周庄镇,周庄镇至芦墟镇,双林镇至珧市镇等等;彼此相距二十四里的有南翔镇至大场镇,方泰镇至南翔镇等等;彼此相距三十六里的有朱家角镇至周庄镇,甪直镇至周庄镇,乌青镇至南浔镇,南浔镇至双林

① 康熙《乌青文献》卷一《疆域》。
② 嘉靖《浙江通志》卷一四《建置志》。
③ 康熙《乌青文献》卷一《疆域》,卷二《门坊》。
④ 咸丰《南浔镇志》卷二七《碑刻·无名氏:南浔重修城记》。
⑤ 咸丰《南浔镇志》卷四《衢巷》。

镇,双林镇至乌青镇等等。由于经济迅速发展,有些市镇之间的距离越来越近,甚至仅仅相距六里,几乎可算同镇概念。例如盛泽镇至王江泾镇就只有区区六里路程。由此可见,长江三角洲地区市镇之间的距离相当近,便于当日来回,甚至半日之内就可来回。如果说两市镇之间距离为十二里,那么即使对处于正中间的农家来说,到附近市镇的距离也只有六里,足够半日之内来回于家与市镇之间,便于农民到市镇上进行交易。即使到了民国年间,附近村落农家到市镇之间的交通依然主要走水路,以摇橹木船为主。"各大镇如南浔、旧馆、织里、菱湖、袁家汇、双林、乌镇,各有定班航船,直通附近各村。船系木制,一二人摇橹,可坐十余人。每日开一二班不等。大约每晨由各乡村开船来镇,中午由镇返乡。"①

星罗棋布的市镇,有力促进了长江三角洲的工商经济发展。在长江三角洲的各个县域经济中,发展最好的那些市镇,规模往往超过当地县城。例如吴江县的盛泽镇,工商业繁荣程度就超过县城。作为吴江县绫绸集散中心,盛泽镇在明末清初时,"四方大贾辇金至者无虚日","每日中为市,舟楫塞港,街道肩摩","繁阜喧盛实为邑中诸镇之第一"。② 盛泽镇的盛况甚至被展现于小说之中,请看"市河两岸绸丝牙行,约有千百余家,远近村坊织成绸匹,俱到此上市。四方商贾来收买的,蜂攒蚁聚,挨挤不开"。③ 湖州府丝绸的生产与交易中心不在府城,而是在下面的南浔镇、菱湖镇与双林镇。

通过市镇网络,市镇之间紧密联系在一起,彼此互通有无。例如盛泽镇丝绸业需要大批生丝的供应,因此丝行就会向相邻市镇购买。"东则嘉善、平湖,西则新市、洲钱、石门、桐乡,南则王店、濮院、沈荡,北则溧阳、木渎,由丝行趸买分售机户"。④ 供应棉纺织业生产资料如纺车和锭子的金泽镇,则吸引周边市镇机户与商家前来购买。"东松郡(松江府),西吴江,南嘉善,北昆山、常熟,咸来购买,故金泽锭子谢家车,方百里间习成谚语"。⑤

总的来说,江南市镇一般都具有一个支柱产业,以维持当地经济的发展与繁荣。这与当代长江三角洲地区性经济的专业化分布有相似之处。明代中期以后,江南市镇繁荣的最主要基础是丝绸业与棉织业的持续发展。

---

① 刘大钧:《吴兴农村经济》,上海文瑞印书局,1938年,第132—133页。
② 乾隆《吴江县志》卷四《镇市村》。
③ 冯梦龙:《醒世恒言》卷一八《施润泽滩阙遇友》。
④ 沈云:《盛湖杂录》。
⑤ 道光《金泽镇志》卷一《土产》。

第六节　市镇之大

　　松江府的朱泾镇、枫泾镇、吕巷市与杨巷市之间构成紧密的棉纺织市镇网络。其中朱泾镇是著名的棉布集散地，镇中密布经营标布的标行。枫泾镇则密集分布着布行，经营大布与小布等。布行或者说布局中雇佣的染匠、砑匠（踹匠）往来成群。[1] 这两个镇都是棉纺织业中心，与周围的吕巷市、杨巷市形成经济联系密切的市镇网络。时人称"杨巷市与吕巷、朱泾鳞次鼎分"。[2] 吕巷市生产的纺车很有名，被称为"朱泾锭子吕巷车"，与朱泾镇的铁锭齐名。青浦县金泽镇的锭子与纺车畅销于周边地区，受到时人称赞："锭子以铁为之，车以绳竹为轮，夹两柱，中枢底横三木，偏左而昂其首，以著锭子，轮旋而纱成焉。到处同式，而金泽为工。东松郡（松江府），西吴江，南嘉善，北昆山、常熟，咸来购买。故'金泽锭子谢家车'，方百里间习成谚语"。[3]

　　明代嘉靖与万历年间以后，由于海外贸易日益活跃，白银大量涌入，赋役制度改革与户籍制度实际松动等，商品经济日益繁荣，因而涌现出一大批市镇。这样的市镇在江南地区数量尤其众多。江南市镇一般都拥有发达的手工业或商业，居民在几百家至数千家之间，多的甚至可达上万家。例如苏州府吴江县的市镇，就主要涌现于嘉靖至万历年间。其中著名的市镇有：

　　震泽镇 元时村镇萧条，居民数十家。明成化中至三四百家，嘉靖间倍之，而又过焉。

　　平望镇 明初居民千百家。自弘治以后，居民日增，货物齐备。而米及豆麦尤多，千艘万舸，远近毕集，俗以枫桥目之。

　　擅（坛）丘市 成化中居民四五十家，多以铁冶为业。至嘉靖数倍于昔。凡铜铁木圬乐艺诸工俱备。

　　盛泽镇 明初居民止五六十家，嘉靖间倍之。以绫绸为业，始称为市。

　　黎里镇 明成弘间为邑巨镇，居民千百家。百货并集，无异城市。自隆庆迄今货物贸易如明初，居民更二三倍焉。

―――――――――

① 嘉庆《朱泾志》卷一《疆域志·沿革》。光绪《枫泾小志》卷十《拾遗志·拾遗》。
② 乾隆《金山县志》卷一《疆域·镇市》。
③ 道光《金泽小志》卷一《土产》。

吴江县市 元以前无千家之聚，明成弘间居民乃至二千余家，方巷开络，栋宇鳞次，百货具集，通衢市肆以贸易为业者，往来无虚日。嘉隆以来，居民益增，贸易与昔不异。①

尤其值得注意的是，在长江三角洲地区还出现一些被称为巨镇的市镇，规模不仅超越县城，而且可比于当时的府城。"如直（隶）之罗店、闵行，浙之塘西（栖）、硖石等处，廛宅连云，可当近边二三县"。②

在太湖流域，也有以丝棉之外的专业生产而兴旺起来的市镇，例如因榨油业而发展起来的嘉兴府崇德县石门镇，经济相当繁荣，人口达数千家。因陶业而发展起来的嘉善县千家窑镇，"民多业陶，甓埴繁兴，贸迁日伙"。③

发达的丝棉等手工业经济，有力促进商业的繁荣。在太湖流域一带，由于商业繁荣而发展的市镇相当多。如嘉兴府海盐县沈荡镇，"列廛五六百家，五谷、丝布、竹木、油房、质店，大贾往往云集"。④ 嘉兴府秀水县王江泾镇，拥有上千家居民，"北通苏、松、常、镇，南通杭、绍、金、衢、宁、台、温、处，西南即福建两广，南北往来，无有不从此经过，近镇村上做买做卖的挨挤不开，十分热闹"。⑤

江南市镇发展既具有内生性因素，也具有外部因素。从内生性因素来看，江南地区经过两宋开垦，已经形成精耕细作的高水平农业种植区。到了明代，桑树与棉花等经济作物的大规模种植，使得江南农业走上集约化经营道路。在经济作物大规模种植的基础上，江南的丝绸业与棉织业等加工业日益发展起来。自十六世纪全球化经济兴起之后，中国日益卷入其中，对东南沿海地区的经济产生了强烈刺激作用，进一步加速了江南地区早期工业化的发展。

---

① 乾隆《吴江县志》卷四《镇市村》。
② 《明经世文编》卷二一三，康太和：《拟应诏陈言以备安攘大计疏》。
③ 光绪《嘉定县志》卷二。
④ 光绪《嘉兴府志》卷四《市镇》。
⑤ 天然痴叟：《石点头》卷四。

第十一章　丝绸之业

　　明代丝织业在发展过程中,不断改良养蚕和缫丝方法,改进纺机工具。明代中后期,通过丝织业发家致富的人越来越多。丝绸业市镇附近的农家机户,有的全力投入丝织业,甚至放弃耕作本业,只是雇佣人种田。顾炎武注意到,双林镇丝绸业的繁荣与海外贸易有关。丝织业的丰厚利润使太湖流域百姓得以克服赋役繁重的困难。在太湖流域乡村,百姓业农之余,普遍从事丝织业。东南丝机以太湖流域、浙江与福建最多,蚕茧主要来源于湖州。

　　江南的丝织业以苏州、湖州与杭州最为繁荣兴旺。在丝织业从城市向乡村的扩散中,新的丝织业市镇不断兴起。湖州府是明代蚕桑业中心,随着丝织业日益繁荣,不断出现以丝织业生产与销售为中心的市镇。湖丝畅销海内外,不仅海内对湖丝趋之若鹜,而且海外市场也尤为欢迎湖丝。在海外市场的刺激下,湖丝价格节节攀升,成为中国向海外出口的最大宗货物。

第一节　太湖蚕桑

　　在太湖流域一带,农家植桑养蚕缫丝的收益要比老老实实种稻高得多。"湖地宜蚕,新丝妙天下……湖丝惟七里者尤佳,较常价每两必多一分……任事诸女仆,又相兴起率励,咸精其能,故所收率倍常数。"①嘉靖年间,徐献忠就强调过植桑收益之高:"蚕桑之利,莫甚于湖,大约良地一亩,可得叶八十个,每二十斤为一个,计其一岁垦锄壅培之费,大约不过二两,而其利倍之"。② 明末

---

① 朱国桢:《涌幢小品》卷二《农蚕》。
② 徐献忠:《吴兴掌故集》卷一三《物资类·农桑》。

清初时人张履祥,对植桑与种粮收益专门进行了研究,指出米贱丝贵年份,农家栽桑养蚕收入可以达到种粮收入的四、五倍,甚至十几倍,即使在平常年景,前者的经济效益比后者也要高出二至三倍。① 在植桑经济效益的驱动之下,太湖流域农家自然认为"多种田不如多治地",导致植桑面积大大超过种稻面积。湖丝畅销海内外的湖州,"以蚕为田,故胜意则增饶,失意则农困","尺寸之堤,必树之桑"。② "傍水之地,无一旷土,一望郁然"。③ 崇德"田地相埒,故蚕务最重"。

农家植桑所采桑叶,主要用于自家养蚕,剩余的桑叶则用于出售。当然,在丝织业日益发达之后,也有农家植桑专门用于采摘桑叶出售的。桑叶市场或者说叶市的兴起,显然与养蚕大户或不种桑农户对桑叶的巨大需求有关。叶市上桑叶价格起伏相当大,与蚕难以饲养有关。蚕种在孵化时要求"昼夜程其寒暖之节,不得使过,过则有伤"。即使孵化顺利,蚕苗也很容易患病死亡,养蚕人家必须"昼夜巡视"。④ 为了保证成蚕的数量,蚕农通常会大量饲养。倘若所有蚕都能健康成长,那么到了第四和第五龄,就需要大量桑叶来喂蚕。⑤ 倘若大部分蚕夭折了,那么用于喂养的桑叶就会很少,多出来的桑叶可以出售,"甚有不值一钱委之道路者"。⑥ 为了保证桑叶的稳定供应,蚕农在自家植桑之外,还通常会预购别人的桑叶。"湖之畜蚕者,多自栽桑,不则预租别姓之桑,俗曰秒叶。凡蚕一斤,用叶百六十斤。秒者先期约用银四钱,既收而偿者约用五钱,再加杂费五分。……本地(乌程)叶不足,又贩于桐乡、洞庭。"⑦

明清两代,江南桑蚕业遍布湖州府、嘉兴府、杭州府与苏州府太湖周边地区。种桑养蚕业最兴旺的当属湖州府,明人宋雷指出,蚕桑"合郡俱有,而独盛于归安,湖丝遍天下"。⑧ 乌程县南浔"无不桑之地,无不蚕之家",董蠡舟为此强调,"蚕事,吾湖独盛,一郡之中,尤以南浔为甲"。⑨ 德清县"穷乡僻壤,无地

① 张履祥:《补农书·补农书后·治地》,见《杨园先生全集》卷五〇。
② 谢肇淛:《西吴枝乘》。
③ 乾隆《湖州府志》卷一〇引《菰城文献》。
④ 乾隆《吴江县志》卷三八《生业》;乾隆《苏州府志》卷二《风俗》。
⑤ 朱国祯:《涌幢小品》卷二。
⑥ 嘉庆《东林山志》卷二三《艺文二》载闵光德《东林旧志论》。
⑦ 朱国祯:《涌幢小品》卷二。
⑧ 《西吴俚语》卷三。
⑨ 咸丰《南浔镇志》卷二一。

不桑,季春孟夏时,无人不蚕"。① 长兴县"无一农不精于治桑者"。② 湖州府植桑之盛,"其树桑也,自墙下檐隙以及田之畔、池之上,虽惰农无弃地"。③

嘉兴府蚕桑业之盛,紧追湖州府,其中最兴旺的是桐乡县和石门县。海盐县向来不植桑,到了明代晚期才开始,但发展极为迅速。"素不习蚕,近三四十年中,蚕利始兴。今则桑柘遍野,无人不习蚕矣"。④ 杭州府所属九县"皆养蚕缫丝,岁入不赀,仁和、钱塘、海宁、余杭贸丝尤多"。⑤ 苏州府的蚕桑业,主要分布于吴江县和震泽县南部,以及吴县濒临太湖的地带。吴江县种植的桑树,明代"宣德七年(1432),至四万四千七百四十六株",到了清代乾隆年间,"乡间殆无旷土,春夏之交,绿阴弥望,通计一邑,无虑数十万株"。⑥ 明代弘治年间,吴县"湖中诸山","以蚕桑为务"。⑦

苏州府震泽县"西南境之农家颇善治桑。桑凡一二十种。冬杪春初,远近多负而至。其大者,长七八尺,买之株二三厘,所谓大种桑也,密眼青次之"。⑧ 苏州府太湖厅"桑出东西两山,东山万盛。蚕时设市,湖南各乡镇皆来贩鬻"。⑨ 嘉兴府海盐县乡民"俟蚕长必买叶饲之。轻舠飞棹四出远买,虽百里外一昼夜必达,迟则叶蒸而烂不堪喂蚕矣"。⑩

苏州府吴县乡民"往往于立夏后,买现成三眠蚕于(太)湖以南之诸乡村"。⑪ 杭州府余杭县"每当蚕将二眠之际,各乡买蚕之船,衔尾而至"。⑫ 湖州府南浔镇之民"近时多有入嘉兴一带买茧,归缫丝售之者,亦有载茧来鬻者"。⑬ 湖州府安吉州,"炭细者为蚕炭,亦谓之小炭,育蚕之农用以灼火。二三月间,丁家岸、马家溇小市诸处,肩卖者络绎不绝"。⑭ 湖州府武康县,"炭为火不甚烈,宜于蚕事。三四月盛行。山人茹其利,相率入山垒石为窑,断薪而烧之,虽

① 康熙《德清县志》卷四。
② 同治《长兴县志》卷八。
③ 乾隆《湖州府志》卷三七。
④ 天启《海盐县图经》卷六。
⑤ 光绪《杭州府志》卷八〇。
⑥ 乾隆《吴江县志》卷五。
⑦ 王鏊:《震泽编》卷三。
⑧ 乾隆《震泽县志》卷二五《生业》。
⑨ 金玉相:《太湖备考》卷六《物产》。
⑩ 乾隆《海盐县续图经》卷一《方域篇·县风土记》。
⑪ 顾禄:《清嘉录》卷四。
⑫ 嘉庆《余杭县志》卷三八《物产》。
⑬ 汪曰桢:《湖蚕述》卷三《缫丝》,引道光《南浔志稿》。
⑭ 乾隆《安吉州志》卷八《物产》。

虎狼之窟无所畏惧焉"。①

张履祥在《补农书》中详细记载了植桑养蚕的情形。"浙西之利,蚕丝为大","田地相匹,蚕丝利厚","余里蚕桑之利,厚于稼穑,公私赖焉,蚕不稔则公私俱困,为苦百倍"。《沈氏农书》中有关蚕桑的论述更为详尽,对桑园管理的阐述更是巨细靡遗。关于种桑,"种法以稀为贵,纵横各七尺,每亩约二百株,株株茂盛,叶便满百,不须多也"。关于垦地,"桑之细根,断亦无害,只要棱层空敞。若倒地,则春天雨水正多,地面要犁平,使不滞水。背后脚迹,尽数揉平"。关于春天壅地,"清明边再浇人粪,谓之撮叶,浇一钱多二钱之叶。剪桑毕,再浇人粪,谓之谢叶,浇一钱多一钱之叶,毫不亏本,落得桑好"。②

作为雇工进行农业生产的经营地主,琏市沈氏"有地不得不种,田不得不唤长年"。桐乡张氏"岁耕田十余亩,地数亩","雇人代作"。③ 两位农学专家亲力亲为,展现了以蚕桑为主而以稻作为副的农业经济形态。

《补农书》中记有"策邬氏生业",说的是张履祥为有田十亩、池一方和屋数楹的家庭如何安排生产而出谋划策的事宜。在张履祥看来:"瘠田十亩,自耕尽可足一家之食,若雇人代耕,则与石田无异;若佃于人,则计其租入,仅足供赋役而已。"为了保证过上小康生活,张履祥提出的农业经营策略是:放弃种水稻,转而植桑三亩、种豆三亩、植竹与果树各二亩,兼养鱼饲羊。在这样的经营策略中,植桑显然最为重要,也表明了植桑收益之高。

《沈氏农书》记载提高桑叶产量的办法,并同时表明植桑收益可比种植水稻高一倍。"壅地果能一年四壅,罱泥两番,深垦刨尽,不荒不蟥,每亩产叶八九十个,断然必有。比中地一亩采四五十个者,岂非一亩兼二亩之息。"张履祥在《补农书》中对种粮与栽桑进行了细致对比。在他看来,相较于种植水稻,植桑更为省力而简便:"田工俱忙,地工俱闲。田赴时急,地赴时缓。田忧水旱,地不忧水旱。俗云'千日田头,一日地头'是已。"就效益而言,植桑显然高过种稻:"田极熟米每亩三石,春化一石有半,然间有之,大约共三石为常耳。地得叶盛者一亩可养蚕十数筐,少亦四五筐,最下二三筐(若二三筐即有豆二熟)。"④良地一亩大致产桑叶八十个,每个二十斤,可达一千六百斤。桑叶一千斤,可以养蚕十斤。按良地亩产桑叶一千六百斤,那么就可以养蚕十六斤,缫

① 汪曰桢:《湖雅》卷九《薪炭》,引乾隆《武康县志》。
② 张履祥:《杨园先生全集》卷四九《沈氏农书》。
③ 张履祥:《杨园先生全集》卷四九《沈氏农书跋》。
④ 张履祥:《杨园先生全集》卷五〇《补农书后》。

丝十六斤。明代嘉靖年间,每两丝价银二分,每石米价银三钱。[①] 按照这样的价格,十六斤丝可值银五两一钱二分,三石米值银九钱,两者之间相差达到五六倍。如果农家自己缫丝后织绢,那么收益就更高。如果农家妇女二人全年织绢一百二十匹,每匹平均价银为一两,那么可得银一百二十两。即使扣除工本银(经丝七百两价银五十两,纬丝五百两价银二十七两,丝线、家伙、线腊等价银五两,口粮十两)九十两,还可净盈利银三十两。[②]

第二节 丝织业

明代的蚕织器械得到相当大的改良,例如大纺车:"其制长约二丈,阔约五尺……或人或畜,转动左边大轮,弦随轮转,众机皆动,上下相应,缓急相宜……昼夜纺绩百斤。"南缫车、北缫车:"軖必以床,以承軖轴,轴之一端,以铁为袅掉,复用曲木环做活轴,左足踏动,軖即随转,自下引丝上軖。"[③]可见已经可以利用足踏来转动。

在明代丝织业的发展过程中,不管是养蚕、缫丝,还是纺织和纺机工具,都得到不断的改进。这些改进表现于对桑树的培植,蚕种的精心选择,对蚕病的小心防治,育蚕工艺的改善,结茧缫丝方法与工具的改进等。

农家改良桑树的目的,主要在于使桑树产叶多而植株变矮,桑树变矮有利于快速采摘桑叶。明代的缫丝技术和工具得到不断提高。相较于元代的足踏缫车,明代的足踏二人缫车显得更为机巧。这种足踏二人缫车包括带眼竹针、星丁头(导丝滑轮)、送丝竿和脚踏传动绕丝大关车等,缫丝效率大为提高,每个人一天可缫丝三十两。在缫丝技术上,产生了缫丝六字诀,即"出口干""出水干"。"出口干"指在蚕吐丝结茧时,以炭火烘干。"出水干"指从茧锅中抽出的丝在上车时,以适度的炭火烘干。如此缫出来的丝就会显得洁净光莹,并且坚韧有力。徐光启《农政全书》:"以一锅专煮汤,供丝头。釜二具,串盆二具,缫车二乘,五人共作。一锅二釜,共一灶门。火烟入于卧突,以热串盆。一人

---

① 乾隆《吴江县志》卷四〇《灾祥》。
② 参见张履祥:《杨园先生全集》卷四九《沈氏农书·蚕务六畜附》。
③ 王思义:《三才图会·器用》(第)九卷《蚕织类》。

执爨，以供二釜二盆之水。为沟以泻之，为门以启闭之。二人直釜，专打丝头。二人直盆主缫。即五人一灶，可缫茧三十斤，胜于二人一车一灶缫丝十斤也。是五人当六人之功。一灶当三缫之薪矣。"①通过这样的工序，可以节省人力与燃料，又可以多出丝。

在《天工开物》卷上《乃服》中，宋应星记载了两种丝织工具，即腰机和花机。腰机规制相对较小，"织匠以熟皮一方置坐下，其力全在腰尻之上，故名腰机"。用于纺织平面的丝织品，技艺高超的，一人操机可以织出精品。花机为提花机，用来织上等丝织品，规制比较大。花机构造相当复杂，长达一丈六尺，具有特殊的花楼和配套装置，包括楼门、涩木、老鸦翅、铁铃、花楼、衢盘、衢脚、叠助、眠木牛的杠和称庄等。"花楼"高达丈余，得由两人操作，在楼门下专职织纬的叫织匠，在花楼上的另一人则生产精丽的绸缎。② 运用这样的花机，只要织工技艺高超，就可以织出画师所描绘的任何花纹和图案。弘治年间还出现改机："改机，故用五层。明弘治间，有林洪者，工杼柚。谓吴中多重锦，闽织不逮。遂改段为四层。故名改机。"③万历年间，在濮院镇出现纱绸机，织出来的纱绸"质细而滑，且柔韧耐久，擅绝海内外"。④

丝织业组织

在苏州，随着丝织业的发达，丝织业工人自发形成了劳动力市场："郡城之东皆习机业，织文曰缎，方空曰纱。工匠各有专能，匠有常主，计日受值，有他故，则唤无主之匠代之，曰唤代。无主者，黎明，立桥以待，缎工立花桥，纱工立广化寺桥，以车纺丝者曰车匠，立濂溪坊。什百为群，延颈而望，如流民相聚，粥后散归。若机房工作减，此辈衣食无所矣。每桥有行头分遣。"⑤在江南乡村中则自发形成家庭丝织业。在当时的诗歌中就表现了这样的情形："洞庭刘氏，有夫叶正甫久客都门，因寄衣，侑以诗云：'情同牛女隔天河，又喜秋来得一过。岁岁寄郎身上服，丝丝是妾手中梭。剪声自觉和肠断，线脚那能抵泪多。长短只依先去样，不知肥瘦近如何？'"⑥此处的"洞庭"即太湖中的洞庭山。

从明代后期开始，在民间丝织生产中出现雇佣劳动方式，具有规模化和组

① 《明会典》卷一九〇《物料》。
② 《工部厂库须知》卷五。
③ 《明会典》卷一八二《营造二·仪仗一》。
④ 《明会典》卷一九四《窑冶》。
⑤ 《古今图书集成·经济汇编·考工典》第十卷《织工部》引《苏州府志》。
⑥ 陶宗仪：《南村辍耕录》卷二十九《寄衣诗》。

织化特征。早在元末明初,徐一夔就在《始丰稿·织工对》中记载了雇工丝织的情形。当然,这样的情形当时还较为少见。在具有丝织传统的杭州,有人拥有四、五张织机雇工纺织。"余僦居钱塘之相安里,有饶于财者,率居工以织。每夜至二鼓,一唱众和,其声欢然,盖织工也。……且过其处,见老屋将压,机杼四五具,南北向列,工十数人,手提足蹴,皆苍然无神色。进而问之……工对曰:……吾业虽贱,日佣为钱二百缗,吾衣食于主人,而以日之所入,养吾父母妻子。……久之,乃曰:吾艺固过人,而受直与众工等,当求倍直者而为之佣。已而,他家果倍其直佣之。"

明代成化以后,随着官营手工业没落,民间丝织业日益发达。嘉靖年间,北京和南京的织造日益萎缩。宫廷需要的高级丝织品,转向从苏州府和杭州府市买一部分,大部分则以机户领织的方式取得。领织方式,就是由官府通过承揽人交给机户丝料或银两,机户则按照要求上缴丝织成品。领织和市买方式表明,作为工匠的机户获得了一定的人身自由与经济地位。

丝织与生计

明代中后期,通过丝织业得以发家致富之人越来越多。万历初年的吏部尚书张瀚是杭州人,在记述先世发家致富过程时就指出丝织业的重要性。他说:"毅庵祖家道中微,以酤酒为业。成化末年值水灾,时祖居傍河,水淹入室,所酿酒尽败……因罢酤酒业,购机一张,织诸色纻币,备极精工,每一下机,人争鬻之,计获利当五之一。积两旬,复增一机,后增至二十余。商贾所货者,常满户外,尚不能应。自是家业大饶。后四祖继业,各富至数万金"。[1] 在发家过程中,张瀚先祖在投入丝织业后,从仅仅拥有一张织机,到逐渐扩张为二十余张织机,产品由于质量上乘而颇受欢迎。按一张织机二三人同时操作来计算,二十余张织机就得雇佣七八十人。同样是万历年间,苏州人陆粲也指出在丝织业中雇佣工匠的现象:"里人郑灏……其家织帛工及挽丝佣各数十人。"[2]

从丝织业发家者颇不乏人。例如苏州府的潘璧成,先世只不过是丝织业中的工匠,"起机房织手,名守谦者,始大富至百万"。[3] 秀水永乐乡沈某同样出身于丝织业中的工匠,"机纤起家,郡邑举为万石"。[4] 这种通过丝织业致富的情形,也表现于明代晚期的小说中。例如在冯梦龙的《醒世恒言》卷一八《施

---

[1] 《明英宗实录》卷一五三。
[2] 《明宪宗实录》卷二六五。
[3] 《漕船志》卷六《法例》。
[4] 《明英宗实录》卷二四〇。

润泽滩阙遇友》中,就描写了苏州府吴江县盛泽镇中一户施姓人家通过丝织业致富的情形。"嘉靖年间,这盛泽镇上有一人姓施名复,夫妻两口,别无男女。家中开张绸机,每年养几筐蚕儿,妇络夫织,甚好过活。那施复一来蚕种拣得好,缫下丝来细圆匀紧,洁净光莹,再没一根粗节不匀的,每筐蚕又比别家分外多缫出许多丝来,照常织下的绸拿上市去,人看时光彩润泽,都增价竞买,比往常每年每匹平均添许多银子。因有这些顺溜,几年间就增上三四张绸机,家中颇为饶裕。这样,欲要又添张机儿,恰好隔壁邻家住着两间小房,连年因蚕桑失利,争切要把来出脱,正凑了施复之便。夫妻依旧省吃俭用,昼夜营运,不上十年,就长有数千金家事。又买了左近一所大房屋居住,开起三四十张绸机,又讨几房家人小厮,把个家业收拾得十分完美。"小说中描述施复从一张织机发展为三四十张织机的过程,其中当然要雇佣大量工匠。

万历年间,苏州机户已成千上万,一方面可见丝织业之发达,另一方面也可想见依赖丝织业而生活的人之多。当时的巡抚应天右佥都御史曹时聘,在奏报苏州府丝织业情形时就指出:"吴民生齿最繁,恒产绝少,家杼轴而户纂组,机户出资,机工出力,相依为命久矣。……浮食奇民,朝不谋夕,得业则生,失业则死。臣所睹记,染坊罢而染工散者数千人,机户罢而织工散者又数千人。此皆自食其力之良民也。一旦驱之死亡者也,臣窃悼之"。[①] 明代中后期丝织业分化为所谓大户与小户,其实就是机户与织工。大户织机一天不纺织,小户一天不受大户雇佣纺织,都会大大影响生计。

丝织与雇佣劳动

一般来说,当时机户平均雇佣工匠大约只有一二人。"绫丝之业,宋元以来惟郡人为之,至明(洪)熙、宣(德)间,邑民渐事机丝,犹往往雇郡人织挽。成、弘以后,土人亦有渐精其业者,相沿成俗,于是震泽、黄溪四五十里间乃尽逐绫绸之利。有力者雇人织挽,贫者皆自织,而令其童稚挽花。"[②]其中的"有力者"和"贫者"之间的贫富差距有限,本质上都是小商品生产者。能够雇佣几十名工匠的机户毕竟是少数。

随着丝织业日益繁荣,在江南还出现了某些劳动力市场。例如在苏州,"郡城之东,皆习机业。织文曰缎,方空曰纱。工匠各有专能。匠有常主,计日受直。有他故则唤无主之匠代之,曰唤找。无主者,黎明立桥以待。缎工立花

---

① 《古今图书集成》《考工典》卷三《考古总部》。
② 乾隆《吴江县志》卷三八。

桥,纱工立广化寺桥,以车纺丝者曰车匠,立濂溪坊。什百为群,延颈而望,如流民相聚,粥后俱各散归。若机房工作减,此辈衣食无所矣"。[1] 机户与织工之间的关系可以说是比较自由的雇佣关系,很少存在人身依附关系。

在濮院镇,丝绸业特别发达,机户往往雇佣工匠生产,劳动力市场位于太平巷一带。"太平巷,本福善寺,西出正道,阖镇织工、拽工,每晨集此以街雇"。[2] 濮院镇的工匠"或遇无主,每早向各通衢分立,织工立于左,拽工立于右","女工多工络丝,每一两给钱三文,近则倍之,一日所获可以自给"。[3] 由于丝绸业的发达,内部分工变得越发细密,有络丝、织工、曳工(挽工)牵经、刷边、扎扣、接头、接收、修绸、看庄等,"或人兼数事,或专习一业"。[4] "机杼为阖镇恒产,男妇藉此养育者累累皆是。计其名,有络丝,有织工,有挽工(拽工),有牵经,有刷边,有运经,有扎扣,有接头,又有接收,有收绸,有看庄。或人兼数事,或专习一业。生平足不出巷,目不见外事,衣于是,食于是,尽其力而终身焉。"[5]丝织分工之密,从织机花楼上的拽工操作可见一斑:"机上有木架,谓之花楼,拽工坐其上。花样另有样本,业是者以世相传,需用时,向其家赁之。拽者随其样,两手扯拽,令开其丝,梭跳越而过,则丝浮而亮,凑合成花,无不毕肖。"[6]

丝绸业市镇附近的农家机户,有的全力投入丝织业,甚至放弃耕作本业,只是雇佣人种田。随着经济的繁荣,濮院镇镇区面积不断扩大,镇民纷纷购地建房,致使近郊田地价值迅速上涨。脱离农业或基本上脱离农业的机户,生计完全依赖丝织业,因此受市场波动的影响很大。"镇之丰欠(歉)不仅视田亩之荒熟,而视绸业之盛衰,倘商贩稀少,机户利薄,凋敝立形,生计萧索,市肆亦为减色矣"。[7]

丝织的商业化

新丝上市时节,丝行往往前去收购农家蚕丝,"乡人抱丝诣行,交错道路,丝行中着人四路招揽,谓之接丝日,至晚始散"。[8] 农家也可以以船运丝至镇

---

① 康熙《嘉兴府志》卷九《户口》。
② 金淮:《濮川所闻记》卷二《地宇·坊巷》。
③ 杨荫轩:《濮院琐志》卷一《机杼》,卷七《杂流》。
④ 杨荫轩:《濮院琐志》卷一《机杼》。
⑤ 嘉庆《濮院琐志》卷一《机杼》,卷七《杂流》。
⑥ 嘉庆《濮院琐志》卷一《机杼》。
⑦ 同光《盛湖志》卷三。
⑧ 杨荫轩:《濮院琐志》卷六《岁时》。

中，"投主交易"，丝行则在河畔收丝，"四五月间，乡人货丝船排比而泊"。① 收丝的牙行分为大行和小行。小行又叫"钞庄"。小行收购的丝主要转手给大行。在收丝行列中还有"小领头"（俗称白拉主人），"招乡丝代为之售，稍抽微利"。②

收购农家与镇上机户生产的绸绢的称为绸行或绸庄。绸行的收购方式，要么由"接手"居间介绍，要么由绸行亲自出庄收购。"绸既成，有接手持诣绸行售之，每一绸分值若干，谓之用钱"；"绸行晌午赴市收绸，谓之出庄。其善看绸者，谓之看庄；归行再按，谓之覆庄"。绸行收购绸之后，交予练坊练熟后转销各地客商，"各以其地所宜之货售于客"。③ 例如在吴绫交易中心盛泽镇，万历和天启年间，"市上两岸绸丝牙行约有千百余家，远近村坊织成绸匹，俱到此上市，四方商贾来收买的，蜂攒蚁集，挨挤不开"。④ "盖机户仰食于绸行，绸行仰食于商客，而开张店肆者胥仰食于此"。⑤ 在丝织业的繁荣时期，盛泽镇上"四乡佣织多人及俗称曳花者约数千计"。⑥

清代前期，商人资本不断出现于染踹业之中。在有些市镇上，商人开设的染踹作坊规模相当大。商人资本也开始支配丝织织作过程。例如在双林镇，"商人积丝不解织，放与农家预定值"，诗注："庄家有赊丝与机户，即收其绢，以牟重利者"。⑦ 在双林镇上，接待各地客商的牙行叫作广行或客行，颁布于四栅。"丝业牙行聚四方商旅，饶富立至"；"在本镇经纪者，以丝、绵、绸、绢为盛，有资设店获利固易，而精其业者即空手入市，亦可日有收获"；"客商赍银来者动以千万计，供应奢华，同行争胜，投客所好以为迎客，无所不至"。⑧ 每当客商众多而蚕丝供不应求时，"行家雇船下乡收买，谓之出乡"。其中的名目很多，例如代行家收买的叫"抄庄"，既买而卖于各行的叫"掇庄"（或曰贩子），还有平时零卖于机户的叫"折丝庄"等。⑨

南浔镇上丝行分为京庄、广庄、经庄、划庄和乡庄等。时人有诗赞曰："闻

① 天启《吴兴备志》卷二九《琐征》。
② 光绪《菱湖镇志》卷一一《物产》。
③ 金淮：《濮川所闻记》卷三《织作》。
④ 冯梦龙：《醒世恒言》卷一八《施润泽滩阙遇友》。
⑤ 乾隆《盛湖志》卷下《风俗》。
⑥ 乾隆《盛湖志》卷下《风俗》。
⑦ 民国《双林镇志》卷一六，引沈泊村乐府。
⑧ 民国《双林镇志》卷一五《风俗》。
⑨ 民国《双林镇志》卷一六《物产》。

阛阗�驵侩忙,一榜大书丝经行,就中分列京广庄,毕集南粤金陵商。"①京庄又叫京行,专门为苏州府和杭州府织造局供应上等细丝,织成绸绢解往京城,因此称为京庄或京行。广庄又叫广行,专门招接广东商人,也叫客行。乡庄又叫乡行,是专门买乡丝的丝行。经庄是专门买经造经的丝行,经营专售苏州机户的苏经和专售广东商人的广经。划庄就是小行,专门买进蚕丝后转手出售给大行。

黄溪市劳动力市场相当庞大,机工们每日清晨"立长春、泰安二桥,以待人雇织,名曰'走桥',又曰'找做'"。丝织业兴旺时,机户为招徕机工,只得百般迁就,"每逢节候,肴馔必更丰焉",如若不然,机工"或食无兼味,辄去而他适"。丝织业萧条时,机户减少雇佣工,一些"无人雇织"者,甚至"沿途求乞以为常"。②长洲县一带将等人雇佣织作的机工称为"唤找","工匠各有专能,匠有常主,计日受值。有他故则唤无主之匠代之,曰唤找。无主者黎明立桥以待,锻工立花桥,纱工立广化寺桥,以车纺丝者曰车匠,立濂溪坊。什百为群,延颈而望。……若机房(即机坊)工作减,此辈衣食无所矣"。③

第三节　明清江南丝绸业

在谈到蚕桑业时,顾炎武指出,如延安这样的边郡百姓,如今既不熟知耕作,又不懂得纺织,导致生计日益艰难。"今边郡之民,既不知耕,又不知织,虽有材力而安于游惰。华阴王弘撰着议,以为延安一府布帛之价贵于西安数倍,既不获纺织之利,而又岁有买布之费,生计日蹙,国税日逋。"顾炎武引陈文恭的话指出,陕西自古以来为勤于蚕桑养殖之地。如今却放弃蚕桑养殖,致使必须从外地购买丝绸花布。"陕西为自古蚕桑之地,今日久废弛,绸帛资于江浙,花布来自楚豫。小民食本不足,而更卖粮食以制衣,宜其家鲜盖藏也。"原因何在呢?是由于官府教导无方。现在应当逐渐恢复这一传统。"非尽其民之惰,以无教之者耳。今当每州县发纺织之具一副,令有司依式造成,散给里下,募

---

① 咸丰《南浔镇志》卷二一《农桑》。
② 道光《黄溪志》卷一《疆土·风俗》。
③ 康熙《长洲县志》卷三《风俗》。

外郡能织者为师。即以民之勤惰工拙，为有司之殿最。一二年间，民享其利，将自为之，而不烦程督矣。"

边民如果不自己从事蚕桑业，那么生计就会相当困难，甚至沦落到贫寒地步。"计延安一府四万五千余户，户不下三女子，固已十三万余人，其为利益岂不甚多？按盐铁论曰，边民无桑麻之利，仰中国丝絮而后衣之。夏不释复，冬不离窟，父子夫妇内藏于专室土圌之中。崔寔政论曰，仆前为五原太守，土俗不知缉绩，冬积草，伏卧其中。若见吏，以草缠身，令人酸鼻。"顾炎武因此亲自请人来教当地百姓纺织，以补益生计。"今大同人多是如此，妇人出草则穿纸裤，真所谓倮虫者也。吾乃卖储峙，得二十余万，诣雁门、广武迎织师，使巧手作机，乃纺以教民织。是则古人有行之者矣。汉志有云，冬民既入，妇人同巷相从夜绩女工，一月得四十五日。八月载绩，为公子裳。幽之旧俗也。率而行之，富强之效，惇庞之化，岂难致哉！"只要政策得当，在顾炎武看来，百姓致富并不太难。

关于吴地即今太湖流域丝绸业的兴旺，顾炎武引用"唐氏"的话指出："吴丝衣天下，聚于双林。吴越、闽番至于海岛，皆来市焉。五月载银而至，委积如瓦砾。吴南诸乡，岁有百十万之益，是以虽赋重困穷，民未至于空虚，室卢舟楫之繁庶胜于他所，此蚕之厚利也。四月务蚕，无男女老幼，萃力靡他。无税无荒，以三旬之劳，无农四时之久，而半其利，此蚕之可贵也。"双林镇丝绸业的繁荣，显然引起顾炎武的关注。顾炎武特别注意到双林镇与海外有贸易往来，由此赚得大量白银。丝织业的丰厚利润，足以使太湖流域百姓克服赋役繁重的困难，而且生活的富庶可以称得上甲于海内。在浓墨重彩地描述太湖流域丝织业大大有益百姓生计之后，作者鼓吹边民也应当植桑，发展丝织业。边民之所以没有发展蚕桑业，根本原因不在于土地不适宜于植桑，而是百姓过于怠惰。"夫蚕桑之地，北不逾松，南不逾浙，西不逾湖，东不至海，不过方千里，外此则所居为邻，相隔一畔，而无桑矣。其无桑之方，人以为不宜桑也。今楚、蜀、河东及所不知之方亦多有之，何万里同之，而一畔异宜乎？桑如五谷，无土不宜。一畔之间，目睹其利而弗效焉，甚矣，民之惰也？"为了改善百姓生计，有必要大力推广蚕桑业，使天下到处植桑。守土之官的责任在于时时予以督促。"吾欲使桑遍海内，有禾之土必有桑焉。其在于今，当责之守令，于务蚕之乡择人为师，教民饲缫之法，而厚其廪给。其移桑有远莫能致者，则待数年之后，渐近而分之。而守令则省骑时行，履其地，察其桑之盛衰。入其室，视其蚕之美恶。而终较其丝之多寡。多者奖之，寡者戒之，废者惩之。不出十年，海内皆桑矣。昔吾行于长子,略着于篇,可以取法焉。"改善百姓生计,还可以大力发展家庭纺织业。如此一来,不仅可以改善家家户户的生活,还可以使纺织业得到繁荣,使人人都有衣穿。"吴华核上书,欲禁绫绮锦绣,以一生民之原,丰谷帛之业。谓今吏士之家,少无子女,多者三四,少者一二。通令户有一女,十万家则十万人。人人织绩,一岁一束,则十万束矣。使四疆之内,同心戮力,数年之间,布帛必积。恣民五色,惟所服用,但禁绮绣无益之饰。且美貌者不待华采以崇好,艳姿者不待文绮以致爱,有之无益,废之无损,何爱而不暂禁,以充府藏之急乎!此救乏之上务,富国之本业。使管晏复生,无以易此方。今纂组日新,侈薄弥甚,斫雕为朴,意亦可行之会乎?"①

有明一代,丝织业分为官营丝织业与民间丝织业。自明代中叶以后,由于商业逐渐兴旺,民间丝织业日益超越官营丝织业。在太湖流域乡村,百姓业农之余,普遍从事丝织业。其中有不少农家还专以丝织业谋生。例如在苏州,城内的机户和机匠大多住在城东,"郡城之东,皆习机业"。②"吴门首重机业,城东比户皆然"。③宋元以前,苏州丝织业还主要集中于城内。到了明代中叶,苏州附近乡村中的丝织业逐渐兴起。到了明代后期,农家普遍掌握了丝织技术,从事丝织业,生计多赖于此。

郭子章指出,东南丝机以太湖流域、浙江与福建最多,蚕茧主要来源于湖州。"东南之机,三吴、越、闽最伙,取给于湖茧;西北之机,潞最工,取给于阆茧。"④这是因为,当时的湖州为蚕桑业中心,生丝贸易最为兴旺。例如菱湖镇就是蚕丝的大规模集散地,"四方鬻丝者多,廛临溪,四五月间,溪上乡人货丝船排比而泊"。⑤不仅蚕丝贸易兴旺,而且太湖流域的丝织品也畅销于海内外:"秦、晋、燕、周大贾,不远数千里而求罗、绮、缯、帛者,必走浙之东也"。⑥

江南的丝织业以苏州、湖州与杭州最为繁荣兴旺。在这三个城市中,丝织工匠相当集中,丝织品品质优良,花样繁多。张瀚为此强调:"余尝总揽市利,大都东南之利,莫大于罗绮绢纻,而三吴为最。即余先世,亦以机杼起,而今三吴以机杼致富者尤众。"在苏州、湖州与杭州,因为丝织业致富的大有人在。说

---

① 顾炎武:《日知录》卷十"纺织之利"。
② 康熙《长洲县志》卷三。
③ 顾震涛:《吴门表隐》。
④ 郭子章:《郭青螺先生遗书》卷二《蚕论》。
⑤ 董斯张:《吴兴备志》卷二九《琐征》。
⑥ 张瀚:《松窗梦语》卷四《商贾纪》。

到南京,则"三服之官,内给尚方,衣履天下,南北商贾争赴"。说到杭州,则"桑麻遍野,茧丝绵苎之所出,四方咸取给焉。虽秦、晋、燕、周大贾,不远数千里而求罗绮缯币者,必走浙之东也"。①

南京的丝织业相当发达。著名的江宁织造府就位于南京。早在明朝开国之初的洪武年间,城西上中下塌场就成为"屯集缎匹布帛茶盐纸张等货"②的场所,丝绸贸易相当繁荣。到明代中期的正德年间,丝织业又得到进一步发展。明代苏州城区分为东西二区,其中西城为官府办公与商人聚居区,东城是丝织业为主的工业区。正所谓"东北半城,大约机户所居"。③"绫锦纻丝罗绸绢,皆出郡城机房,产兼两邑(吴县与长洲),而东城为盛,比屋皆工织作。转贸四方,吴之大资也。"④

杭州的丝织业聚集于东北城区,"业绸者居城东北隅"。忠清里与相安里一带,进入明代后相当繁华,"迄今一乡之人,皆织绫锦为业"。⑤ 杭州的丝绸产品在海内外无不受到热烈欢迎。经由贸易与官方馈赠,杭州丝绸可以到达东北与西北地区。至于西南诸省,苏州和杭州丝织品也可以到达。"虽僻远万里,然苏、杭新织种种文绮,吴中贵介未披而彼处先得"。⑥ 明代开海禁前,杭州丝绸还通过走私销往海外。例如在万历年间,"闽人杨才甫者,久寓于杭,与杭人张玉宇善,出本贩卖细绢等货,同义男张明觅船户施春凡与商伙陈振松等三十余人,于七月初一开洋"。他们前往日本出售杭州丝绸。另一起被官府抓获的丝绸走私案,是赵子明等五名人犯"向织造蛤蜊班缎匹等货,有周学诗者转贩往海澄贸易,遂搭船开洋往暹罗、吕宋等处发卖,获利颇厚"⑦。这两件事仅是被抓获的走私案,没有被抓获的就更多。

明代初期,苏州丝织技术还局限于城区。到了洪宣之世,就开始向周边乡村辐射。在此后,更是普遍地在村落中普及了开来。例如在吴江县,"绫绸之业,宋元以前,惟郡人为之,至明(洪)熙、宣(德)间邑民始渐事机丝,犹往往雇郡人织挽。成(化)弘(治)以后,士人亦有精其业者,相沿成俗,于是盛泽、黄溪

---

① 张瀚:《松窗梦语》卷四《商贾纪》。
② 顾炎武:《天下郡国利病书》卷二八《江南·盐法考》。
③ 朱国祯:《皇明大政记》卷四四《矿税》,万历二十九年六月。
④ 嘉靖《吴邑志》卷十四。
⑤ 嘉靖《仁和县志》卷三,范祖述:《杭俗遗风》。
⑥ 王士性:《广志绎》卷五《西南诸省》。
⑦ 王在晋:《越镌》卷二一。

四五十里间,居民悉逐绫绸之利"。① 盛泽镇是吴江县下面的一个镇,明代中叶之前还藉藉无名,只有"居民百家,以绫锦为市"。② 明代中后期,盛泽镇得到迅速发展,"丝绸牙行约有千百余家,远近村坊织成绸匹,俱到此上市"。③ 由此可见,明代后期太湖流域丝织业发展的迅速。

在丝织业从城市向乡村的扩散中,新的丝织业市镇不断兴起,并进一步促进丝织业的繁荣发展。例如杭州塘栖镇"出丝之多,甲于一邑","官舫运艘,商旅之舶,日夜联络不绝","财货聚集,徽杭大贾,视为利之渊薮"。④ 嘉兴濮院镇,明代中期的弘治和正德年间就已经是"机杼之利,日生万金"。⑤ 万历年间,濮院镇的土机改为纱绸机,使丝织业更加兴旺。"机杼声轧轧相闻,日出锦帛千计。远方大贾携囊群至"。⑥

湖州府是明代蚕桑业中心,随着丝织业日益繁荣,不断出现以丝织业生产与销售为中心的市镇。例如南浔镇,早在南宋末年就出现。到了明代,缫丝技术日益精湛。被称颂为丝织品之冠的辑里丝就出产于南浔。到了万历年间,南浔丝织业达到鼎盛时期,俨然一都会。正所谓"阛阓鳞次,烟火万家,苕水流碧,舟航辐辏"。⑦ 乌青镇同样兴起于南宋,到了嘉靖年间,已经成为相当繁华的市镇,"地僻人稠,商贾四集,财富所出甲于一郡"。⑧ 德清县的新市镇正德年间以后,"街衢市巷之整,人物屋居之繁,琳宫梵宇之壮,茧丝粟米货物之盛,视塘栖(镇)较盛,为全县第一大镇"。⑨

蚕丝业在湖州府经济中的地位可谓举足轻重。乌程县与归安县的蚕丝业最为发达。洪武二十四年(1391),湖州府共税丝、绵六十六万一千七百零二两,其中乌程县税至二十二万七千二百一十四两,占湖州府丝绵总税额的百分之三十四点三;归安县税至二十一万三千六百一十六两,占湖州府丝绵总税额的百分之三十二点三,两县合计共占百分之六十六点六。至嘉靖元年(1522),湖州府共税丝绵增至八十二万六千二百六十二两,乌程县税至二十五万六千

① 乾隆《吴江县志》卷三八《风俗一·生业》。
② 嘉靖《吴江县志》卷一《疆域》。
③ 康熙《苏州织造局志》载文徵明《重修织造局记》。
④ 《杭州府志》卷一八《公署一》,卷一九《公署二》。
⑤ 《濮川志略》卷一。
⑥ 金淮:《濮川所闻记》卷四,引万历十九年李培《翔云观碑记》。
⑦ 潘尔夒:《浔溪文献》。
⑧ 《乌青文献》卷一《建置》。
⑨ 正德《新市镇志》卷一。

零一十六两,占湖州府丝绵总税额的百分之三十一;归安县税至二十二万九千一百三十四两,占湖州府丝绵总税额的百分之二十七点七,两县合计共占百分之五十八点七。① 到了嘉靖年间,蚕丝业在湖州人生计中已经占有一半的地位,也就是湖州人一半的生计仰赖于养蚕缫丝。"田中所入与蚕桑各具半年之资"。② 万历年间,湖州人在生计上对养蚕缫丝的依赖更深。种桑育蚕"湖(州)人尤以为先务,其生计所资,视田几过之"。③

明代中期以后,太湖流域的丝织业逐渐由府城向周边乡村扩散,或者说从城市居民向农村农家扩散。例如在苏州府吴江县:"绫绸之业,宋元以前惟郡人为之,至明熙宣(洪熙、宣德)间,邑民始渐事机丝,犹往往雇郡人织挽;成弘(成化、弘治)以后,土人亦有精其业者,相沿成俗。于是,震泽镇及近镇各村居民,乃尽逐绫绸之利,有力者雇人织挽,贫者皆自织。"④在双林镇四乡农家中,丝织业成为主业,而田耕之业反而沦为副业。"近镇数村以织帛为业,男子或从事绞线,必常出市买丝卖绢。田功半荒,而衣帛食鲜,醉饱市肆,其逸乐远胜常农";"近村织绢乡人赚钱甚易","工余必入市,闻见奢华,日用易费"。既然织绢成为主业,那么田地有所荒芜自然也就不在乎了。"凡此等村落,田地不足贵"。⑤

第三节 丝绸业市镇

菱湖镇元朝末年毁于战乱中,明初复兴后设有税务司,由市升格为镇。明代中期,菱湖镇迅速地发展了起来,"第宅连云,阛阓列螺,舟航集鳞",崛起为相当繁荣的市镇。⑥ 牙行收丝时节,"四五月间,乡人货丝船排比而泊",热闹非凡。⑦ 镇上居民的生计主要依赖于蚕丝业。"菱湖多出蚕丝,贸易者倍他处",

---

① 万历《湖州府志》卷一一《赋役》。
② 徐献忠:《吴兴掌故集》卷一二《风土》。
③ 谢肇淛:《五杂组》。
④ 乾隆《震泽县志》卷二五《风俗·生业》。
⑤ 民国《双林镇志》卷一五《风俗》。
⑥ 光绪《菱湖镇志》卷一《舆地略·疆域》,引庞太元:《菱湖志》。
⑦ 天启《吴兴备志》卷二九《琐征》。

"镇人大半衣食于此"。①

石门镇。"(石门)地饶桑田,蚕丝成市,四方大贾岁以五月贸丝,积金如丘山。"②晚明以降,"农桑视昔更盛",丝市更加繁荣,"公私取偿丝市","丝市之利胥仰给贾客腰缠,乃驱小侩递润其腹,而后得抵乡民之手"。镇上的丝行、桑叶行与绸行生意相当繁忙,"岁盛时坐贾持衡,行商麇至,资以贸迁","商贾辐辏浮于邑"。③

明代初年,盛泽镇所在地仅有"寅亥市"(即六日一集的村市),嘉靖年间才发展为居民百家的小市。④ 嘉靖之后,盛泽镇迅速发展为"以绫绸为业"的大镇,"每日中为市,舟楫塞港,街道肩摩","丝绸之利日扩,南北商贾咸萃","蕃阜气象诸镇中推为第一"。⑤

王江泾镇于万历年间成为大镇,"多织绸收丝缟之利,居者可七千余家"。⑥"其民多织缯为业,日出千匹,衣被数州郡"。⑦ 京杭大运河在闻店桥与市河交汇。市河两岸有三条大街即里街、丝行街和百岁街,街上密集分布着丝行、绸行和茶楼酒肆等。在鼎盛时期,王江泾镇祠庙寺观林立,有关圣庙(一名万寿庵)、莲花庵、云深庵、北社庙、东社庙、西社庙、金龙四大王庙、刘王庙、正阳殿、蚕花殿、医仙祠、施王庙、跌隐寺、流福寺、寿生寺、梵音阁、东禅寺、栖真寺、保安讲寺和观音阁等。⑧ 由此亦可见市况之繁华。

王店镇。《乐郊私语》说:"王店镇,有工部尚书王逵者世居大彭都官滩里。自逵构屋于梅溪,聚货贸易,因名王店。尚书公子曰令安、孙曰延福,皆成进士,簪缨相继,而王店日渐殷庶,遂成巨镇。"⑨万历之后,王店镇日益繁荣,"物产之利首推纱布,而蚕丝之广不下吴兴,户勤纺织,人多巧制"。⑩ 王店镇的第一大产业是棉布业,第二大产业就是丝绸业,生产的褚绸和画绢极为有名,时人赞叹:"王店褚绸为最,画绢亦甲天下"。⑪

① 光绪《菱湖镇志》卷一《舆地略·物产》。
② 王稚登:《客越志》。
③ 康熙《石门镇志》卷一《纪闻》;卷七《纪文》,贺灿然:《石门镇彰宪亭碑记》。
④ 乾隆《盛湖志》卷下《古迹》;光绪《盛湖志》卷一《沿革》;嘉靖《吴江县志》卷一《地理志·疆域》。
⑤ 光绪《盛湖志》卷一《沿革》;康熙《吴江县志》卷一《市镇》。
⑥ 万历《秀水县志》卷一《舆地志·市镇》。
⑦ 宣统《闻川志稿》卷二《建置志·农桑》。
⑧ 宣统《闻川志稿》卷二《建置志·祠庙》。
⑨ 康熙《嘉兴府志》卷一六《外记》,引《乐郊私语》。
⑩ 乾隆《梅里志》卷七《物产》。
⑪ 民国《梅里备志》卷二《物产》。

湖丝畅销海内外，从谚语"湖丝遍天下"之流行可见一斑。不仅海内对湖丝趋之若鹜，而且海外市场也尤为欢迎湖丝。在海外市场不断需求的刺激下，湖丝在国内市场的价格节节攀升。《黄溪志》记载了相关丝绸比价的演变："明嘉靖中，绫绸价每两银八九分，丝每两二分；我朝康熙中，绫绸价每两一钱，丝尚止三四分；今（按：乾隆中）绸价视康熙间增三分之一，而丝价乃倍之。"①由此可见，从明代嘉靖年间到清代乾隆年间，丝价上涨了三四倍。直到康熙五十九年（1720），生丝都是中国向海外出口的最大宗货物。

明代中期之后，湖丝不断从江浙流入福建，并从福建销往海外市场。"凡福（州）之绸、丝，漳（州）之纱、绢……无日不走分水岭，及浦城小关，下吴越如流水。其航大海而去者，尤不可计。皆衣被天下。所仰给他省，独湖丝耳。红不逮京口，闽人货湖丝者，往往染翠红而归织之。"②张瀚在《松窗梦语》中同样指出湖丝运往福建的情形："浙江……桑麻遍野，茧、丝、绵、苎之所出，四方咸取给焉……宁（波）、绍（兴）、温（州）、台（州），并海而南，跨引汀（州）、漳（州），估客往来，人获其利。"广东名产粤缎的原料同样是湖丝。相关情形可见于乾隆《广州府志》引明修《广州府志》中的记载："粤缎之质密而匀，其色鲜华光辉滑泽，然必吴蚕之丝所织，若本土之丝则黯然无光，色亦不显，止可行于粤境，远商所不收。粤纱，金陵苏杭皆不及，然亦用吴丝（湖丝），方得光华，不褪色，不沾尘，皱褶易直。"

中国与菲律宾贸易中中国商人向菲律宾大规模出口的生丝，同样以湖丝为主。全汉昇为此指出："当日在中国值银一百两的湖丝，运到那里出售，起码得价二倍。除西班牙人外，有时日本商人也到那里收搜购湖丝。当大家在市场上争着购买的时候，湖丝价格更急剧上涨，每斤售银五两，即每担五百两。由于国内和吕宋售价的悬殊，把丝货运到那里出卖的中国商人，往往获得巨额的利润，从而把赚到的银子大量运回本国。吕宋的马尼拉港既然成为湖丝交易中心，我们可以推知，当日以太湖为中心的江浙蚕丝产区是对菲输出的丝货的主要来源，故有不少浙、直（南直隶，指江苏及安徽）丝客都参加吕宋贸易。"他引用徐光启《海防迂说》："于是有西洋番舶者，市我湖丝购物，走诸国贸易。若吕宋者，其大多会也。而我闽、浙、直商人，乃皆走吕宋诸国。倭所欲得于我者，悉转市之吕宋诸国矣……吕宋者在闽之南，路迂回远矣。而市物又少，价

---

① 乾隆《吴江县志》卷三八《风俗·生业》；乾隆《震泽县志》卷25《生业》。
② 王世懋：《闽部疏》。

时时腾贵,湖丝有每斤价至五两者。"①

在工业革命之前,中国江南的生丝及丝绸产品在全球市场具有强大的竞争力。这是因为,"中国的丝绸工业俱有长期发展的历史,技术比较进步,成本比较低廉,产量比较丰富,所以中国产品能够远渡太平洋,在西属美洲市场上大量廉价出售,连原来独霸该地市场的西班牙丝织品也大受威胁。由此可知,在近代西方工业化成功以前,中国工业的发展使中国产品在国际市场上的强大竞争力来说,显然曾经有过一页光荣的历史。中国蚕丝生产遍于各地,而以江苏和浙江之间的太湖区域最为重要……海外市场对中国丝绸需求量非常大,因而刺激这个地区蚕丝生产事业的发展,使人民就业机会与货币所得大量增加,当然是一个重要因素"。②

第四节　时尚与丝绸

在明代中叶之后生活时尚日新月异的推动之下,明代丝织品花样百出,极为丰富多彩:"偶见浙杭春运袍服册,共二千四百余疋。套织有八团升降龙、四团升降龙、暗四侧骨、孕云、金莲、宝相、牡丹、四季花、鸾凤穿花之类,色有大红、桃红、柘黄、鹅黄、莺绿、柳绿、玄色、月色、月白、真紫之类,而两色相闪者,几居其半。"③明代晚期,苏州府吴县出产的丝织品可达三十三种,有锦、绽丝、彭段、瑞麟绸、遍地锦、线绒、捻绒、纹绒、刻丝、罗、秋罗、帽罗、绫、裱绫、纱、机软纱、银条纱、绉纱、绢、榨袋绢、罗底绢、画绢、裱绢、包头绸、粗绸、绫机绸、绉绸、绵绸、染生、绒线、流苏。④ 制作这些产品的机器有绫机、绢机、罗机、纱机和绸机等专门织机。

明代中后期出现大型的斜身式小花楼机,机架结构与功能更加完善,便于产生新的工艺技术和生产方法。与此同时,对织机的斜身式改进,有助于状花技术的精益求精。在织机不断改进的同时,花本也在不断演进。花本制作被

①　参看全汉昇:《自明季至清中叶西属美洲的中国丝货贸易》,载《中国经济史论丛》第一册,第459—462页。

②　全汉昇:《略论新航路发现后的海上丝绸之路》,《近代中国史研究通讯》第二期(1986年)。

③　陈汝锜:《甘露园短书》卷五,康熙刻本,第9页。

④　崇祯《吴县志》卷二九《物产》。

称为"挑花结本",技术难度相当高,其中最难的当属妆花花本的制作。"凡工匠结花本(织花的样稿)者,心计最精巧。画师先画何等花色于纸上,结本者以丝线随画量度,算计分寸秒忽而结成之。张悬花楼之上,即织者不知成何花色,穿棕带经,随其尺寸度数提起衢脚,梭过之后,居然花现。""天孙(天上织女)机杼,人巧备矣!"①

随着丝织生产方式的不断改进,生产规模的不断扩大,东南的丝绸染色业得到不断发展。明朝末年,丝绸色彩甚至达到惊人的一百二十余种。例如在松江府,"染色之变,初有大红、桃红、出炉银红、藕色红,今为水红、金红、荔枝红、橘皮红、东方色红;初有沉绿、柏绿、油绿,今为水绿、豆绿、兰色绿;初有竹根青、翠蓝,今为天蓝、玉色、月色、浅蓝;初有丁香、茶褐、色酱色,今为墨色、米色、鹰色、沉香色、莲子色;初有缁皂色,今为铁色、玄色;初有姜黄,今为鹅子黄、松花黄;初有大紫,今为葡萄紫"。② 值得注意的是,其中有二十多种色彩是新出现的,充分表现了染色技术的发展。

在时尚的推动之下,丝织品种不断创新。到了明代中后期,丝绸出现了几十个品种,包括缎、锦、纱、罗、绸、绢、绉和绫等。江南的丝绸生产主要分为高级绸缎和低级丝绸。所谓高级绸缎,是先染丝后织造的绸缎,也就是"熟货"。低级丝绸同是先织后染色的丝织品,也就是"生货"。一般而言,高级绸缎在苏州、杭州和南京等大城市织造,低级丝绸则在湖州府城、嘉兴府城与丝织业市镇中大量生产。最为有名的丝绸产品有苏州花缎,南京素缎如云锦,杭州宁绸和线绸,湖州的花绉、素绉和绸,盛泽、濮院、双林、临平、震泽等丝织市镇产的绸类等等。③

苏州丝织品有绫、罗、纱、绢和锦等。弘治年间,苏州出产的锦上出现了海马、云鹤、宝相花和方胜等图案,时人称其"五色炫耀,工巧殊过,犹胜于古"。缂丝,"有金缕彩妆,其制不一,皆极精巧",上品称"清水",较次的称"帽料",再次的称"倒挽","四方公私集办于此"。苏州出产的罗有刀罗和河西罗,有花素两类。苏州出产的纱,素的称银条纱,花的称夹织,花素都有金缕彩妆数种,还有"轻狭而縠文者"称绉纱。绢,无论生熟,"四方皆尚之"。④

成化《杭州府志》记载,杭州丝织品种繁多,包括缎、罗、锦、剪绒、缂丝、绫、

① 宋应星:《天工开物》卷上《乃服》。
② 崇祯《松江府志》卷七《风俗·俗变》。
③ 参见范金民:《明清江南商业的发展》,南京大学出版社 1998 年版。
④ 正德《姑苏志》卷一四《土产》。

绸、绢、纱、纺和縠等。杭州的官营织造局织作的丝织品，主要依据朝廷指定的纹样，变化较少。相对而言，民间丝织品没有那么多约束，在丝织图案上可以充分发挥创造性，因此花样设计上不断变化。秋罗与绮罗为杭州名产。嘉靖年间，杭州生产的一种吴绫俗称油缎子，质厚紧密，光泽鲜艳，在暗室中用手抚摩甚至可以放出光泽。崇祯年间，杭州出产的皓纱，又称将纱，创作者蒋昆丑敏锐地意识到质色厚重已不太受人欢迎，"乃易以团花疏朵，轻薄如纸，携售五都，市廛一哄，甚至名重京师"。①

正德年间，南京出产纻丝，俗称缎子，"有花纹，有光素，有金缕彩妆，制极精巧"；出产的纱，在原有花纹、绢纱和四紧纱的基础上，又增加银条纱、绉纱、土纱和包头纱，银条纱和绉纱的"彩色妆花，亦极精巧"；出产的罗，有府罗、刀罗和河西罗，"其彩色妆花，与纻丝同"，都有花素之分；出产的绢，有云绢、素绢、生绢和熟绢，"彩色妆花，亦与纱同"。②

湖州府和嘉兴府出产的生丝，天下无不称颂，"任从提挈，不忧断接。他省者即勉强提花，潦草而已"。③ 湖州府出产的丝以菱湖、洛舍、南泽、七里、德清和安吉最著名。"湖丝唯七里尤佳。"七里湖丝的独特优点是"细、圆、匀、坚"和"白、净、柔、韧"，质地极为精良，是湖丝中最上品。④ "湖地宜蚕，新丝妙天下……湖丝唯七里者尤佳，较常价每两必多一分，苏人入手即识，用织帽缎，紫光可鉴……为法愈密，所产益良。前后凡二十年，岁无败者"。⑤

苏州府出产的绸，品种之多，令人眼花缭乱，包括用绞线织成的线绸，捻绵而成的绵绸，用数根线攒成的丝绸，俗称杜织的粗绸、绫机绸、瑞麟绸和绉绵绸等。此外，苏州府出产的绢类增加了裱绢、榨袋绢和秋绢，出产的锦有遍地锦和制作帐、褥、被的紫白、缕金、五彩等种类，出产的绒有线绒、捻绒和纹绒等。⑥

在湖州府双林镇，隆庆万历年间，绫罗和绢的花色品种得到不断创新，充分体现了民间工匠的创造才智："正、嘉以前，南溪仅有纱帕。隆、万以来，机杼之家相沿此业，巧变百出。有绫有罗，有花纱、绉纱、斗绸、云缎，有花有素；有重至十五、六两，有轻至二、三两；有连为数丈，有开为十方，每方有三尺、四尺、

① 黄士珣：《北隅掌录》卷下，引《江皋杂识》。
② 正德《江宁县志》卷三《物产》。
③ 宋应星：《天工开物》卷上《乃服》。
④ 乾隆《湖州府志》。
⑤ 朱国祯：《涌幢小品》卷二。
⑥ 嘉靖《吴邑志》卷一四《物货》；崇祯《吴县志》卷二九《物产》。

五尺、长至七八尺；其花样有四季花、西湖景致、百子图、八宝、龙凤，大小疏密不等。各直省客商云集贸贩，里人贾鬻四方，四时往来不绝。又有生绢、宫绢、灯绢、裱绢，俱付别工小机造之。今买者欲价廉而造者愈轻矣。"①

① 乾隆《湖州府志》卷四〇《物产》，引《双林镇志》。

第十二章　棉织业

　　松江府上海县乌泥泾镇是江南地区最早种植棉花的地区。由于黄道婆传授纺织技术推动棉布业产生良好的社会与经济效益，因此刺激棉花种植区域迅速扩张。明代中后期，松江府棉布业日益繁荣。在整个太湖流域的棉布业市镇中，百姓生计相当大程度上依赖于棉布业。越来越多的农家把棉布纺织作为维持生计的主业，甚至包括除阶在内的士大夫阶层也纷纷投入纺织业之中。随着棉布业的日益繁荣，在太湖流域出现了一大批以棉布业及其贸易为中心的市镇。值得注意的是，棉布业及其贸易所需要的大量工商业从业人员，主要来自日益破落的里甲组织。

第一节　棉织业

　　"洪武三年(1370)庚戌九月，户部奏赏军用布其数甚多，请令浙西四府秋粮内收布三十万疋。上曰：'松江乃产布之地，止令一府输纳，以便其民。余征米如故。'"①可见松江府早在明代初年就以出产棉布出名。

　　陶宗仪在《南村辍耕录》卷二十四《黄道婆》条中记载了黄道婆传播棉纺织技术的事迹："闽广多种木绵，纺织为布，名曰吉贝。松江府东去五十里许曰乌泥泾，其地土田硗瘠，民食不给，因谋树艺以资生业，遂觅种于彼。初无踏车椎弓之制，率用手剖去子，线弦竹弧置按间，振掉成剂，厥功甚艰。国初时，有一姬名黄道婆者，自崖州来，乃教以做造捍弹纺织之具，至于错纱、配色、综钱、挈花，各有其法，以故织成被褥带帨，其上折枝团凤，棋局字样，粲然若写。人既

---

① 顾炎武：《顾炎武全集·天下郡国利病书·苏松备录》，第654页。

受教，竞相作为，转货它郡，家计就殷。未几，妪卒，莫不感恩洒泣而共葬之。又为立祠，岁时享之。越三十年，祠毁，乡人赵愚轩重立。今祠复毁，无人为之创建。道婆之名，日渐泯灭无闻矣。"

江南地区最早种植棉花的是松江府上海县乌泥泾镇。陶宗仪在《辍耕录》中指出过这一史实："闽广多种木棉，纺织为布，名曰吉贝。松江府东去五十里许，曰乌泥泾，其地土硗瘠，民食不给，因谋树艺，以资生业，遂谋种于彼（指闽广）。"褚华在《木棉谱》中也说："邑（指上海县）产棉花自海峤来，初于邑之乌泥泾种之，今遍地皆是。"正德《松江府志》中记载了棉花最初传入乌泥泾的史实："木棉，宋时乡人始传其种于乌泥泾，今沿海高乡多植之。"①不过我们需要知道的是，在黄道婆回归故里之前，乌泥泾的纺织技术比较原始，因此并未产生良好的社会与经济效益。黄道婆回归故里后，带回海南岛黎族的纺织技术，教导当地农家"做造杆、弹、纺、织之具，至于错纱、配色、综线、挈花，各有其法"。②黄道婆传授纺织技术的效果显然立竿见影。王逢为此指出，黄道婆"躬纺木棉，织崖州被以自给，教他姓妇不少倦。未几，被更乌泥泾名天下，仰食者千余家"。③可见，棉布纺织技术传播得很快。黄道婆"以广中治木棉之法，教当地轧弹纺织。久之，三百里内外悉司其事"。④

伴随着棉布纺织良好的社会与经济效益，棉花种植区域迅速扩展。"自上海、嘉定以延及吾州（指太仓州），冈迹高仰，合于土宜。"⑤元末明初之际，松江府冈身以东地带到处种植棉花。洪武初，松江棉布已经相当有名。洪武三年（1370），户部"请浙西四府秋粮内收（棉）布三十万匹"，明太祖批复："松江乃产布之地，止令一府输纳。"⑥由此可见松江府棉纺织业的普及程度。

进入明代以后，松江府到处种植棉花，"沿海高乡皆种之"。⑦ 松江府冈身以东是沙壤，土质粗松，地势高昂，灌溉困难，种稻不便，适宜于种植棉花。明代初年，松江府上海县一带："平川多种木棉花，织布人家罢缉麻，昨日官租科

---

① 陶宗仪：《辍耕录》卷二四《黄道婆》；褚华：《木棉谱》（上海掌故丛书）；正德《松江府志》卷五《土产》。

② 陶宗仪：《辍耕录》卷二四《黄道婆》。

③ 王逢：《梧溪集》卷三《黄道婆祠并序》。

④ 郑光祖：《一斑录杂述》卷一。

⑤ 吴伟业：《梅村家藏稿》卷一〇《木棉吟·序》。

⑥ 《明太祖洪武实录》卷五六，洪武三年九月辛卯。

⑦ 正德《松江府志》卷五《土产》。

正急,街头多卖木棉纱。"①种植棉花面积远远超过种稻面积。例如昆山"多种木棉,土人专业纺织"。嘉定"专种木棉",种稻面积仅及种棉面积的十分之一。②总的来说,松江府及其周边苏州府的嘉定县、太仓州、昆山县和常熟县,嘉兴府的嘉善县、平湖县和海盐县,都是主要的棉花种植区与棉布出产地。例如太仓州:"州之东有所谓冈身,曰太仓冈身,曰上冈身,曰下冈身,曰归吴冈身。其下皆沙碛螺蚌,地宜豆麦,种木棉。"③太仓州,"迩年郊原四望,遍地皆棉"。④

嘉定县新泾镇号称"棉花管履所集",四乡农家"春作悉以栽(棉)花为本业","(棉)花才入筐,即为远贩所购","民之公私赖焉"。⑤"新泾镇,在县东三里。为棉花管屦所集,顷年浸盛。"太仓州鹤王市是著名的棉花集散中心,"每岁木棉有秋,市廛阗溢",鹤王市因此"沃饶甲于境内"。⑥

由于市场因素,棉花价格各年之间波动较大。对于松江府上海县棉花价格的波动,叶梦珠作过详尽记载:"吾邑地产木棉,行于浙西诸郡,纺绩成布,衣被天下,而民间赋税,公私之费,亦赖以济,故种植之广,与粳稻等。秋收之后,予幼闻木棉百斤一担值银一两六七钱。崇祯初,渐至四五两。甲申(1644年)以后,因南北间阻,布商不行,棉花百斤一担不过值钱二千文,准银五六钱而已。顺治三四年后,布渐行,(棉)花亦渐涨。六年己丑(1649年),(棉)花价每百斤值银三两五六钱。七年(1650年)九月,(棉)花价五两百斤。八年(1651年)三月,九两一担。是时,三四年间递有升降,相去亦不甚悬绝。至十四年丁酉(1667年),每担价止二两五钱。康熙元年(1662年)正月,增至三两。七月以后犹二两百斤也。九月秋,价止一两七八钱,涨至二两五钱。十月,(棉)花价三两有奇。十月终,每担价银四两。十年辛亥(1671年)十一月,(棉)花价每担值钱三千三百,准银亦不下三两。十三年(1674年),上上花每担不过一两九钱。十六年丁巳(1677年)夏,涨至二两六七钱,上者直至三两,积年陈花为之一空,富室之获利者甚众。十八年己未(1679年)秋成,棉花百斤价银止一两五六钱。次年夏,涨至三两。二十年辛酉(1681年)夏,价银三两五六钱。二十一

① 万历《上海县志》卷一《风俗》。
② 崇祯《松江府志》卷一〇《田赋》。万历《嘉定县志》卷七《田赋》。
③ 顾炎武:《顾炎武全集·肇域志》,第51页。
④ 顾炎武:《顾炎武全集·天下郡国利病书·苏松备录》,第546页。
⑤ 万历《嘉定县志》卷三《风俗》。康熙《嘉定县志》卷一《市镇》;卷四《物产》。
⑥ 道光《增修鹤市志略》卷上《原始》;卷下《物产》。乾隆《镇洋县志》卷一《物产》。

年(1682年)夏五月,上白者每百斤价银四两一钱。二十三年秋成,上白好花每百斤价银一两三四钱。"①从中可以看出,崇祯初年出现过棉花价格高峰,每担价银四两至五两间。另一个价格高峰是顺治七年(1650),棉花每担价银五两。一般年份,棉花价格在每担二两至四两间。

　　明代中后期,松江府"人以布缕为业",②棉布业日益繁荣。即使有些不种植棉花或产棉花很少的地区,生计也多依赖棉纺织业。例如在嘉兴府海盐县:"地产木棉花甚少,而纺之为纱,织之为布者,家户习为恒业,不止乡落,虽城中亦然。往往商贾从旁郡贩棉花列肆吾土,小民以纺织所成,或纱或布,侵晨之市,易木棉以归,仍治而纺织之。明旦复持以易,无顷刻闲。纺者日可得纱四五两,织者日成布一匹。燃脂夜作,男妇或通宵不寐。田家收获输官偿债外,卒岁室庐已空,其衣食全赖此"。③随着棉纺织业日益发展,相关的染坊业、踹坊业、纺车业、锭车业和布机业等也发展了起来。"前明数百家布号,皆在松江枫泾、朱泾乐业,而染坊、踹坊、商贾悉从之。"④

　　棉纺织业最发达的地区毫无疑问是松江府,"家纺户织,远近流通","以棉布衣被天下"。⑤松江府不仅乡村中遍布棉纺织业,而且城中同样如此。"纺织不止乡落,虽城中亦然,里媪晨抱纱入市,易木棉以归,明旦复抱纱以入,无顷刻闲"。⑥《肇域志》中也有相关记载:"纺织不止乡落,虽城中亦然。里妪晨抱棉纱入市,易木棉花以归,机杼轧轧,有通宵不寐者。……其衣食全恃此。"⑦在松江府,棉布商行比比皆是,"凡数千里外,装重赀而来贩布者曰标嘀,领各商之赀收者曰庄户,乡人转售于庄,庄转售于标"。⑧松江棉布不仅畅销国内,还为日本市场热烈欢迎:"松江之棉布,尤为彼国所重。"⑨松江棉布之受欢迎,从正德《松江府志》中的相关记载可窥见一二:"俗务纺织,他技不多,而精线绫、三棱布、漆纱方巾、鬐绒毯,皆天下第一。……要之,吾乡所出,皆切于实用。如绫布二物,衣被天下,虽苏杭不及也"。⑩

---

①　叶梦珠:《阅世编》卷七《食货四》。
②　康熙《松江府志》卷四《土产》,引徐献忠《布赋序》。
③　天启《海盐县图经》卷四《方域篇》。
④　顾公燮:《消夏闲记摘抄》卷中《芙蓉塘》。
⑤　嘉靖《松江府志》卷六,引《梧浔杂佩》。
⑥　《古今图书集成·职方典》卷六九〇《松江府部》。
⑦　顾炎武:《顾炎武全集·肇域志》,第536页。
⑧　陈眉公:《陈眉公全集》卷五九《布税议》。
⑨　姚叔祥:《见只编》。
⑩　《松江府志》卷四《风俗》。

在太湖流域的棉布业市镇,百姓生计对棉布业的依赖相当之深。"织者率日成一匹,有通宵不寐者,田家收获,输官偿息外,未卒岁室庐已空,其衣食全赖此。"①"以棉织布,以布易银,以银籴米。"②松江府农家往往"多种木棉,土人专业纺织","邑之民业,首藉棉布"。③早在嘉靖年间,松江人徐献忠就在《布赋序》中指出:"邑人以布缕为业,农氓之困藉以稍济"。④《蒲溪小志》说:"比户织作,昼夜不辍,乡镇皆为之。暮成匹布,易钱米以资日用"。⑤

明代晚期,松江府到处"机杼轧轧,有通宵不寐者",百姓生计多赖于此。有张世美《织布词》为证:"当窗织,急生计,口食相关殆非细。卿上有田岁不熟,日资一匹聊接济。"⑥值得注意的是,松江的优质棉布,包括精线绫、三梭布、尤墩布、飞花布、稀布和标布等,主要是农家织机生产出来的。

乾隆时代上海县诸生褚华,记载了六世祖开设牙行以招徕布商的往事:"明季,从六世祖赠长史公,精于陶猗之术,秦晋布商皆住于家,门下客常数十人,为之设肆收买,俟其将成行李时,始估银与布,捆载而去。其利甚厚,以故富甲一邑。至国初(清初)犹然。"⑦苏州府嘉定县钱门塘市附近村落出产"丁娘子布","纱细工良,明时有徽商僦居里中,收买出贩。自是,外冈各镇多仿之,遂俱称钱门塘布"。外冈镇因此而繁荣,万历年间,"四方巨贾富驵,贸花布者,皆集于此,遂称雄镇"。⑧

嘉定县诸翟镇。"乡民多恃布为生。往时各省布商,先发银于庄,而徐收其布,故布价贵。贫民竭一日之力,赡八口而有余。"⑨由此可见,该镇农家织布一天就足以养活八口之家。织布收益之可观,从棉布纳税的折算标准亦可见出。"吾乡(松江)折税布,曰:阔白三梭者,准米二石,纳价银七钱,俗谓之细布;阔白棉布者,准米一石,纳价银三钱以上至四钱,俗谓之粗布。"⑩在一些地方,棉布纺织显然已经成为百姓的主业。例如嘉定县,"地不产米,水不通漕","仅种木棉一色,以棉织布,以布易银,以银籴米,以米充兑。舟楫不通,粮艘莫

① 正德《松江府志》卷四《风俗》。
② 嘉庆《南翔镇志》卷一二《杂志》。
③ 万历《嘉定县志》卷六《物产》。
④ 崇祯《松江府志》卷六《物产》。
⑤ 道光《蒲溪小志》卷一《物产》。
⑥ 崇祯《松江府志》卷七《风俗》。
⑦ 褚华:《木棉谱》。
⑧ 民国《钱门塘乡志》卷一《土产》。
⑨ 咸丰《紫堤村志》卷二《风俗》。
⑩ 顾清:《旁秋亭杂记》卷上。

集,百里担负,辗转折阅。籴之,则嘉定一石比旁县之二石;兑之,则嘉定二石不及旁县之一石"。[①] 由此可见,即使交纳赋税,农家也主要依赖于棉布纺织业。

不仅越来越多的农家将棉布纺织作为主业,甚至城市中的士大夫阶层也纷纷投入纺织业。"吴人以织作为业,即士大夫家多以纺绩求利。其俗勤啬好殖,以故富庶。而可议者如华亭相在位,多蓄织妇,岁计所绩,与市为贾,公仪休之所不为也。往闻一内使言,华亭在位时,松江赋皆入里第,吏以空牒入都,取金于相邸。相公召工倾金,以七铢为一两,司农不能辨也。人以相君家钜万,非有所取,直善俯仰居积,工计然之策耳。愚谓倾泻县官赋金,此非所谓聚敛之臣也。以大臣之义处之,谓何如哉!"[②]可见,甚至连名相徐阶家族也"以纺绩求利","与市为贾",投入棉布业的热潮之中。徐阶之所以比严嵩更为富有,申时行之所以比张居正更为富有,是由于他们是苏松地区之人,通过工商业比较容易获利。"华亭之富,埒于分宜,吴门(申时行)之富,过于江陵(张居正),非尽取之多也。苏松财赋之地,易为经营,江楚旷莽之墟,止知积聚尔。"

第二节　棉布贸易与市镇

在棉布业市镇中贩买标布的客商被称为"标客"。"朱家角镇,在五十保。商贾辏聚,贸易花布,京省标客,往来不绝。今为巨镇。"[③]棉布,"上阔光细者曰标布……俱走秦、晋、京、边诸路。……其较标布稍狭而长者曰中机,走湖广、江西,两广诸路,价与标布等。前朝标布盛行,富商巨贾操重资而来市者,白银动以数万计,多或数十万两,少亦以万计。以故牙行奉布商如王侯,而争布商如对垒"。[④] 在棉布业市镇上,布商往往设有棉布字号,又称布庄或布号,以大量收购棉布。布庄不同于牙行之处在于,在坐庄收购棉布的同时,又附设染坊和踹坊,雇佣工匠以加工棉布。

将太湖流域棉布贩运于外地的商人集团中,最重要的是徽商。在棉布业

---

① 嘉庆《南翔镇志》卷十二《杂志·纪事》,引张鸿磐:《请照旧永折疏》。
② 于慎行:《谷山笔麈》卷四《相鉴》。
③ 顾炎武:《顾炎武全集·肇域志》,第514页。
④ 叶梦珠:《阅世编》卷七《食货》六。

市镇中,到处可以看到徽商。例如罗店镇:"今徽商凑集,贸易之盛几埒南翔。"①仅次于徽商的是来自山西与陕西的商人。褚华在《木棉谱》中指出:"秦晋布商皆主于家,门下客常数十人,为之设肆收买"。②《月浦里志》说:"陕西巨商来镇设庄收买布匹"。③ 第三重要的是来自福建与广东的商人。《江湾里志》记载:所产刷线布,"大抵系粤商争购,务求细密,不计阔长,需棉少而布价昂"。④ 褚华在《木棉谱》中指出:"闽粤人于二三月载糖霜来(上海)卖,秋则不买布而止买花以归"。表明福建与广东商人时常往来于上海县与福建和广东之间。松江府东北五乡为海商往来之地,"旧志云:诸州外县多朴质,附郭多繁华,吾松则反是。盖东北五乡,故为海商驰骛之地,而其南纯事耕织,故所习不同如此"。⑤

明代晚期由于商业发达,编纂有不少方便行商的路程手册,例如《水陆路程》。《水陆路程》的第七部分《苏松二府至各处水》,记述的是出入于苏州府和松江府的各条水路交通线。标题下面有两行小字夹注:"路虽多迁,布客不可少也。"从中可以看出,这些水路交通线主要是为贩运棉布的布商提供参考。《苏松二府至各处水》包括以松江府为中心的十五条水路,详细记载了当时棉布贸易所走的商路路线。例如从苏州府经嘉兴府通向上海县的路线为:本府—吴江县—平望驿—王江泾—嘉兴府—东栅口(南六十里至平湖县)—七里桥—嘉善县—张泾会—丰泾—泖桥寺—朱泾—斜塘桥—松江府跨塘桥—四泾—七保—龙华寺塔—上海县。从松江府至乌泥泾的路线为:本府出北门—新桥—陈家行—新村桥—新庄—乌泥泾。⑥ 在这本行商路程手册中,第七部分记载的路线由于与布商贩运密切相关,因此在标注必要的地名和距离之外,还注明与贩运棉布相关的注意事项。例如:"嘉兴至松江,无货勿雇小船,东栅口搭小船至嘉善县又搭棉纱船至松江,无虑大船";"松江至苏州,由嘉定、太仓、昆山而去,无风盗之忧。上海梭船(按:即沙船)怕风防潮,南翔北高河曲水少,船不宜大……至上海,或遇水涸,七保(按:应为七宝)、南翔并有骡马而去。港

① 万历《嘉定县志》卷一《市镇》。
② 《上海掌故丛书》。
③ 民国《月浦里志》卷五《商业》。
④ 民国《江湾里志》卷四《风俗》。
⑤ 顾炎武:《顾炎武全集·肇域志》,第535页。
⑥ 日本尊经阁文库藏《水陆路程》七《苏松二府至各处水》。参看川胜守《长江三角洲镇市发达和水利》,载《佐藤博士还历纪念中国水利史论集》,收入《明清江南市镇社会史研究》,东京汲古书院,1999年,第177—192页。

多桥小,雨天难行"。①

为了经商需要,徽商出身的黄汴甚至编撰了《明一统路程图记》(又名《图注水陆路程图》《新刻水陆路程便览》《士商必要》)。黄汴在自序中声称:"余家徽郡万山之中,不通行旅,不谙图集,土狭人稠,业多为商。汴弱冠随父兄自洪都至长沙,览洞庭之胜,泛大江,溯淮扬,薄泊燕都。……后侨居吴会,与二京十三省暨边方贾商贸易,得程图数家,于是穷其闻见,考其异同,反复校勘,积二十七年始成帙"。②

整个长江三角洲的棉布外销量相当惊人。据钦善《松问》的估计,"松之为郡,售布于秋,日十五万焉"。③ 按每天贩买棉布十五万匹计算,秋季三个月的棉布总销售量可高达一千三百五十万匹。这还仅仅是松江府的数字,整个长江三角洲的棉布总外销量肯定更为惊人。

上海县棉布远近闻名,时人指出:"松太所产,卒为天下甲,而吾沪所产,又甲于松太,山梯海航,贸迁南北……而沙船之集上海,实缘布市"。④ 到了清代,松江棉布依然畅销于全国。"冀北巨商,挟资千亿,岱陇东西,海关内外,券驴市马,日夜奔驰。驱车冻河,泛舸长江。风餐水宿,达于苏常,标号监庄,非松不办。……松之为郡,售布于秋,日十五万焉"。⑤ 无锡被称为"布马头",棉布交易相当活跃,成为当地最大宗的输出品,"坐贾收之,捆载而贸于淮扬高宝等处,一岁交易不下数十百万"。⑥

据学者吴承明推算,明代后期江南棉布的输出量约为每年1 500—2 000万匹。⑦ 范金民的估算是,明代后期松江府棉布年产量2 000万匹,松江以外地区棉布年产量500万匹,总计2 500万匹。⑧ 李伯重的推算要更高一些,认为明代后期江南棉布年产量约为5 000万匹,需要170万农妇从事纺织,才能生产出如此数量的棉布。⑨

① 日本尊经阁文库藏《水陆路程》七《苏松二府至各处水》。参看川胜守《长江三角洲镇市发达和水利》,载《佐藤博士还历纪念中国水利史论集》,收入《明清江南市镇社会史研究》,东京汲古书院,1999年,第177—192页。

② 《明一统路程图记·序》。

③ 《皇朝经世文编》卷二八。

④ 包世臣:《安吴四种》卷二九。

⑤ 贺长龄:《皇朝经世文编》卷二八,钦善:《松问》。

⑥ 黄印:《锡金识小录》卷一。

⑦ 吴承明:《中国资本主义与国内市场》,中国社会科学出版社,1985年,第259—263页。

⑧ 范金民:《明清江南商业的发展》,南京大学出版社,1998年,第29—30页。

⑨ 李伯重:《江南的早期工业化(1550—1850年)》,第42页。

棉布业市镇

在长江三角洲，围绕棉布业发展起来的中心市镇，主要有朱泾镇、枫泾镇、七宝镇、朱家角镇、法华镇、真如镇、凡浦镇、盘龙镇、南翔镇、罗店镇、安亭镇、外冈镇、娄塘镇、钱门塘市和周庄镇等。

华亭县朱泾镇，出产的标布远近闻名，有诗赞曰：万家烟火似都城，元室曾经置大盈。估客往来多满载，至今人号小临清。[①] 繁华程度可媲美山东运河畔的商业城市临清。明遗民叶梦珠为此指出："前朝标布盛行，富商巨贾操重资而来市者，白银动以数万计，多或数十万两，少亦以万计，故牙行奉布商如王侯"。[②]

枫泾镇北半部分属于华亭县，南半部分属于嘉善县，镇上密布收购棉纱和棉布的布号。枫泾镇出产的棉布包括大布和小布。"用一尺筘者为小布，用二尺筘者为大布，小布以二丈二尺为匹，大布以四丈为匹"。[③] 明末清初，枫泾镇"物阜民殷，巨贾辐辏，称邑都会"。[④] 镇上纱庄和布号生意相当兴隆，有沈蓉城《枫泾竹枝词》为证：贸易隆盛百货全，包家桥口集人烟。男携白布来中市，女挈黄花向务前。[⑤]

嘉定县南翔镇，出产浆纱和刷线，其中刷线布又名扣布，"光洁而厚，制衣被耐久，远方珍之，布商各字号俱在镇，鉴择尤精，故里中所织甲一邑"。[⑥] 经营布商字号的主要是微商，明代中叶以后，南翔镇"多徽商侨寓，百货填集，甲于诸镇"。[⑦]

嘉定县外冈镇出产外冈布，万历后成为徽商争相购买之物。"因徽商僦居钱鸣塘（即钱门塘）收买，遂名钱鸣塘布。"[⑧]其中的浆纱布和飞花布，"纱必匀细，工必精良，价逾常布"。[⑨] 前来收购的布商纷纷赞誉，"外冈之布，名曰冈尖，以染浅色，鲜妍可爱，他处不及"，"故苏郡布商在镇开庄收买"。[⑩]

有些棉布业市镇同时经营棉纱买卖。例如外冈镇四乡农家"卖纱卖布者

---

① 嘉庆《朱泾志》卷一《疆域志》。
② 叶梦珠：《阅世编》卷七《食货五》。
③ 光绪《嘉善县志》卷一三《物产》。
④ 康熙《嘉善县志》卷二《乡镇》。
⑤ 光绪《枫泾小志》卷一〇《拾遗》。
⑥ 嘉庆《南翔镇志》卷一《疆里》。
⑦ 万历《嘉定县志》卷一《市镇》。
⑧ 崇祯《外冈志》卷二《物产》。
⑨ 乾隆《续外冈志》卷四《物产》。
⑩ 乾隆《续外冈志》卷四《物产》。

必以黎明",谓之"早市早回","既充一日之用,又不妨一日之功"。① 周庄镇四乡农家"妇女以木棉花去其核,弹作絮,卷为棉条而纺之。复束成绞,以易于市,遂捆载至浙江碛石镇出售"。② 有些棉布业市镇也同时经营棉布加工。例如枫泾镇、南翔镇、朱泾镇和金泽镇有染坊业和踹坊业,朱泾镇、金泽镇和黄渡镇有纺车业、锭子业和布机业。枫泾镇布号收购棉布后,往往由布局附设的染坊、砑坊(即踹坊)加工染、踹,染坊、砑坊"多雇染匠、砑匠,皆江宁人,往来成群"。③ 朱泾镇及其东南的吕巷市拥有发达的铁锭业与纺车业:"铁锭朱泾最良,时有'朱泾锭子吕巷车'之谚。近数尤御亭及骆姓家,远近争购。程超诗曰:'鳞比人家纺织勤,木棉花熟白于银,邻家买得尤家锭,缫出丝丝胜绮纹。'"④ 华亭"金泽镇,在四十二保。地接泖湖,当浙、直之交,西有淀山巡司,以防盐盗出没"。⑤ 金泽镇制造的纺车和锭子同样是附近方圆百里百姓争购的名品。"锭子以铁为之,车以绳竹为轮,夹两柱,中枢底横之木,偏左而昂其首,以著锭子,轮旋而纱成焉。到处同式,而金泽为工。东松郡,西吴江,南嘉善,北昆山、常熟,咸来购买。故'金泽锭子谢家车',方百里间习成谚语"。⑥

七宝镇原属华亭县,万历元年(1573)析置青浦县后,七宝镇北归青浦县,七宝镇南仍归华亭县。七宝镇四乡出产的棉纱"较西乡为独异",出产的棉布有标布、扣布和稀布,尤以稀布(阔一尺二寸,长二丈三尺)最精,号称"龙华稀、七宝稀最驰名";"布之精者为尖,有龙华尖、七宝尖名目"。⑦ 七宝镇四乡农家擅长织布,"织布者率日成一匹,其精敏者日可二匹";"比户织作,昼夜不辍,乡镇皆为之,暮成匹布,易钱米以资日用"。⑧《蒲溪小志》说:"俗务纺织,清晨抱布入市,易花米以归,来旦复抱布出。织者率日成一匹,其精敏者日可二匹。田家收获,输官偿租外,未卒岁而室庐已空,其衣食全赖此以出。"⑨

罗店镇。"罗店四乡,土产稻三棉七,农民生计惟赖木棉";"种田之暇,惟以纱为布";"妇女昼夜纺织,公私诸费皆赖之"。⑩《罗店镇志》说:"罗店素称饶

---

① 乾隆《续外冈志》卷一《风俗》。
② 光绪《周庄镇志》卷一《物产》。
③ 光绪《枫泾小志》卷一〇《拾遗》。
④ 嘉庆《朱泾志》卷一《物产》。
⑤ 顾炎武:《顾炎武全集·肇域志》,第513页。
⑥ 道光《金泽小志》卷一《土产》。
⑦ 民国《法华乡志》卷三《土产》。
⑧ 道光《蒲溪小志》卷一《风俗》;卷一《物产》。
⑨ 道光《蒲溪小志》卷一《风俗》。
⑩ 光绪《罗店镇志》卷一《疆里志·风俗》。康熙《嘉定县志》卷四《物产》。

富,有金罗店、银南翔之名。"①《宝山县续志》说:"罗店市镇最巨,为全邑冠……
其地东贯练祁(河),输运灵便,百货骈集,故虽处腹里,而贸易繁盛,综计大小
店铺六七百家……市街凡东西三里,南北二里,以亭前街、塘西街最为热闹,次
则塘东街、横街等。乡民上市,每日三次。物产以棉花、棉布为大宗。"②

嘉定县北的娄塘镇,四乡农家"习花、布以营生","比户缉纺缲之具,连村
机轧之声。浆纱(布)行于本境,刷线(布)达于京师"。③ 娄塘镇在明末清初享
有"花布码头"美誉。此美誉可见于康熙二十四年(1685)立于镇上的一块石
碑:"窃本邑娄塘一镇,虽系弹丸,而所产木棉布匹,倍于他镇。所以客商鳞集,
号为花布码头。往来贸易,岁必万余,装载船只,动以百计。"④娄塘镇最有名的
棉布是斜纹布,被称誉为"女红之巧制":"经直纬错,织成水纹胜子,望之如
绒","土人筐而饷客,莫不诧异绝伦"。⑤

行霸

市镇经济的中枢是牙行,有力支配着市镇经济的运转。"市中贸易,必经
牙行,非是,市不得鬻,人不得售";"贫人持物入市,不许私自交易,横主索值,
肆意勒索"。⑥ 牙行背后一般有势要之家撑腰,"牙行非藉势要之家不能立"。
在棉布业市镇上,布行或者说布庄最有影响力。来自各地的布商往往通过布
行收购棉布。⑦

牙行既有势要之家撑腰,经济实力又相当雄厚,往往成为市镇经济与社会
中的行霸。行霸为了赚取超额利润,惯于欺行霸市,不时抬高或压低物价,"擅
取用钱,卖者买者各有抑勒,曰内外用"。⑧ 有的行霸甚至成为市镇经济与社会
生活中的恶霸,"私立牙行,高低物价,擅取用钱,买者卖者各有抑勒,名曰内用
外用,结连光棍,邀人货物,卖布者夺其布,贸花者夺其花,乡人不得自由"。⑨
行霸的手段不一而足,有的自制度量衡器具,"其所用秤、斗不与常同,故称名
亦异其称,曰桥秤桥斗"。⑩ 有的直接雇佣地痞流氓,专门干一些"打降"或者说

① 光绪《罗店镇志》卷一《疆里志·风俗》。
② 民国《宝山县续志》卷一《舆地·市镇》。
③ 乾隆《娄塘志》卷八《杂类志》。
④ 《上海市碑刻资料选辑》,上海人民出版社,1980年,第96页。
⑤ 乾隆《娄塘志》卷四《杂类志》。
⑥ 嘉庆《安亭志》卷二《风俗》。光绪《月浦志》卷九《风俗》。
⑦ 参见叶梦珠:《阅世编》卷七《食货5》。咸丰《紫堤村志》卷二《风俗》。
⑧ 光绪《罗店镇志》卷一《疆域考·风俗》。
⑨ 康熙《嘉定县志》卷四《风俗》。
⑩ 嘉庆《安亭志》卷二《风俗》。

"打行"与"白拉"即"白赖"的勾当。

由此可见，牙行既是商品经济日益发展的产物，同时一些牙行为追求超额利润，又蜕变为行霸，从而扰乱了正常的商业生活秩序。《天下郡国利病书》中记载了相关的恶劣现象："市中交易，未晓而集。每岁棉花入市，牙行多聚少年以为羽翼，携灯拦接，乡民莫知所适，抢攘之间，甚至亡失货物。其狡者多用赝银……或空腹而往，恸哭而归，无所告诉。"①崇祯《太仓州志》中就指出行霸扰乱正常交易的卑鄙手段："州为小民害者，旧时棍徒私立牙店，曰行霸。贫民持物入市，如花布米麦之类，不许自交易，横主索值，肆意勒索，曰用钱。今则离市镇几里外，令群不逞要诸路，曰白赖。乡人持物，不论货卖与否，辄攫去，曰：'至某店领价。'乡民且奈何，则随往，有候至日暮半价者，有徒呼哭归者，有饥馁嗟怨被殴伤者。如双凤镇孔道，为行霸四截，薪米告匮，至粪田之具不达。又如茜泾镇，以蒲鞋著数里内，乡民夫妇穷日夜捆织，惧为白赖攫，欲达蒲鞋场，有伏地蛇行者。"②

随着明代中期以后江南商品经济的日益繁荣，行霸现象也有愈演愈烈之势。万历年间的范濂就指出苏州府和松江府一带的行霸之风："恶少打行，盛于苏州……此风沿入松（江），以至万历庚辰（1588）后尤甚。又名撞六市，分列某处某班，肆行强横。"③万历以前，苏州就有行霸之风，并逐渐蔓延于松江。"打行，闻兴于万历间，至崇祯时尤盛。"④由此可见，越到明代晚期，行霸风气就越是恶劣。

到了清代的康熙年间，行霸风气依然存在。余国桂在《严禁打降移文》中就对行霸之风作过剖析："照得打降为害地方，惟三吴有其事，遂有其名。询其根由，始于游手无赖各霸一方，城镇乡村无处不有"；"倚靠势力为城社，结连衙蠹为腹心，彼既恃有护身之符，尚何畏乎三尺之法"。⑤

在工商业特别繁荣的一些市镇，行霸之风往往更加恶劣。例如在重要的棉业市镇南翔镇，"市井恶少无赖所谓打降、白拉者，是处有之，南翔为甚。打降逞其拳勇，凡抢亲、杠媪、抬神、扎诈诸不法事，多起于若辈。白拉聚集恶党，

①　顾炎武：《顾炎武全集·天下郡国利病书·苏松备录》，第 599 页。
②　崇祯《太仓州志》卷五《风俗》。
③　范濂：《云间据目抄》卷二《记风俗》。
④　褚人获：《坚瓠九集》卷二。
⑤　康熙《江南通志》卷六五《艺文》。

潜伏道侧,候村民入市,邀夺货物,或私开牙行,客商经过,百计诱致,不罄其资不止"。[1] 从事货物搬运的牙行称为脚行,往往以行霸为后台,在市镇上到处敲诈勒索。在南翔镇上就有横行霸道的脚行,"拳勇之患,脚夫为甚。其人既不足比数,而闾里恒耻于为伍。人无智愚,客无远近,不过资其力,肩挑背负任彼定价横索,惟恐弗得其欢心。以致货物壅塞河干市口,遂酿成彼等骄横之习日盛一日。而米客受其笼络,米店受其凌虐,米牙受其挟制,彼等且收其无穷之利,贿赂公行,结纳败类,于是焰日以炽,祸日益烈"。[2] 又如在江湾镇上,同样有为非作歹的脚行:"嘉邑(嘉定县)大害,莫甚于脚夫,而脚夫之横,莫甚于南翔、江湾两镇。若辈什百为群,投托势官,结纳豪奴,私自分疆划界。凡商民货物横索脚价,稍不如意,则货抛河下,无人承挑,商贾裹足。"[3]

---

① 嘉庆《南翔镇志》卷一二《杂志·纪事》。
② 嘉庆《南翔镇志》卷二《营建·石嵩公建抚宪赵公长生书院碑记》。
③ 民国《江湾里志》卷三《徭役》。

第十三章　商业的繁荣

在海外白银输入之前，中国东南地区的商品经济已经得到相当大程度的发展。农业商品化持续发展，为市场提供了丰富的产品。手工业分工日益细密，技术得到不断发展。商人日益活跃，纷纷在城市或市镇中列市摆摊或开店设铺。工商业的发展需要充足劳动力的供给。这些劳动力来源于明代中期后日益破落的里甲组织。正由于里甲制度的日益衰败，才得以为工商业发展提供源源不断的劳动力。众所周知，由于赋役负担日益沉重，导致农民纷纷逃离原籍，其中大部分人逃入工商业之中。与此同时，在工匠户籍制度松动之后，工匠逐渐具有相当的人身自由，得以将聪明才智倾注于手工业技术的改进和创造之中。生员阶层日渐膨胀之后，由于科举制度吸纳的人有限，因此迫使越来越多的士子弃儒从商。在整个明代，苏州和松江的赋役负担都最为沉重，土地兼并和人丁脱籍又都最为严重。如此一来，就早早地迫使两府百姓的生计愈发严重地依赖于工商业。

隆庆年间废除海禁之后，东南沿海的海上贸易迅速发展，主要的贸易港口有月港和澳门。月港的贸易双方主要是中国商人和西班牙商人，开辟的是月港—马尼拉—墨西哥阿卡普鲁可的太平洋航线。澳门的航线则分别通向印度果阿—里斯本与日本长崎。通过对外贸易，白银大量流入中国，最终成为全国性的流通货币，加速跨地区乃至全国性商品市场的形成。白银宛如优质血液，注入中国市场尤其是富饶的东南市场，有力促进商品经济的发展，并推动中国卷入世界商业经济发展的联运网络之中。

在工商业发展的带动下，不仅城市日益繁荣，而且邻近乡村的市镇更是遍地开花，到处欣欣向荣地发展了起来。以江南地区为例。在丝绸业发达的太湖流域，围绕丝绸的原料与制成品的生产和销售，一大批直接和间接相关的市镇发展了起来。

第一节 海 上

隆庆年间,明朝在漳州海澄县月港设立督饷馆,允许商民出海贸易。一时之间,海外和内陆商贾汇聚,月港成为福建的"小苏杭"。在海禁时期,月港的走私贸易兴盛。开海禁之后,与海外的贸易往来更加繁荣。"当其盛,则云帆烟檝,辐凑于江皋;市肆街廛,星罗于岸畔。商贾来吴会之遥,货物萃华夷之美。珠玑象犀,家闻而户溢;鱼盐粟米,泉涌而川流。"①从经济发展和税收增长角度来看,开海禁显然比海禁有利。万历年间,沈德符就指出:"我朝书生辈,不知军国大计,动云禁绝通番,以杜寇患,不知闽、广大家,正利官府之禁,为私占之地。如嘉靖间闽、浙遭倭祸,皆起于豪右之潜通岛夷,始不过贸易牟利耳,继而强夺其宝货,靳不与直,以故积愤称兵,抚臣朱纨谈之详矣。"②

傅元初在《请开洋禁疏》中指出:"万历年间,开洋市于漳州府海澄县之月港,一年得税二万有余两,以兑闽中兵饷。"③到了万历末年,海上承平日久,武备废弛,导致盗贼劫掠。除此之外,红毛番还时常掠夺船货。于是朝廷推行禁海政策。但是"海者,闽人之田。海滨民众,生理无路,兼以饥馑荐臻,穷民往往入海从盗,啸聚亡命。海禁一严,无所得食,则转掠海滨"。④海滨之民受害极为残酷。

海滨之民唯利是图,"走死地如骛",往往去台湾地区与荷兰人交易。其中葡萄牙人也常常过来一起交易商品。对这种私下交易的情形,"官府即知之而不能禁,禁之而不能绝,徒使沿海将领奸民,坐享洋利。有禁洋之名,未能尽禁洋之实"。⑤海外之夷,有大西洋有东洋。大西洋就是暹罗东埔诸国,它们的货物苏木、胡椒、犀角和象牙等物,都是中国所需要的。东洋就是吕宋,有银山。这些国家都喜欢中国的绫罗绸缎、江西的瓷器和福建的糖果。如果开放海禁,让海上贸易自由往来,那么即可以革除走私之弊、革除不良将领趁机中饱私囊

---

① 蔡国祯、张燮等纂 梁兆阳修《海澄县志》卷十七《艺文志》。
② 沈德符:《万历野获编》卷十二《户部·海上市舶司》。
③ 顾炎武:《天下郡国利病书·福建》。
④ 顾炎武:《天下郡国利病书·福建·请开洋禁疏》。
⑤ 顾炎武:《天下郡国利病书·福建·请开洋禁疏》。

的弊端,又可以得税五六万两。

由此可见,即使在隆庆年间开海禁之后,明廷的政策还是有所反复。但沿海居民要求进行海上贸易的总趋势,最终却无法阻挡。

从隆庆年间开始,东南沿海的私人海上贸易获得合法地位。海禁放开后的沿海贸易港口主要是月港和澳门。月港的贸易双方主要是中国商人和西班牙商人。他们开辟了月港—马尼拉—墨西哥阿卡普鲁可的太平洋航线。据说这条伟大的航线是这样开辟的:1571 年,一艘中国帆船遭遇海难事故,在菲律宾民多洛岛受到列迦斯皮的船只的救援。次年,一些得救的中国人驾驶一艘满载中国货物的船只来到马尼拉。1573 年,他们又来到马尼拉。"驶来的第一艘中国货船被派出横渡太平洋前往阿卡普尔科。1574 年有 6 艘,1575 年有 12 艘或更多的船到来。也就是在这几年,对现在为玻利维亚的波托西银矿的开采顺利进行,在美洲西班牙人定居的奢侈放纵的城市中,发展起了中国丝绸和其他精致手工艺品的市场。"[1]

勤劳精明的中国人很快控制了马尼拉的商业和手工业,从马尼拉运往美洲的几乎所有货物都是中国人从福建运过来的。西班牙人在 1603 年屠杀了大约两万中国人。但即使发生这样的大屠杀,也没能摧毁欣欣向荣的贸易活动。1606 年至 1610 年期间的年均贸易额,甚至超过 300 万比索,是贸易史上年均数最高的五个年份。通过这条伟大的航线,美洲白银源源不断地经马尼拉流向中国。在当时,墨西哥银矿是全世界开采白银产量最高的,其中很大的一部分白银就通过这条航线,因为购买中国的丝绸、瓷器等而流入中国。所谓"东洋吕宋,地无他产,夷人悉银钱易货,故归船自银钱外,无他携来,即有货亦无几"。[2]

在十六世纪七十年代和八十年代,迅速繁荣兴旺起来的中国和西班牙之间的月港—马尼拉—墨西哥阿卡普鲁航线的太平洋贸易,成为西方世界的政府和商人阶层热烈谈论和妒忌的对象。"例如,此时正值英国与西班牙之间的外交和贸易关系恶化之时,海盗们,如弗朗西斯·德雷克、汤姆斯·卡文迪什,加紧制定计划,以捕获一艘差不多每年都要从阿卡普尔科驶往菲律宾的满载着白银的马尼拉大帆船。"[3]卡文迪什在 1587 年捕获圣大安纳号,当时它正从马尼拉驶往阿卡普尔科,满载着来自中国的丝绸、瓷器、黄金和其他货物,"据

---

① 《剑桥中国明代史》下卷,第 330 页。

② 张燮:《东西洋考》。

③ 《剑桥中国明代史》下卷,第 371 页。

说在美洲和欧洲市场上价值超过 200 万比索。按当时的比价,200 万比索大致为 6 万公斤白银"。[①]

中国澳门的航线分别通向印度果阿—里斯本与日本长崎。中国澳门输往果阿的商品主要是生丝和丝织品。澳门地区在中国和日本之间扮演中间商角色,通过澳门地区向日本运去的商品包括丝、丝绵、水银、铁锅、硫磺、铜、绵绸、红线、针、瓷器、古文钱、古名画、古书、药材、漆器等等。日本当时是产银大国,银产量的主要部分就流向中国。

通过对外贸易,白银大量流入中国,最终成为全国性的流通货币,加速了跨地区乃至全国性商品市场的形成。另一方面,白银在市场上的涌现,又进而加速赋役制度改革的货币化,推动了万历初年一条鞭法在全国的普遍实施。早在万历九年(1581),全国赋税的总征银量就达到一千五百万两以上。在此之前,由于商品经济日益发展和赋役制度货币化,屡次发生全国性的银荒。嘉靖年间,官府曾经竭力开采银矿;万历年间朝廷四处派遣矿监税使搜刮银两。但这些努力都没有克服银荒,反而搞得天下骚动不安,百姓怨声载道。十六世纪晚期海外白银的大量输入,才真正克服了银荒。巨量白银就像优质血液一样,注入中国市场尤其是富饶的东南市场,有力促进商品经济的发展。中国也在这个时候,不知不觉之间卷入世界商业经济发展的联运网络之中。

第二节　城　镇

巨量白银输入中国之前,东南地区的商品经济已经得到很大程度的恢复和发展。农业出现多种经营,很多产品供给市场;手工业分工进一步发展;商人日益活跃,从事近地贩运和跨省贩运,列市摆摊或开店设铺。由于明代中期的社会风气转向奢侈化,对各种奢侈品的需求迅速增长。市场上流通的商品种类日益增加。商品包括苏州的锦、纻丝、罗、纱、绫、绢、绸、木棉布、药斑布、苎布、缣丝布、棋花布、斜纹布、麻布、黄草布、席、兔毫笔、纱巾、扇骨、藤枕、柳箱、薄鞋、灯、帽胎等等;杭州的纱罗、彩缎;松江的木棉布、兼丝布、苎布等等;常熟的棉布,景德镇的瓷器,南京的丝织品等等。随着流通商品种类和数量的

[①]　《剑桥中国明代史》下卷,第 372 页。

增加,随着市场范围的扩大,全国各地的商业市镇纷纷兴起。

当时涌入市镇的大多是所谓无籍之人。显然,这些无籍之人正是从日益破落的里甲制度的各种缝隙中流动出来的。他们为了生存或者更好的生活机会,逃脱沉重的赋役负担,成为手工业者和商人等,为商品生产和流通提供了比较充足的劳动力。李诩在《戒奄漫笔》中指出:"余邑有匠班银,匠户每名出银四钱五分。此定于国初。而户籍一成不变。夫银以匠名,为其有匠利而课之也。今其子孙不为匠者多矣"。① 但户籍不变,仍然需要出银。这些匠人的子孙不再作为工匠之后,其中大多数人显然投入了商业活动之中。

白银流入之后,中国商品经济的发展更加迅速,各地的手工业和商业更加繁荣,表现为:原有工商业市镇的生产范围种类和工匠人数都有了显著增加;出现了众多新的市镇。苏州和松江的迅猛发展并非偶然。这两个府在整个明代的赋税都是最重的,土地兼并和人丁脱籍又都是最为严重的。但是它们在对下层人民造成沉重苦难的同时,也为日益繁荣的工商业提供了源源不断的劳动力。自唐朝晚期以来,这里就是全国经济富饶的地方,具有悠久的工商业传统;通过京杭大运河和长江等,与国内市场有着密切联系;与海外贸易的广泛联系,使它面向一个似乎无穷无尽的日益扩大的国际市场等等。

苏州的丝织业无疑是当时全世界最发达的,史载居民大半懂得丝织技术,东城的绫锦丝纱绸绢工业最为兴盛,后人估计其中的机户达一万户至三万户之多。同时,苏州的商业也异常繁荣,"舟车辐辏之所,真个是:'翠袖三千楼上下,黄金百万水东西,五更市贩何曾绝,四远方言总不齐'"。② 苏州的织工和染工达一万多人,正所谓:"吴中生齿最繁,恒产绝少,家杼轴而户纂组,机户出资,机工出力,相依为命久矣。"③

松江府恐怕是当时全世界棉纺织业最为发达的地方。当地的棉布不仅畅销全中国,而且销往海外。不仅城市中,而且市镇乡村中,到处都有棉纺织作坊。当地的妇人早晨拿棉纱上市场售卖,买木棉回家加工,次日清晨再将纺好的棉纱上市场售卖,如此循环不已。松江府上海县"标布盛行,富商巨贾,操重资而来市者,白银动以数万计,多或数十万两,少亦以万计"。④ 当地的棉布商行鳞次栉比,数千里外携巨资前来贩布的称之为标嘀,拿着各商行资金去城镇

<hr/>

① 顾炎武:《天下郡国利病书·常镇·武进县志》。
② 《警世通言》卷二六《唐解元一笑姻缘》。
③ 《明实录》卷三六一。
④ 叶梦珠:《阅世编》卷七。

乡村各个作坊收布的叫作庄户。标嘀、商行、庄户和作坊之间,形成生产和销售之间的密切联系,使得作为生产最基本单位的作坊,与国内和海外市场形成一个有机的产销网络。费正清在评价十六至十七世纪的苏州和松江时指出:"苏州成为国内商业、金融业和产品加工业(特别是纺织、染色业)的中心。附近的松江地区则是晚明时期棉纺织业的中心。"[①]

景德镇陶瓷业在明代晚期得到更大发展,陶瓷的生产和销售区域绵延十三里,烟火近十万家,陶户与相关店铺占其中的十分之七八。正所谓"天下窑器所聚,其民繁富,甲于一省。余尝以分守督运至其地,万杵之声殷地,火光烛天,夜令人不能寝,戏目之曰'四时雷电镇'"。[②] 当时的冶铁中心是广东佛山镇,冶铸工人多达二、三万人,制铁分工细致,包括炒铁行、锅行、铁灶行、铁锁行、铁线行、钉行和家具杂品行。炒铁炉有几十座,铸铁炉有一百多座,昼夜开工,火光烛天。

在工商业发展的带动下,城市变得更加繁荣。作为政治中心的消费城市,在拥有巨大消费力的达官显贵奢侈和享受风气引导下,获得畸形发展,包括北京、南京和开封等。在这些城市中,"四方财货骈集于五都之市。彼其车载肩负,列肆贸易者,匪仅田亩之获;布帛之需,其器具充栋与珍玩盈箱,贵极昆玉、琼珠、滇金、越翠。凡山海宝藏,非中国所有,而远方异域之人,不避间关险阻,而鳞次辐辏,以故畜聚为天下饶"。[③] 南京在明代晚期,人口达百万之巨,店铺行业达一百多种,街道极为宽广,"北跨中原,瓜连数省,五方辐辏,万国灌输。三服之官,内给尚方,衣履天下,南北商贾争赴"。[④] 开封作为河南政治中心,王府林立,勋贵云集,拥有大量粮食和白银。为满足这些勋贵们庞大的奢侈性消费需求,国内各地包括海外的货物汇聚于此,真可谓琳琅满目。

工商业城市除了苏州、松江和景德镇之外,在京杭大运河沿岸还兴起淮安、济宁、临清、德州和天津等。其中,临清由于优越的地理位置,成为南北物资人员往来交汇的咽喉要道,方圆二十里之内都成为商业区,城中的绅士商民达百万人之多。临清主要经营纺织品和粮食贸易,兼及其他形形色色的各地货物。南方的棉布经过这里主要销往北方边镇,绸缎销往京师和蒙古,粮食的年销售量更是达到惊人的五六百万石至千万石之间。

① 费正清:《中国:传统与变迁》,张沛译,世界知识出版社,2002年,第234页。
② 王世懋:《二酉委谭摘录》。
③ 张瀚:《松窗梦语》卷四《商贾记》。
④ 张瀚:《松窗梦语》卷四《商贾记》。

不仅城市得到发展和繁荣,而且邻近乡村的市镇更是遍地开花,到处欣欣向荣地发展了起来。以江南地区为例。在丝绸业发达的太湖流域,围绕丝绸的原料与制成品的生产和销售,一大批直接和间接相关的市镇发展了起来。

以丝业为主的典型市镇有震泽镇、南浔镇、乌青镇、菱湖镇、石门镇、塘栖镇、临平镇等。仅以震泽和塘栖为例。震泽在宋元时居民仅几十家,到成化年间增长到三四百家,由市成镇。弘治年间,居民千百家,自成市井。正德、嘉靖年间,发展成为方圆三里、居民上千家的商业中心。当地居民以蚕桑为业,擅长缫丝。农家生产的丝,售卖于镇上丝行,再由丝行转售给各地客商,复又由各地客商销往全国各地和海外。塘栖在嘉靖年间遍地植桑,"春夏间一片绿云,几无隙地,剪声梯形,无村不然,出丝之多甲于一邑,为生植大宗"。[①] 镇区房屋鳞次栉比,商人朝夕摩肩接踵。

以绸业为主的典型市镇有盛泽镇、双林镇、濮院镇、王江泾镇、王店镇、长安镇和硖石镇等。仅以濮院镇为例。该镇位于桐乡和秀水之间。进入明代中叶后,当地人口逐渐增长,达到上万家。万历年间,土机得到改良,制作的纱绸工艺精良。居民大多从事绸业,镇上机声盈耳。丝织业分工极为细致,包括络丝、摇纬、牵经、运经、刷边、织手等。机户和农家所织的生绸由绸行收购,然后在练坊练熟,之后售卖给各地客商。在绸业带动下,濮院镇日益繁荣,全盛时期镇上有二十七条街,绸行、丝行和桑叶行的店铺交错密布。

第三节　商　　人

明代开国之后,对商人阶层的控制相当严密,例如关市之禁,较之于前代就更加详尽。钞关掌管舟车,属户部;抽分厂掌管竹木,属工部。管盐课的有转运司,有提举司,又由御史加以稽查。茶课也与盐课相同。征商之法,纤悉具备。[②] 商人地位之低下,从服饰规定就可见一斑:农民可服丝绸之衣,商人却不许穿丝绸衣服。商人经商,必须"供报入官",之后得常年守业。经商如果"消乏不堪",就应该向官府上报以说明"更名某业"。商人外出经商,不论所趋

---

① 光绪《唐栖志》卷一八《物产》。

② 参见刘颖《罢征边关商税以通货财疏》,载孙旬编《皇明疏钞》卷四二。

远近,所走水路或陆路,都必须在路引中明确表明,邻里务必周知。①

中国向来将士农工商称为"四民",其中地位最低的正是商人。但是到了明代中期,商人地位开始上升,不管是士,还是农和工,都出现从商的倾向。明代中期,由于赋役负担日益加重,导致农民纷纷逃离原籍,其中一部分就成为商人。随着工匠户籍制度的松动,工匠开始具有一定的人身自由,得以发挥聪明才智。生员阶层的日益庞大,则迫使士子纷纷弃儒从商。

如果说巨量白银是当时商品经济的优质血液,那么奔波于全国各地和海外市场的商人则是商品经济活跃的媒介和催化剂。在明代中晚期商品经济发展的浪潮中,涌现出了一批资本雄厚的商帮集团,主要有徽州商人、山西商人、陕西商人、闽粤海商、江西商人、江浙商人和荆楚商人等。商帮以血缘、地域和同业作为纽带,以相互扶持为目的,以会馆作为联络场所。在其中,实力最雄厚和影响最大的,显然是徽商与晋商。"富室之称雄者,江南则推新安,江北则推山右。新安大贾,鱼盐为业,藏镪有至百万者,其它二三十万,则中贾耳。山右或盐或丝,或转贩,或窖藏,其富甚于新安"。②

徽商出于徽州。徽州又称新安,"新安勤俭甲天下,故富亦甲天下……大贾辄数十万,则有副手而助耳目者数人,其人皆铢两不私,故能以身得幸于大贾而无疑,他日计子母息,大羡,副者给分身而自为贾,故大贾非一人一手足动也"。③徽商以从商人数之多、经商地域之广、资本之雄厚和经商能力之精明强干,被公认为各地商帮之首。徽商形成于成化、弘治年间,嘉靖以后走向鼎盛时期。事实上意味深长的是,嘉靖年间,与倭寇勾结进行走私贸易和抢劫的几个主要首领,同样是徽州人。徽州地狭人稠,粮食无法自给,但是盛产茶叶、竹木、漆器、笔、墨、纸、砚,水路上接福建广东、下连苏州杭州,通过新安江和徽河可以通向钱塘江、京杭大运河和长江等。田地和粮食的不足,迫使大批劳动力天然地存在外流倾向,丰富的物产和优越的交通条件则提供了可能的商品和商路。徽州东邻中国最富饶的苏松杭嘉湖地区和盐业中心扬州;西经芜湖可沿长江通向粮食的重要产地湖广;南经江西可以进入广东,与海外贸易直接发生活跃的联系。

例如徽州的休宁县,"邑中土不给食,大都以货殖为恒产,因地有无以通贸

① 朱元璋:《大诰续编》,《松江逸民为害》第2、《互知丁业》第3,载张德信、毛佩琦主编《洪武御制全书》,黄山书社1995年版,第794—796页。

② 谢肇淛:《五杂俎》卷四。

③ 顾炎武:《肇域志》,《江南》。

易,视时丰歉以计屈伸。居贾则息微,于是走吴、越、楚、蜀、粤、闽、燕、齐之郊,甚则逾而边陲,险而海岛,遗迹几遍宇内。近者岁一视其家,远者不能以三四岁计,彼岂不知有父母室家之乐哉,亦其势使然也"。[①] 徽商把长江中上游的粮食、木材、药材和北方的棉花运销至江南。通过京杭大运河、长江和其他水陆商路,把江南的丝绸、棉布,两淮的食盐,徽州的茶叶、木材,景德镇的瓷器销往全国各地。

徽商资本有多达上百万两白银的,资本达二三十万两白银的尚且只能算作中等商人。"藏镪至百万者,其他二三十万,则中贾耳"。[②] 徽商由于资本实力强,往往开设当铺。例如常州府"质库拥资孳息,大半徽商"。[③] 苏州府江阴县徽商程璧,"开张典铺十八处"。[④] 嘉兴府平湖县,"新安富人,挟资权子母,盘踞其中,至数十家"。[⑤] 福建和广东多出海商,例如福建安平的商人,"经商行贾,力于徽歙,入海而贸易,差强赀用"。[⑥] "安平市独矜贾,逐什一趋利……贾行遍郡国,北贾燕、南贾吴、东贾粤、西贾巴蜀,或冲风突浪,争利于海岛绝夷之墟,近者岁一归,远者数年始归"。[⑦] 徽商足迹遍布江南,深度参与了江南繁荣的市镇经济。"徽之富民尽家于仪(征)扬(州)、苏(州)松(江)、淮安、芜湖、杭(州)湖(州)诸郡,以及江西之南昌、湖广之汉口,远如北京,亦复挈其家属而去。"[⑧]

苏州太湖中洞庭东山和西山商人形成的群体,叫作洞庭商帮,于嘉靖万历年间形成。他们以繁荣富饶的苏州作为依托,主要在太湖流域、长江以北的运河沿线和长江沿线经商。在太湖流域和湖广之间,他们进行丝织品、棉布和粮食之间的双向互补贸易,丝织品、棉布运往湖广,湖广的粮食运往太湖流域。他们同时也把苏松地区的棉布销往北方。宁波商帮由于地处东南沿海,兼营国内贸易和海外贸易。江西商帮形成于明代中后期。江西人多地少,加上粮食、茶叶、陶瓷、木材、烟叶、药材、蓝靛等众多产品的商品化,为人员和物资的跨省流动和商业兴盛准备了充足条件。"九江据上流,人趋市利;南、饶、广信

① 康熙《休宁县志》卷一《风俗》。
② 计六奇:《明季北略》卷二三《富户汪箕》。
③ 《古今图书集成》卷七一五《职方典·常州府部》,康熙《江阴县志》卷二《风俗纪·商风》。
④ 《江上孤忠录》补遗。
⑤ 康熙《平湖县志》卷四《风俗》。
⑥ 何乔远:《闽书》卷三八《风俗》。
⑦ 李光缙:《景璧集》卷四《史母沈孺人寿序》。
⑧ 康熙《徽州府志》卷二。

阜裕胜于建、袁,以多行贾;而瑞、临,吉安尤称富足;南赣谷林深邃,实商贾入粤之要区。"[1]

福建商帮以经营海外贸易为主。隆庆元年(1567)开放海禁之后,允许商人前往东、西二洋进行贸易,从此无数商船驰向大海,使得海外贸易出现极为繁荣的局面。广东商帮也以经营海外贸易为主,主要由广州商人和潮州商人组成。广州的海外贸易尤其兴旺,广州商人将全国各地运来的商品在此搬上船销往海外,又将海外的货物搬上岸运销全国各地。许多海商还到东南亚、欧洲、非洲,甚至到南美洲进行贸易。潮州的林道乾拥有一百多艘白艚船,在进行海外贸易的过程中,甚至在今泰国南部的北大年建立了道乾港。林道乾虽然是亦商亦盗的人物,但李贽却在《焚书》中极口称赞他。李贽声称:"夫道乾横行海上三十余矣……其才识过人,胆气压乎群类,不言可知也……设国家能用之为郡守令尹,又何止足当胜兵三十万人已耶?又设用之为虎臣武将,则阃外之事,可得专之,朝廷自然无四顾之忧矣。惟举世颠倒,故使豪杰抱不平之恨,英雄怀罔措之戚,直驱之使为盗也。"李贽的观点向来惊世骇俗,是否合理另当别论,但由此起码表明当时商人影响力之大,已不得不予以重视。

在经商活动中,商贾往往获利颇多。"洞庭叶某商于大梁……买布入陕换褐,利倍,又贩药至扬州,数倍。贸易三载,货盈数千。"[2]这表明,经商相较于农业而言,更容易致富。但在传统社会,士大夫阶层往往对商贾充满轻视。"吾乡某翁,贾人也,饶于财而性吝,学者轻之,翁慨然叹曰:所以不耻于诸君子者,不学故也。我老大,良已矣,我能教子,安见铜臭者之不书香乎。"[3]"钱处士,名民,字子仁。嘉定外冈里人,早孤,年十三,弃书学贾,数为乡里所侮。"[4]

商人地位相当低下。"尹志,余族祖也。先以家贫为米贾,一日将贩米他处,雇船西门外,晚饭后将登舟,比至,则行箧与米囊等俱已掷岸上。有秀才数人,大声叱曰:'吾等将赴乡试,何物贾人敢与吾争舟?'公不敢与较,归家愤甚,曰:'秀才直如此尊贵乎!'遂弃其业,改名曰志,攻苦下帷,以隆庆四年(1570)庚午举于乡,谒选为灵璧县知县。"[5]正由于地位低下,商人在生活中不时受到士大夫阶层的欺凌:"顾翁,讳恺,字宗和,其先长洲陆墓农家。长洲吴郡治所,

---

① 张瀚:《松窗梦语》卷四《商贾记》。
② 陆粲:《说听》卷上,9页,见《说库》第四函。
③ 乐钧:《耳食录》卷八,20页,见《笔记小说二十种》第二函。
④ 吴德旋:《初月楼续闻见录》卷八。
⑤ 尹元炜:《溪上遗闻集录》卷上页5页,见《笔记小说大观》第三辑第四函。

东南大都会,赋重俗奢甲天下民,故末业多竞,本业多病。翁父棠,念田人不当岁出,则舍农服贾,去陆墓家西闾。西闾四方水陆达涂,诸商百物输聚。翁承父业,事力渐广,心计尤精……于是远近贸易者辏至辐辏矣。翁测五行之运,酌万货之情,知所以取,知所以与,财币如流水之行,往而不停,来而益盈。始者赢仅十百,既乃赀储溢羡,累巨百数千金。于是贪狡悍少年属目垂涎,利其愿易欺,幸其寡援无他,于是构令门下生相与比周,矫令需重贿,大庇尔家,否得不克安尔生,险阱危机,巧蒙而横索之,倾其有者三之一。翁踏缩不敢谁何,独仰天一喟而已……翁年八十有九,嘉靖某年月日卒。"①由此可见,在传统社会,商人没有安全感,没有独立政治权力。商人若与权力苟合,则为官商,以官为主。与此同时,在传统社会,商人致富后,往往将大部分利润用于置买田产。例如在《醒世恒言》卷三十五《徐老仆义愤成家》中,浙江淳安徐氏家的义仆阿寄为孤孀主母做生意,使用本钱十二两,在短短一年内就获利二千余两,最后置买田地一千亩。由此可见,在赚得大钱后,阿寄想到的首先不是再投资,而是购买田产:"不如回去商议置买些田产,做了根本,将余下的再出来运算。"②

在明代晚期,商人虽然总的来说依然地位较为低下,而且获利之后往往购买田产,或鼓励子弟读书入仕,但在商品浪潮的冲击之下,士大夫阶层对商人的态度有所转变。在部分士子中,甚至出现弃儒就贾之风。同时,一些较开明的士子对商人的态度逐渐发生变化,对商人及商业活动产生了新的认识。例如李梦阳就在《明故王文显墓志铭》中指出:"文显尝训诸子曰:夫商与士,异术而同心。故善商者处财货之场而修高明之行,是故虽利而不汗。善士者引先王之经,而绝货利之径,是故必名而有成。故利以义制,名以清修,各守其业。"③李贽对商人颇为同情:"且商贾何鄙之有?挟数万之赀,经风涛之险,受辱于关吏,忍诟于市易,辛勤万状,所挟者重,所得者末。然必交结于卿大夫之门,然后可以收其利而远其害,安能傲然而坐于公卿之门者!"④同时也表现出,在传统的官本位社会中,商人不得不交接权贵之门才可自保。郭子章则明确肯定富强的重要性:"儒生讳言富,则孔子足食,《大学》生财,非矣。讳言强,则孔子足兵,《周易》除戎,非矣。立国以仁义为干,富强为枝,舍富强,专谈仁义,

① 许相卿:《黄门集》卷十一《大贾顾翁墓志铭》。
② 《醒世恒言》卷三十五《徐老仆义愤成家》,第748—754页。
③ 李梦阳:《空同先生集》卷四四。
④ 李贽:《焚书》卷二《与焦弱侯》,中华书局1975年版,第49页。

犹木有干而枝叶不附也,槁且立见。"①著名的理学家吕柟,同样对商人及其商业活动给予相当的肯定:"商亦无害。但学者不当自为之,或命子弟,或托亲戚皆可。不然,父母、妻子之养何所取给! 故日中为市,黄帝、神农所不禁也。贱积贵卖,子贡亦为之。但要存公直信厚,不可刻薄耳。"②顾宪成则声称,言"富"并不足讳。富而好礼,可以提躬;富而好行其德,可以泽物。顾宪成进而提出富有新意的义利关系:"以义诎利,以利诎义,离而相倾,抗而两敌。以义主利,以利佐义,合而两成,通为一脉。"③

第四节　物　　流

明代中期,商品经济日益发展,市场上流通的商品种类迅速增加。"近年(成化)天下风俗奢侈,僭用加前百倍"。④ 正德年间,苏州府出产的丝织品种类繁多,帛的种类有七种,锦、纻丝、罗、纱、绫、绢和绸。"五色眩耀","四方皆尚之",各地"公私集办于此"。布的种类有八种,木棉布、药斑布、苎布、缣丝布、棋花布、斜纹布、麻布和黄草布。日常器用种类达十种,笺、兔毫笔、纱巾、扇骨、席、藤枕、柳箱、蒲鞋、灯、纱和帽胎,其中的席畅销各地,"出虎丘者佳,其次出浒墅,或染色相间,织成花草人物,为帘或坐席,又有一种阔经者,出浦里"。⑤ 成化年间,松江棉布的色彩有赭黄、大红和真紫等色,有龙凤、斗牛和麒麟等纹布,有"一匹费百金者",可抵"文绮十匹价也"。⑥ 早在正德年间,松江棉布就极为畅销,"衣被天下,虽苏杭不及也",种类高达十五种,包括三纱木棉布、番布、兼丝布(以白苎或黄草兼丝为原料)、苎布、黄草布、麻布、药斑布、金山布、线绫、锦、只孙、纱、纻丝、紫白锦和织衲。⑦ 松江同时又出产"线绫、三梭布、漆纱方巾、蒴绒毯,皆为天下第一,梅花灯笼、拨罗绣,亦他方所无"。⑧ 弘治年间,苏

① 郭子章:《蠙衣生黔草》卷二一《疾慧编·下编》,明万历刻本。
② 吕柟:《泾野子内篇》卷二七《礼部北所语》第35,中华书局1992年版,第277页。
③ 顾宪成:《泾皋藏稿》卷一七《明故处士景南倪公墓志铭》,上海古籍出版社,1993年版,第193页。
④ 《皇明条法事类纂》卷二二《军民之家服饰不许违禁例》。
⑤ 正德《姑苏志》卷一四《土产》。
⑥ 汤邂圻:《明朝宫闱秘史》卷二《松江布》。
⑦ 正德《松江府志》卷五《土产》。
⑧ 正德《松江府志》卷四《风俗》。

州府常熟县"凡高乡皆种棉花,工纺织为布,贸之以资生业"。① 嘉靖年间,常熟县的粮食与布匹畅销于外地,"常熟虽僻远,其食与货常给乎外境,每岁杭越徽衢之贾,皆间籴于邑,其人弗至,则食之价平矣。至于货布用之邑者有限,而捆载舟输行贾于鲁之境,常什六"。②

随着商品经济的发展,物流业日益发达,对筑路修桥的要求变得更高。为解决南北交通不便的问题,苏州府在成化年间修筑浒墅镇普恩桥:"浒墅在苏州西北境上,其民际水而居,农贾杂处,为吴中一大镇。自景泰间,朝廷置榷司于此,自楫停集、居民益繁。贸易往来,有限于官河,皆称不便。成化初,虽尝作桥,以免济渡,而南北辽绝,人迹折旋,犹以为不便也。"③

伴随着商业的繁荣,商税征收得到可观的增长。成化年间,增加了不少税课机构,"太平芜湖、荆州沙市、杭州税课,旧无抽分官,成化七年(1471)(三月),工部尚书王复始请添部属三员,分往抽分竹木,变银为营缮费。年所得仅千两,后至者以多得为能,至万余两"。④ 成化七年(1471)十月,"复设四川叙州府富顺县税课局。本局先以课钞不及万贯,裁革。近年居民稠密,商货稍多,户部故请复设,以收商税"。⑤ 官府征收的商税不断增长,例如在南京,"新河钞关,在皇城之西,大江之东,南而川广闽越,北而燕齐陕汴,凡物货之待价,商贾之射利毕集……凡贾舟之来,必先报税,方许贸易,课额岁不下数百万"。⑥

随着丝织业与棉布纺织业的繁荣,与此相关的染料经济作物的种植发展迅速。在南方山区,有很多农户热衷于种植染料作物,例如在江西西南部与湖南、福建和广东交界的山区,就出现"蓝户","万羊山跨连湖广、福建、广东之地……各省亦常流聚其间,皆以种蓝为业"。⑦ 福建永福山区出现很多"菁客","则漳、泉、延、汀之民,种菁种蔗,伐山采木,其利乃倍于田,久之穷冈邃谷,无非客民"。⑧

各地之间的商品交流日益繁忙。杭州是繁荣的丝织业中心,"虽秦、晋、

---

① 弘治《常熟县志》卷一《土产》。
② 嘉靖《常熟县志》卷四《食货志》。
③ 正德《姑苏志》卷一九《桥梁》上。
④ 余继登:《典故纪闻》卷一五。
⑤ 《明宪宗实录》卷八九。
⑥ 郑纪:《东园文集》卷六《新河钞关浮桥记》。
⑦ 同治《万载县志》卷七《学校》。
⑧ 万历《永福县志》卷一《风俗》。

燕、周大贾,不远千里而求罗、绮、缯、布者,必走浙之东也"。① 上海标布对外销售时,"俱走秦、晋、京、边诸路",标布中稍狭而长者叫"中机,走湖广、江西、两广诸路"。② 嘉定布"商贾贩鬻,近自杭、歙、清、济,远至蓟、辽、山、陕"。③ 常熟布"用于邑者有限,而捆载舟输行贾于齐、鲁之境者常什六"。④ 松江白布往往要到芜湖浆染,才能出售。时人称之为:"织造尚松江,浆染尚芜湖"。与此同时,浆染业所用的蓝靛,则又仰赖福建。⑤

明代后期商业流通之频密,从较为偏僻的铅山县市场上售卖的商品就可见一斑。铅山县位于江西广信府,也就是今天的上饶市,市场上流通的商品来自五湖四海,甚至还有来自海外的:"其货来自四方者,东南福建则延平之铁,大田之生布,崇安之闽笋,福州之黑白砂糖,建宁之扇,漳海之荔枝、龙眼,海外之胡椒、椒木,广东之锡、之红铜、之漆器、之铜器。西北则广信之菜油,浙江之湖丝、绫绸,鄱阳之干鱼、纸铁灰,湖广之罗田布、沙湖鱼、嘉兴西塘布、苏州青、松江青、南京青、瓜州青、连青、红绿布、松江大梭布、小中梭布、湖广孝感布、临江布、信阳布、定陶布、福青生布、安海生布、吉阳布、粗麻布、布坊生布、漆布、大刷竟、小刷竟、葛布、金溪生布、棉纱、净花、子花、棉带褐子花、布被面、黄丝、丝线、纱罗、五色丝布、杭绢、绵绸、彭刘绸、衢绢、福绢。此皆商船往来货物之重者。"⑥

---

① 张瀚:《松窗梦语》卷一五。
② 叶梦珠:《阅世编》卷五。
③ 万历《嘉定县志》卷六《田赋考·物产》。
④ 嘉靖《常熟县志》卷四《食货志》。
⑤ 万历《闽大纪》卷一一《食货志》。
⑥ 《铅书》卷一《食货》。

第十四章　海禁与走私

明朝建立以后就奉行海禁政策,合法存在的海上贸易仅仅是朝贡—勘合体制内的官方贸易活动。由于发生宁波争贡事件,浙江市舶司遭到撤销,与日本的勘合贸易终止。如此一来,海上贸易供求失衡现象变得更加严重,导致海上武装走私贸易集团应运而生。嘉靖之前,海上走私活动规模尚小,并未形成武装性的贸易集团。但是到了嘉靖年间,由于东南沿海地区商品经济日益发展,加上西方商人日益卷入走私活动中,导致私人海上贸易势力迅速膨胀。走私贸易中心到处涌现,参加走私的人员迅速增加,下至农民、盐民、渔民,上至豪强地主、官员和宦官,无不参与其中。在东南沿海,参与走私的人员隐然形成了一个游离于甚至对抗于朝廷的利益集团,一方面侵蚀朝廷利益,另一方面又导致各级相关官员的加速腐败。隆庆年间,由于海禁政策废除,加上戚继光和俞大猷等名将积极剿倭的努力,倭患基本消除。海上贸易合法化后,得到蓬勃发展。

第一节　朝贡贸易

朝贡贸易的变通之处在于,伴同贡使而来的商人可以在市舶司所在地或京师会同馆进行小型的变相贸易活动。但这种变相贸易有一个前提,即要持有明朝礼部颁发的"勘合"或者说通行证。因此,这样的贸易活动又称为勘合贸易。勘合贸易可见于相关历史记载:"凡勘合号簿,洪武十六年始给暹罗国,以后渐及诸国。每国勘合二百道号簿四扇。"享有勘合贸易资格的国家还包括:日本、占城、爪哇、满剌加、真腊、苏禄、柯支、渤泥、锡兰山、古里、苏门答剌与古麻剌等。① 勘合贸易除了小部分在市舶司所在的广州、泉州与宁波进行之外，主要在接待各国贡使的京师会同馆进行。"各处夷人朝贡领赏之后，许于会同馆开市三日或五日，惟朝鲜、琉球不拘期限。俱主客司出给告示，于馆门首张挂，禁戢收买史书及玄黄、紫皂、大花、西番莲段匹，并一应违禁器物。各铺行人等将物入馆，两平交易，染作布绢等项立限交还。如赊买及故意拖延，骗勒夷人久候不得起程者，问罪，仍于馆前枷号一个月。若各夷故违，潜入人家交易者，私货入官，未给赏者量为递减。通行守边官员，不许曾经违犯夷人起送赴京。凡会同馆内外四邻军民人等代替夷人收买违禁货物者，问罪，枷号一个月，发边卫充军。"②

在 14—15 世纪，通过朝贡贸易，产生了一个以中国为中心的东亚贸易圈。③ 到了 16 世纪，在地理大发现及其后推动的经济全球化刺激下，东亚贸易圈首先在日益活跃的海上走私贸易，其后在解除海禁后越发活跃的贸易驱动下，逐渐融入全球经济网络。

在明朝前半期，中国与日本之间的贸易就是以勘合贸易形式进行的。由于在正规的朝贡与回赐背后，日本使节的随行人员如僧侣和商人可与中国商人进行私下交易，因此使勘合贸易产生了相当大的吸引力。驻宁波的浙江市舶司掌管与日本之间的勘合贸易。日本使节持有勘合才允许上岸，在宁波安远驿嘉宾堂歇息，可以一边从事岸上交易，一边等候朝廷的入京许可。得到许可后，就可以前往北京会同馆。在向明廷递交国书、贡献方物以及领取赏赐之后，可以出售夹带的货物。从建文三年(1401)到嘉靖二十六年(1547)，日本使节率领的勘合贸易船队共有十八批。④ 嘉靖二年的宁波争贡事件，使勘合贸易发生危机，成为嘉靖倭寇之乱的重要导火索。

宁波争贡事件的背景在于，当时日本的勘合贸易经营权未能掌握于幕府足利义持将军之手，落入细川与大内两家。遣明船本来有幕府船、大名船、相国寺船和三十三间堂船等，随着大寺社势力没落，细川氏大和内氏作为遣明船主力登上历史舞台。细川氏是主宰日本濑户内海东部沿岸一带的势力，大内

① 万历《大明会典》卷一〇八，礼部《朝贡四》。
② 万历《大明会典》卷一〇八，礼部《朝贡四》。
③ 滨下武志：《近代中国的国际契机——朝贡贸易体系与近代亚洲贸易圈》(中译本)，中国社会科学出版社，1999 年，第 59—60 页。
④ 参见山根幸夫：《明帝国与日本》(《图说中国史》第 7 卷)，第 56 页。

氏则是支配濑户内海西部到九州沿岸一带的势力。①

中国与日本之间的勘合贸易由三部分组成，即朝贡贸易、公贸易与私贸易。朝贡贸易是日本使节向明朝皇帝朝贡并因此得到回赐品，日本朝贡的主要是金、马、扇、屏风、铠甲、硫黄等，回赐品主要是苎丝、纱、绢、钞、铜钱等。公贸易是用遣明船的附搭物与明朝官方进行的交易，主要是日本刀剑与中国铜钱之间的交易。私贸易是用遣明船的附搭物在宁波牙行进行的交易，以及在北京进行的交易和从宁波到北京沿途进行的交易。在私贸易中，日本热衷购买的中国货物以生丝和丝织品为主，还包括丝绵、棉布、药草、砂糖、瓷器、书画以及各种铜器、漆器等。货物运回日本后，利润相当可观，其中生丝的利润甚至达到惊人的二十倍。②

正是在巨额利益的刺激之下，大内氏与细川氏围绕勘合贸易主导权展开了激烈斗争。正德六年的日本勘合贸易由大内氏主导，因此引起细川氏强烈不满。宁波争贡事件的后果是："两夷仇杀，毒流廛市。"③事件发生之后，要求严厉实行海禁政策的声音更加响亮。时任兵科给事中的夏言上疏，就指出宁波争贡"祸起市舶"，礼部在没有进行详尽调查的情形下，就贸然请罢市舶司。其实就客观事实而言，应当罢斥的是掌管市舶司的太监，而非市舶司。这是因为，细川氏副使宋素卿贿赂市舶太监赖恩，致使市舶司在查验贸易品时，先查验后到的细川氏船，反而将先到的大内氏船推迟。在安排招待宴会时，细川氏使节被故意安排于大内氏使节的上座。甚至在双方发生仇杀后，太监赖恩也故意偏袒宋素卿，致使械斗一发而不可收。④

宁波争贡事件影响很坏，致使嘉靖八年浙江市舶司遭到撤销。自此之后，除了嘉靖十八年和二十六年派遣过遣明船，日本就再也不来中国从事勘合贸易。随着勘合贸易的中止，海上走私贸易迅速发展，直至酿成倭寇之乱。

就历史事实而言，走私活动早在勘合贸易终止之前就存在。这是因为，由三大市舶司控制的勘合贸易量毕竟有限，无法满足沿海民众对海上贸易的需求。因此，在勘合贸易存在的年代，走私贸易实际上就成为勘合贸易的补充形式。只是在当时，走私贸易还是零星出现，规模有限，形式上并不那么猖狂，危害也不那么严重，是沿海民间商人自发的贸易行为。这是因为，"在贡舶贸易

① 参见岩波讲座《日本历史》第十卷中世(4)，东京岩波书店，1994年，第51页。
② 参见大隅晶子：《十六、十七世纪中日葡贸易》。
③ 嘉靖《宁波府志》卷二二《海防书》。
④ 黄俣卿：《倭患考原》上。谷应泰：《明史纪事本末》卷五五《沿海寇乱》。

制度下虽然有勘合的国家可享有贸易上的种种特殊权益,但究为贡约所限,不能随其所欲自由往还。同时此仅为贡舶国家王室或官方支持下的贸易,一般番商因不能取得勘合,便无法进口。而贡舶输入货物,又为政府垄断。虽然市舶司或会同馆(会同馆开市仅限三天或五天)开市时,中国商人可承令买卖,但仅为官方所不肯收买的残余物品,货色粗劣,数量亦微,品类价格又都有限制,而且往往供求两不相投,双方俱不能满足所欲,于是贡使、中外商人,遂互相勾结,窝藏接引,进行秘密私贩活动。尤其中国海商,在政府禁海垄断,外舶特权独占的双重刺激下,既不能取得公平合法的贸易,便只有越关冒禁,挑战下海,从事非法贸易了"。①

在浙江市舶司撤销而终止与日本的勘合贸易之后,海上贸易供求之间失衡的现象就更加尖锐地表现了出来。正是在这样的背景下,海上武装走私贸易集团应运而生,并且规模越来越大,暴力色彩越来越重,对沿海正常的经济与社会秩序产生的危害越来越严重。当时的一些有识之士洞察到其中的隐曲:"罢市舶,则利孔在下,奸商外诱,岛夷内讧,海上无宁日矣。"②当严厉的海禁扩展至人多地少的福建之后,情形就更加严重,遂至倭寇之乱不可收拾。抗倭名将谭纶就此指出:"闽人滨海而居者不知其几也,大抵非为生于海则不得食。海上之方千里者不知凡几也,无中国绫绵丝之物则不可以为国。禁之愈严则其值愈厚,而趋之者愈众。私通不得则攘夺随之。昔人谓弊源如鼠穴也,须留一个,若要都填塞了,好处俱穿破,意正在此。今非惟外夷,即本处鱼虾之利与广东贩米之商、漳州白糖诸货皆一切禁罢,则有无何所于通,衣食何所从出?如之何不相率而勾引为盗也。"③

勘合贸易遭到禁止之后,日本对中国货物的需求并未减少。为了满足这种需求,日本只得通过海上走私贸易渠道获得中国货物。由于其中产生的巨额利润,中国沿海商人也乐意与日本商人进行走私贸易。在中国货物与日本白银彼此交换的走私贸易中,中国商人往往能获得十倍之利。从中国走私到日本的货物包括丝、丝绵、棉布、绵绸、锦绣、红线、水银、针、铁锅、瓷器、古钱与药材等,其中最为畅销的就是湖州所产的湖丝。通过走私湖丝之所以能赢得暴利,原因在于:"丝,所以为织绢苎之用也,盖彼国自有成式花样,朝会宴享必自织而用之。中国绢苎但充里衣而已。若番舶不通,则无丝可织。每百斤值

---

① 陈文石:《明嘉靖年间浙福沿海寇乱与私贩贸易的关系》。
② 黄俣卿:《倭患考原》上;谷应泰:《明史纪事本末》卷五五《沿海寇乱》。
③ 谭纶:《谭敏襄公奏议》卷二《海寇已宁比例陈情疏》。

银五十两,取去者其价十倍。"①暴利之下,能不出现铤而走险之徒?何况人口增多后,沿海地区民众生计更加困难的情形之下。"贫民倚海为生,捕鱼贩盐乃其业也,然其利甚微,愚弱之人方恃乎此。其奸巧强梁者自上番舶以取外国之利,利重十倍故耳。今既不通番,复并鱼盐之生理而欲绝之,此辈肯坐而待毙乎!"②

第二节　海禁与倭患

倭患的产生和消失,无不与海禁政策的推行和撤销有关。有明一代,所谓倭寇是由沿海中国人与东洋人勾结形成的海寇。早在洪武年间,"诸豪亡命,往往纠岛人入寇"。③洪熙年间,"黄岩民周来保、龙岩民钟普福困于徭役,叛入倭。倭每来寇,为之乡导"。④由此可见,海寇本质上由真倭与新倭这两部分人组成。所谓的真倭就是东洋武士、浪人和冒险家等,新倭则是由于各种原因加入倭寇行列的以中国沿海民众为主的其他人。《天下郡国利病书》就有相关记载:"先是,嘉靖壬子,倭寇初犯漳、泉,仅二百人。真倭十之一,余皆闽、浙通番之徒,剪顶前发,而椎髻向以从之,然发根不断,与真倭素秃者自别。且战虽同行,退各宿食,此其异也。"⑤倭寇首领和主要成员往往是中国的海上私人贸易商人。

16世纪的倭患以嘉靖年间最为严重,主要原因在于,禁海政策迫使海上贸易以走私形式出现。"若嘉靖中,倭寇藉入贡,蹂躏宁、绍间,皆起于市货不售,土人贪戾无行者为搆,诱煽乱祸,蔓延至不可解。"⑥走私活动日益严重的一个重要原因,当与明朝承平日久,沿海地区人口增长而生计不易有关。努力前往亚洲贸易的葡萄牙人,由于得不到明朝官方正式贸易的许可,只得以走私形式进行与中国和日本商人之间的贸易。在走私贸易中心双屿和沥港被明军捣毁

---

① 郑若曾:《筹海图编》卷二《倭国事略》。
② 茅元仪:《武备志》卷二一四《海防六》。
③ 《明史》卷三二二《外国》三,《日本》。
④ 《明史》卷三二二《外国》三,《日本》。
⑤ 顾炎武:《天下郡国利病书》,第3437页。
⑥ 顾炎武:《天下郡国利病书》,第3096页。

后,海上走私贸易商人就进一步演变为日益凶残的海盗集团。

嘉靖与万历年间,拥有武装的海商集团往往与倭寇勾结在一起。"大奸若汪直、徐海、陈东、麻叶辈素窟其中,以内地不得逞,悉逸海岛为主谋。倭听指挥,诱之入寇。海中巨盗,遂袭倭服饰、旗号,并分艘掠内地,无不大利,故倭患日剧。"①"汪直之踞海岛也,与其党王澈、叶宗满、谢和、王清溪等,各挟倭寇为雄。朝廷至悬伯爵、万金之赏以购之,迄不能致。"②嘉靖后期,倭寇大股势力被击溃后,余部通常与海盗勾连在一起,可谓倭中有盗而盗中有倭。隆庆与万历年间最为著名的海盗头领就是曾一本与林凤。他们与残余的倭寇勾结在一起,不时对中国东南沿海地区发动袭击。③

在胡宗宪咨询时,唐枢向之剖析了倭患产生的原因。在他看来,海上贸易难以禁绝。海禁实际上只能禁止中国百姓,却无法完全禁止中外之间的贸易。"中国与夷各擅生产,故贸易难绝。利之所在,人必趋之。本朝立法,许其贡而禁其市,夫贡必持货,与市兼行,盖非所以绝之。律款通番之禁、下海之禁,止以自治吾民,恐其远出以生衅端。"严厉的海禁政策必定导致倭患。"若其私相商贩,又自来不绝,守臣不敢问,戍哨不能阻。该因浩荡之区势难力抑,一向蒙蔽作法,相沿百数十年。然人情安于睹记之便,内外传袭,以为生理之常。嘉靖六七年后,守臣奉公严禁,商道不通,商人失其生理,于是转而为寇。嘉靖二十年后,海禁愈严,贼伙愈盛。许栋、李光头辈然后声势蔓延,祸与岁积。今日之事,造端命意实系于此。夫商之事顺而易举,寇之事逆而难为,惟顺易之路不容,故逆难之图乃作。"由此可见,勘合贸易终止致"商道不通",商人失去谋生之道,才逼使他们沦落为倭寇。倭寇的主要组成成员是中国百姓。"使有力者既已从商而无异心,则琐琐之辈自能各安本业,而无效尤,以为适从。故各年寇情历历可指:壬子之寇,海商之为寇也;癸丑之寇,各业益之而为寇也;甲寅之寇,沙上黠夫、云间之良户复益而为寇也;乙卯之寇,则重有异方之集矣。"④唐枢作为同时代人,对倭寇产生原因的分析相当中肯。

不通人情的海禁政策导致了恶劣后果。请看当时人的痛陈:"近地人民或馈时鲜,或馈酒米,或献子女,络绎不绝;边卫之官,有献红被玉带者,如把总张四维,因与柴德美交厚而往来,五峰素熟,近则拜伏叩头,甘为臣仆,为其送货,

---

① 参见《明史》卷三二二《外国》三,《日本》。
② 参见《明史》卷二一二《俞大猷传》。
③ 参见《日本历史大事典》,东京平凡社,1994 年版,第 1312—1313 页。
④ 陈子龙等:《明经世文编》卷二七〇,唐枢《御倭杂著》。

一呼即往,自以为荣,矜上挟下,顺逆不分,良恶莫辨。"①"杭城歇客之家,明知海贼,贪其厚利,任其堆货,且为打点护送。如铜钱用以铸铳,铅以为弹,硝以为火药,铁以制刀枪,皮以制甲,及布、帛、丝绵、油、麻等物,大船护送,关津不查不问,明送资贼。"②王世贞也认识到:"夫吴越之所以中寇者,海上奸民为之内主也。奸民尽则寇亦尽。非能使寇尽,寇至而无与导者也。故吴奸民最少,最先弭,越次少,次弭,闽次多,次后弭。若夫岭南则不然,其海寇负海以为讧,东借日本之诸岛悍夷以为爪牙,而西南借交阯、占城、阇婆、暹罗以为逋薮。此其于疾也,在骨节辏理之间,而非可以汤药去也。""其始也,海寇焉而已,山寇焉而已,今而郊之民寇也,郭之民寇也,自节帅而有司,一身之外皆寇也。"③抗倭名将谭纶在上奏朝廷时指出:"闽人滨海而居,非往来海中则不得食。自通番禁严,而附近海洋鱼贩,一切不通,故民贫而盗愈起。"④如果恢复通海,那么就会"市通则寇转为商,市禁则商转为寇"。⑤ 朝廷应该寻找合适时机,稍稍恢复海上贸易。只要贸易恢复,那么不仅已经啸聚作乱的匪党会散去,而且沿海的贫穷小民也能因此找到生计,从而可以收揽和安定人心。

从地理大发现后兴起的经济全球化角度来看,可以更好地理解明代中国沿海海商集团的走私贸易活动。当葡萄牙使节的贸易请求遭到明廷拒绝之后,他们只得转而与中国商人进行走私贸易。这是因为,"对于葡萄牙人来说,与中国的贸易是非常宝贵的,不经过一场斗争就让他们放弃这一新兴的、前途无量的市场是绝对办不到的。故而在随后三十年内,佛郎机继续游弋于中国沿海,他们有时在地方官员的默许下进行贸易,有时完全不把地方官放在眼里。由于最初是在广东相当严厉地执行那道明王朝禁止其贸易的诏令,葡萄牙人便将自己的注意力转移向北面的沿海省份——福建与浙江,他们在那里隐蔽、无名的诸岛屿及港湾内越冬。在那里暂时的居留地中,最繁盛的要数宁波附近的双屿港,以及位于庞大的厦门湾南端的浯屿和月港……从中国载籍中可以清楚地看到,1521—1551 年间频繁出没于中国沿海的那些葡萄牙走私商人得到了急于要与其交易的中国各阶层人士的广泛同情和支持"。⑥

---

① 万表:《海寇议前》。
② 万表:《海寇议前》。
③ 王世贞:《岭南弭寇策》,见《弇州史料》卷三《后集》。
④ 谭纶:《善后六事疏》,见《明经世文编》卷三二二《谭襄敏公奏疏》。
⑤ 谷应泰:《明史纪事本末》卷五五《沿海倭乱》。
⑥ 博克瑟:《佛郎机之东来》,《中外关系史译丛》第 4 辑,第 309—312 页。

在所谓倭患的历史中,最大的悲剧莫过于朱纨平倭继而遭陷害被迫自杀这起事件。朱纨本身当然是为官清正又敢作敢为的好官。悲剧在于,他没有看清历史发展潮流,没有意识到经济全球化浪潮的不可阻挡,依然从奉行闭关锁国路线的海禁政策出发,要求彻底肃清所谓的倭寇之乱。朱纨严厉的剿倭措施,严重触犯既得利益集团,当然也严重伤害了沿海百姓的生计。徐光启为此指出:朱纨"冤则冤矣,海上实情实事果未得其要领,当时处置果未尽合事宜也"。①《天下郡国利病书》中也有相关记载:"夫漳所最苦者,莫如倭。……倭非能自来也,趋于中国之民为之向导。都御史朱纨练兵甲,严纠察,按诸通海者若干人,悉诛之。纨竟为朝议所中,忿恚自杀。船主土豪,益自喜为奸,走波涛中,交相往来。后乃大举入寇,而海寇应之,至陷城郭,祸坟墓,男女骈戮,远震骇,此亦神人之大痛矣!"②

剿倭措施的愈加严厉,实际上起到烈火烹油的反效果,致使走私贸易集团蜕变为走私与掠夺并重的暴力集团。在要求官府自由贸易遭到拒绝后,王直不断掠夺东南沿海地区。愈演愈烈的平倭战争就与此有关。王直在请求明廷允许自由贸易时指出:"窃臣直觅利海商,卖货浙福,与人同利,为国捍边,绝无勾引党贼侵扰事情……为皇上仁慈恩宥,赦臣之罪,得效犬马微劳驰驱,浙江定海外长涂等港,仍如广中事例,通关纳税,又使不失贡朝,其主各为禁例,倭奴不得复为跋扈,所谓不战而屈人之兵者也。"③王直认为官府背信食言,因此展开报复,并僭号称王。④ 王直先称净海王,后改称徽王。关于此,史书中有相关记载:"参将俞大猷驱舟师数千围之,直以火箭突围去,怨中国益深,且渺官军易与也。乃更造巨舰联舫,方一百二十步,容二千人,木为城,为楼橹四门,其上可驰马往来。据居萨摩洲之松浦津,僭号曰京,自称徽王,部署官属,咸有名号。控制要害,而三十六岛之夷,皆其指使,时时遣夷汉兵十余万,流劫滨海郡县,延袤数千里,咸遭荼毒。"⑤

对东南沿海的富庶地区来说,倭患导致了极为惨烈的后果:"(癸丑)六月,贼复寇嘉兴,寇海盐、澉浦、乍浦,寇直隶上海、吴淞、嘉定、青村、南汇、金山卫,寇苏州,寇昆山、太仓、崇明,或聚或散,遍于川陆。凡浙、直之地,所经村落都

① 徐光启:《徐光启集》卷一《海防迂说》。
② 顾炎武:《天下郡国利病书》,第 3015 页。
③ 采九德:《倭变事略》卷四《王直自明疏》。
④ 陈文石:《明嘉靖年间浙福沿海寇乱与私贩贸易的关系》。
⑤ 郑若曾:《筹海图编》卷九《擒获王直》。

市，昔称人物伙繁、积聚殷富者，荡为丘墟，而柘林、八团诸处，胥作巢穴矣。(甲寅)三月……复有盘据普陀山，焚劫海盐龙王塘、乍浦长沙湾、嘉兴、嘉善县诸处。……是月，贼攻昆山城，又攻苏州城，又攻松江城。"①"乙卯四月，贼寇常熟……至是海乃偕夷首新五郎，聚舟结党而来，众数万，寇南畿、浙西诸路。……(乙卯)六月，复有贼数千，自柘林走海宁，直抵杭州北关外，屯聚劫掠。"②苏州府和松江府由于地势平坦，遭受的倭患尤为惨烈："苏、松为畿辅望郡，濒于大海，自吴淞江口以南，黄浦以东，海墙数百里，一望平坦，皆贼径道。往故不能御之于海，致倭深入，二府一州九县之地无不创残，其祸惨矣。"③

在海禁与反海禁的激烈斗争中，在官军围剿的刺激之下，武装走私集团越发具有暴力色彩，并且规模越来越大。"初但许栋、李光头等数人为盗，既则张月湖、蔡末山、萧显、徐海、王直辈出而称巨寇矣！初但宫前、南纪、双屿等数澳有盗，既则烈港、柘林、慈溪、黄岩、崇德相继失事，而称大变矣！初但登岸掳人，责令赴巢取赎，既则盘踞内地，随在成居，杀将攻城，几于不可收拾矣。"倭寇不仅劫掠江浙沿海地区，还劫掠官军力量薄弱的福建与广东交界地区，包括著名的贸易中心月港。嘉靖"三十五年(1556)十月，倭犯诏安。三十六年(1557)六月，海寇许老、谢策等焚月港。三十七年(1558)冬，有海寇谢老、洪老等诱倭三千余人，船泊浯屿。次年(1559)正月，由岛尾渡浮宫直抵月港，夺港中大船，散劫八、九都，珠浦及官屿等处复归浯屿，自是连年焚劫府属各县。……四十年(1561)正月，月港二十四将反。先是丁巳(1559)年间，九都张维等二十四人共造一大船，接济番船，官府莫能禁。戊年冬，巡海道邵梗差捕道林春领兵三百捕之。二十四将率众拒敌，杀死官兵三名，由是益横，遂各据堡为巢。旬月之间，附近地方效尤，各立营垒，各有头目，名号曰'二十八宿'，曰'三十六猛'。是年春，攻破虎渡城，又攻田尾城、合浦、渐山、南溪诸处，滨海之民，害甚于倭"。④ 除福建与广东交界地区之外，其他沿海地区也深受倭寇之患："自嘉靖三十四年(1555)以后，倭无岁不犯(福宁)州境。三十八年(1559)三月，倭数千攻州城。署州事武平县知县徐甫宰悉力御之，倭退。四月，陷福安。丁巳，参将黎鹏举自嵛山冲倭舟为两截，压沉其一舟，追驰三沙，至火焰山，以火攻，大破之。六月，鹏举被逮去。七月，倭破桃坑寨。……四十年

① 顾炎武：《天下郡国利病书》，第 3911 页。
② 顾炎武：《天下郡国利病书》，第 3912—3913 页。
③ 顾炎武：《顾炎武全集·天下郡国利病书·苏松备录》，第 689 页。
④ 顾炎武：《天下郡国利病书》，第 2970—2971 页。

(1561)三月,倭据云淡门。十月,陷宁德。"①

在剿灭倭寇的战场上,戚继光屡建奇功。嘉靖四十年(1561),戚继光在浙江宁海龙山击败倭寇,继而又在台州九战而九次击败倭寇。嘉靖四十一年(1562),倭寇转向福建,戚继光率军进入福建剿倭。嘉靖四十二年(1563)四月,戚继光、俞大猷与谭纶合作,在福建平海卫斩杀倭寇二千二百余名。福建倭患基本告平。此后,倭寇主要麇集于广东。嘉靖四十三年(1564),调任广东总兵官的俞大猷击败潮州倭寇,继而在南澳等地击破吴平,迫使其狼狈逃窜。不久之后,俞大猷击溃曾一本,从而解除了广东倭患。

倭患的最终平定,一方面是由于戚继光和俞大猷等名将积极剿倭,另一方面是由于明廷顺应形势在隆庆元年解除海禁政策。也许后一种因素更为重要。这无非是因为,倭患本身就起源于海禁与反海禁之间的斗争,既然海禁政策遭到废除,自由贸易得以实现,那么所谓倭寇也就大体转变为从事合法贸易的商人了。

第三节　海上走私

明朝立国之初就确立严厉的海禁政策。洪武四年(1371)十二月庚辰朔,丙戌,"仍禁濒海民不得私出海"。又,"乙未,上谕大都督府臣曰:'朕以海道可通外邦,故尝禁其往来。近闻福建兴化卫指挥李兴、李春私遣人出海行贾,则濒海军卫岂无知彼所为者乎?苟不禁戒则人皆惑利而陷于刑宪矣。尔其遣人谕之,有犯者论如律'"。② 洪武十四年(1381)十月壬子朔,"己巳,禁濒海民私通海外诸国"。③ 洪武三十年(1397)四月癸未朔,乙酉,"申禁人民无得擅出海与外国互市"。④ 关于明初海禁的原因。洪武二十五年(1392)七月,"己酉,两浙运司言:'商人赴温州各场支盐者,必经涉海洋,然著令军民不得乘船出海,故所司一概禁之。商人给盐不便。'上曰:'海滨之人,多连结岛夷为盗,故禁出

---

① 顾炎武:《天下郡国利病书》,第 2970—2971 页。
② 《明太祖实录》卷七十。
③ 《明太祖实录》卷一百三十九。
④ 《明太祖实录》卷二百五十二。

海,若商人支盐,何禁耶?'命兵部移文谕之"。①

由于勘合贸易或者说贡舶贸易无法满足旺盛的海上贸易需求,因此早在勘合贸易时代就存在小规模的走私贸易活动。"在贡舶贸易制度下虽然有勘合的国家,可享有贸易上的种种特殊权益,但究为贡约所限,不能随其所欲自由往还。同时,此仅为贡舶国家王室或官方支持下的贸易,一般番商因不能取得勘合,便无法进口。而贡舶输入的货物,犹为政府垄断。虽然市舶司或会同馆开市时,中国商人可承令买卖,但仅为官方所不肯收买的残余物品,货色粗劣,数量亦微,品类价格又都有限制,而且往往供求两不相投,双方俱不能满足所欲,于是贡使、中外商人,遂互相勾结,窝藏接引,进行秘密私贩活动。尤其中国海商,在政府禁海垄断,外舶特权强占的双重刺激下,既不能取得公平合法的贸易,便只有越关冒禁,挑战下海,从事非法贸易了"。②

早在英宗时期,就出现小股的走私贸易。正统九年(1444),广东潮州"民滨海者,纠诱傍郡亡赖五十五人,私下海,通货爪哇国"。③景泰年间,福建漳州的沿海地带,"民多货番为盗"。④到了明代中期的成化与弘治年间,沿海地区的海商在暴利刺激之下,往往不顾政府禁令而投入海上贸易:"成弘之际,豪门巨室,间有乘巨舰贸易海外者"。⑤"濒海大姓私造舰,岁出诸番市易。"⑥有的海商甚至"揽造违式海舶,私鬻诸番"。⑦

成化十四年(1478),江西饶州府浮梁县的方敏与兄弟方祥、方洪三人,共凑银六百两,购买二千八百件青白瓷器,船运至广州,伙同广东揭阳县布商陈祐、陈荣和海阳县布商吴孟,雇佣东莞县梁大薁,自造违禁双桅槽舡一只,装载前项瓷器并布货,"于本年五月二十二日,开舡越过缘边官富等处巡检司,运出外洋到于金门地方",与番商"兑换得胡椒二百一十二包,黄腊一包,乌木六条,沉香一扁箱,锡二十块",回运至东安,千户所备倭百户郭庆哨见,船货俱没收,方氏兄弟三人、陈祐、陈荣、吴孟、梁大薁七人皆判罪,"律仗九十,徒二年半"。⑧

① 《明太祖实录》二一九。
② 陈文石:《明嘉靖年间浙福沿海寇乱与私贩贸易的关系》,《历史语言研究所集刊》第三十六本上册,第378页。
③ 《明英宗实录》卷一一三。
④ 《漳州府志》卷二五《谢骞传》。
⑤ 张燮:《东西洋考》卷七《饷税考》。
⑥ 张燮:《东西洋考》卷七《饷税考》。
⑦ 《漳州府志》卷四五。
⑧ 《皇明条法事类纂》卷二〇《接买番货》。

方敏兄弟的这种行为,显然就是走私。这是被查出来的,没被查出来的走私贸易肯定要多得多。正如弘治六年(1493)两广总督都御史闵珪在上奏中指出的:"广东沿海地方,多私通番舶,络绎不绝,不待比号,先行货卖。"①

民间之所以早在明代前期就出现走私活动,是由于明廷寸板不许下海的严厉禁海政策,显然有违唐宋以来沿海地区从事海上贸易的传统,无视沿海民众的谋生条件,伤害了他们的生计。福建漳州与泉州百姓生计尤为艰难,因此从事走私贸易的人就特别多。"土之所产,既不足食其人民,往往旁趋于山海鱼盐,其为利博而害亦随之。"②生活难以糊口的百姓,只得"以船为家,以海为田,以贩番为命"。官府严厉的禁海政策,无异于断绝他们赖以谋生的手段。明代的海禁政策,广东较为宽松,浙江和福建由于靠近日本,禁令特别严厉。然而日久弊生,禁令往往成为空文,常时如水上无寇,海防官员且得纳贿要利,则漫不之禁,采取半放任态度。一旦生事起衅,事态扩大,为逃避罪谴,遂张皇禁治。如此张弛反复,欺蔽蒙骗,及至积重难返而不能制,于是朝廷简派重臣衔命禁海,穷根推排,严急追捕。私贩者生路乏绝,转而为盗,内地人民久失生理,不逞者又起而从之,相率入海,推演激荡,遂酿祸乱。大致以嘉靖二十年(1541)为分水岭。在此之前,浙江与福建沿海百姓业已出现与外国人进行走私贸易者,不过大多为海上及滨海人民为生计所迫,冒禁下海,豪门巨室参加者较少,尚不敢公然出入。此后,情况更趋严重,私贩分为两种,一种是由闽浙大姓贵家操纵主持,私枭舶主与势要土豪结合的上层势力,挟制官府,包庇窝藏,公然进出海上。另一种是沿海贫民与桀骜者结船行贩的下层势力,他们在急迫时也往往贿投势家为之掩护。③

正德年间,沿海地区走私贸易断续壮大,朝廷一度想使走私贸易合法化,允许官府对贸易抽税。但糟糕的是,这样一来反而导致了更大规模的走私活动。于是朝廷重新恢复禁海政策。正德九年(1514)六月,广东布政司参议陈伯献上奏朝廷:"岭南诸货出于满剌加、暹罗、爪哇诸夷,计其产不过胡椒、苏木、象牙、玳瑁之类,非若布帛菽粟,民生一日不可缺者。近许官府抽分,公为贸易,遂使奸民数千,驾造巨舶,私置兵器,纵横海上,勾引诸夷为地方害,宜亟杜绝。事下礼部议,令抚按等官禁约番船,非贡献而至者,即阻回,不得抽分,

① 《明孝宗实录》卷七三。
② 顾炎武:《顾炎武全集·天下郡国利病书·漳州府志》,第3071页。
③ 陈文石:《明嘉靖年间浙福沿海寇乱与私贩贸易的关系》,《历史语言研究所集刊》第三十六本上册,第383页。

以启事端,奸民仍前勾引者,治之报可。"①但是,严厉的海禁政策成效有限。在巨大利益的刺激之下,地方豪强与官府纷纷投入走私贸易活动之中。

由此可见,早在朝贡贸易终止之前,非法的商舶贸易就已经兴旺起来。正统年间,朝贡贸易日益萎缩,市舶太监转而垂涎于商舶贸易,致使朝贡贸易制度形同虚设。例如在成化二十二年(1486),番商马力麻假冒苏门答腊使臣来贡,"私通贸易",广东市舶太监韦眷却"利其货,不究问之"。弘治二年(1489),撒马尔罕国王阿黑麻遣使,经满剌加来进贡狮子和鹦鹉等物,韦眷等官"违例起送"。礼部尚书倪岳为此予以指责,认为撒马尔罕朝贡道路应该走陆路的甘肃和陕西,而不应走海路,"今若听从海道前来,则后次倘有附近本地浮海商夷诡称本处差来入贡,则既无勘合,又无印信,何由知其真伪?"②

不仅市舶司太监或明或暗地参与走私贸易或非法贸易活动,而且负有海防责任的官军也卷入走私贸易。"海防官军,由于待遇菲薄,且不得按时支给,往往有拖延数月或经年不发,故常卖关取贿,放纵出入。而提督市舶太监包庇主使,尤足刺激私贩活动。如宪宗时的韦眷,《实录》:'广东布政使陈选奏,据番禺县呈鞫犯人黄肆招称:县民王凯父子招集各处客商,交结太监韦眷,私出海洋通番交易,谋财杀人,警扰乡村。'《双槐岁抄》:'广东市舶太监韦眷,招集无赖驵侩数百十人,分布郡邑,专鱼盐之利。又私与海外诸番贸易……'"③

总的来说,嘉靖之前,私人海上贸易或者说走私活动不断蔓延,但规模尚小,没有形成带有武装的贸易集团,尚未形成官商勾结的走私网络。但是到了嘉靖年间,随着东南沿海地区商品经济的日益发展,加上西方商人日益卷入中国沿海地区的走私贸易活动中,导致私人海上贸易势力迅速膨胀。

嘉靖年间,由于东南沿海商品经济日益繁荣,加上葡萄牙人和西班牙人对中国商品日益渴求,走私贸易更加兴盛,规模越来越大,甚至出现走私贸易的中心如舟山群岛。舟山群岛每年盛夏以后,"大船数百艘,乘风挂帆,蔽大洋而下,而台温、汀漳诸处海贾往往相追逐"于此。④ 十六世纪四十年代,舟山群岛的双屿成为中国与日本和东南亚走私贸易的中心。另一处重要的走私贸易中心,位于福建漳州至广东汕头沿海一带,包括南澳云盖寺、走马溪、外涝屿、料

① 《明武宗实录》卷一一三。

② 李庆新:《明代海外贸易制度》,第170—171页。

③ 陈文石:《明嘉靖年间浙福沿海寇乱与私贩贸易的关系》,《历史语言研究所集刊》第三十六本上册,第383页。

④ 张邦奇:《张文定甬川集》,《皇明经世文编》卷一四七。

罗、乌沙等等,"富商远贾,帆樯如栉,物货浩繁,应无虚日"。① 这些走私商在海外也开辟了很多贸易据点,包括马尼拉、平户、长崎、万丹、爪哇新村、吉兰丹等等。例如在爪哇,"中华人客此成聚,遂名新村,约千余家"。在今日马来半岛的吉兰丹,"华人流寓甚多,趾相踵也"。② 在澎湖则有所谓的"红毛番":"海夷有别种,号'红毛番',饶财宝,擅给中使文移招谕以来,船泊澎湖。其人非东、西洋各人,发纯赤,强而多力,以船为家,于海岛诸港门贩鬻为生涯。其船宏壮甚,出没海洋怒涛中,亡所损。为兵器自护卫,若佛郎机铳、发贡铳之属,亦甚具。其交易颇以信义,怒辄杀人,海岛中诸夷恒畏避之。利中国罗绮、缯布、器皿诸货。"③

海商之所以冒着生命危险从事私人海上贸易,显然是因为从贸易活动中可以赢得暴利。浙江的海商"虽极远番国,皆能通之"。④ 福建的海商"皆擅海舶之利,西至欧罗巴,东至日本之吕宋、长崎,每一舶至则钱货充斥"。⑤到了海上私人贸易愈加活跃的嘉靖年间,吕宋岛上的"商贩者至数万人",⑥福建漳州人占"十之八"。嘉靖年间的私人海上贸易中,浙江海商相当活跃,"大群数千人,小群数百人,比比蝟起,而舶主推王直为最雄,徐海次之,又有毛海峰,彭老不下十余师"。沿海盐民甚至"舍其本业,竞趋海利,名曰取柴卤,曰补盐课,实则与贼为市"。⑦ 在走私活动的风潮中,沿海渔民也"私造违禁大舡,不时下海,始之取鱼,继之接济,终之通番",沿海的"武官逻卒","阳托捕盗之名,而阴资煮海之利,奸弊相通,禁防尽废"。崇明县"萑蒲之数,而太仓之民亦多效之,乃至衣冠之族,世与贼为婚姻,而甚者则豪奴佃仆往往乾没寇攘而至弗禁也"。⑧沿海官吏与海贼勾结的现象在广东也有:"有司将领……称贼首为翁,相对宴饮欢笑为宾主。"⑨

由此可见,不仅走私贸易中心如雨后春笋般到处涌现,而且由于高昂利润的吸引,参加走私的人员迅速增加,下至农民、盐民、渔民,上至豪强地主、官员

---

① 张邦奇:《张文定甬川集》,《皇明经世文编》卷一四七。
② 张燮:《东西洋考》卷三。
③ 顾炎武:《顾炎武全集·天下郡国利病书》,第3095页。
④ 范表:《玩鹿亭稿》卷五。
⑤ 王胜时:《漫游纪略》卷一。
⑥ 《明史》卷三二三《吕宋》。
⑦ 朱纨:《朱中丞甓余集》,《明经世文编》卷二〇五。
⑧ 袁袠:《袁永之集》,《明经世文编》卷二七一。
⑨ 高拱:《高文襄公文集》,《明经世文编》卷三〇二。

和宦官,无不参与其中。在东南沿海,这些上至达官显贵下至三教九流的走私商人,隐然形成了一个游离于甚至对抗于朝廷的利益集团。它一方面侵蚀朝廷利益,另一方面走私商人的大肆贿赂又导致各级相关官员加速腐败。

面对走私贸易的愈加盛行,明廷三令五申,要求加强海禁。嘉靖三年(1524)明廷要求对"私代番夷收买禁物者",或"揽造违式海舡,私鬻番夷者",俱要处以重刑。① 嘉靖四年(1525)规定,只要是双桅海船,都得扣留,即使没有贩卖番物,也一律"以番物论,俱发戍边卫。官吏军民,知而故纵者,俱调发烟火章"。②嘉靖八年(1529)命令,沿海居民"居积番货,以为窝主",所有大型海船都得"报官拆毁,以杜后患,违者一体重治"。③嘉靖十二年(1533)又严厉地命令:"一切违禁大船,尽数毁之","自后沿海居民,私与贼市,其邻舍不举者连坐。"④

由此可见,在嘉靖年间,禁海政策越来越严厉,从禁造大型海船到焚毁大船,从打击海上商人到对海商左邻右舍实行严酷的连坐法。但究其实际效果而言,并不明显。这当然与人性有关。暴利刺激之下,必有铤而走险之徒。"虽重以充军处死之条,尚犹结党成风,造舡出海,私相贸易,恬无畏忌。"⑤

总的来说,到了嘉靖中期,朝廷与走私商人集团之间的对抗达到最剧烈的程度。在朝廷错误的锁国政策之下,走私商人在反朝廷反社会的毁灭之路上越滑越远,危害越来越严重。朝廷既然没有在大政方针上把他们编织进国家的有机秩序和利益共同体之中,那么他们就在暴利驱使下,走上异化道路,直至成为黑暗的亡命集团。他们本来可以成为新型的建设性力量,成为刺激经济发展的民间海上贸易力量,为朝廷开辟新财源。面对他们到处烧杀抢劫的惨烈局面,朝廷只有动员全国军事力量进行镇压。在戚继光、俞大猷、谭纶和胡宗宪等名将的指挥下,经过反复剿杀,才将倭乱基本镇压下去。

早在隆庆年间正式开海禁之前,月港与双屿港就已经成为民间海上贸易中心,也就是走私贸易中心,实际上局部性地突破了海禁的约束。《天下郡国利病书》中的《洋税考》记载了这一史实:"今海贼据浯屿、南屿诸岛,公然番舶之利,而中土之民,交通接济,杀之而不能止,则利权之在也。……市舶者,诸

① 《明世宗实录》卷三八。
② 《明世宗实录》卷五四。
③ 《明世宗实录》卷一〇八。
④ 《明世宗实录》卷一五四。
⑤ 冯璋:《通番舶议》,《明经世文编》卷二八〇。

夷船泊吾近地,与内地民互为市,若广之濠镜澳然。商舶,则土著民醵钱造舟,装土产,径望东、西洋而去,与海岛诸夷相贸易。……盖海滨民射利精如此。"[1]崇祯《海澄县志》写道:"有力者往往视波涛为阡陌,倚帆樯为耒耜。凡捕鱼纬箫之徒,咸奔走焉。盖富家以资,贫人以佣,输中华之产,骋彼远国,易其方物以归,博利十倍,故民乐之……十方巨贾竞鹜争驰,真是繁华世界……成弘之际,称小苏杭者,非月港乎!"[2]月港周边的百姓从事海上贸易,实为生计所迫。"以区区之澄在海滨,而贪人聚焉,驵侩辏焉,大盗睨焉。其民非有千亩渔陂千章材,千亩桑麻卮茜也。以海市为业,得则潮涌,失则沤散。不利则轻弃其父母妻子,安为夷鬼;利则倚钱作势,以讼为威。至罔常难治也。"[3]

月港之所以能成为走私贸易中心,与优越的地理位置和交通条件有关。月港地处漳州平原,位于九龙江出海口,靠近明代沿海进行海上贸易的传统航道。不可忽视的是,月港处于远离政治统治中心的偏远地带。在隆庆元年之前,此处尚未设县,"封畛遐旷","官司隔远,威命不到",因此进行走私贸易的商人热衷于往来此地。附近的岛屿便于展开贸易活动。例如海门岛,"居民多负海为盗",[4]浯屿"积年通番",成为海商的"老穴"。[5] 月港北边有"大泥诸险,又自圭屿以西有紫泥州,西接乌礁、许茂诸州",皆为"海舟登舶最易之所"。[6]这简直就是为走私贸易准备的天然场所。

嘉靖年间成为走私贸易基地的双屿岛,地处"昌国东南海中"。昌国位于定海县东北二里的招宝山近旁,是一座小山。"招宝山,县东北二里,旧名候涛,后以诸番入贡停泊,改名招宝……山之东南峙一小山,仅高寻丈,名昌国。""中中、中左千户所,郡治东南海中二百里,即古翁州,亦名舟山,今定海县昌国四里地……洪武二十年改昌国守御千户所。"[7]朱纨在捣毁双屿港地面建筑后,进一步要求填塞港口,以绝后患。"双屿四面大洋,势甚孤危,难以立营戍守,只塞港口为当。"之所以要采取填塞港口的非常措施,是由于双屿之前的贼情极为严重:"访得贼首许二等纠集党类甚众,连年盘踞双屿,以为巢穴。每岁秋高风老之时,南来之寇悉皆解散,惟此中贼党不散,用哨马为游兵,胁居民为向

① 顾炎武:《天下郡国利病书》,第 3090 页。
② 崇祯《海澄县志》卷十一《风土志》。
③ 崇祯《海澄县志》卷二十一《艺文志·赠姚海澄奏绩序》。
④ 道光《厦门志》卷四、卷一六。
⑤ 道光《厦门志》卷四、卷一六。
⑥ 顾祖禹:《读史方舆纪要》卷九九。
⑦ 嘉靖《宁波府志》卷六《山川志》;卷八《兵卫志》。

导,体知某处单弱,某家殷富,或冒夜窃发,或乘间突至,肆行劫虏,略无忌惮。彼进有必获之利,退有可依之险,正门庭之寇也。此贼不去,则宁波一带永无安枕之期。"①

由朱纨的相关文字中,我们可以看出,双屿早就存在走私贸易,其间的利益关系错综复杂。沿海贫困的民众与地方豪强商贾,无不将双屿视为利薮,双屿遭到捣毁后,他们自然对朱纨怨之入骨。朱纨以为只要彻底毁弃双屿,就可以保海上安宁,但实际情形恰恰相反,倭患反而愈演愈烈。"先是,福建系囚李七、许二等百余人逸狱下海,勾引番倭……上命巡抚都御史朱纨调发福建掌印都指挥卢镗,统督舟师,捣其巢穴,俘斩溺死者数百(有蟹眉须黑番鬼、倭奴,俱在获中)。余党遁至福建之浯屿。(卢)镗复剿平之,命指挥李兴帅兵发木石塞双屿,贼舟不得复入。然窟穴虽除,而东南弗靖。"②可见,东南沿海并没有安静下来。

---

①　朱纨:《双屿填港工完事》,《甓余杂集》卷四。亦见《皇明经世文编》卷二百五。
②　嘉靖《宁波府志》卷二十二《海防书》。

第十五章　海外贸易

　　地理大发现之后，西人逐渐东来。葡萄牙人以满刺加和澳门地区为据点，西班牙人以吕宋为根据地，逐渐与中国沿海地区发生贸易关系。当时中国的农业生产与手工业生产在全世界较为先进，欧洲的工业生产则尚未发展起来，对中国的丝绸和瓷器货物需求相当强烈。海上贸易获得合法地位后，中国更深刻地卷入经济全球化，加速了沿海地区商品经济的发展。

　　葡萄牙人正式入据之后，澳门地区迅速成为葡萄牙—印度—中国—日本贸易航线上的重要枢纽，成为葡萄牙人进行远东贸易活动的重要中心。西班牙人参与的中国海上贸易，由于中国丝绸在其中占据显著的支配地位，因此又被称为海上丝绸贸易。

第一节　海禁之争

　　明代自洪武以后就大体实行海禁政策，不过时行时废。围绕海禁展开的争论不断，越是到后期，赞成开海禁的主张就越多。不过由于倭寇问题，赞成海禁的主张也始终顽强存在，并得到《大明律》中禁海条款的支持。例如在福建，有关海禁的争论就相当激烈。"若闽中海禁日严，而滨海势豪，全以通番致素封。频年闽南士大夫，亦有两种议论，福、兴二府主绝，漳、泉二府主通。各不相下。"① 由此可见，素有海上贸易传统的漳州与泉州就积极赞成开海禁主张。

　　明廷推行海禁的主要理由在于，放开海上贸易容易导致内外勾结，从而影

---

　　① 沈德符：《万历野获编》卷一二。

响国家安全。明宣宗认为商人私自出海有可能侵扰他国，并可能沦为海寇，因此在宣德八年(1433)谕示："近岁官员军民不知遵守，往往私造海舟，假朝廷干办为名，擅自下番，扰害外夷，或引诱为寇。比者已有擒获，各置重罪。尔宜申明前禁榜谕缘海军民。"①南京锦衣卫指挥王锐于弘治六年(1493)甚至要求以私通外国罪来惩罚从事私人海上贸易的商人。"又有贪利之徒，治巨舰，出海与夷人交易，以私货为官物，沿途影射。今后商货下海者，请即以私通外国之罪罪之。"②在他看来，这样的私人海上贸易活动有损国家形象。

明廷虽然三令五申地加强海禁，但实际收效并不大。主要原因在于，东南沿海地区日益繁荣的商品经济自发地要求与越来越广大的地区发生贸易关系，而且沿海地区尤其是福建的沿海地区往往依赖海上贸易为生。过分严厉地禁止海上贸易，势必对沿海地区百姓的生计产生极为有害的影响。

向来倡导经世致用的丘濬，显然赞成开海禁。在他看来，海上贸易可使中外互通有无。"中国物自足其用，固无待于外夷，而外夷所用，则不可无中国物也"。通过海上贸易，中国物产可惠泽番夷。另一方面，僵硬的海禁政策有违民情，无法彻底执行。"私通溢出之患，断不能绝。虽律有明禁，但利之所在，民不畏死。"如果执行禁约，"吾非徒无其利，而又有害焉"。③ 丘濬因此建议："当如前代互市之法，庶几置司之名与事相称。"如此一来，就能合法地进行海上贸易，"不扰中国之民而得外邦之助，是亦足国用之一端也"。④ 张瀚同样认为海外贸易的主要目的在于互通有无。"东南诸夷，利我中国之货则犹中国利彼夷之货，以所有易所无，即中国交易之意也。"海外贸易不仅无损国家形象，而且能提升中国的威望。"且缘入贡为名，则中国之体愈尊，而四夷之情愈顺。"开放海上贸易还可以彻底消除海寇与倭寇之乱。"若曰夷数入寇，势不可通，岂知夷人不可无中国之利，犹中国不可无夷人之利，禁之使不得通，安能免其不为寇哉！余以海市一通，则鲸鲵自息。"由此可见，"海市有利而无害"。⑤

福建巡抚陈子贞万历二十一年(1593)七月，倍加肯定海上贸易作用，认为其促进了地方安定："向年未通番而地方多事，迩来既通番而内外乂安，明效彰彰耳。"又可以通过贸易了解外部情形："洋船往来，习闻动静，可为我侦探之

① 《明宣宗实录》卷一〇三。
② 《明孝宗实录》卷八二。
③ 丘濬：《大学衍义补》卷二五《市籴之令》。
④ 丘濬：《大学衍义补》卷二五《市籴之令》。
⑤ 张瀚：《松窗梦语》卷四《商贾纪》。

助。"不特如此,海上贸易还可以增加朝廷收入:"额饷二万,计岁取盈,又可充我军实之需,是其利不独在民,而且在官也。"①周起元肯定开海禁能够促进贸易的繁荣与海外白银的流入:"我穆庙时(穆宗)除贩夷之律,于是五方之贾,熙熙水国,剜舻膄,分市东西路,其捆载珍奇,故异物不足述,而所贸金银,岁无虑数十万,公私并赖,其殆天子之南库也。"海上贸易有助于财政收入的增长:"澄之舶政,岂非经国阜财、固圉强边之最便者哉!"②徐光启洞察到海禁逼商为寇的严重后果,开放海上贸易则反而能带来地方安定与繁荣。"严禁之则商转而为盗,盗而后得为商矣。"徐光启因此指出:"惟市而后可以靖倭,惟市而后可以知倭,惟市而后可以制倭,惟市而后可以谋倭。"对待商人要欢迎,遇到海寇则要迎头痛击:"来市则予之,来寇则歼之。"③

地理大发现之后,葡萄牙人以满剌加和澳门地区为据点,西班牙人以吕宋为根据地,逐渐与中国沿海发生贸易关系。这种贸易关系,由于明代的海禁政策,一开始以走私形式出现。当时中国的农业生产与手工业生产在全世界较为先进。欧洲的葡萄牙、西班牙、荷兰与英国,工业生产尚未发展起来,对中国以丝绸、瓷器等为代表的货物需求相当强烈。在海禁政策之下,西方商人往往与中国沿海私人海上贸易势力结合起来,以走私中国货物。这种走私贸易对沿海地区的商品经济起到重要的推动作用。

正德六年(1511),葡萄牙占领传统的海上贸易中心满剌加。同年,葡萄牙舰队闯入东莞县附近的屯门岛,遭到明军驱除。此后,葡萄牙人侵占珠江口外的浪白澳,闯入福建漳州附近的崏屿岛与浙江宁波附近的双屿岛(今舟山群岛的六横岛)。嘉靖三十二年(1553),葡萄牙人以贿赂手段取得澳门停泊权。由于葡萄牙人的长期骚扰,中国海商的海外贸易从广州转移到了福建漳州。葡萄牙人极力要求进入中国沿海的贸易活动之中,一个重要原因在于,在经济全球化时代,海外对中国货物的需求相当热切。

如果说海上走私贸易确实客观上有力刺激中国沿海地区的经济发展,那么倭寇的屡次烧杀掠夺则严重破坏沿海地区的经济与社会,加重了明朝政治的财政危机。倭患"受害浙最剧,次南直,次闽,又次粤"。④"江南苏、松、杭、嘉等府,田赋甲天下,江北扬州、通、泰等处,盐课甲于天下。"在屡次遭到倭寇焚

---

① 《明神宗实录》卷二六二。
② 张燮:《东西洋考·周起元序》,见《明代社会经济史料选编》第五章第三节。
③ 徐光启:《徐光启集·海防迂说》。
④ 《皇明象胥录·日本条》。

戮之后,"至于人民荼毒,闾井萧条,就使生养休息,不十余年,未得复旧"。①
《吴县志》记载:"嘉靖三十三年(1554)六月五日,倭寇烧劫阊门,至枫桥。八日,贼分兵南至横山,焚掠殆遍。"②嘉靖三十六年(1557)二月,户部尚书方钝为此指出:"盖由迩来东南苦倭患,岁入仅半常数。"③总的来说,嘉靖年间的倭寇之乱严重摧残了东南沿海地区的经济与社会:"首尾七八岁间,所破城十余,掠子女财物数百千万,官军吏民战及俘死者,不下数十万……天下骚动,东南髓膏竭矣。"④明朝政府在连年平定倭寇的战争中,消耗大量军饷,所谓"用兵以百万计,费金钱不计其数,杀人如麻,弃财若泥……此可谓宇宙以来所无之变矣"。⑤ 倭寇之乱导致的严重代价,促使有识之士深刻反思,从而认识到海禁政策的错误。

在严厉的海禁政策之下,东南沿海之所以无法安静下来,是由于这样的政策有违人情,尤其严重妨害沿海民众的生计。因为沿海居民对海上贸易依赖甚深。"然泉、漳二郡商民,贩东、西二洋,代农贾之利,比比然也。自红夷肆掠,洋舡不通,海禁日严,民生憔悴。一伙豪右奸民,倚藉势宦,结纳游总官兵,或假给东粤高州、闽省福州及苏、杭买货文引,载货物出外海,径往交趾、日本、吕宋等夷,买卖觅利,中以硝矿器械,违禁接济更多,不但米粮饮食也。禁愈急而豪右出没愈神,法愈严而衙役卖放更饱,且恐此辈营生无路,东奔西窜,如李旦、黄明佐之俦,仍走夷乡,代为画策,更可虑也。不如俟澎湖岛设兵镇后,红夷息肩,暂复旧例,听洋商明给文引,往贩东、西二洋……庶可生意饱商民之腹,亦可以夷货增中国之利。"⑥

正是基于沿海居民生计的考虑,傅元初请求开海禁。在傅元初看来,海洋相当于福建百姓的耕田。沿海民众由于土地稀少,生计艰难,赤贫者往往沦为海盗,成为亡命之徒。"海禁一严,无所得食,则转掠海滨。……海滨之民,惟利是视,走死地如鹜,往往至岛外区脱之地曰台湾者,与红毛蕃为市……官府即知之而不能禁,禁之而不能绝,徒使沿海将领、奸民,坐享洋利。有禁洋之名,未能尽禁洋之实,此皆臣乡之大可虑者。盖海外之夷,有大西洋,有东洋。

① 郑晓:《重大倭寇乞处钱粮疏》,见《明经世文编》卷二一七。
② 顾炎武:《顾炎武全集·肇域志》,第502页。
③ 《明世宗实录》卷四四四。
④ 《弇州史料》卷一八《倭志》。
⑤ 沈一贯:《乞禁止倭人贡市疏》,见《明臣奏议》卷三二。
⑥ 顾炎武:《天下郡国利病书》第2995页。

大西洋,则暹罗、柬埔诸国,其国产苏木、胡椒、犀角、象牙诸货物,是皆中国所需;而东洋,则吕宋,其夷佛郎机也,其国有银山,夷人铸作银钱独盛。中国人若往贩大西洋,则以其产物相抵。若贩吕宋,则单得其银钱。是两夷者皆好中国绫缎杂缯,其土不蚕,惟藉中国之丝到彼,能织精好缎匹,服之以为华好。是以中国湖丝百斤,值银百两者,至彼得价二倍。……自民禁绝之,而利乃尽归于奸民矣。夫利归于奸民,而使公家岁失二万余金之饷,犹可言也。利归于奸民,而使沿海将领,不肖有司,因以为奇货,掩耳盗铃,利权在下,将来且有不可言者。"[1]

嘉靖年间,在南方倭寇作乱的同时,北方游牧民族对明廷造成的军事压力越来越大。面临严峻局势,明廷不得不对海禁政策进行重大调整。隆庆元年(1567),福建巡抚都御史涂泽民上疏,"请开海禁,准贩东西二洋,盖东洋若吕宋、苏禄诸国,西洋若交趾、占城、暹罗诸国……而特严禁贩倭奴者,比于通番接济之例"。[2] 这一次开海禁的请求终于得到批准。不过从根本上来说,开海禁并不意味着完全敞开海上贸易大门。商人下海贸易必须申请引票,并且对船只数目和贸易地点等进行严格规定。与此同时,开海禁并不适用于日本。也就是说,与日本之间的贸易依然遭到禁止,由此就严重妨碍了生丝、瓷器和中药材等对日本的出口。既然直接贸易不能进行,日本与中国的贸易就只能通过吕宋和澳门进行间接贸易。葡萄牙人利用日本与中国之间的转口贸易,每年在向日本贩卖中国丝绢这宗生意上,就可获利达二百三十五万两。[3] 但无论如何,海上贸易终于获得合法地位,使中国更深地卷入经济全球化,有力推动了沿海地区商品经济的发展。

第二节　西人东来

大约 1300 年,欧洲开始商业革命。1500 年前后的海外探险与地理大发现更加深刻地刺激商业革命,并促使西班牙与葡萄牙崛起。在经济日益全球化的过程中,首先是地中海贸易扩展为全球性贸易。航海大国的船只在历史上

---

① 顾炎武:《天下郡国利病书》第 2996 页。
② 张燮:《东西洋考》卷七《饷税考》。
③ 百濑弘:《明代中国之外国贸易》,载《食货》第 4 卷第 1 期,1936 年 6 月。

首次航行于七大洋;其次是商业额和消费品种类大量增加。[①]

由于奥斯曼击溃拜占廷之后建立横跨欧亚非的大帝国,经由地中海的国际贸易日益没落,欧洲人被迫寻求其他通往东方的航线。1497 年 7 月,葡萄牙的瓦斯科·达·伽马率船从里斯本起航,绕过好望角抵达印度海港。1499 年 7 月 10 日,伽马率船返回里斯本。对新航路的率先发现,使葡萄牙奠定了在东方进行殖民与贸易活动的基础。[②]伽马贩运的印度土产珍珠、胡椒与棉布等商品,获得的利润达到惊人的 60 倍。在随后的几年中,葡萄牙人相继占领印度西海岸的果阿、东西洋之间的交通要道马六甲与被称为香料群岛的马鲁古群岛。马六甲也就是与明朝中国素有往来的满刺加。葡萄牙在占领马六甲之后,就将此地经营为东方要塞,发展为世界香料交易中心。从马六甲出发,葡萄牙人在控制香料群岛的同时,又积极与周边诸国并与中国建立贸易关系。

葡萄牙国王曼努埃尔一世对中国这片神奇的东方土地充满好奇。托梅·皮雷斯(Tome Pires)1512 年到达马六甲,在葡属印度总督亚伯奎(Albuquerque)手下担任商馆秘书、会计师兼药材管理官。皮雷斯显然是一位有心人,在马六甲积极搜寻有关东方各国的情报,于 1515 年编纂成《东方诸国记》,上呈给葡萄牙国王。1516 年 2 月,皮雷斯作为葡萄牙第一任使节出使中国。在《东方诸国记》中,皮雷斯如此描述中国:"中国不以掠夺他国为荣,看来中国无疑是一个重要的、乐善不倦且又十分富饶的国家。"中国显然是一个爱好和平而富裕的国家。"中国输出的大宗商品为本色生丝,数量甚巨;大量散装的彩色丝绸,各种颜色的缎子,五颜六色带格子图案的'恩罗拉多斯'锦缎,塔夫绸与薄如蝉翼的纱(Xaas),以及其他各种五色缤纷的丝绸。大量形状各异的小珍珠,其中绝大多数珍珠的形状是不规则的。中国人还有一些比较大的圆形珍珠,照我看这种珍珠在中国是与丝绸同等重要的商品,尽管他们将丝绸视作主要的商品……上述这些帆船自中国航海抵达马六甲后,中国人无须交纳关税。"皮雷斯注意到中国盛产丝绸以及珍珠。"(中国人从马六甲运回的商品)大宗的商品为胡椒——中国人每年要购买十船胡椒,如果能有许多胡椒运往中国的话——丁香、少量的肉豆蔻,一些木香和儿茶。中国人还大量购买熏香、象牙、锡、药用芦荟、堆积如山的婆罗洲樟脑、红色的烧珠、白檀、苏木、不

[①]　参见伯恩斯(Edward McNall Burns)、拉尔夫(Philip Lee Ralph):《世界文明史》第 2 卷,商务印书馆,1987 年,第 223—225 页。

[②]　波特(G.R.Potter):《新编剑桥世界近代史》第 1 卷,中国社会科学出版社,1999 年,第 562—567 页。

可悉数的新加坡出产的乌木、为数甚巨的坎贝红玛瑙、鲜红色的羽纱以及彩色的羊毛织品。除了胡椒之外他们对所有其他商品都不太重视。"[1]中国从马六甲一带购买的货物主要是胡椒等香料与奇珍异物。

如果说葡萄牙人来到东方后就开始着手积极认识中国,那么明代中国人对被称为佛郎机的葡萄牙的了解则相当有限,并充满猜测色彩。"刑部尚书顾应祥云:佛郎机,国名也,非铳名也。正德丁丑(十二年,1517年)予任广东金事,署海道事,蓦有大海船二只,直至广城怀远驿,称系佛郎机国进贡,其船主名甲必丹,人皆高鼻深目,以白布缠头,如回回打扮。即报总督陈西轩公金,临广城,以其人不知礼,令于光孝寺习仪三日而后引见。查《大明会典》并无此国入贡,具本参奏,朝廷许之。"[2]向有精通海外事宜之名的严如煜,对葡萄牙的了解也相当模糊:"佛郎机在爪哇南……素不通中国,正德十二年(1517)驾大舶突至广澳口,铳声如雷,以进贡请封为名,右布政使兼按察使吴廷举许其进贡,抚按查无《会典》旧例,不行,遂退泊东莞南头,泾盖房树栅以自固。"[3]

1517年,费尔南·佩雷斯·德·安德拉德(Fernâo Peres de Andrade)率领葡萄牙舰队,护送使臣托梅·皮雷斯在广州城外的珠江抛锚下泊,请求与中国通使,但广东地方官上奏朝廷后,遭到拒绝。黄衷记载了这起事件:"正德间佛郎机之舶来,互市争利而哄,夷王执其'哪哒'而因之。佛郎机人归诉于其王,议必报王,乃治大舶八艘,精兵及万,乘风突至,时已逾年,国中少备,大被杀掠,佛郎机将以其地索赂于暹罗而归之,暹罗辞焉。佛郎机整众满载而去,王乃复所。"[4]对这起事件,《明实录》也作了相关记载:"佛郎机国差使臣加必丹末等贡方物请封,并给勘合。广东镇抚等官以海南诸番无谓佛郎机者,况使者无本国文书,未可信,乃留其使者以请。下礼部议处。得旨:令谕还国,其方物给与之。"[5]皮雷斯买通广东地方官后,终于得到进京许可,于正德十五年(1520)进入北京。巧合的是,同年年底满剌加的求救表文到达北京,明廷在获悉葡萄牙人东来意图,并了解他们强占东莞县屯门岛进行掠夺的活动后,于第二年将皮雷斯遣返广州,并予以逮捕监禁。《明史》中亦有相关记载:"后佛郎

① 托梅·皮雷斯:《1515年葡萄牙人笔下的中国》,载《中外关系史译丛》第4辑,上海译文出版社,1988年,第274—289页。

② 郑若曾:《筹海图编》卷一三《经略三》。

③ 严如煜:《洋防辑要》卷二四《洋夷市贡》。

④ 黄衷:《海语》(岭南丛书之一)。

⑤ 《明武宗实录》卷一五八,正德十三年正月壬寅。

机强,举兵侵夺其地,王苏端妈末(按:即该国苏丹马哈茂德)出奔,遣使告难。时世宗嗣位,敕责佛郎机,令还其故土,谕暹罗诸国王以救灾恤邻之义,迄无应者。满剌加竟为所灭。时佛郎机亦遣使朝贡请封,抵广东,守臣以其国素不列《王会》,羁其使以闻,诏予方物之值遣归。"①

虽然遭到明廷正式拒绝,但由于与中国贸易存在惊人利润,葡萄牙人又岂会放弃这样的机会。自 1524 年起,葡萄牙人就积极地在中国东南沿海地带进行走私贸易活动。英国历史学家博克瑟(C.R.Boxer)就此指出:"对于葡萄牙人来说,与中国的贸易是非常宝贵的,不经过一场斗争就让他们放弃这一新兴的、前途无量的市场是绝对办不到的。故而,在随后的三十年内,佛郎机继续游弋在中国沿海,他们有时在地方官员的默许下进行贸易,有时则完全不把地方官员放在眼里。由于最初是在广东相当严厉的执行那道明王朝禁止其贸易的诏令,葡萄牙人便将自己的注意力转移向较北面的沿海省份——福建与浙江,他们在那儿隐蔽、无名的诸岛屿及港湾内越冬。在这些暂时的居留地中,最繁盛的要数宁波附近的双屿港,以及位于庞大的厦门湾南端的浯屿和月港……后来在圣·约翰岛(上川岛)、浪白澳的那些年内,以及在澳门的头两三年内就是这么进行贸易的。"②所谓的双屿港就是现在舟山群岛中的六横岛。由于海禁政策,双屿岛在明代初年就成为无人居住的一个较大岛屿,是走私贸易活动的理想场所。许栋、王直与李光头等私人海上武装集团首领曾盘据于此达九年,与葡萄牙人进行走私贸易。葡萄牙人在此后的二十多年中,在双屿岛上建设了一个相当有规模的贸易港口城镇,拥有千余座房屋,居民三千,葡萄牙人有一千二百。在这个港口城镇中,分布着市政厅、教堂、医院与慈善堂。由于走私贸易兴旺,甚至导致港口拥堵现象。每年在双屿岛上产生的交易额达到 300 万葡元以上。在交易活动中,葡萄牙人主要以日本银锭交换中国产的丝绸、瓷器、棉布、粮食以及从东南亚运来的胡椒等物产。双屿岛甚至被时人称誉为葡属东方殖民地中最富庶的商埠。③《早期澳门史》也有关于双屿岛走私贸易之兴旺的记载:"在其繁荣兴旺的日子里,双屿成为中国人、暹罗人、婆罗洲人、琉球人等等的安全地带,使他们免遭为数众多、横行于整个海域的海盗之害。这个地方向来繁华,但自 1542 年起,由于对日本贸易而变得特别富裕。其地有两座教堂、一座市政厅、两家医院,以及超过 1 000 幢的私人房

---

① 《明史》卷 325《外国传·满剌加》。
② 博克瑟:《佛郎机之东来》,载《中外关系史论丛》第 4 辑,上海译文出版社,1988 年。
③ 张天泽:《中葡早期通商史》,姚楠、钱江译,香港中华书局,1988 年,第 87—88 页。

屋。尽管这里属中国管辖,但实际上由一个自治市政机构统治着,这个机构由行政司法官、审计官、法官、市议员以及其他六七种官员组成。"①由此可见,双屿岛甚至可称为由走私贸易支撑起来的一个小型城邦社会。

在明人眼中,这种走私贸易当然是非法的,与得到朝廷允许的贡舶即朝贡贸易大相径庭。"郑若曾云:今之论寇御者一则曰市舶当开,一则曰市舶不当开,愚以为皆未也。何也? 贡舶与市舶一事也,分而言之则非矣,市舶与商舶二事也,合而言之则非矣。商舶与寇舶初本二事,中变为一,今复分为二事,混而言之亦非矣。何言乎一也? 凡外夷贡者,我朝皆设市舶司领之,在广东者专为占城、暹罗诸番而设,在福建者专为琉球而设,在浙江者专为日本而设,其来也许带方物,官设牙行与民贸易,谓之互市,是有贡舶即有互市,非入贡即不许互市明矣……贡舶者王法之所许,市舶之所司,乃贸易之公也;海商者王法之所不许,市舶之所不经,乃贸易之私也。日本原无商舶,商舶乃西洋原贡诸夷载货泊广东之私澳,官税而贸易之,既而皆避抽税,省陆运,福人导之,改泊海仓月港,浙人又导之改泊双屿,每岁夏季而来,望冬而去,可与贡舶相混乎?"②

但是在仅仅存在了二十三年之后,闽浙巡抚朱纨在嘉靖二十六年(1547)率军焚毁双屿岛上的走私贸易据点。葡萄牙人为此将走私贸易转移到福建沿海的浯屿港和月港,仍然坚持不懈地与王直等武装走私集团开展走私贸易。明代初年,地方官府曾经在浯屿建立水寨,后废弃。作为月港与同安的出海门户,浯屿是进行走私贸易的理想场地。葡萄牙人从双屿转移出来后,就在浯屿与中国沿海商人进行走私贸易活动。月港在葡萄牙人看来,则是与中国商人进行走私贸易的最为富庶的港口。

在当时的福建人看来,葡萄牙人与中国商人之间的贸易活动较为和平,价钱比较公道。"佛郎机之来,皆以其地胡椒、苏木、象牙、苏油、沉束檀乳诸香,与边民贸易,其价尤平。其日用饮食之资于吾民者,如米面猪鸡之数,其价皆倍于常,故边民乐于为市,未尝侵暴我边疆,杀戮我人民,劫掠我财物。"③但是明朝军队不久之后又对这两个地方的走私贸易活动进行了打击。葡萄牙人被迫重新返回珠江口,主要在上川岛浪白澳进行走私贸易。

相对于浙江与福建的严厉海禁政策,广东的情形略好一些。这是因为过

---

① 龙思泰:《早期澳门史》,东方出版社,1997年,第5页。
② 邓钟:《筹海重编》卷一〇《开互市》。
③ 林希元:《林次崖先生文集》卷五《与翁见愚别驾书》。

于严厉的海禁对广东经济极其不利，因此地方当局不得不在执行海禁中有所松动。广东巡抚林富在嘉靖八年(1529)上奏请求解除广东的海禁。他在奏疏中指出："粤中公私诸费多资商税，番舶不至则公私皆窘，今许佛郎机互市有四利：祖宗时诸番常贡外原有抽分之法，稍取其余，足供御用，利一；两粤比岁用兵库藏耗竭，借以充军饷，备不虞，利二；粤西素仰给粤东，小有征发即措办不前，若番舶流通，则上下交济，利三；小民以懋迁为生，持一钱之货，即得展转贩易，衣食其中，利四。助国裕民两有所赖，此因民之利而利之，非开利孔为民梯祸也。"明廷接受林富的奏请。自此以后，葡萄牙人进入香山澳进行贸易活动。在林富看来，广东废弃市舶产生了糟糕后果："使军国无所资，且失远人之心。"导致如此恶果的原因在于："正德间因佛郎机夷人至广，犷悍不道，奉闻于朝，行令驱逐，自是安南、满剌加诸番舶有司尽行阻绝，皆往福建漳州府海面地方私自行商，于是利归于闽，而广之市井萧然也。夫佛郎机素不通中国，驱而绝之宜也，祖训会典所载诸国素恭顺，与中国通者朝贡贸易，尽阻绝之，则是因噎废食也。况市舶官吏公设于广东者，反不如漳州私通之无禁，则国家成宪果安在哉？"①

开海禁之后，东南亚商船得以在洋澳驻歇，以等候官府处理。香山县拥有较大港湾的浪白澳因此成为相当繁忙的贸易地点。"香山澳，乃诸番旅泊之处，海岸去邑二百里，陆行而至，爪哇、暹罗、真腊、三佛齐诸国俱有之。其初止舟居，以货久不脱，稍有一二登陆而拓架者，诸番渐效之。今则高居大厦不减城市，聚落万头……番舶渡海，其制极大，大者横五丈，高称之，长二十余丈，内为三层，极下镇以石，次居货，次居人，上以备敌占风。每一舶至，报海道，檄府卒验之，先截其桅与舵，而后入澳。"②由此可见，在得到贸易活动许可后，香山的浪白澳很快就发展为繁荣的贸易港口城镇。不过由于距离广州过远，海盗时常出没，地方上缺乏基本生活保障，葡萄牙人逐渐转向浪白澳以东三十公里处的濠镜。濠镜就是今天的澳门。葡萄牙人得以入据濠镜，是由于买通负责广东沿海防务的都指挥使黄庆的缘故。《澳门纪略》中有相关记载："(嘉靖)十四年(1535年)，都指挥黄庆纳贿，请之上官，移泊与濠镜，岁输课二万金。澳之有番市自黄庆始。"③《明史》中亦有相关记载："佛郎机遂纵横海上无所忌，而其市香山澳、濠镜者，至筑室建城，雄踞海畔，若一国然。将吏不肖者，反视为外

---

① 严从简：《殊域周咨录》卷九《佛郎机》；《明史》卷三二五《佛郎机传》。
② 王士性：《广志绎》卷四《江南诸省·广东》。
③ 印光任、张汝霖：《澳门纪略》上卷《官守篇》。

府矣。壕镜在香山县南虎跳门外,先是,暹罗、占城、爪哇、琉球、渤泥诸国互市俱在广州,设市舶司领之……嘉靖十四年(1535),指挥黄庆纳贿请于上官移至壕镜,岁输课二万金,佛郎机遂得混入……闽粤商人趋之若鹜。久之,其来益众,诸国人畏而避之,遂专为所据。"①不过值得注意的是,葡萄牙人在嘉靖十四年(1535)得到的是在濠镜进行贸易的权利,并非入据澳门之始。

《广东通志》中记载葡萄牙人入据澳门时间为嘉靖三十二年(1553)。"嘉靖三十二年(1553)舶夷趋濠镜者,托言舟触风涛缝裂,水湿贡物,愿借地晾晒,海道副使汪柏循贿许之。时仅蓬垒数十间,后工商牟奸利者,始渐运砖瓦木石为屋,若聚落然。"②《澳门纪略》依据此说认为:"蕃人之入居澳,自汪柏始。"梁嘉彬通过考证,认为葡萄牙人于嘉靖三十二年(1553)入据澳门是错误的,指出葡萄牙人向汪柏借地当发生于嘉靖三十六年即1557年。他引用葡萄牙人宾陀的说法:"在葡人经中国官兵数度屠逐后,只余浪白一口尚可互市,但至1557年葡以惯用之贿赂方法,遂博得中国政府允许其筑庐壕镜地以曝晒及存贮货物云。"继而又引用瑞典人Lijungstedt的说法:"至1557年,葡人始得入澳。"梁嘉彬因此强调,葡萄牙人入居澳门时间当以1557年为准。论证逻辑如下:大抵嘉靖三十二年(1553)汪柏任副使时,葡人已有借地曝物之请,然汪柏未即允之;至三十三年(1554)中国官吏封闭大门(Tamao)一港,而集中外国贸易于浪白澳;至三十五年(1556)汪柏乃立"客纲"(官设牙行)"客纪"(牙行买办),准备与葡人交易;至三十六年(1557)朝廷因采香使王健言,责广东抚按设法收采龙涎香并酌定海舶入澳抽分事宜,其时汪柏已任按察使,而葡人又纳贿赂,汪柏乃允葡人之请也。③

自1557年葡萄牙人入据澳门地区之后,澳门地区就迅速发展了起来。仅仅几年之后的1562年,澳门地区就成为葡萄牙人在中国唯一的居留地。澳门地区居住人口直线上升,有约900名葡萄牙人,几千名从非洲和东南亚掠买得来的奴隶,与4 000名中国商民。当时的相关记载指出:"该大陆的一个名为澳门的岬角上建起了一个非常大的居留地,内有三座教堂,一所为穷人治病的医院,以及一座圣·米塞里科迪亚的善堂。现在,它已成了一个拥有5 000余名基督教徒的居留地。"④葡萄牙人最初无需向明朝官府交纳地租,只是每年向汪

---

① 《明史》卷三二五《佛郎机传》。
② 万历《广东通志》卷六九《番夷》。
③ 梁嘉彬:《明史稿佛郎机传考证》,收入《明代国际关系》,台湾学生书局,1968年,第8—11页。
④ 博克瑟:《佛郎机之东来》。

柏贿赂白银 500 两。隆庆六年（1572）或万历元年（1573），向汪柏贿赂之事败露，葡萄牙人这才开始向明朝地方政府交纳地租。由此也表明，明廷正式允许葡萄牙人在濠镜或者说澳门租地居留。①

濠镜隶属于驻印度果阿的葡属印度总督，由葡萄牙的中日贸易船队司令管辖。每年五六月之间，中日贸易船队乘西南季风从印度起航开往中国澳门。到达澳门后停泊十个月至一年，购入中国货物。在次年乘下一次西南季风由澳门驶往日本。此后，由于广州贸易重新开放，东南亚商人可直接前往广州进行交易，濠镜因此成为葡萄牙人独自占有的商埠。由于当地有供奉妈祖的天妃庙，葡萄牙人将濠镜重新命名为"阿妈港"或"阿妈澳"，葡文将其简化为Macau，英文拼写就是 Macao。关于澳门名字的来源，《早期澳门史》有相关记载："因在娘妈阁炮台（Bar Fort）附近有一座供奉偶像的神庙，所供奉的女神称为阿妈（Ama），所以外国作家称之为'阿妈港'（Amangao，Port of Ama）。1583 年葡萄牙人将其命名为'神名之港'（Porto de nome de Deos）和'阿妈港'（Porto de Amacao）。这些都是澳门一词的词源。以后澳门也曾被称为'妈港神名之城'（Cidade do nome de Deosdo porto de Macao）。"②

澳门地区成为葡萄牙人的正式商埠之后，以此为基地的贸易迅速发展。"1557 年，葡萄牙人在中国的澳门获得了一个可靠的基地；1571 年，在日本的长崎获得了另一个基地。此后，这一获利颇丰的贸易便达到其鼎盛时期。"③从十六世纪八十年代开始，澳门进入贸易的黄金时代，并且长达半个多世纪。澳门也成为一个繁荣富庶的贸易港口城市。广东巡按御史庞尚鹏就此指出："广州南有香山县，地当濒海，由雍麦至濠镜澳计一日之程，有山对峙如台，曰南北台，即澳门也。外环大海，接于羊㧾，曰石峡海，乃蕃夷市舶交易之所。……其通事多漳、泉、宁、绍及东莞、新会人为之，椎髻环耳，效番衣服声音。……近数年来，始入濠镜澳筑室，以便交易，不逾年多至数百区，今殆千区以上，日与华人相接济，岁规厚利，所获不赀，故举国而来，负老携幼，更相接踵。今筑室又不知其几许，而夷众殆万人矣。"④到了 1580 年，澳门人口增长至二万。1635 年，澳门已经被称为"东方第一商埠"。中国的西式洋房、医院、学堂、教堂，包

---

① 费成康：《澳门四百年》，第 29—30 页。
② 龙思泰：《早期澳门史》，第 19—20 页。
③ 博克瑟：《佛郎机之东来》。
④ 顾炎武：《天下郡国利病书》，《广东御史庞尚鹏抚处濠镜澳夷疏》，第 3312 页。

括早期的火炮、船舶与钟表的制造工业,无不最早出现于作为弹丸之地的澳门。① 澳门虽小,但确实相当富庶而有活力。《早期澳门史》为此强调:"葡萄牙人在印度殖民地,策划将整个贸易掌握在自己手中。他们达到了目的,在近一个世纪的时期中,独自享有许多亚洲港口与里斯本之间的通商利益。他们在澳门的不毛之地定居下来,在七八十年的时期中,独占着中国市场……(葡萄牙)商人们大体上都为几乎独占了整个日本、亚洲与欧洲的贸易而洋洋得意。"②

葡萄牙人正式入据之后,澳门地区迅速成为葡萄牙—印度—中国—日本贸易航线上的重要枢纽,成为葡萄牙人进行远东贸易活动的重要中心。从印度果阿起航的大帆船,载重为 600—1 600 吨,运载胡椒、苏木、象牙和檀香等印度货物,还有经里斯本转运过来的美洲白银。在澳门地区停留期间,葡萄牙人就将运来的货物和白银与中国商人进行交易,从中国购入生丝、丝绸、黄金以及铅、锡、水银、糖、麝香、茯苓、棉纱和棉布等。在次年乘季风航行进入日本长崎后,出售中国货物,在运载大量日本白银及少量日本货物后,乘秋天季风返回澳门。在澳门,葡萄牙人又用日本白银购买中国的生丝、丝绸、瓷器、黄金及其他货物,再到第三年秋天乘季风返回印度。在这种三角贸易中,葡萄牙人可以赚取极为可观的利润。由于在每个环节中葡萄牙人都可以获利,因此整个贸易过程下来,总共可赚得 10 多万葡萄牙金币。与此同时,澳门也是中国—菲律宾—墨西哥—秘鲁贸易航线的起点之一。③ 从澳门出发,葡萄牙人主宰了四条航线,即澳门—暹罗(今泰国)—马六甲(今马来西亚)—果阿(今印度卧亚)—里斯本(葡萄牙首都)航线,澳门—日本航线,澳门—马尼拉(菲律宾)—阿卡普尔科(墨西哥)—秘鲁航线,澳门—东南亚航线。澳门因此跃升为海上贸易中心。④

通过澳门—果阿—里斯本航线,葡萄牙大帆船将中国的生丝、丝织品、黄金、铜、水银、麝香、朱砂、茯苓和瓷器等商品,从澳门经果阿运往里斯本。值得注意的是,其中数量最大的货物就是生丝。据统计,1585—1591 年,通过生丝

---

① 陈炎:《澳门港在近代海上丝绸之路中的特殊地位和影响——兼论中西文化交流和相互影响》,载《海上丝绸之路与中外文化交流》,第 195 页。

② 龙思泰:《早期澳门史》,第 100 页。

③ 费成康:《澳门四百年》,第 43—52 页。

④ 陈炎:《澳门港在近代海上丝绸之路中的特殊地位和影响》,载《海上丝绸之路与中外文化交流》,第 190—195 页。

和其他商品换回的白银达 900 000 两。从葡萄牙首都运往果阿的白银几乎都流入中国。在澳门，每担生丝售价只有白银 80 两，运到果阿的售价则高达 200 两。[①] 这些货物运往欧洲之后，利润更加惊人。这是由于当时的欧洲人对中国货物具有热切的兴趣，心甘情愿地出高价购买丝绸与瓷器等货物。

在葡萄牙人和西班牙人之后，荷兰人也参与到中国海上贸易活动之中。1595—1597 年，荷兰人科尔内利斯·豪特曼绕过好望角，取南道航行获得成功。自此之后，荷兰人迅速介入东方贸易。1602 年，荷兰人成立统一的"联合东印度公司"，又被称为荷兰东印度公司。在巴达维亚，荷兰人建立货物集散中心，并将其建设成为殖民统治中心。

自参与东方贸易之后，荷兰东印度公司便产生了与中国进行贸易的浓厚兴趣。在暴利驱使下，荷兰人在中国贸易领域展开与葡萄牙人之间的激烈竞争。荷兰东印度公司 1609 年于日本平户开设商馆，打开了一直由葡萄牙人控制的中国产品的日本市场，它可以根据自己的要求进口中国货，并切断葡萄牙人控制的货源。[②] 从十六世纪末到十七世纪四十年代，荷兰人以马来半岛、爪哇与香料群岛为基地，东北方向向中国和日本海上拓展，西北方向向印度发展。由于都想尽量占据东方贸易，荷兰与葡萄牙和西班牙之间不可避免地产生了武装冲突。荷兰人于 1619—1621 年封锁西班牙殖民地马尼拉港，1622 年攻击葡萄牙人控制的澳门港未遂。在占据澎湖列岛未遂之后，荷兰人以台湾地区为据点与中国商船展开贸易活动。1624 年，荷兰人在中国台湾安平设立商馆，之后又设立货栈于淡水和鸡笼。台湾地区在成为荷兰贸易基地后，进而成为中日贸易的中转港。

西人东来有力影响了中国沿海的贸易活动，刺激了沿海商品经济的发展。在隆庆元年开放海禁之后，月港随即升格为海澄县，设立督饷馆征收商税，使走私贸易转变为合法贸易。对海上贸易征收的商税包括引税、水饷与陆饷。商人出海贸易得有官府颁发的船引。对船引征收的税叫作引税。水饷是对出口货物征收的商税。陆饷是对进口货物征收的商税。此外还有加增饷。[③]"从

---

①　C.R. Boxer, The Great Ship from Amacon: Annals of Macao and the Old Japan Trade, 1555—1640. Lisbon, 1963, pp.181－182. 全汉昇：《略论新航路发现后的海上丝绸之路》，载《历史语言研究所集刊》第 57 本第 2 分册，亦见《近代中国史研究通讯》第 2 期。

②　C·J·A·约尔格：《荷兰东印度公司对华贸易》，载《中外关系史译丛》第 3 辑，上海译文出版社，1988 年，第 304—334 页。

③　张燮：《东西洋考》卷七《饷税考》。

隆庆元年（1567）'准贩东西二洋'，到万历年间，月港对外贸易50余年，形成有地方特色的管理体制，在明后期福建社会经济发展与对外关系中发挥重要作用。首先，为福建地方军饷以及财政开辟了大笔可考来源。万历三年（1575）开征引税时，税额6000两。万历四年（1576）至十一年（1583），税收累增至2万余两。万历二十二年（1594），税饷达2.9万余两。其次，月港税制也体现了明中后期税收制度从实物税制向货币税制转变的历史趋势，其税收结构也为清代外贸税收提供若干制度准备。此外，月港开海适应了明后期福建社会经济发展的要求，为漳泉民众出海贸易提供一条合法渠道。福建商民正是利用这一通道，大规模出海经商贸易，移居南洋、日本，不仅在华商中一枝独秀，而且是南海贸易强劲的海商势力。这恐怕是'月港体制'最值得称道的客观效应。"①

早在正式开海禁之前，广东地方当局就采取了松动海禁的灵活政策，即"广中事例"。所谓"广中事例"，可见于倭寇首领王直所写的《自明疏》，其中提到浙江沿海曾采用"广中事例"："如皇上仁慈恩宥，赦臣之罪，得效犬马微劳驰驱，浙江定海外长涂等港，仍如广中事例，通关纳税，又使不失贡期。"②由此可见，"广中事例"的本质就是将私贩转变为公贩。

早在嘉靖八年（1529），广东巡抚林富就意识到通市舶的四大益处，即"番夷朝贡之外，抽解具有则例，足供御用"；"除抽解外，即充军饷。今两广兴兵连岁，库藏日耗，藉此可以充羡，以备不虞"；"广西一省，全仰给广东，今小有征发，即措办不前，虽折俸椒木，久已缺乏，科扰于民，计所不免。查得旧番舶通时，公私饶给，在库番货旬月可得银两数万"；"贸易旧例，有司择其良者，如价给之。其次资民买卖，故小民持一钱之货，即得握椒，展转交易，可以自肥。广东旧称富庶，良以此耳。"③

与浙江和福建相较，广东的特殊之处在于，早在正式开海禁之前，澳门已经成为葡萄牙人进行贸易活动的商埠，实际上没有受到海禁政策的制约。面对新的现实，庞尚鹏要求不再纠缠于有关禁或者通的争论，转而注目于对海上贸易的具体管理措施："自后番舶入境，仍泊往年旧澳，照常贸易。无失其关市岁利。"④霍与瑕则意识到大批海商聚集广东所导致的问题："近日闽浙有倭寇

① 李庆新：《明代海外贸易制度》，社会科学文献出版社，2007年，第343—344页。
② 王直：《自明疏》，《倭变事略》卷四《附录》。
③ 黄佐：《代巡抚通市舶疏》，《黄泰泉先生全集》卷二十。
④ 庞尚鹏：《题为陈末议以保海隅万世治安事》，《皇明经世文编》卷三百五十七。

之扰,海防峻密,凡番夷市易皆趋广州。番船到岸,非经抽分不得发卖。而抽分经抚巡海道行移委官,动逾两月。番人若必抽分乃得易货,则饿死久矣。"对此情形,霍与瑕提出怜恤海商的主张:"大易有之,惟能容民,即所以畜众。今能恤海商,即所以固海防也。"①由此可见,相对于浙江与福建,广东在对外贸易上相对开放与灵活。李庆新为此指出:"明中叶广东海外贸易制度转型,主要体现在三方面:一是商舶'抽分'的出现以及税收结构的改变,区分贡舶、商舶已经没有太大意义;二是葡萄牙人在争议声中最终获允在澳门居留贸易,澳门与广州形成广东贸易管理体系的'二元中心'结构;三是一些新贸易组织的出现。时人把这些新制度称为'广中事例'。"②

第三节　海上丝绸之路

由于奥斯曼帝国对近东地区的统治,意大利人对地中海贸易的支配,以及葡萄牙人对非洲海岸航线的主宰,西班牙人只得寻求向西经大西洋通往东方的航线。哥伦布相信向西航行最终可以到达遥远而神秘的香料群岛。1492 年 8 月 3 日,哥伦布船队从西班牙帕洛斯起航,10 月 12 日发现加勒比海中的巴哈马群岛,随后向南航行发现了古巴,又沿古巴北海岸向东航行发现了海地。1493 年 3 月 15 日哥伦布船队返回帕洛斯。1493 年 9 月,哥伦布率领舰队从加的斯起航展开第二次航行,最终发现了洪都拉斯海岸。就这样,哥伦布发现了新大陆。

由于西班牙殖民者科尔特斯在墨西哥发现了银矿等巨大财富,对美洲越来越重视。不过从哥伦布发现美洲到 1521 年科尔特斯征服墨西哥的将近三十年时间里,西班牙人从美洲榨取的利益,并不比葡萄牙人从亚洲香料与丝绸贸易中获得的利润更多。因此,当西班牙人最终意识到他们发现的只是新大陆美洲,而不是中国和印度时,他们就致力于寻求绕过美洲抵达香料群岛的航线。1519 年 8 月麦哲伦从西班牙塞维利亚起航,沿南美洲海岸航行进入西面的海洋。在麦哲伦看来,相对于汹涌的大西洋,这片大海显得相当平静,因此

---

① 霍与瑕:《上潘大巡广州事宜》,《皇明经世文编》卷三百六十八。
② 李庆新:《明代海外贸易制度》,第 253 页。

将其称为太平洋。1520 年 4 月,舰队在菲律宾群岛登陆,麦哲伦在宿务岛附近与土著人作战时不幸阵亡。舰队中硕果仅存的"维多利亚号"于 1522 年 9 月 7 日返回桑卢卡尔港。麦哲伦的伟大航行以实际行动证明了地球是圆的,还证明了美洲是亚洲以外的新大陆。"维多利亚号"运载的香料在西班牙塞维利亚出售后赚得了惊人利润。

但是,早就支配香料群岛的葡萄牙人当然无法容忍西班牙人闯入这一利润惊人的贸易圈。西班牙人被迫转而寻求占领菲律宾群岛。1545—1548 年,西班牙人在墨西哥与秘鲁发现了储量极为巨大的银矿,因此暂时搁置了对菲律宾群岛的全面占领。直到二十年后,西班牙人才重新关注菲律宾群岛。1565 年 4 月,西班牙海军上将黎牙实比占领宿务岛。1567 年 7 月 23 日,黎牙实比在宿务岛致信西班牙国王菲利普二世,在描述菲律宾群岛时注意到中国人和日本人在当地从事的贸易活动:"在我们驻地的北方,或可说差不多是西北方,距此地不远之处是两个大岛,名为吕宋岛和民都洛岛,中国人和日本人每年都前往该地贸易。他们带来的货物为丝绸、网状织物、铃铛、瓷器、芳香植物制品、锡、印花棉布,以及其他小玩意儿,他们用这些来换取黄金和蜂蜡。这两个岛上的居民是摩洛人,当他们购得中国人和日本人载来的货物后,便在这个岛上四处贸易。"1569 年,西班牙王室驻菲律宾群岛的代理商安德烈斯·德·米兰道拉,在致菲利普二世的信中描述了葡萄牙人在中国与日本沿海从事的贸易活动,并强调这样的贸易拥有极为丰厚的利润。[①]

1570 年,黎牙实比致函西班牙驻墨西哥总督,郑重提出建议:倘若以香料群岛作为贸易中心,那么宿务岛可以作为进取基地;如果以中国海岸作为贸易中心,那么就应当以吕宋岛作为基地。在权衡利弊之后,黎牙实比决定占领吕宋岛,于 1571 年 5 月 24 日占据甲米地海湾,在海湾尽头的巴石河畔建了一座城市,就是后来的马尼拉。[②] 在黎牙实比看来,马尼拉地理位置优越,是与中国、日本、爪哇、婆罗洲、香料群岛以及新几内亚进行贸易的理想场所。黎牙实比去世后,取代他的吉多·德·拉维萨雷斯在 1574 年致国王菲利普二世的信中,同样展示了发展马尼拉与中国福建贸易的远大前景,为此送去了一幅吕宋岛与中国沿海的手绘地图,一份以中文印刷的地理概况,以及有关日本、琉球

---

① 参见博克瑟:《佛郎机之东来》,《中外关系史译丛》第 4 辑,第 309—312 页。
② 裴化行(Henri Bernard):《明代闭关政策与西班牙天主教传教士》,载《中外关系史译丛》第 4 辑,上海译文出版社,1988 年,第 260 页。

的资料。①

西班牙人所参与的中国海上贸易,由于中国丝绸在其中占据显著的支配地位,因此又被称为海上丝绸贸易。鉴于葡萄牙人独占对日本贸易的现实,西班牙人转而努力发展与中国之间的贸易,将中国货物从菲律宾运往墨西哥。1565年6月1日,"圣巴勃罗号"帆船从宿务开往墨西哥,于10月8日抵达阿卡普尔科。1566年,"圣赫罗尼莫号"帆船从阿卡普尔科起航,最终抵达马尼拉。自此之后,就产生了连接亚洲与西属美洲的太平洋航线。从马尼拉到阿卡普尔科的航行需要耗费五六个月时间,回程时如遇顺风,则只需40到60天就可抵达马尼拉。

马尼拉大帆船,大约将近两年往返于阿卡普尔科与马尼拉一次。这条航线主要致力于中国与西属美洲之间的贸易。运往墨西哥的货物主要有中国的生丝、丝绸、瓷器与印度的细棉布、蜜蜡、宝石。来阿卡普尔科交易的有携带土产品的印第安人,来自墨西哥城和秘鲁利马的西班牙商人。当地富有的白人显然很喜欢用中国生丝与丝绸制成的华丽服装。在中国生丝与绸缎的冲击下,当地丝织业就此一蹶不振。1600年,西班牙殖民当局更对当地养蚕业进行限制,断绝了本地蚕丝供应,使得源源不断输入的中国生丝成为墨西哥工厂的原料。② 从相关记载中我们可以看到,马尼拉大帆船贸易一开始并不受限制,致使大量白银流往中国。"初期的贸易并不受任何限制,于是从菲律宾驶往新西班牙、秘鲁和美洲其他地区的船舶数目迅速增加。因为这些地区的商人已经发现这种贸易所带来的巨额利益;他们往往通过代理人或经纪人纷纷加入这种贸易行列。这就导致双重的后果:首先,西班牙开始意识到,由于中国丝绸的竞争,他在西印度的贸易已日暮途穷;其次,大量白银流入中国人手里。这种形势使王室不得不进行干预,以制止灾祸的蔓延。"这种干预马尼拉大帆船贸易的观点遭到贸易自由主义拥护者何塞·德坎皮约·科西奥的反对。在他看来,"要设法扩大马尼拉贸易的范围及商品种类;利用西班牙比其他欧洲国家更优越的方面,即西班牙拥有为整个亚洲所广泛接受的白银,开展既同亚洲人,也同在亚洲的欧洲人的双重贸易。而且他还建议,要在原有的基础上增加商船的数量,在不损害宗主国利益的前提下,进口东方的丝、棉织品是适宜的。他认为最好购买中国货,不购买欧洲货,因为中国永远不会构成对美洲的

---

①　参见博克瑟:《佛郎机之东来》,《中外关系史译丛》第4辑,第309—312页。

②　参见艾·巴·托马斯著,寿进文译:《拉丁美洲史》,第99—101页。

威胁;而欧洲一旦以西班牙的白银养肥了自己,就会用武力来对付西班牙"。①
在权衡利弊之后,西班牙王室对马尼拉大帆船贸易进行了适当控制,例如 1589
年规定的"整批交易"制,1703 年的"定期集市"制。②

由于在马尼拉大帆船贸易中,中国主要以丝绸与西属美洲白银进行交易,
因此这条航线又被称为太平洋丝绸之路。从 1574 年和 1576 年的文献资料我
们可以看到,中国商人运往马尼拉的中国货物主要有面粉、食糖、干鲜果品、
钢、铁、锡、铅、铜、瓷器、丝织品和小物件。到了十六世纪八十年代,运往马尼
拉的货物排位变成了生丝、绸缎、棉布、夏布、陶器、瓷器、玻璃器、面粉、饼干、
咸肉、火腿、黄油、干鲜果品、家畜、家禽和家具等。九十年代的中国货物还包
括:天鹅绒、织锦缎(本色的和绣花的)、花绫、厚绸、棉布、夏布、面纱、窗帘、被
单、铜铁器具、火药以及其他生活用品。其中的生丝、丝绸、瓷器等中国特产,
畅销于西班牙本土及其各殖民地。来自中国的棉布与麻布受到西属殖民地土
著居民的普遍欢迎。在西班牙占领马尼拉后,中国棉布就成为菲律宾群岛土
著居民的生活必需品,因而成为在菲律宾销售量最大的中国货物。到了十六
世纪末期,中国棉布在墨西哥市场上将西班牙货排挤了出去。当地印第安人
和黑人都不再用欧洲货,转而使用中国货。随着中国丝绸向西属美洲倾销,十
七世纪初的墨西哥人更热衷于穿丝绸做的衣服。秘鲁同样成为中国丝绸的市
场,价格仅为西班牙制品的三分之一。不仅如此,中国丝绸还进一步销往西班
牙本土。③

布罗代尔从全球经济角度考察了马尼拉大帆船贸易,认为"从贸易角度
看,马尼拉大帆船代表着一条特殊的流通路线……在这里每次都是墨西哥商
人占有利地位。他们匆匆光顾阿卡普尔科交易会,却在时隔数月或数年后遥
控马尼拉的商人(后者转而牵制住中国商人)"。布罗代尔进一步指出:"美洲
白银 1572 年开始一次新的引流,马尼拉大帆船横跨太平洋,把墨西哥的阿卡
普尔科港同菲律宾首都(马尼拉)连接起来,运来的白银用于收集中国的丝绸
和瓷器、印度的高级棉布,以及宝石、珍珠等物。"④

---

① [墨]维·罗·加西亚:《马尼拉帆船(1739—1745 年)》,《中外关系史译丛》第 1 辑,第 154—
155 页。

② 参见刘文龙等:《中国与拉丁美洲大洋洲文化交流志》,上海人民出版社,1998 年,第 129 页。

③ 参见严中平:《丝绸流向菲律宾白银流向中国》,《近代史研究》1981 年第 1 期。

④ 布罗代尔著:《15 至 18 世纪的物质文明、经济和资本主义》第 2 卷,顾良、施康强译,生活·读
书·新知三联书店,2002 年版,第 172、197 页。

　　明代中期以后，福建月港成为中国与西班牙殖民地之间的海上贸易中心。从月港出发的海商，主要贸易对象是吕宋。这种贸易的利润相当可观。万历年间，晋江人何乔远为此指出："比岁人民往往入贩吕宋国矣，其税则在漳（州）之海澄海防同知掌之。民初贩吕宋，得利数倍，其后四方贾客丛集，不得厚利，然往者不绝也。"①当然，其中所谓的"不得厚利"并不确切。事实上，月港商人从海上贸易中获得的利润相当之高："博利可十倍。""富家以资，贫人以佣，输中华之产，骋彼远国，易其方物以归，博利可十倍，故民乐从之。"②李廷机也指出过从海上贸易中所得利润之可观："少时常见海禁甚严，及倭讷后始弛禁，民得明往，而稍收其税以饷兵。自是波恬，或言弛禁之便，盖贫民借以为生，冒禁阴通为患滋大。而所通乃吕宋诸番，每以贱恶什物贸其银钱，满载而归，往往致富。"③《天下郡国利病书》也有相关记载："（嘉靖）二十一年（1542），报倭警，禁止通贩，而海滨民苦为生难，辄违禁私下海……而是时漳、泉民贩吕宋者，或折阅破产。及犯压冬禁，不得归，流寓夷土，筑庐舍，操佣贾杂作为生活。或聚妇长子孙者有之，人口以数万计。而同安人张嶷者，缪奏言海有机易山，与福建相近，地产金，若采取之，可得成金无算。有诏遣中贵人委官往勘视，而吕宋番闻之大恐，以中国将略取夷地，诸流寓人皆内应也。于是尽坑杀漳、泉民之在吕宋者以二万人。"④

　　除了月港—马尼拉航线，中国货物输往马尼拉的另一条航线是澳门—马尼拉航线。1580年，葡萄牙被西班牙兼并。按照条约，原葡萄牙属地可以自由地与西班牙属地进行海外贸易。就在同一年，有2艘澳门商船和来自福建沿海的19艘商船抵达马尼拉港。葡萄牙人将澳门—长崎航线纳入与马尼拉之间的贸易圈中，从而形成了澳门—马尼拉—长崎三角贸易。在这种三角贸易中，葡萄牙人从澳门出发，将中国生丝与丝织品运往马尼拉，在换得白银后，再用白银换取更多中国丝货运往长崎，并在长崎换回日本白银。在1619—1631年之间的澳门—马尼拉贸易鼎盛时期，每年从马尼拉流入澳门的白银价值达135万比索，大约相当于一艘马尼拉大帆船从墨西哥运来的白银。⑤

---

①　何乔远：《闽书》卷三十九《版籍志》。
②　崇祯《海澄县志》卷十一《风俗》。
③　李廷机：《报徐石楼》，《皇明经世文编》卷四百六十。
④　顾炎武：《天下郡国利病书·洋税考》，第3090页。
⑤　参见纪宗安：《十六世纪以来澳门在太平洋大帆船贸易网中的作用与地位》，《暨南学报》1999年第6期。

中国商人运往马尼拉的生丝种类繁多,有细丝与粗丝,有本丝与色线。丝织品的种类就更加多了,有绢纱、锦缎、白绸、彩绸、印花绢、线绢、天鹅绒、丝袜、花绸阳伞和丝麻混纺织品等。生丝与丝织品成为中菲贸易的大宗商品。中国商船抵达后,在生丝市场,与西班牙人交易,买主以银锭或银币作为支付手段。西班牙人把这些货物装上大帆船,在六月底以前开往美洲。[①]

在某种意义上,可以将马尼拉称为中国与西属美洲之间太平洋丝绸之路的中转港。舒尔茨为此曾在《马尼拉大帆船》中指出:"中国往往是大帆船贸易货物的主要来源。就新西班牙(墨西哥及其附近的广大地区)的人民来说,大帆船就是中国船,马尼拉就是中国与墨西哥之间的转运站,作为大帆船贸易的最重要商品的中国丝货,都以它为集散地而横渡太平洋。在墨西哥的西班牙人,当无拘无束地谈及菲律宾的时候,有如谈及中华帝国的一个省那样。就马尼拉方面来说,每年航经中国海的商舶,着实是它的繁荣基础。"[②]

---

① 参见全汉昇:《自明季至清中叶西属美洲的中国丝货贸易》,《中国经济史论丛》第一册,香港新亚研究所,1972 年,第 459—460 页。

② 全汉昇:《明季中国与菲律宾间的贸易》,《中国经济史论丛》第一册,第 425—426 页。

参考文献

一、顾炎武及其研究著作

顾炎武：《顾炎武全集》，上海古籍出版社 2011 年版。

顾炎武著，黄汝成集释，栾保群、吕宗力校点：《日知录集释》，上海古籍出版社 2006 版。

顾炎武：《天下郡国利病书》，四部丛刊三编史部，上海涵芬楼景印昆山图书馆藏稿本。

沈嘉荣：《顾炎武论考》，江苏人民出版社 1994 年版。

许苏民：《顾炎武评传》，南京大学出版社 2006 年版。

陈祖武：《顾炎武评传》，中国社会出版社 2010 年版。

周可真：《顾炎武与中国文化》，黄山书社 2009 年版。

陆月宏：《顾炎武天下经世之学研究》，江苏人民出版社 2018 年版。

二、经济类著作

陈子壮辑：《昭代经济言》，商务印书馆 1936 年版。

王毓铨主编，刘重日、张显清副主编《中国经济通史·明代经济卷》，中国社会科学出版社 2007 年版。

方行、经君健、魏金玉编《中国经济通史·清代经济卷》，中国社会科学出版社 2000 年版。

张显清主编《明代后期社会转型研究》，中国社会科学出版社 2008 年版。

黄仁宇：《十六世纪明代中国之财政与税收》，生活·读书·新知三联书店 2007 年版。

李洵校注：《明史食货志校注》，中华书局 1982 年版。

胡寄窗：《中国经济思想史》，上海人民出版社 1981 年版。

梁方仲编著：《中国历代户口、田地、田赋统计》，上海人民出版社 1980 年版。

梁方仲:《中国社会经济史论》,中华书局 2008 年版。

梁方仲:《中国经济史讲稿》,中华书局 2008 年版。

梁方仲:《梁方仲经济史论文集》,中华书局 1989 年版。

梁方仲:《梁方仲经济史论文集补编》,中州古籍出版社 1984 年版。

梁方仲:《明代粮长制度》,上海人民出版社 1957 年版。

傅衣凌:《明清社会经济史论文集》,人民出版社 1982 年版。

王育民:《中国人口史》,江苏人民出版社 1995 年版。

李伯重:《多视角看江南经济史》,生活·读书·新知三联书店 2003 年版。

千家驹、郭彦岗:《中国货币演变史》,上海人民出版社 2005 年版。

萧清:《中国古代货币史》,人民出版社 1984 年版。

石毓符:《中国货币金融史略》,天津人民出版社 1984 年版。

徐光启:《农政全书》,岳麓书社 2002 年版。

宋应星:《天工开物》,岳麓书社 2002 年版。

范金民、金文:《江南丝绸史》,农业出版社 1993 年版。

范金民:《明清江南商业的发展》,南京大学出版社 1998 年版。

周峰主编《元明清名城杭州》,浙江人民出版社 1997 年版。

吕景琳:《中国封建社会经济史·明代卷》,齐鲁书社 1993 年版。

谢国桢:《明代社会经济史料选编》,福建人民出版社 1980 年版。

蒋兆成:《明清杭嘉湖社会经济史研究》,杭州大学出版社 1994 年版。

钱杭、承载:《十七世纪江南社会生活》,浙江人民出版社 1996 年版。

全汉昇:《中国经济史研究》,中华书局 2011 年版。

严中平:《丝绸流向菲律宾白银流向中国》,《近代史研究》1981 年第 1 期。

李伯重:《江南的早期工业化(1550—1850)》,社会科学文献出版社 2000 年版。

樊树志《江南市镇:传统的变革》,复旦大学出版社 2005 年版。

吴承明:《中国资本主义与国内市场》,中国社会科学出版社 1985 年版。

陈文石:《明嘉靖年间浙福沿海寇乱与私贩贸易的关系》,载《历史语言研究所集刊》第三十六本上册。

陈炎:《海上丝绸之路与中外文化交流》,北京大学出版社 1986 年版。

李庆新:《明代海外贸易制度》,社会科学文献出版社 2007 年版。

张春树、骆雪伦:《明清时代之社会经济巨变与新文化》,上海古籍出版社 2008 年版。

张天泽著,姚楠、钱江译:《中葡早期通商史》,香港中华书局 1988 年版。

贡德·弗兰克著,刘北成译:《白银资本》,中央编译出版社 2011 年版。

乔万尼著,路爱国、黄平、许安结译:《亚当·斯密在北京——21 世纪的谱系》,社会科学文献出版社 2009 年版。

彭慕兰著,史建云译:《大分流——欧洲、中国及现代世界经济的发展》,江苏人民出版社 2004 年版。

艾维四:《从国内外银产和国际贸易看明史的时代划分》,"自宋至 1900 年中国社会及经济史"中美史学讨论会论文,1980 年 北京。

布罗代尔:《15 至 18 世纪物质文明、经济和资本主义》,商务印书馆 2017 年版。

维尔纳·桑巴特著,王燕平、侯小河译:《奢侈与资本主义》,上海人民出版社 2000 年版。

滨下武志:《近代中国的国际契机——朝贡贸易体系与近代亚洲贸易圈》,中国社会科学出版社 1999 年版。

三、地方志

永乐《乐清县志》,上海古籍出版社 1964 年影印本。

嘉靖《东乡县志》,三秦出版社 2015 年版。

栗祁纂修:万历《湖州府志》,上海图书馆藏 1963 年影印本。

张采纂,钱肃乐修:崇祯《太仓州志》,广陵书社 2010 年影印本。

唐鹤征撰,刘广生修:万历《常州府志》,线装书局 2003 年版。

黄似华,李本固纂修:万历《汝南志》,中州古籍出版社 2016 年版。

(清)杜森修,(清)祝文彦等纂,(清)邝世培续修,康熙《石门县志》,清康熙十二年修,康熙十六年续修,见葛剑雄、卢新波主编:《嘉兴文献丛书,史部,方志》,第 085 册,国家图书馆出版社 2021 年版。

韩浚撰:万历《嘉定县志》,两淮盐政采进本。

方岳贡:崇祯《松江府志》,书目文献出版社 1991 年版。

郭琇修,屈运隆纂:康熙《吴江县志》,苏州博物馆藏。

陈元模纂:康熙《淞南志》,上海图书馆藏。

刘应钉修,沈尧中纂:万历《嘉兴府志》,上海古籍出版社 2013 年版。

夏辛铭纂:民国《濮院志》,民国十六年刻本,见葛剑雄、卢新波主编:《嘉兴文献丛书,史部,方志》,第 096 册,国家图书馆出版社 2021 年版。

杨树本撰:嘉庆《濮院琐志》,江苏古籍出版社 1990 年版。

金廷烈:乾隆《澄海县志》,民间学社 2000 年版。

彭泽、江舜民纂修:弘治《徽州府志》,上海古籍书店 1964 年版。

祝圣培等修:康熙《长洲县志》,清康熙二十三年刻本。

王鏊等撰:正德《姑苏志》,两江总督采进本。

刘伯敬等修,陈善纂:万历《杭州府志》,中华书局 2005 年版。

李培修,黄洪宪纂:万历《秀水县志》,上海书店出版社 1993 年版。

胡宗宪修,薛应旂纂:嘉靖《浙江通志》,上海古籍出版社 1991 年版。

汪曰桢纂修:咸丰《南浔镇志》,清同治二年刊本。

陈和志修,倪师孟、沈彤纂:乾隆《震泽县志》,广陵书社 2016 年版。

朱文藻修,张吉安编:嘉庆《余杭县志》,浙江古籍出版社 2012 年版。

蔡蓉升:民国《双林镇志》,商务印书馆 1917 年版。

殷聘尹纂辑:崇祯《外冈志》,上海社会科学院出版社 2004 年版。

周希哲、张时徹:嘉靖《宁波府志》,国家图书馆出版社 2019 年版。

四、历史著作

张廷玉:《明史》,中华书局 2015 年版。

夏燮:《明通鉴》,中华书局 2009 年版。

陈子龙等编选:《明经世文编》,上海书店出版社 2019 年版。

申时行:《明会典》,中华书局 1989 年版。

万斯同、王鸿绪:《明史稿》,宁波出版社 2008 年版。

丘濬:《大学衍义补》,吉林出版集团 2005 年版。

黄彰健校勘:《明神宗实录》,中华书局 2016 年版。

黄彰健校勘:《明太祖实录》,中华书局 2016 年版。

朱元璋:《明大诰》,见杨一凡《明〈大诰〉研究》,江苏人民出版社 1988 年版。

朱元璋:《皇明诏令》,科学出版社 1994 年版。

张居正:《张太岳集》,中国书店出版社 2019 年版。

《皇明条法事类纂》,科学出版社 1994 年版。

何良俊:《四友斋丛说》,上海古籍出版社 2012 年版。

计六奇:《明季北略》,中华书局 1984 年版。

焦竑:《国朝献征录》,广陵书社 2013 年版。

赵惟贤等编修:《后湖志》,南京出版社 2011 年版。

陆容:《菽园杂记》,中华书局 1997 年版。

李贤、彭时等撰修：万历《大明一统志》，巴蜀书社 2018 年版。

顾禄：《清嘉录》，江苏古籍出版社 1999 年版。

徐阶：《世经堂集》，海南出版社 2000 年版。

海瑞：《海瑞集》，中华书局 2018 年版。

陈梦雷：《古今图书集成》，中国戏剧出版社 2008 年版。

张萱：《西园闻见录》，哈佛燕京学社 1940 年版。

樊维城修，胡震亨、姚士粦纂：天启《海盐县图经》，西泠出版社 2015 年版。

屈大均：《广东新语》，中华书局 1997 年版。

孙承泽：《春明梦余录》，广东旅游出版社 2019 年版。

徐贞明：《潞水客谈》，商务印书馆 1936 年版。

况钟：《况太守集》，江苏人民出版社 1983 年版。

王圻：《续文献通考》，现代出版社 1991 年版。

谈迁：《国榷》，浙江古籍出版社 2012 年版。

庞尚鹏：《百可亭摘稿》，齐鲁书社 1995 年版。

傅维鳞：《明书》，中华书局 1985 年版。

汪楫：《崇祯长编》，北京人民出版社 2002 年版。

叶梦珠：《阅世编》，中华书局 2007 年版。

谢肇淛：《五杂俎》，上海书店出版社 2001 年版。

陆深：《河汾燕闲录》，两江总督采进本。

董谷：《碧里杂存》，商务印书馆 1937 年版。

王世贞：《弇州史料后集》，书目文献出版社影印本。

傅衣凌主编《明史新编》，人民出版社 1993 年版。

范濂：《云间据目抄》，江苏广陵古籍刻印社，1995 年版。

张瀚：《松窗梦语》，上海古籍出版社 1986 年版。

王士性：《广志绎》，中华书局 2006 年版。

徐献忠：《吴兴掌故集》，大象出版社 2022 年版。

王锜：《寓圃杂记》，中华书局 1997 年版。

顾起元：《客座赘语》，南京出版社 2017 年版。

李乐：《续见闻杂记》，上海古籍出版社 1986 年版。

顾鼎臣：《顾文康公集》，见《顾文康公文草》，北京燕山出版社 2021 年版。

朱国桢：《涌幢小品》，上海古籍出版社 2012 年版。

陶宗仪：《南村辍耕录》，中华书局 2004 年版。

褚华:《木棉谱》,见《上海掌故丛书》,上海书店出版社 2022 年版。

黄俣卿:《倭患考原》,文物出版社 2022 年版。

谷应泰:《明史纪事本末》,中华书局 2018 年版。

谭纶:《谭襄敏公奏议》,两江总督采进本。

郑若曾:《筹海图编》,中华书局 2007 年版。

徐光启:《徐光启集》,中华书局 1963 年版。

采九德:《倭变事略》,中华书局 1985 年版。

顾祖禹:《读史方舆纪要》,中华书局 2005 年版。

博克瑟:《佛郎机之东来》,载《中外关系史论丛》第 4 辑,上海译文出版社 1988 年版。

龙思泰:《早期澳门史》,东方出版社 1997 年版。

汪道昆:《太函集》,黄山书社 2004 年版。

张履祥:《杨园先生全集》,中华书局 2002 年版。

陈梦雷:《考工典》,华中科技大学出版社 2008 年版。

张燮:《东西洋考》,中华书局 2000 年版。

韦庆远:《明代黄册制度》,中华书局 1961 年版。

王毓铨:《明代的军屯》,中华书局 1965 年版。

戴裔煊:《明代嘉隆间的倭寇海盗与中国资本主义的萌芽》,中国社会科学出版社 1982 年版。

林金水主编《福建对外文化交流史》,福建教育出版社 1997 年版。

鱼宏亮:《知识与救世:明清之际经世之学研究》,北京大学出版社 2008 年版。

宫崎市定:《宫崎市定论文选集》,商务印书馆 1965 年版。

韦庆远:《张居正和明代中后期政局》,广东高等教育出版社,1999 年版。

陈宝良:《明代社会生活史》,中国社会科学出版社,2004 年版。

陆学艺、王处辉主编《中国社会思想史资料选辑》,广西人民出版社 2006 年版。

邝士元:《中国经世史》,上海三联书店 2013 年版。

郑天挺:《郑天挺明史讲义》,中华书局,2017 年版。

樊树志:《晚明史》,复旦大学出版社 2003 年版。

樊树志:《晚明大变局》,中华书局 2020 年版。

牟复礼、崔瑞德编《剑桥中国明代史》,中国社会科学出版社 1992 年版。

山根幸夫:《明帝国与日本》(《图说中国史》第 7 卷),东京讲谈社 1977 年版。